GOBOOKS
& SITAK
GROUP©

BREAK

to be new and different

打開一本書
打破思考的框架，
打破想像的極限

高寶書版

顯微鏡下的大明

馬伯庸　著

序言

開門見山，先澄清一下讀者看完書後可能會產生的兩個誤會：

這本書不是小說，是歷史紀實；

我不是專業的明史學者，我是個作家。

那麼一個以虛構為業的作家，為什麼突然要寫這麼一本非虛構的歷史紀實？

這完全是機緣巧合。

二〇一四年我和一位喜歡明史的朋友聊天，她講到萬曆年間徽州有一樁民間稅案騷亂，過程跌宕起伏，細節妙趣橫生，結局發人深省，這引起了我的極大興趣。

聽完講述，我意猶未盡，去搜尋了一番資料，發現關於這樁案件的資料實在太豐富了。當時的一位參與者把涉案的一百多件官府文書、信札、布告、奏章、筆記等搜集在一起，編纂成了一本合集，叫作《絲絹全書》。在中國歷史上，很少有一個地方性事件能夠保存下來如此全面且完整的原始材料。

這樁絲絹案在《明實錄》裡卻只有一句冷冰冰的記錄，但如果把《絲絹全書》裡的細節加入其中，整個事件就立刻變得鮮活起來。裡面的鉤心鬥角，裡面的人心百態，當時官場和民間的各種潛規則，簡直比電視劇還精彩。我們看到的，是一個個有血有肉的人，是一篇篇生動細膩的故事。

這種史學意義上的「起死人，肉白骨」，已具備了文學上的美感。

興奮之餘，我迫不及待地想跟別人分享這個發現。可是對大部分人來說，閱讀原始史料太過困難，無法自行提煉出故事。我自己動手，把這樁絲絹案整理出來，用一種不那麼「學術」的方式轉述給大眾，遂有了〈學霸必須死——徽州絲絹案始末〉。

是文最初發表於我自己的微博，立刻引起了廣泛關注，讀者們的熱情程度讓我始料未及。我好奇地問他們，這篇文章到底什麼地方最吸引人？他們紛紛表示，這些沉寂於歷史中的細節太迷人了。

長久以來，歷史在我們腦海中的印象，是燭照萬里的規律總結，是高屋建瓴的宏大敘事。這雖然是正確的，但視角實在太高了，高到沒什麼人情味。即使有些講述者有意放低視角，也只停留在廟堂之上、文武之間，關心的是一小部分精英，再往下，沒了，或者說記錄很少。

普通老百姓的喜怒哀樂，社會底層民眾的心思想法，往往會被史書忽略。即使提及，也只是諸如「民不聊生」、「民怨鼎沸」之類的高度概括，很少會細緻入微地描寫。

柳宗元的《捕蛇者說》為什麼名揚千古？因為他沒有泛泛地感慨一句「苛政猛於虎」，而是先細緻地勾勒出了一個百姓的真實生活狀態——抓到了蛇，便弛然而臥；抓不到，就要被悍吏騷擾。讀者們看到這些細節，自然就能明白為何他要冒著生命危險去抓蛇，從而理解作者的深意。

《絲絹全書》的價值，也正在此。從官修實錄的視角來看，徽州稅案只是一句簡單的記載，記下有這麼個事就夠了。可這起案子如何而起，如何演變，如何激化成民變，又如何收場，詳盡過程還得看《絲絹全書》才能了然於胸。

具體到每一筆銀子怎麼分攤，具體到每一封狀書怎麼撰寫，具體到民眾鬧事、官員開會的種種手段，具體到各個利益集團的辯論技巧，一應在目，恍如親臨。

寫完徽州絲絹案，我對這個領域充滿了興趣，隨後又相繼寫了〈筆與灰的抉擇——婺（編注：ㄨˋ／wù）源龍脈保衛戰〉、〈誰動了我的祖廟——楊干院律政風雲〉、〈天下透明——大明第一檔案庫的前世今生〉等幾篇紀實。

幾篇紀實的側重點略有不同。在〈學霸必須死——徽州絲絹案始末〉裡，我們看到的是一項不公平的稅收政策，如何在諸多利益集團的博弈下發生變化；〈誰動了我的祖廟——楊干院律政風雲〉講的是歙（編注：ㄕㄜˋ／shè）縣一樁民間廟產爭奪的案子，透過幾個平民的視角，見證了明代司法體系在基層的奧妙運作；〈筆與灰的抉擇——婺源龍脈保衛戰〉講的是婺源縣一條龍脈引發的持續爭議，我們可以看到縣級官員如何在重大議題上平衡一縣之利害；〈天下透明——大明第一檔案庫的前世今生〉講的是大明黃冊庫從建立到毀滅的全過程，從中探討明代政治是如何一步步垮掉的。

這些事件和徽州絲絹案的風格如出一轍，透過豐富的細節來考察某一個切片、某一個維度。這些都是具體而微的細節，但恰恰從這些「小」中，我們才能真切地見到「大」的意義。它就像是一台顯微鏡，透過檢驗一滴血、一個細胞的變化，來判斷整個人體的健康程度。

這就是為什麼我給這本書起名叫《顯微鏡下的大明》。我相信，只有見到這些最基層的政治生態，才能明白廟堂之上的種種抉擇，才能明白歷史大勢傳遞到每一個神經末梢時的嬗變。

張立憲在評論著名紀實文學《巴黎燒了沒？》（Is Paris Burning?）的兩位作者時說：「真正的敘事高手從來不用定性或裝飾性質的字眼，而是把得出結論的權利和快樂留給讀者，這一點拉瑞．柯林斯（Larry Collins）和多明尼克．拉皮耶（Dominique Lapierre）也做到了。」我對這句話心有戚戚焉，因此也效仿先賢，在這幾篇文章裡，盡量不去下什麼結論，而是忠實地把所有的事情都展現出來，交給讀者自己去判斷。

另外，再次重申，我不是專業學者。

在研讀這些資料時，我發現自己需要學習的東西太多了。幾乎每一處細節記錄，都會產生很多衍生的背景問題。比如說，明代採用兩京制，南京同樣設有六部，但徒有虛名而無實權。在絲絹案初稿裡，相關人等要去戶部上告，我下意識地認為是去北京戶部。後來在他人提醒後才知道，南京戶部要負責江南稅收，頗有實權。再比如說，在《筆與灰的抉擇——婺源龍脈保衛戰》裡，我算錯了一位縣令的年齡，以為他是個少年才俊，後來經人提醒才發現自己犯了計算錯誤。

要搞清這些問題，確保細節無誤，你別無選擇，只能去閱讀大量的資料和研究論文。

這些論文旁徵博引，推論嚴謹，運用史料的方法更是精妙。每一篇論文，都著眼於解決一個或幾個小問題，正好能回答我對某一處細節的疑問。許多篇論文匯總起來，就能在一個方向上形成突破，形成獨特的創見。讓你撥雲見日，豁然開朗。在研讀過程中，你能夠清晰地感覺到所謂「學術共同體」的存在，他們彼此支援、借鑑與啟發，一個學術成果引出另外一個，環環相扣，眾人拾柴，最終堆起了一團醒目的學術火焰。

其實很多我們覺得驚豔或罕有的歷史再發現，在學術界早就不新鮮了。比如徽州絲絹案，研究它的學者很多，並不是什麼新奇的突破。只可惜學術與大眾之間有高大的藩籬，彼此不通，這才讓如此生動的故事被冷落良久。

從這個角度來說，我只是一個轉述者、一個翻譯官。我的職責，只是把原始史料和諸多學者的成果總結出來，用一種比較輕鬆的方式分享給大眾。

所以這本書的誕生，首先要歸功於這些可敬的學者。

在〈學霸必須死——徽州絲絹案始末〉中，我參考最多的是秦慶濤、章亞鵬、李義瓊、廖華生幾位老師的研究專著。其中秦慶濤將《絲絹全書》全書做了點校注釋，是整篇文章的基礎；章亞鵬、李義瓊兩位把徽州絲絹案放到整個明代稅收史中去，並從財政學角度進行了深入解析；廖華生從更宏觀的視角勾勒出了徽州府的基層政治生態。

其中李義瓊老師還花了寶貴時間，幫我推敲文章中表述不嚴謹或疏漏之處。她是這樣說的：「希望你能用妙筆，寫出更加豐富的故事來，給大眾普及極富故事性的歷史知識，讓史學研究走向大眾。這，也是我的心願。」

廖華生老師更是提供給我更多的素材，他的學生佘偉先生點校了婺源《保龍全書》這本基礎史料，這才有了後續的〈筆與灰的抉擇——婺源龍脈保衛戰〉一文。

在撰寫〈誰動了我的祖廟——楊干院律政風雲〉時，特別要感謝的是中國社會科學院的阿風老師。他不僅提供給我一系列基本材料，還與我討論很久，使我獲益匪淺。

〈天下透明——大明第一檔案庫的前世今生〉的主要參考書是《後湖志》，這要歸功於南京的吳福林老先生。他以古稀之年，將深藏故紙堆中的《後湖志》整理點校出來，實在令人欽佩。《後湖志》版本稀少，存本品質差，裡面還有大量俗字、錯字、漏字，逐一校對是件極辛苦的工作。像這種冷門史料，即使校對出來，也鮮有人問津，做這件事幾乎是沒有任何回報的。吳老先生在導讀裡如此說道：「我這個年齡的人已無意錢財，只想踏踏實實地做些什麼，只要有益於世，便於願足矣。」

除去他們之外，我還參考了海量的論文，篇幅所限，不能盡列。總之，我只是站在學者們的肩上，沒有他們爬梳史料的努力和解決一個又一個問題的思考，我一個人不可能完成這本書。

目錄

學霸必須死

徽州絲絹案始末

引言

大明萬曆年間，徽州府爆發了一場民間騷亂。

這場騷亂規模不算大，動靜卻不小，前後持續時間將近十年，將當地百姓、鄉紳鄉宦、一府六縣官員、應天巡按、應天巡撫乃至戶部尚書與當朝首輔都裹挾了進去。從中樞到地方、從官僚到平民的諸多利益集團各懷心思，彼此攻訐、算計、妥協。大明朝廷的決策如何出爐，地方執行如何落實，官場規則如何運作，利益集團之間如何博弈，在這個案子裡真的是纖毫畢現。

有意思的是，這一次騷亂的起因，既不是天災，也不是盜匪，追根溯源，竟是一位學霸做數學題鬧出來的。

第一章　都是學霸惹的禍

這個故事，要從徽州府下轄的歙縣說起。

大明共分為十三個承宣布政使司，以及一南一北兩個直隸，咱們可以把它們粗略地理解為省分。

南直隸下轄有一個徽州府，歷來人傑地靈，無論官場還是商場都是英才輩出，是有名的文教繁盛之鄉。其時徽州府一共統轄六縣：歙、黟（編注：一／yī）、休寧、婺源、祁門、績溪。其中歙縣最大，同時它還是附郭縣——也就是說，徽州府治設在縣內，與歙縣縣衙同城辦公。

府縣同城，很多府一級的文書檔案，自然就存放在縣城的閣架之上，以便隨時調取勘合。這些關於稅糧戶籍的案牘十分重要，關乎一縣之興衰，可又超級無聊，全是各種枯燥的數字羅列。所以它們長年被束之高閣，無人問津。

隆慶三年（一五六九年），有一個歙縣人忽然對這些檔案產生了濃厚的興趣。

這個人叫帥嘉謨，字禹臣。嚴格來說，他沒有歙縣戶口，不算當地居民，而是個祖籍江夏的軍戶，隸屬於徽州府境內的新安衛[1]。軍戶是大明特有的一種戶籍，世代都是軍人，歸屬於各地衛所，這出身沒什麼不好，朝中此時有個叫張居正的大人物，也是軍戶[2]出身，正是冉冉上升的政治明星。

帥嘉謨在文武兩道的表現都很一般，註定仕途無望。他只有一個特長：對數字天生敏感，擅長算學，是個學霸級的數學天才。

可惜在大明，可沒多少領域能讓這位理科生一展才華。最好的就業方向，就是去當個管錢糧的小官吏。而這個崗位，要求對錢糧稅賦的計算很熟悉，需要做大量的應用題來練習。

當時沒有補充教材和題庫，帥嘉謨一腔做數學題的欲望無處發洩。好在這個苦惱沒持續很久，他便發現了一個絕好的題庫：歙縣架閣庫。

徽州府歷年的稅糧帳冊，都存在歙縣庫房裡。大明稅賦結構很是繁複，徽州又是納稅大戶，帳冊涉及大量加減折算、書算錢糧，這正是絕佳的應用題題例。磨練好了這門手藝，以後就業便有保障了。

於是在隆慶三年的某一天，帥嘉謨設法接觸這些官府帳冊。一個學霸就這樣高高興興地開始做起數學題來。

做著做著，帥嘉謨覺得哪裡有點不對勁。

憑藉著對數字的高度敏感，他注意到徽州的歷年稅賦裡有一個疑點：徽州府每年向南京承運庫繳納的稅糧中，除正稅之外，還有一筆科目叫作「人丁絲絹」，須以實物繳納，且數額頗大，每年要繳八千七百八十四生絹。

帥嘉謨再往下去查徽州府下屬諸縣的分帳，發現徽州府下轄六縣，其他五縣都沒有「人丁絲絹」這麼一筆支出，只有歙縣的帳簿上有記錄，數字與徽州府上繳南京承運庫的等同。

換句話說，徽州府每年八千七百八十匹生絹的這筆稅支，是由歙縣單獨負擔的。

帥嘉謨大為駭異，這可不是小數目。為了確保自己沒犯錯，他還特意查了《大明會典》[3]。

《大明會典》是一本官方發布的資料集，裡面收錄了典章沿革以及各級政府稅賦資料、行政法規，從弘治朝開始，每代都會進行修訂，算是政府法令的一個彙編，亦勉強可以當作年鑑來用，權威性很高。

帥嘉謨在《大明會典》裡的徽州府條目下，找到了同樣的納稅記錄。更重要的是，《大明會典》裡只提及是由徽州府承擔「人丁絲絹」，並無任何字樣表明是歙縣獨自承擔。

按道理，徽州府的這一筆「人丁絲絹」稅目，應該是六縣均攤，怎麼只壓在歙縣一處呢？雖然歙縣的規模比其他五縣都要大，可也不能這麼欺負人哪。

帥嘉謨心想，這件事關乎一縣之民生，可不能這麼糊塗下去，必須挖個水落石出！

就像所有的學霸一樣，帥嘉謨看到眼前出現了難題，不驚反喜，興高采烈地繼續深入挖掘。最終，他在《徽州府志》[4]裡找到一條看似無關的古早線索。

徽州這個地方，歸附於洪武爺的時間很早。朱元璋在元至正二十四年（一三六四年）稱吳王之後，在徽州實施的第一件事，就是修改元稅，稱為「甲辰法制」。結果年底核查，行中書省發現數字有問題，於是在至正二十五年（一三六五年）搞了一次「乙巳改科」[5]，對很多科目的稅額重新做了調整。

在這次改制中，朝廷發現歙縣的夏麥數量有問題，與去年同比差了九千七百石[6]，於是對歙縣的三千六百四十六頃輕租田，每畝各加徵「夏稅生絲」四錢，以彌補夏麥缺額。

這個「補欠夏稅」年代太過久遠，看起來和「人丁絲絹」全無關係。帥嘉謨憑著天才般的直覺，覺得這兩者之間一定有什麼關聯，於是拿起筆來，粗粗算了一下。

歙縣補的九千七百石夏麥，按照隆慶時的官方換算標準，每石折銀[7]三錢，九千七百石糧食折算成銀子，是二千九百一十兩。而每年「人丁絲絹」補交的生絹折成銀子，每匹七錢，所以八千七百八十匹折銀六千一百四十六兩。嗯，兩個數字似乎沒什麼關聯。

帥嘉謨到底是個學霸，腦子轉得很快。他很快想到，徽州六縣彼此相鄰，一個縣夏麥歉收，其他五個縣不可能倖免。他再一追查，發現在同一時間，黟、休寧、婺源、祁門、績溪五縣也虧欠夏糧，一共是一萬零七百八十石，可折銀三千二百三十四兩。

二千九百一十加三千二百三十四等於六千一百四十四。

這個數字，和「人丁絲絹」只差二兩。

帥嘉謨很快得出了結論：在國初，整個徽州府六縣共虧欠夏糧二萬零四百八十石，以「夏稅生絲」為名義補之，折八千七百八十匹生絹。按說這筆錢是由六縣共同承擔的，不知為何，卻變成了歙縣單獨繳納。

更可怕的是：徽州並不養蠶，歙縣的老百姓必須先把糧食賣成銀子，拿銀子去買生絲，再繳給官府。周轉兩次，負擔更重。

如果從至正二十五年「乙巳改科」開始算起，到隆慶三年，這筆冤枉稅足足交了兩百多年！歙縣簡直倒楣透了。

帥嘉謨做事很謹慎，他沒有急著去驚動官府，而是在歙縣摸了一圈底。結果他發現，自己並不是最早發覺有問題的，早在嘉靖十四年（一五三五年），已有兩個歙縣人——程鵬、王相發現這個「人丁絲絹」有問題。

他們沒有在徽州府本地抗議，而是越級呈文給了徽州府的上級——應天巡撫和應天巡按，而且還不止一次！

應天巡撫和應天巡按，這兩個官職的管轄範圍可不只有應天府一個地方，而是涵蓋了除鳳陽、廬州、淮安、揚州四府之外的整個南直隸地區，其中徽州府也受其轄制。

在具體的分工上，應天巡撫協調各府州縣，以賦役為主，也兼管司法、治安；巡按以監察為主，但也插手民政、司法、軍事。找他們兩位，算是拜對了衙門。

第一次接呈文的是應天巡撫陳克宅、巡按宋茂熙，兩位很快給了批覆，要求徽州府徹查。可是他們很快便升遷轉走，沒人再去追問。接任的巡撫歐陽鐸、巡按游居敬，接到了同樣的呈文，也給了批覆，要求徽州府召集六縣合議。結果負責此事的官、吏，都是其他五縣出身，敷衍塞責，推諉拖延。

在來回拖延之中，王相、程鵬先後莫名去世，此事最後不了了之。

查到這裡，帥嘉謨推開帳冊，做了一個決定：他要第三次呈文，為歙縣討一個公平！到底是正義感和鄉土情結使然，還是想借此炒作自己？史料不全，不好妄自揣測他的動機。無論如何，他決定冒著觸動利益集團的巨大風險，開始採取行動。

隆慶四年（一五七〇年）的年初，帥嘉謨撰寫了一份呈文，詳細地寫明自己的查考過程，然後提交給了當時的應天府巡按御史劉世會。

在這篇呈文裡，帥嘉謨玩了一個心眼，在講述緣由時加了這麼一句話：「緣本府遞年奉戶部勘合，坐取人丁絲折生絹八千七百八十匹，原額六縣均輸，府志可證。」

大概意思是，我說的這個問題，在《徽州府志》裡也提到了，這是鐵證。

《徽州府志》是徽州府出面編撰的地方誌，可信度很高。可是，府志裡其實只是含糊地記載了徽州府或歙縣繳納「人丁絲絹」多少多少，根本沒有明確說過「原額六縣均輸」的話，更沒有和國初那筆虧欠的夏麥連結在一起。

帥嘉謨偷偷加了這六個字，是想給上官造成一個先入為主的印象，方便行事——殊不知這一處小小的手腳，後來卻成了聚訟的一個關鍵焦點，這個後頭再說。

除了偷改了原文，帥嘉謨還發動了情感攻勢。他動情地說：

「南京承運庫每年收絲絹二萬零一百九十匹，其中浙江、湖廣這種產絲大區，才繳納八千五百零一匹；應天（等）十三府，只要繳二千九百零五匹。我們徽州府根本不養蠶，卻要負擔八千七百八十匹。當地民眾只能賣了糧食，折成銀子，從浙江等地回購，這兩道手續，讓成本翻倍，苦不堪言。更何況，這筆負擔若是六縣分攤，還能勉強忍受，可現在是歙縣一縣承擔——這一縣之稅，比浙江、湖廣兩司都高，根本不合理啊！」[8]

這是帥嘉謨玩的一個統計學小花招。因為大明稅制[9]不是統收統解，一個地方往往要向數處交稅。

當時浙江、湖廣等地的絲絹稅，不只解往南京承運庫，還有很大一部分會送往太倉銀庫、丙字庫等。從萬曆年間的稅收記錄來看，浙江的絲絹稅總額高達十三萬匹，湖廣的總額二萬七千匹，都遠超歙縣。

帥嘉謨是這麼個邏輯：不談總數，單單拿出南京承運庫做比較，主要為了顯得歙縣格外悲慘。這個手段的絕妙在於這些數字都是真實的，全經得起查證，只是在統計方式上稍做手腳，立刻顯出卓然效果——歙縣本身的負擔確實沉重不假，但被帥嘉謨這麼一比較，變得簡直慘絕人寰，讀之觸目驚心。

這真是只有學霸才能玩出的手段。

除了在史料和統計學上做手腳之外，帥嘉謨還準備了第三張牌：政治牌。

他呈文的第一句話是這麼寫的：「天下之道，貴乎均平，故物有不得其平則鳴。歙縣久偏重賦，民困已極，躬遇仁明在位，備陳情款，懇乞均平。」[10]

短短一段話，先後兩次要求「均平」。

隆慶年間，江南正在推行一條鞭法[11]。而一條鞭法的口號恰好是：「均平賦役，紓解民困。」所以帥嘉謨兩次「均平」，把這次稅賦爭議提升到回應國家政策的高度。

從深層次來講，一條鞭法的核心要旨，是合併田賦、徭役，取消米麥之外的實物稅，統一改為折收銀兩。所以帥嘉謨在呈文中反覆強調「人丁絲絹」是折色實物稅，繳納十分麻煩，這和中央精神緊緊地掛上了鉤。

只要此事能借到國策的東風，便能引起應天巡撫的格外關注。

要知道，這一任應天巡撫，對一條鞭政策的推行很下力氣。只要他肯表態，這事就成了一半，不，一大半！帥嘉謨之所以有這個底氣，是因為這位巡撫太有名氣，遠非尋常官員可比——他叫海瑞[12]，號剛峰。

不用多說了。

其實較起真來，帥嘉謨此舉屬於強行提升。

因為這次「人丁絲絹」爭議的核心，是稅負歸屬，到底歙縣單出還是六縣一起出？至於實物折算，只是一個次要問題，跟一條鞭法關係不大。

這就好比兩個人為吃飯買單起了爭執。誰出這頓飯錢，才是爭執的重點，至於這錢是給現金還是刷信用卡，並不重要。等員警來了，其中一位喊一嗓子：「警察大人，你給評評理，為了響應國家鼓勵使用信用卡的號召，這頓飯錢該誰出？」員警聽了肯定莫名其妙，這兩件事根本沒關係啊。

但在帥嘉謨的妙筆之下，這個邏輯錯誤被巧妙地掩蓋起來，非但不露破綻，反而顯得煌煌正氣，高度一下子就提上去了。

除了這些，帥嘉謨還準備了第四張牌：解決方案。

他深諳官僚稟性，知道他們最不耐煩的，就是下面的人爭吵卻又拿不出辦法。所以在呈文的最後，他急上峰之所急，十分貼心地提出了一個解決方案：「要麼按照《大明會典》的原則，六縣按照人丁分攤；要麼按照《徽州府志》，六縣按照田地分攤，折麥再折銀再折絲。」看，方案我都給您做好了，您朱筆批准便是。

這樣一來，無論按人頭統計還是按田地統計，歙縣都能減少至少一半負擔。

不得不說，帥嘉謨的這一篇呈文，當真是訴狀傑作。開頭借了朝廷大勢的東風，立意高遠，中間數字詳實，論據確鑿，層層推論極有說服力。篇尾不忘煽情，描繪歙縣人民生活有多艱辛，訴於情感層面。文字、邏輯上玩的小花招層出不窮，如羚羊掛角無跡可尋。

關於帥嘉謨的職業，史無明載，徽州其他五縣罵他是個奸猾訟棍。從這份訴狀來看，若非狀師大手，還真寫不出來這等文字。

這一篇雄文遞上去以後，效果立竿見影，果然得到了撫院與按院的高度重視。

錢糧稅賦，歷來都是民政事務的重中之重。隆慶四年二月初十，巡撫海瑞給出批示：「仰府查議報奪。」意思是我很重視，你們好好查清楚。隨後，巡按劉世會做出了更詳細的指示：請徽州府召集六縣負責官吏、鄉紳、耆老等民眾代表，就這件事進行查證合議。

徽州知府段朝宗接到文書，一看海剛峰的大名，沒敢耽擱，立刻發牌催促六縣派員過來商議。

誰知道，就在這節骨眼上，竟然出事了。

隆慶四年二月二十五日，也就是兩院批示發出後的第十五天，突然傳來消息，海瑞調職，改任南京糧儲。

海瑞為何突然從應天巡撫離職，這是另外一篇好大文章，這裡按下不表。總之，徽州這攤事，海剛峰是顧不上管了。

海瑞是帥嘉謨最大的倚仗。他突然調任，讓「人丁絲絹」案子陡然失去了前進的動力。儘管巡按劉世會還在，儘管徽州知府段朝宗還在，可是沒了海剛峰當主心骨，他們可不願意去觸這個霉頭。

要知道，他們要面對的，是一個龐大的既得利益集團。

帥嘉謨的主張，對歙縣有利，但對其他五縣來說可是徹頭徹尾的壞消息。一旦議成，他們平白要多交不少賦稅。因此對這個提案，五縣籍的官員、胥吏、鄉紳、百姓都堅決反對。

要知道，徽州府不比別的小地方，在朝中做過官的人極多。[13]那些致仕的官員與中央關係密切，又熱衷於彼此聯姻，經營成一個盤根錯節的關係網路。這裡的鄉紳鄉宦，個個能量巨大，手眼通天。六縣紛爭，動輒能攀扯出政壇上的大人物。別說徽州知府，就算是應天撫、按兩院也不得不有所顧慮。

而從徽州知府的立場來看呢？

無論「人丁絲絹」在六縣怎麼分配，對府裡來說都沒區別，只要每年湊夠八千七百八十四生絹給南京就好。所以這筆絲絹稅如果不改，局勢平靜如初，最多歙縣抱怨兩句——反正你們交了兩百多年了，早習慣啦；若是支持帥嘉謨的主張，把賦稅均攤到六縣，徽州府得不到半分好處，反而引起其他五縣騷動，可謂有百害而無一利。

徽州府會怎麼選擇，不問可知。

帥嘉謨為什麼當初不去找徽州府討公道，反而要越級去向兩院呈文？理由很簡單，因為他在本地根本得不到支持。

現在海瑞離開，倚仗已去，整個事情立刻推動不下去了。

應天巡按在二月十四日指示六縣合議，徽州府隨即也發牌催促。但下面毫無反應，恍若未聞。別說黟、休寧、婺源、祁門、績溪五縣，就連苦主歙縣，居然也悄無聲息。

帥嘉謨一打聽才知道，歙縣知縣房寰正趕上丁憂，縣務無人署理。其他五縣的知縣則宣稱要忙著準備朝覲事宜，因循停閣，不辦公了。

明代從洪武十八年（一三八五年）開始，規定地方官員逢丑、辰、未、戌年，也就是每隔三年，要進京朝覲一次，接受吏部和都察院的考查黜陟。這對官員來說，是一件大事。

但問題是，隆慶四年為庚午，隆慶五年（一五七一年）為辛未，才是朝覲之年。你明年才上京，今年二月份就開始停閣不辦公了？

而且還不是一位，是五位知縣都這麼回答。

很明顯，五縣已經商量好了，對這次合議採取消極不合作的態度，盡量拖延下去，拖到爛，拖到忘，拖到無疾而終，然後就天下太平了。歙縣在嘉靖朝的兩次申訴，不就是這麼被拖沒的嗎？

於是，從應天巡按批示之日起，地方上拖了足足兩個月時間。一直到了四月十八日，績溪縣才慢吞吞地回了一封申文。至於其他四縣，乾脆連回應都懶得回應。

這份績溪縣的申文，是以本縣教諭楊存禮的名義提交的，還有幾個縣中耆老的連署。由教諭出面，也從一個側面反映了績溪的態度——此事無關錢糧，是教育問題！

比起帥嘉謨那篇雄文，這份申文的乾貨不多，刀筆卻暗藏機鋒。

一開頭，楊教諭先喊了一句政治口號：「為懇恩遵國典、據府志，均賦救偏，以紓困苦事。」[14]然後畫風陡然一變，先大罵帥嘉謨「變亂國制，罔上虐下」[15]，是個「假公挾私」的無恥訟棍，又罵嘉靖年呈文的程鵬、王相是刁民。

罵了半天，楊教諭終於說到了主題。首先他承認了帥嘉謨的發現，如今的「人丁絲絹」，確實就是國初的「夏稅生絲」。但他解釋說，根據府志記載，當年朝廷發現歙縣虧欠夏麥九千七百石，責令他們補交「夏稅生絲」，一共八千七百八十匹給南京承運庫。所以這是歙縣自己的責任，跟其他縣沒關係。

然後他又說，這筆稅款交了一百七十多年，從來沒人抗議過。嘉靖十四年，兩個歙縣刁民程鵬、王相去告刁狀，當時的徽州知府馮世雍主持過一次調查，甚至還去巡院查過版籍，結論是「人丁絲絹」就該歙縣單獨交。此後三十多年，也風平浪靜。誰知道又冒出一個訟棍帥嘉謨，無視組織決定，又要興風作浪。

楊教諭的這個辯駁，實在毫無道理。

帥嘉謨已經算得很清楚了。按照隆慶年間的折率，八千七百八十匹生絲，換算成麥子是二萬零四百八十石，跟歙縣拖欠的九千七百石根本對不上。即使按洪武年間的折率，也不可能差那麼多。楊教諭到底是文科生，沒算明白這筆帳。

不過技術細節無關宏旨，因為文科生最擅長的，是抒情。

楊教諭動情地寫道：「我們績溪，一共才方圓二十四里，土地貧瘠，民眾貧苦，每年丁糧才七百石不到；他們歙縣方圓二百二十四里，每年丁糧得六萬多石。哪裡有把上縣的負擔轉嫁給下縣的道理？」

他哭訴完之後，別有深意地加了一句：「照舊定納，庶免小民激變之憂，官民兩便。」意思是：您最好按照原來的做法徵稅，免得激起民變，這樣官府和民眾都方便。

楊教諭前面那些話，都是廢話，真正的文眼，恰好就在這裡。

這句話雖然謙卑，卻隱隱帶著威脅。反著讀，意思就成了：如果您不照原樣徵稅，恐怕會引起民變，到那個時候，可就官民兩不便了。

這句話非常狠，一下就擊中了徽州府的要害。

要知道，這個威脅雖然出自績溪代表之口，但其實背後是五縣的共識。也就意味著，如果此事不令他們滿意，將會使整個徽州府大亂。明年就是朝覲考查年，青天大老爺，您自個兒掂量著辦吧。

楊教諭這一手玩得很有分寸。如果五縣一起威脅鬧事，跡同謀反，切不可為。現在四縣不吭聲，推出最小的績溪在前頭說話，績溪人口太少，怎麼鬧，也絕對上升不到謀反的地步。這樣一來，既委婉而隱晦地把威脅傳達到，又給知府留出了足夠的面子，方便日後轉圜。

大明地方官員一向的治政思路是以穩定為主，不出事什麼都好說，至於講不講道理還在其次。下頭老百姓們也明白這個邏輯，所以碰到什麼糾紛，甭管有理沒理，先鬧一陣。鬧成了，官府往往就會按鬧分配；鬧不成，也是法不責眾嘛。

你看，這就是文科學霸解決問題的思路。楊教諭根本不屑去查證什麼「人丁絲絹」的技術細節，數字不重要，仕途才是重點。只要點明這事處理不當會引發民變，危及知府的前程，就足夠了。

果然，徽州府一看這篇申文，心領神會，不再催促合議。在幾方心照不宣的默契中，這件事慢慢地不再有人提起，眼看就要不了了之。

當事人帥嘉謨一看，急了，好不容易走到這一步，豈能無疾而終？問題的癥結，到底在哪裡？

從這裡，就能看出文理思路的差別了。

楊教諭的申文不提業務對錯，只談官員仕途。而帥嘉謨沒讀出申文這一層機鋒，一廂情願地認為，之所以徽州府不願推進，是因為整件事還說得不夠清楚——典型的技術人員思考方式。

他順著這個思路，重新考慮了一下，發現之前的呈文裡，確實有一處很模糊。

國初六縣均輸的「夏稅生絲」，就是如今歙縣獨輸的「人丁絲絹」，這個沒問題。那麼，「夏稅生絲」這個科目，又是怎麼被改成「人丁絲絹」的呢？

搞清楚這個關鍵節點，真相便會浮出水面。

帥嘉謨挽起袖子，又撲到浩如煙海的案牘文書裡去。他要在這積存了兩百年的六縣檔案的大海裡，找出那根關鍵的針來。

這次的調查，持續了數月之久。皇天不負苦心人，居然真的被帥嘉謨找到了線索：奧妙就奧妙在徵稅科目上。

帥嘉謨翻出了歷代戶部給徽州的勘合——類似於收據，上面寫得很明白：「坐取徽州人丁絲絹。」也就是說，南京承運庫要徽州徵發的科目，是「人丁絲絹」，而且沒有指明由哪個縣單獨繳納，一般默認是六縣均攤。

而帥嘉謨再去查徽州府發給六縣的催繳文書，卻發現「人丁絲絹」這個科目沒了。只有歙縣的交稅科目裡，多了一個「夏稅生絲」。

於是，這其中的手腳，很清楚了。

徽州府在向歙縣徵稅時，用的名目是「夏稅生絲」。恰好歙縣確實有一筆國初欠麥的「夏稅生絲」科目，因此地方並不覺有異。等這筆稅收上來以後，徽州府向上遞交時，又從「夏稅生絲」抽出應有的數目，劃歸到「人丁絲絹」之下。

這樣一來，原本六縣均攤的稅負，便神不知鬼不覺地成了歙縣獨扛。「人丁絲絹」這隻鳩，就這麼堂而皇之地占了「夏稅生絲」的巢。可憐歙縣百姓不知內情，辛辛苦苦交稅，卻不知道供養的其實是六縣負擔。

做這個手腳的人，絕對是個高手。他既熟知國初錢糧掌故，又精通案牘流程，巧妙地利用歙縣補交夏麥的這個科目，移花接木，混淆視聽，玩了一手漂亮的乾坤大挪移。繳稅這種事，一旦形成了慣例成法，就會堅定不移地執行下去，很難改變。就這樣，歙縣一口氣交了兩百年「人丁絲絹」而不自知。

帥嘉謨一拍桌子，這必然是有徽州府戶房的書手從中舞弊！

這個猜測，並非憑空臆測。

在大明府、縣這兩級的政府裡面，具體政務的執行機構叫作「三班六房」，三班指皂班、壯班、快班，合稱為衙役；六房分為吏房、戶房、禮房、兵房、刑房、工房，與中央六部相對應。知府和知縣是流官，幹幾年就會調走，但三班六房的職位往往為本地胥吏所把持。這些人都是本地土著，熟知基層，他們又掌握著專業技能，職務世代相傳，自成一個體系。沒他們配合，貴為知府也沒法施展拳腳。

尤其是六房中的戶房，分管錢糧，是胥吏管理的重災區。小吏們有各種手段可以顛倒乾坤。手段高超的書手，甚至能「使連阡陌者空無籍，無立錐之家籍輒盈野」[16]，你說這得多囂張。嘉靖年間的一位官員霍與瑕就曾無奈地寫道：「各縣各戶房糧科，年年派糧，時時作弊。」可見當時基層之混亂。

這筆絲絹稅，一定是當年的經手小吏在帳簿上做了手腳，才讓歙縣蒙受不白之冤！

事不宜遲，帥嘉謨迅速又寫了一篇呈文，簡單描述了一下自己最新的研究成果。他知道，吏目向來世代相繼，如果澈底掀出來，很可能會得罪一大批人，所以他對於成因，只是含糊地提了一句「先年不知弊由何作」，只強調這個稅科是被篡改過的，是不對的。人，可以不追究，畢竟過去快兩百年了；事，做錯了，就得撥亂反正。

帥嘉謨還提出另外一個重要論據：「人丁絲絹」明明是人頭稅，那應該就是按人口收取，單獨讓歙縣繳納，難道其他五個縣一個人都沒有嗎？

隆慶四年十一月二十五日，帥嘉謨正式把這篇呈文提交徽州府，滿懷期待能夠得到回應。

應該說，這次的呈文比上一次的更有說服力，新提出的兩個證據也都很合理。可是報告遞上去，毫無動靜。徽州府這次連回覆都沒有，置若罔聞。

帥嘉謨到底是數學學霸，在探究人心方面不及文科學霸楊教諭。他不明白徽州知府的冷漠是考慮到穩定和仕途，跟技術性問題無關。帥嘉謨把一個戰略性錯誤當成了戰術性錯誤，一味鑽牛角尖去查考細節，等於媚眼拋給了瞎子看。

換了其他人，大概就認命了，可是帥嘉謨沒有退縮。這個耿直倔強的數學學霸，意識到從徽州府和應天兩院都得不到支持，遂做了一個驚人的決定。

進京上訪！

我找你們長官去！

這裡要特別插一句，帥嘉謨的這個行為，在別的地方可能驚世駭俗，但在徽州，還真不算出奇事。

徽州這個地方，民風彪悍。這個「彪悍」不是說他們好打架，而是說徽州人好打官司。中國老百姓一般都有逃避打官司的傾向，愛打官司的人，會被當成「刁民」。地方官考評，也以「涉訟事少」作為民風淳樸的標準之一。但徽州人的做派，和如今美國人很相似，動輒興訟，有事沒事就喜歡對簿公堂，所以盛產精通法律條文的狀師、訟師——號稱「健訟」。

這民風不是明代才培養出來的，早在北宋時期，徽州人就喜歡打官司。歐陽修曾經如此描述徽州民風：「民習律令，性喜訟。家家自為簿書，凡聞人之陰私毫髮、坐起語言，日時皆記之，有訟則取以證。」徽州人，家家都有個小帳本，沒事就暗暗記下別人的言行，打官司時甩出來當證據，這法律意識真是夠強的。

以至於南宋時，徽州籍貫的理學大宗師朱熹也無奈地評價本鄉人：「其俗難以力服，而易以理勝。」

所以帥嘉謨在本地打不成官司，毅然赴京上訪，這個做法很符合徽州人的風格。

不過他這個「上京」，可不是去北京，而是去南京。

當時大明中樞分成南北二京，北京的六部、都察院、通政司、五軍都督府、翰林院等政府機構，在南京都有一套一模一樣的備份。南京這套備份政府，雖然權力遠不及北京的大，但在南直隸這片地方還是很有發言權的。

尤其是錢糧稅收這塊，南京的戶部統管南直隸、浙江、江西和湖廣諸司，都是膏腴之地，天下半數稅賦，皆出於這裡。南京戶部的影響力，不比北京戶部正印差多少。

帥嘉謨抵達南京以後幹了什麼，沒有資料記載。但從各種官府檔透露的細節能推測出，他應該沒去找戶部，而是先去找了都察院一位姓宋的御史，求遞陳情狀子。

這是個明智的決定。以帥嘉謨的身分，想直接找戶部高官申訴很難，但搭上一個言官就容易多了。

都察院十三道監察御史，職責為稽查六部百司之失，一向喜歡搜集民意，風聞奏事，找他們管用。

不過他沒走彈劾的路子。對京官來說，這事太小，又不涉及中樞官員，專門上書彈劾意思不大。帥嘉謨也不想跟地方政府澈底撕破臉。他所求的，只是朝廷一個態度，批幾句話，就夠了。

隆慶五年的六月初二，帥嘉謨的呈文終於被宋御史遞交上去，並很快轉發給南京戶部。同隨呈文過去的，還有一段都察院的批語：「典有所遵，賦當均派，合從抄出酌行。」意思是，要求應該遵守法典，均攤賦稅至六縣，請戶部酌情辦理。

這個批語，正是帥嘉謨夢寐以求的結論。

南京戶部接到這道文書，加了一句「候本處巡按衙門題」，轉發給應天巡撫和巡按，讓他們酌情辦理。與此同時，戶部還特意給徽州府發了一份諮文，特別指出：「轉行該府從公查勘，前項人丁絲絹起自何年，因何專派歙縣。其各縣有無別項錢糧相抵，如無相抵，今應作何議處。」

這段話雖然還是疑問口氣，但其實已經有了定論：歙縣的稅賦肯定有問題，所要搞清楚的，無非是何時開始，以及怎麼攤回到其他各縣。

獲得了戶部的支持，帥嘉謨這趟進京之旅，可謂圓滿結束。接下來，他只要趕回徽州，等著配合上峰調查就夠了。帥嘉謨高高興興地離開南京城，踏上了返鄉之旅。

他不知道，此時一道死亡威脅的陰影，已經悄然籠罩在他的頭頂。

斷人財路，如殺人父母。五縣明面上雖然對「人丁絲絹」一事反應淡漠，但私下裡十分重視。京官之中，也不乏五縣籍貫者。帥嘉謨在京城的舉動，他們了解得很清楚。

整件事的癥結，就是這個新安衛的訟師！沒他上竄下跳，就天下太平了。

要不，把他幹掉算了。

這也不是第一回了。嘉靖年間，那兩個糾纏「人丁絲絹」的歙縣「刁民」程鵬、王相，最後也是莫名身死收場。奈何橋上，不差這一條冤魂。

帥嘉謨在歸途中，果然遭遇一場絕大的危險，全靠好運氣才僥倖逃脫。具體是什麼危險，是誰指使的，沒有記載流傳下來。但帥嘉謨真是被嚇破了膽，敵人這是動了殺心。他壓根不敢回徽州，攜帶家人逃回了老家湖廣江夏縣避禍。

帥嘉謨這一逃，讓好不容易啟動調查的絲絹案陷入停滯——提告的苦主都沒了，還怎麼查？於是在各方敷衍之下，這件事終於再度沉寂下去。至於朝廷戶部，日理萬機，不可能一直盯著徽州這個小地方。

隆慶五年，毫無動靜。

隆慶六年（一五七二年），也毫無動靜。

在這一年，隆慶帝終於駕崩，萬曆帝即位。再然後，張居正排除掉了一切政敵，成為首輔，整個大明邁進了新時代。但徽州絲絹案，仍舊毫無動靜。

在接下來的日子裡，整個大明都忙著適應這位新首輔的執政風格。至於絲絹案和那個躲去原籍不敢回來的數學學霸，已經澈底被人遺忘，再沒人提起過。他心灰意冷，不敢再去爭辯什麼。

整個故事，似乎就這麼結束了。

可到了萬曆三年（一五七五年）的年初，已沉寂四年的徽州絲絹案，似乎被什麼力量激發，突兀地掀起一陣巨大的波瀾，震驚朝野。

【注釋】

1 徽州府與新安衛：根據《明史．地理志》與《明史．兵志》的記載，明代的整個疆土管理分別隸屬於兩大系統，即六部、布政使司、府、縣這一行政系統，與五軍都督府、都指揮使司、衛、千戶所這一軍事系統。明初，徽州府直屬中書省，後改屬南直隸，下轄歙、黟、休寧、績溪、祁門、婺源六縣，歙縣為附郭。新安衛，直隸於中軍都督府，雖設於徽州府轄區，其守備衙署亦在歙縣，卻不受徽州府管轄。

2 軍戶：據《大明會典．戶部》記載，明太祖朱元璋下令管理天下戶口，置戶帖、戶籍，記錄人戶之名字、年齡、居住地等資訊，戶帖發給百姓，戶籍上交戶部，作為核實戶口、徵調賦役的根據。明代人戶分軍、民、醫、匠、陰陽等多種類型，除優免差役者外，其他人必須承擔不同的差役，不允許變籍，所擔差役亦世襲。其中，軍戶便是世襲供應軍差義務的特定人戶，負擔沉重，社會地位也相對低下，故明人一般以脫離軍戶為幸。明代諸多著名閣臣如李東陽、萬安、劉吉、梁儲、高拱、張居正、葉向高等人，皆出自軍戶。

3《大明會典》：明代官修的記載典章制度的大全。有明一代於弘治、嘉靖、萬曆三朝先後編修、續修和重修《會典》。弘治年間，徐溥、劉健等奉敕修成《大明會典》一百八十卷，至孝宗死，未及頒行。正德年間，李東陽等奉敕重加校訂後由司禮監刻印頒行，是為正德本。嘉靖年間續修的《會典》並未刊行。萬曆年間，大學士申時行等奉敕重修《會典》成二百二十八卷，為萬曆本。文中帥嘉謨所閱者應為正德本《大明會典》。

4《徽州府志》：現存明代《徽州府志》有兩個版本，一為彭澤、汪舜民等人編修的弘治《徽州

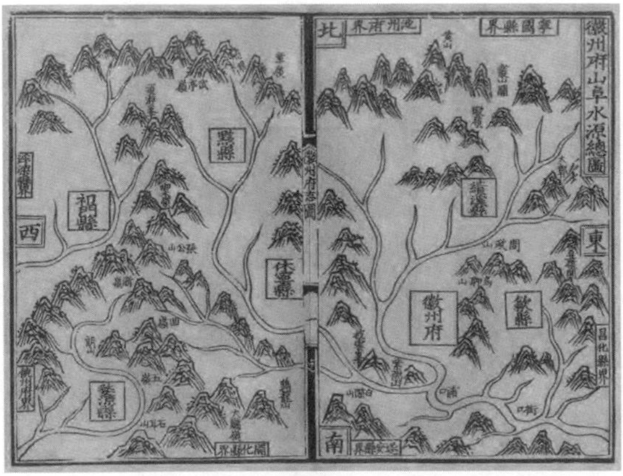

圖一　徽州府山阜水源總圖（來自弘治《徽州府志》）

府志》十二卷，一為汪尚寧等人編修的嘉靖《徽州府志》二十二卷。特別需要注意的是，汪尚寧為歙縣人，曾官至通議大夫、都察院右副都御史，退休歸里，組織一幫人員重修了《徽州府志》，後來亦被捲入學霸帥嘉謨引起的這場爭論。

5 乙巳改科：據《徽州府志．食貨志》記載，吳元年（一三六四年），明太祖朱元璋重新修訂了徽州府的賦稅舊制，將六縣的「夏稅生絲」折麥徵收。第二年，即乙巳年，行中書省核查徽州府賦稅時發現，該府吳元年的田賦增減額存在問題，派人將府、縣所屬官吏羈押至省，在嚴密監督之下，重新更定了徽州府的田賦數額，歲史稱「乙巳改科」，其中特別指出了歙縣虧欠原額夏麥九千餘石。

6 石（ㄉㄢˋ／dàn）：古人把石塊鑿孔成凹行，用於稱量糧食，「石」因此成為容量單位。《說苑．辨物》載：「十斗為一石」。古代的容量單位有：勺、合（ㄍㄜˇ／gě）、升、斗、石，為十進制。出自《淮南子．繆稱訓》的「以升量石」，比喻以膚淺的理解力難以推測深奧道理。出自明人凌濛初《二刻拍案驚奇》的「朝升暮合」則用以形容生活的艱難。日常生活中，石與合因其過大或過小而較少被

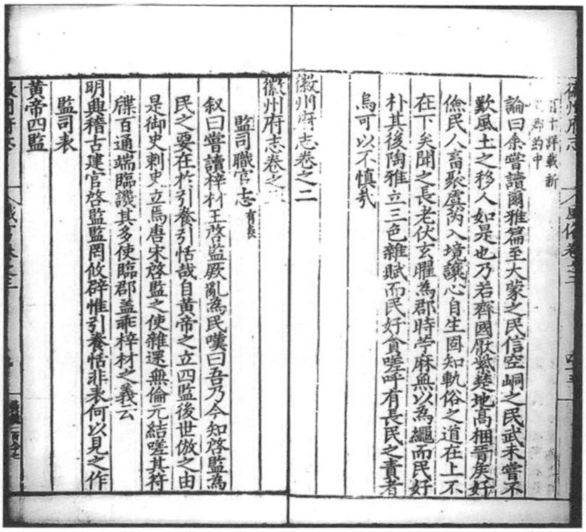
徽州府志
論曰余嘗讀爾雅篇至大蒙之民信空峒之民武未嘗不
歎風土之移人如是也乃若齊國厭然其地高相晉侯好
倫民人畜聚處爲入境讓心自生固知軌俗之道在上不
在下矣聞之長老伏玄耀為郡時苧麻無以為纑而民好
朴其後陶雅立三色雜賦而民好貪嗟呼有長民之責者
烏可以不慎哉
徽州府志卷之二
徽州府志卷之三
監司職官志
敘曰嘗讀梓材王啓監厥亂為民嘆曰吾乃今知啓監為
民之要在於引養引恬哉自黃帝之立四監後世倣之由
是御史刺史立焉唐宋啓監之使雜遝無倫元結嗟其特
牒百通端臨譏其多使臨郡盖乖梓材之義云
明興稽古建官啓監監罔攸辟惟引養恬非表何以見之作
監司表
黃帝四監

圖二　嘉靖《徽州府志》書影

使用，人們常用的是升和斗，故有升斗小民、日進斗金、不為五斗米折腰等說法。

7 折率：明初所定的賦稅，本是建立在實物財政的原則之上，政府根據需要的物品來確定徵收的物品種類，百姓根據各地土產的特點繳納不同的物品。但是，各地的出產與政府的需要總有不一致的時候，就需要用其他的物品來代替。或者，在政府實物儲備充足的情況下，改徵當時具有一般等價物職能的物品作為財政儲備，這時就需要有一定的換算比例，即折率。明中葉賦稅改革，逐漸以白銀作為衡量標準，折率也就主要是折銀率了，這一比率主要是由稅物要送往的倉庫與用途等因素決定。如據嘉靖《徽州府志》可知，嘉靖年間，徽州府夏麥徵收，徵入當地永豐倉每石徵銀四點五錢，送往京庫（北京）每石徵銀二點五錢，運往南京光祿寺每石徵銀六錢。

8 細查帥嘉謨所引用之《大明會典》可知，浙江、湖廣的各布政司、府、州運往南京戶部承運庫的夏稅絲絹數分別為三千五百零九匹、四千九百九十二匹，二者共計八千五百零一匹。應天等十三府為：應天府、常州府、鎮江府、太平府、廬州府、安慶府、寧國府、蘇州府、淮安府、松江府、鳳陽府、揚州府與池州府。上述各處所繳為絲綿折絹或農桑絲折絹，唯有徽州府繳納的稅項有些不同，乃是人丁絲折絹，有八千七百七十九匹，與帥嘉謨所說的八千七百八十四稍有出入。

9 大明稅制：帥嘉謨引用《大明會典》所載各司、府送往南京戶部承運庫的絲絹稅額，來哭訴歙縣獨自承擔的徽州府絲絹稅額比浙江、湖廣兩司的總額還多，實在太失公平。他如此計算，隱含著一個前提，即認定南京承運庫記載的稅額，就是各布政司、府所納絲絹稅額的全部。但實際上，這樣的假設完全站不住腳。因著兩京制度，明代的承運庫有南、北之分，帥嘉謨引用資料並未將北京承運庫算入。並且，地方上交中央的絲絹稅並非都送往承運庫，部分折銀可能送至太倉銀庫，部分絲絹可能送至丙字庫。所以，南京承運庫所收納的，僅是絲絹稅額的一部分而已。如表一所示，若給《萬曆會計錄》所記載的嘉靖、萬曆時期各布政司、府、縣的絲絹稅的總額做個排名，可以發現，徽州府的絲絹稅在全國諸府中名列第九，歙縣則在諸縣中名列第六，都比較靠前，卻也與名列第一的嚴州府、淳安縣有相當大的差距，更不能與浙江、湖廣二司共計十六萬七千五百四十四匹的總額相比。

表一 《萬曆會計錄》所見嘉靖、萬曆時期的絲絹稅收排名

排名	按司		按府		按州縣	
	名稱	數（匹）	名稱	數（匹）	名稱	數（匹）
1	浙江	139,654	嚴州府	49,216	淳安縣（嚴州府）	17,019
2	山東	56,662	湖州府	41,319	烏程縣（湖州府）	12,802
3	北直隸	44,853	杭州府	34,537	歸安縣（湖州府）	11,457
4	南直隸	42,592	濟南府	18,623	海寧縣（杭州府）	9,295
5	湖廣	27,890	蘇州府	18,319	建德縣（嚴州府）	9,259

6	江西	18,078	真定府	15,548	歙縣（徽州府）	8,781
7			兗州府	13,897	桐廬縣（嚴州府）	8,584
8			青州府	10,437	富陽縣（杭州府）	7,357
9			徽州府	8894	遂安縣（嚴州府）	6,049
10			衡州府	8740		

10 天下之道，貴乎均平，故物有不得其平則鳴。歙縣久偏重賦，民困已極，躬遇仁明在位，備陳情款，懇乞均平：普天之下，最重要的道理就是均平，故遇見不均不平之事，必須發聲抗議，維護公道！歙縣獨自承擔如此沉重的賦稅重擔這麼多年，百姓已貧困至極，無以為生了。幸蒙上天眷顧，遇見您這樣仁慈、賢明的御史大老爺，小的有幸向您詳細陳明狀況，懇乞大老爺均平賦役，救歙縣百姓於水火！

11 一條鞭法：據《明史．食貨志》可知，明初沿用兩稅法，根據官方登記的戶籍，田地要徵收田賦，分夏、秋兩季繳納；丁要承擔多種徭役。後官府借各種理由加徵賦稅、加派雜役，百姓困苦不堪，大量逃亡以躲避賦稅。政府亦出現嚴重的財政危機，故決定將一州一縣的田賦、種類繁多的徭役、雜稅合併起來，除必須的米麥之外，都折成銀兩，分攤到該州縣的田地上，按照擁有田地的多寡來徵收賦稅，官方徵收、官方解運，稱為「一條鞭法」。這不僅使國家財政收入得以穩定增加，也大大簡化了稅收程序，提高了效率。

12 海瑞：據《明史．海瑞傳》等可知，海瑞，字汝賢，號剛峰，海南瓊山人，自幼喪父，靠母親節衣縮食撫養成人，對百姓的貧苦深有體會。海瑞中舉後曾至南平任代理教諭，有御史來縣學視察，一些學官想要討好上司，一見面就全身趴在地上行磕頭大禮。海瑞則只是作揖而已，他認為學校不是官府衙門，是師長教導學生的地方，不應該屈膝下跪。因此，就有了這樣一個畫面：身為教諭、站在中間的海瑞，只是作揖，不下跪；兩邊的學官趴在地上磕頭，正如一個「山」字，又像一個筆架，因此海瑞就有了「筆架博士」的外號。海瑞升任淳安知縣後，不僅堅決抵制上司的額外攤派，並且積極取消不合理的賦稅、雜役，減輕百姓負擔。

13 徽州府出身官員中身居高位者眾多，進入《明史》名臣列傳者就有四十多位，在安徽省內，僅次於太祖朱元璋的老家、明初因軍功任職者眾多的鳳陽府。特別的是，徽州府出身的官員多是宣德以後以科第進入仕途、官運亨通的。嘉靖、萬曆時期在朝為官者，績溪有官至工部尚書的胡松，以計謀擒獲倭寇首領、後官至兵部尚書兼都察院右都御史的胡宗憲；休寧有官至福建兵備簽事的汪泗論；婺源有官至兵部左侍郎、贈兵部尚書的汪元錫，官至都察院右僉都御史的余懋學，官至兵部侍郎、別號「潘青天」的潘珍；歙縣有官至都察院右副都御史的汪尚寧，官至兵部侍郎的汪道昆，官至禮部尚書兼文淵閣大學士的許國，等等。

14 為懇恩遵國典、據府志，均賦救偏，以紓困苦事：本縣為了響應府衙的號召，今特遵照《大明會典》、《徽州府志》之記載，均平賦稅，補救弊政，切實緩解百姓多年之困苦，以示大人的浩蕩洪恩！

15 變亂國制，罔上虐下：（帥嘉謨）實乃假公濟私的無恥之徒，他興風作浪，妄圖變亂國家大政，對上欺騙、蒙蔽大人，對下虐待、陷害百姓。

16 使連阡陌者空無籍，無立錐之家籍輒盈野：明代的田地主要有官田與民田兩種，皇莊、學田、牧馬草場、園陵墳地、勳貴莊田、百官職田、邊臣養廉田等，都是官田，其餘為民田。田地是政府徵收賦稅的重要來源，明初曾核實天下田地，造有魚鱗圖冊，以制定賦稅額度，每一次田地的變動都要記錄在案。但是，當土地兼併嚴重的時候，富人可以田連阡陌，貧者卻無立錐之地。更可怕的是，被收買的小吏，可以使用高超卻卑鄙的手段，使得家有良田千畝的富家在官方記錄中表現為無田，富家便可輕鬆逃避賦稅；而根本沒有田地的窮家卻被登記為田產豐富，需要承擔沉重的賦稅。

第二章　六縣大辯論

萬曆三年三月初九，徽州知府崔孔昕突然向歙縣發下一道逮捕令，要求緝拿帥嘉謨。逮捕令是這麼寫的：「今照帥嘉謨，既能具詞呈告撫按，必為有力之家，有謀之輩，何為捏作在外，屢提不到。中間必有主使之者，擬合行提。為此，仰縣官吏速究帥嘉謨有無妻子兄弟，是否在外，此輩奸惡，漸不可長，設法緝拿解府，從重問擬，庶足以警餘奸，毋得遲違。」

這個緝拿帥嘉謨的罪名，實在有點莫名其妙：你帥嘉謨有本事去兩院告狀，怎麼沒本事留下來配合調查？一直躲在外頭，一定非奸即惡！

太不講道理。帥嘉謨外出避禍，可不是自己情願的。何況戶部隆慶五年下的文，時隔四年，徽州府這才想起來指責別人不配合調查，這反射神經未免也太遲鈍了。

這一看就是欲加之罪，倉促擬成。從逮捕令的字裡行間，我們能感受到徽州府濃濃的焦慮，有點氣急敗壞，似乎有什麼大事要發生，迫使他們不得不加快行動。

這份急就的逮捕令，很快下發到了歙縣。知縣姚學閔倒是沒耽誤，立刻安排人手聯合執法——因為帥嘉謨是軍戶，隸屬新安衛，所以這事必須跟衛所協調。

軍戶歷代都得當兵，戶籍寄在各地衛所之下，自成體系。地方民政部門如果碰到涉及軍戶的事，必須知會衛所。

半個月以後，也就是三月二十四日，在新安衛的協助下，歙縣總算逮到帥家的一個親戚，叫帥貴。一問方知，帥嘉謨帶著老婆孩子，一直躲在江夏縣沒回來過，只留下帥貴看家。

知縣姚學閔迅速把這個情況回報徽州府，然後還特意加了一句「無憑拘解」。意思是，想抓他，就得跨省執法，跨省執法需要憑據，我們歙縣可拿不出來。

歙縣在捉拿帥嘉謨這件事上，一點也不熱心，畢竟帥嘉謨是在為本縣利益奔走。徽州府對此心知肚明，可也不能說什麼，只好先把帥貴拘押了事。

沒想到，這事才過了十幾天，到了四月初十，徽州府忽然接到一封呈文，署名正是帥嘉謨。

在這篇呈文裡，帥嘉謨舊事重提，先把關於「人丁絲絹」的前因後果重述一遍，然後回顧了各級各屆官員對此事的批示。緊接著，他解釋了一下自己的行蹤：「回途遇害，羈縻遠避，未申情款。」

帥嘉謨並沒說這危險是什麼，也沒提誰是主使。但既然他不敢回徽州，那兇手從何而來，昭然若揭。這一句指控，真是綿裡藏針。

當然，對於徽州府，帥嘉謨的態度還是很誠懇的：「今奉爺台仁恩催議，千里奔歸，伏乞作主，憐憫偏苦，洞察奸弊。」意思是，今天您既然催促我，我便千里星夜趕回，希望您能為小人做主。

這句話，算是針對徽州府「屢提不到」給了一個解釋。

在呈文的最後，帥嘉謨又提出了一項新證據：順天八府，也有「人丁絲絹」這個稅種，皆為諸縣分攤，沒有例外。

這個順天八府的稅種雖非決定性證據，但是一個強而有力的旁證。同樣是「人丁絲絹」，人家都是分攤解決，怎麼就你徽州府這麼特殊呢？

看來他在江夏縣這幾年，根本沒有心灰意冷，仍舊在孜孜不倦地搜尋證據，還把視野擴散到了全國範圍。

不過帥嘉謨提交這一篇呈文的時間相當蹊蹺。

徽州府的緝拿令發於三月初九，到了三月二十四日，歙縣才搞清楚帥嘉謨的下落。即使他們立刻派人趕往江夏通風報信，送到也得四月初了。而到了四月初十，帥嘉謨的呈文竟然已經送到了徽州知府的案頭。

徽州到江夏差不多一千里地，帥嘉謨從接到報信返回徽州，到撰寫呈文提交官府，只用了十七天時間，這未免也太有效率了吧？

除非，這封呈文，帥嘉謨早就準備好了。

除非，徽州府的動向，歙縣早就已經向他通報了。

這才符合實際情況，帥嘉謨為歙縣萬民請命，歙縣怎麼可能會無動於衷？明面上歙縣鄉紳們不便公開支持，但私下肯定會給予支持。

從種種蛛絲馬跡能感覺到，帥嘉謨和歙縣之間，早在暗中密切聯絡，而且他們在策劃一個很大的動作。

無論如何，帥嘉謨的再度出現，讓徽州府鬆了一口氣。大概是嗅到空氣裡什麼味道，比起上一次的敷衍態度，徽州府這回的態度積極得可怕，一百八十度大轉變。

兩天之後，四月十二日，徽州知府崔孔昕迫不及待地把帥嘉謨的呈文轉發給歙縣，說有人向本府投訴人丁絲絹案，你們好好詳查一下。

這個命令，很有意思。按道理，這件事應該是六縣合議，再拿出個章程。你現在不通知其他五縣，讓歙縣先去詳查，豈不等於讓原告自己去審犯人嗎？

沒想到，歙縣比徽州府還積極。詳查文書發出三天之後，歙縣竟然就發了一篇申文給徽州府，洋洋灑灑好長一篇。

這篇申文，出自知縣姚學閔之手，代表了整個歙縣官方的態度。申文的開頭氣勢十足：「歙縣為蔑制蔑悖典，射害殃民，懇恩遵照《大明會典》，均平絹賦，以紓偏困事。」

姚學閔的申文，簡單來說就是兩點：第一，《大明會典》記載徽州府輸「人丁絲絹」八千七百八十四，從來沒提過讓歙縣單獨交；第二，「人丁絲絹」被人篡改成了「夏稅生絲」，以致五縣之稅落到了歙縣頭上。

這篇申文，基本上就是複製帥嘉謨之前的論點。唯一不同的是，上一次是下民上書，這一次卻是知縣大人親自背書，不光背書，還要赤膊上陣。

此前帥嘉謨也提過戶房舞弊之事，可他不敢把話說得太明白，只能隱晦表示。而姚學閔根本不多顧慮，直接撕破了臉皮，指著戶房那些書吏的鼻子開罵。

知縣大人表示，徽州府的戶房，一直以來都是由五縣胥吏把持，世頂名缺[17]，從來沒有出過歙縣籍的糧官。歙縣沒人在府裡，只能被人欺負。所以「人丁絲絹」被篡改成「夏稅生絲」這件事，一定是出自徽州府戶房糧科的書吏之手。

這故事的真假，沒法查證，反正姚學閔說了，這是「父老相傳」。

姚學閔一介知縣，怎麼突然變得如此生猛？謎底就在申文裡的一串人名。為了壯大聲勢，姚學閔找了本地的一批鄉宦連署。這些鄉宦大多是退下來的本籍高官，雖然無權，但在當地仍舊擁有著絕大的影響力，不容忽視。

事實上，這些鄉紳鄉宦才是歙縣真正的統治者。他們下對基層平民控制力度相當大，上有官場的人情網路，又坐擁數量巨大的田畝與各項產業。如果不獲得他們的支持，歙縣知縣什麼也做不了。中國有「皇權不下縣」[18]的說法，政府機構必須靠這些「鄉賢」的配合，才能真正對底層實行有效統治。

現在這些人一個接一個地浮出水面，向徽州府展現出肌肉。

看看這份連署名單的前幾名吧：

汪尚寧，歙縣竦口人，進士，官至都察院右副都御史。

汪道昆，歙縣千秋里人，進士，官至兵部左侍郎[19]。他文名極盛，和王世貞並稱南北兩司馬，為「後五子」之一。後人猜測《金瓶梅》的作者時，汪道昆也是被懷疑的對象之一，可見這人的實力。

江珍，歙縣溪南人，進士，官至貴州左布政使[20]。

方弘靜，歙縣人，進士，官至南京戶部右侍郎[21]。

程大賓，歙縣槐塘人，進士，官至貴州按察使[22]。

曹樓，歙縣雄村人，進士，官至江西右參政[23]。

江東之，歙縣江村人。此時他還沒進士出身，要到後年才考中。再後來，他以御史[24]身分首先向馮保開炮，也是萬曆朝中一個名人。

要說徽州，真是人傑地靈的學問之鄉，底蘊深厚。區區一個歙縣，隨隨便便就請出六七位還在世的進士高官助陣，個個身分顯赫，地位不凡，簡直就是全明星隊，別人眼睛都要被閃瞎了。

有他們背書，這份中文的分量之重，可想而知。

從連署名單就能知道，歙縣這次突開重炮，絕對是籌謀已久。從徽州府發文到歙縣回覆，一共就三天，若是臨時準備串聯，哪裡來得及？

歙縣鄉紳們一定是早早開始籌畫，就等著突發奇襲，打五縣個措手不及。

可是，歙縣哪兒來的膽量，把所有的矛盾都擺到檯面上跟五縣打對台？就算有鄉宦連署，也不至於這麼直白大膽吧？

很快答案就來了。

五月十日，應天巡按鮑希賢下文給徽州府，說歙縣申文關係重大，必須仔細地檢閱會典、府志、賦役等文件，會同五縣通查，一有結果，立刻上報。

注意，此前包括海瑞在內，歷屆應天巡撫、按兩院給的批覆，都是「仰府查議報奪」，沒太多傾向性，就算催促六縣合議，也是不急不忙。

但鮑希賢這次的口氣明顯偏向歙縣，反覆強調這次五縣通查，一定得查出一個結果來。而且鮑希賢不是直接在徽州府的上文做批覆，而是讓兵備道發出憲牌[25]。

所謂兵備道，是大明中後期在地方上負責整飭兵務的機構，獨立於地方官府而存在。它雖有軍方色彩，但兵備道長官卻經常掛著一個按察使副使的頭銜，所以兵備道也算是半個司法線上的機構，有受理訴訟的職能，而且手裡有武裝力量，必要時可彈壓地方。

南直隸沒有按察使，但是有巡按御史，同樣屬於兵備道的上級主官。

徽州附近的兵備道，全稱叫作「應、安、徽、寧、池、太六處兵備道」，簡稱徽寧兵備道，由兵備副使馮叔吉兼領。由他出手發出憲牌，是暗示徽州府，這次別再用「恐生民亂」當理由了。真鬧起來，兵備副使手下可不只有文吏。

如此旗幟鮮明的表態，說明早在徽州府發文緝拿帥嘉謨之前，歙縣就已經跟上頭打點好了。

這一回，上有應天巡按、兵備道副使支援，下有鄉宦明星隊搖旗吶喊，上下一起發力，怪不得歙縣申文寫得氣壯山河，底氣十足。此前一直是帥嘉謨單槍匹馬，獨闖敵陣，這回則是數路大軍集結一處，擺明車馬要做正面決戰。

面對這空前的壓力，徽州府自然無從抵擋。五月十日兵備道的憲牌發出，五月十四徽州府便轉發給五縣，催促他們前來合議。大家要注意，這個五月十四日，是憲牌送到五縣的時間。也就是說，徽州府幾乎一收到兵備道的文書，一點沒耽誤，立刻轉發出去了。

可見徽州府是真嚇壞了。

面對歙縣蓄謀已久的突襲，其他五縣一時間傻了。這事不是早沒了嗎？什麼時候又鬧得這麼大了？

徽州府一封接一封地催促他們準備申文，過來商議。這回，五縣不能像上次一樣裝聾作啞了，必須有所表示才成。

最先做出反應的，是婺源縣。這是僅次於歙縣的大縣，實力位居五縣之首，更是朱熹老夫子的鄉貫故里。知縣吳琯在五月二十二日即發回申文，算得上神速了。

可惜速度雖快，品質卻很粗糙。這篇申文的論點，和當年績溪楊教諭的一樣，指稱歙縣虧欠夏麥九千七百石，被罰補交「夏稅生絲」八千七百八十匹，歷年輸送，與其他五縣無關。至於「人丁絲絹」，那是南京承運府的事。

這個論點破綻很大，無甚新意。不過這也沒辦法，一共沒幾天時間，吳琯再有才，也不可能跟帥嘉謨精心準備了幾年的證據相匹敵。

不過吳琯到底也非庸人，他後來官至給事中，說明頭腦很好使。他在申文裡，還提出了一個四兩撥千斤的方案：

查閱黃冊。

黃冊是大明朝廷重要的賦稅檔案，上面徵派賦役，都要依據黃冊來施行。它是一手資料，最具權威。黃冊從洪武十四年（一三八一年）開始編造，十年一屆，從無中斷，涵蓋每一個大明府縣，具體到戶，是中國檔案史上的一個奇蹟。

吳琯的邏輯是：如果《大明會典》和府志記載無誤的話，那麼在黃冊的原始記錄裡，一定會有相應記載，後者的可信度要高於前者，只要去查黃冊檔案，自然知道誰對誰錯。

按照規定，每一屆的黃冊都會抄送數份，本縣本府本省各自留底，原冊送交南京戶部。你可以說本縣本府存的黃冊可能會被篡改，但南京戶部的原冊絕對是準確的，一查便知真偽。

吳琯此舉，獨闢蹊徑，為解決紛爭提供了一個新思路。

除此之外，他也效仿歙縣，拉來了本縣的一批鄉宦助威。雖然陣勢不如歙縣，卻也有四位進士出身的高官壓陣——徽州真的太厲害了，只是轄下兩縣打架，就能請出這麼多名人。

三天之後的五月二十五日，績溪縣也加入戰團，同樣是知縣領銜。

有了婺源縣爭取時間，績溪縣準備得更加充分。知縣陳嘉策選擇了另外一個辯駁策略，把突破口放在了「獨徵生絲」上。

帥嘉謨當初有一個質疑：徽州一共六縣，為何獨獨在歙縣徵收生絲？這根本不合理，所以一定是六縣均輸。他還舉了很多例子，比如常州府進貢茶葉，《大明會典》裡就寫明「徵於宜興縣」；寧國府進貢木瓜，也寫明由宣城縣專輸。所以如果獨在歙縣徵收生絲，《大明會典》一定會單獨寫出來「徵於歙縣」。

陳嘉策針對這個質疑，羅列了一大堆反例：松江府的綠豆，只由華亭一縣徵收，上海縣就不必去管；淮安府的藥材，只由山陽縣徵收，睢寧、贛榆兩縣不用交；金華府的麻地，只徵武義縣，至於絲、紗二項，則從湯溪徵發，其他縣不必繳納。

列完這一大堆，陳嘉策表示，一府獨徵一類物資於某縣實屬平常，《大明會典》不可能面面俱到。所以帥嘉謨的質疑，純屬見識太少，毫無道理。

哦，對了，績溪作為六縣中最小的一縣，手裡沒有活著的進士，只好翻箱倒櫃，請出了三位舉人連署。

婺源、績溪兩縣打起頭陣。到了六月十三日，休寧、祁門兩縣終於枹鼓相應。

休寧的知縣陳履，應該也是個學霸級的人物。他準備了將近一個月，兵強馬壯，索性撕開那些彎彎繞繞，挺槍直刺歙縣的核心要害——數字。

歙縣或帥嘉謨最核心的質疑，在於兩項稅賦的數字不符：

歙縣「夏稅生絲」補夏麥九千七百石，折絹四千多匹；而每年歙縣卻要繳納「人丁絲絹」八千七百八十四匹。多交的四千多匹，一定是本該其他五縣負擔！

關於這個質疑，陳履給出了自己的調查結果：

他發現，在乙巳改科中，行中書省除了查獲歙縣虧欠夏麥九千七百石之外，還在其下轄的登瀛、明德兩鄉，重新清查出一部分拋荒的桑園田地，以及抄沒程輝祥、葉忠兩個大地主的田地。

這些土地，都重新丈量造冊，然後重新計算徵稅。

虧欠夏麥、拋荒桑園田地、抄沒田地，這三項加在一起，歙縣新增的賦稅一共是生絲一萬零九百七十四點三斤。每二十四兩生絲，折絹一匹，所以總數是八千七百七十九匹整，沒有任何問題。（原始資料即如此。）

陳履的調查成果，還不僅止於此。

歙縣明明不產絲，為什麼要以生絲為賦稅折色呢？

陳履考察了一下，發現歙縣下轄的登瀛、明德、仁禮、永豐、孝悌等幾個鄉里，本來是有桑園的，其他五縣則從來沒有過。顯然，生絲是歙縣特產土貢。在洪武十年（一三七七年）、二十四年（一三九一年），永樂十年（一四一二年），成化十八年（一四八二年），這筆賦稅的數額都有調整。到了弘治十四年（一五〇一年），朝廷把生絲折絹的比率，從二十四兩調整到了二十兩，但定額八千七百七十九匹沒有改動過。

雖然歙縣現在不養蠶，得去外地買絲，但當年它明明可以靠自產。朝廷徵絲絹稅，只可能是從歙縣收。

至於《徽州府志》上為何沒提歙縣原本有桑這件事，很簡單，因為《徽州府志》是歙縣籍的官員帶頭修的，當然得摻私貨啊！

至於為什麼在《大明會典》的記載裡，只寫「人丁絲絹」徵於徽州府，沒寫獨徵於歙縣，陳履的解釋就三個字——沒必要。會典是國家級檔案，只記錄到府就夠了，沒必要寫到縣這麼詳細。更何況每一府都有自己的情況，拿外府的例子來質疑本府，根本荒唐。

陳履的回答，是目前為止五縣反擊中最犀利的一個。帥嘉謨就是當面辯論，恐怕也會感到非常棘手。

相比之下，同一天交作業的祁門縣，申文寫得極其乏味，無非老生常談加哭窮而已。沒辦法，因為祁門當時的知縣開缺，申文由縣丞劉守德代理撰寫。

又過了一個多月，七月二十一日，姍姍來遲的黟縣終於把最後一篇申文交了上去。

前面有吳琯、陳嘉策、陳履三員大將坐鎮，黟縣知縣陳正謨就顯得輕鬆多了。在申文裡，他心不在焉地重複了一遍前幾位知縣的意見，然後說了句略帶萌感的風涼話：歙縣那麼大，就算減了絲絹稅，也不過是大江之上去掉一條船而已；我們黟縣現在超級超級窮，再加哪怕一點點賦稅，那就和久病之人吃了烏頭一樣，根本扛不住呢！

於是在萬曆三年的徽州，可以看到一番神魔小說般的盛況：六個縣的官員騰空而起，紛紛祭出法寶與神通，呈文如雪片一般交相揮灑，肆意互噴，口沫四濺。六縣的鄉宦們也在暗暗輸送內力，支持知縣們拚個你死我活。

五縣經過反擊，和歙縣堪堪戰了一個平手。可是神仙們打架的動靜太大，結果當地民眾全都被驚動了。田賦一事，對百姓來說最敏感不過。他們一打聽，立刻坐不住了。贏了還好，萬一知縣輸了怎麼辦？咱們不就平白要加稅了嗎？

這可不行，得出把力，把聲勢搞得越大越好！於是在鄉宦們的刻意鼓動之下，一時之間，六縣民眾摩拳擦掌，紛紛投身到這一場大辯論中來。

徽州風俗一向健訟，百姓一碰到問題，第一個反應就是上訪告狀。可是徽州府如今一腦門子官司，沒法調停這個糾紛。於是六縣民眾把注意力全放在了更上一級的政府機構。

在接下來的半年裡，整個江南官場可真是熱鬧非凡。有歙縣的老百姓去找兵備道告狀，有婺源縣的不平士人去應天巡撫那兒告狀，有績溪縣士民跑到應天巡按那裡訴苦。只要和徽州事務沾邊的衙門，幾乎被他們騷擾了一遍。兩院、兵備道的衙署門庭若市，告狀的比送禮的人還多，幾乎演變成了全民大訴訟的熱鬧局面。

面對這種窘境，兩院除了連連下文催促徽州府趕緊拿出個結論，還在文書裡反覆強調：「仍禁諭士民不必紛紛告擾。」可見上級主管部門真是被騷擾得不輕。

可結論哪兒那麼容易拿出來啊？或者說，徽州府怎麼敢拿出結論來啊？如今爭議已經不只在官方層面，連民間都爭吵不休，甚至已經導致了幾起跨縣鬥毆。六縣民怨都在蓄積，誰敢去惹？

眼看僵局要演變成亂局，到了萬曆三年年底，十二月初一，絲絹風波的始作俑者帥嘉謨終於再度出手。

帥嘉謨手裡並沒有什麼新的證據，不過他把之前的所有資料統合起來，給出了一個完整的故事。在這個故事裡，國初朝廷向徽州徵派「人丁絲絹」八千七百八十四匹，均攤六縣。結果徽州府戶房小吏是五縣人，遂哄騙歙縣先墊上。等到歙縣應承下來之後，戶房又把這筆稅賦篡改入「夏稅生絲」的科目裡。從此以後，徽州在歙縣徵收「夏稅生絲」，向上繳納「人丁絲絹」，瞞天過海兩百年。

對於吳琯、陳嘉策、陳履三個人的反駁，帥嘉謨卻未置一詞。

徽州府拿到帥嘉謨的呈文，再次轉發六縣，要求合議。這篇轉發公文透露了一個重要訊息，解釋了原本漠然處之的徽州府為何在年初突然重啟絲絹案的調查。

按照公文要求，徽州府需要把此前各級主管部門對絲絹事件的批示一一附在前頭。從這些資訊中，能看出文牘流轉的蛛絲馬跡。

原來早在年初，南京戶部下發了一道文書，責問徽州府，四年前讓你們查勘「人丁絲絹」的事，到底查得如何了，徽州府這才想起來。

隆慶五年，帥嘉謨進京告狀，曾經成功促使戶部下一道文，催促徽州府查勘。後來帥嘉謨失蹤，緊接著趕上皇上駕崩，徽州府以為上頭把這事給忘了，也就擱置不理了。

誰知道，時隔四年，戶部突然想起來這碼子事了，來文催促。而且這次催促的性質可不一樣，文書前頭寫得清清楚楚：「奉聖旨：戶部知道，欽此。欽遵。抄出到部，送司。」

奉聖旨？這是驚動皇上了？

不對，萬曆皇帝那會兒還小，這個「奉聖旨」，其實是代表內閣的授意，搞不好是首輔張居正的想法。

驚動了這麼一位大神，你說徽州府慌不慌？所以從萬曆三年二月開始，徽州府一反常態地積極推進絲絹案的查證，而且處處偏袒歙縣，結果惹出來了一場六縣大辯論。

如今吵到年底，徽州府轉發帥嘉謨呈文，行到五縣。五縣立刻跳了起來，合著我們的質疑他一條都沒答，純粹在自說自話。

這次五縣不單打了，正式組隊，合著發了一篇《五邑民人訴辯妄奏揭帖》。他們懶得多費唇舌，核心意思就一條，即此前婺源知縣吳琯的提議：「伏乞查明，洪武十四年初造黃冊，如系六縣公賦，甘派無詞；如系歙縣額科，乞嚴將帥嘉謨等正法治罪！」

咱們去查黃冊的原始記錄，是不是，用證據說話！

歙縣不甘示弱，立刻回帖嘲諷：「節蒙牌提各縣丁畝文冊並取有無何項錢糧相抵回文，豈各縣抗違不回，延挨會計，歙苦無伸，懇恩差人守提，早賜均攤歸結。」

翻譯一下：大人早就將通告發了下去，讓各縣速將各自的人丁、田畝文冊都拿出來，仔細核查，看看以前的錢糧到底是怎麼繳的，查明白了好回話。哪知他們竟如此大膽，拖拖拉拉，至今未有結果，害我們歙縣有苦卻無處申冤！懇請大老爺差人提檔核查，早將這筆重稅分攤六縣，以示公平！

你們自己都不肯把縣裡的檔案拿出來對帳，百般拖延，還好意思提查黃冊的事？

然後兩邊又跳起來開撕，撕得昏天黑地。

巡按宋儀望看到這一幕，趕緊寫信提醒徽州府：「歙民積憤已久，五縣紛爭亦力，示以均平之情，酌以通融之法，雖有偏心，無可復置私喙矣。」

可見上頭也知道六縣此時鬧成什麼模樣，生怕釀成民亂，所以話裡話外透著一股「別講道理了，和和稀泥，趕緊把這事平了」的意味。

上下的壓力，全落在了倒楣的徽州府身上。

徽州府心想，得，我過不好年，你們誰也別想過好。

萬曆三年十二月十九日，徽州府給五縣下達了一封催提公文，態度前所未有地嚴厲：「將該縣人丁田畝數目文冊一併，星火申報，毋徒執詞混擾，致礙轉奪，此系至緊事理，難容延緩，如違，提究該吏不貸。」要求五縣把縣存檔案都上交，不許拖延，不許不給。

按說這會兒距離過年只有半個月不到，按中國人傳統，有什麼事過完年再說。現在徽州府連這個傳統都不顧了，看得出來，知府是真急了。

於是，十二月二十五日，婺源知縣吳琯再一次披掛上陣。

吳琯這一次，帶來了更犀利的武器，死死盯住帥嘉謨的幾個論點咬。

第一，帥嘉謨說「人丁絲絹」和「夏稅生絲」折算出的數字不對。

他算錯了！

乙巳改科，是在當年四月一日發生的。歙縣一共虧欠九千七百六十六石九斗三升六勺——這個數字估計是一個處女座的人查出來的，所以針對該縣輕租民田三千六百四十六頃，每畝額外徵發四錢生絲。這筆賦稅，在洪武年間正式記入黃冊檔案。

而按照當時的折率，生絲一兩折麥七升。歙縣虧補的九千七百六十六石九斗三升六勺麥子，補生絲九千零四十一斤，算下來正好是七升麥子補絲一兩。完全對得上。（原始資料即如此。）

吳琯還順嘴嘲諷了一句，這事帥嘉謨你怎麼能拿銀子來算？國初到現在，銀錢變化太大，根本無法做參考。你可真外行。

第二，帥嘉謨說，《大明會典》記載徽州府徵收「人丁絲絹」八千七百八十匹，沒說具體由哪個縣交，那麼當然是六縣均攤，否則該注明是歙縣獨輸。

他弄錯了！

此前陳履已經舉了不少反例，這次吳琯準備了更充分的「彈藥」。

浙江的「夏稅絲綿」，是從杭州等八府徵收，溫、台、處三府不用繳。但《大明會典》裡只寫浙江布政司徵「夏稅絲綿」，為什麼不注明杭州等八府呢？

因為這是《大明會典》的寫作原則：在直隸，言府而不言縣；在各布政司，則言省而不言府。如果事事注明，《大明會典》得多厚啊？

再說帥嘉謨舉的那兩個例子——常州府茶葉注明產自宜興、寧國府木瓜注明產自宣城，那是特產貢品好吧！跟田賦有什麼關係？

第三，帥嘉謨曾經提出一個理論：歙縣虧欠夏麥的同時，其他五縣也虧欠，六縣虧欠的總額，恰好與「人丁絲絹」的稅額對得上。

他算錯了！

吳琯對這個疑點，也做了十分深入的調查。

乙巳改科之前，歙縣產麥一萬九千六百三十二石，產米一萬七千六百八十八石；婺源產麥八千三百一十五石，產米八千三百一十五石。次年歙縣產麥虧欠的同時，婺源產麥八千石，確實虧欠三百石麥，但是大米豐收了，遠比八千三百一十五石要高，所以根本不需要補麥，自然更不需要轉嫁到歙縣頭上。

第四，帥嘉謨說戶房的五縣小吏偷偷篡改稅收科目，哄騙歙縣。

吳琯對這個質疑，簡單回覆了一句：歙縣長官又不是白癡，就算歙縣長官白癡，老百姓也不傻。這麼大的稅額，都要真金白銀往外掏，哪裡是改改數字就能瞞過去的？

說完這個，他又不陰不陽地補了一句：「你說徽州戶房被五縣小吏把持，但別忘了，現在的南京戶部尚書殷正茂可是你們歙縣的。」潛臺詞是，你說把持戶房的人會徇私偏幫本鄉，那把持戶部的堂官豈不更會徇私嘍？」

吳琯提到的這個殷正茂，來歷可不簡單。他是歙縣人，當年巡撫廣西，跟俞大猷聯手平定了韋銀豹的叛亂；總督兩廣軍務時，擊破了打著「倭寇」旗號的海寇，光復了惠州、潮州兩地，可謂戰功累累，官至南京兵部尚書，此時正好改擢為南京戶部尚書。

而南京戶部，恰好管著絲絹之事，所以吳琯把這事挑明，是怕殷正茂會偷偷偏袒歙縣。

在文章末尾，吳琯又強調了一次此前五縣揭帖的要求：盡快查詢洪武十四年的冊籍，搞清楚怎麼回事。

兩天以後，帥嘉謨沒回覆，反而是歙縣知縣姚學閔拍馬而至。

不過這回他沒有大馬金刀地跟吳琯力拚，反而施展出了纏鬥功夫，顧左右而言他。

「我們歙縣的稅負，實在是太重了。大老爺請看，徽州的四司銀一萬六千二百一十二兩，歙縣要負擔五千三百六十一兩，其他五縣共負一萬零八百五十一兩。磚料銀七百零八兩，歙縣負擔二百三十四兩，其他五縣共負四百七十三兩。軍需銀一萬二千二百一十五兩，歙縣負擔四千零三十二兩，其他五縣共負八千一百八十三兩。這些都屬於正稅之外的雜稅，歙縣負擔了徽州的三分之一，沉重無比。你們怎麼忍心把『人丁絲絹』又砸在我們頭上？」

明眼人都看得出來，從道理這個層面，勝負的天平開始傾向五縣。吳琯的犀利攻勢，幾乎擊潰了歙縣的每一個論點，讓姚學閔不得不採取守勢，不再正面搏殺，改打感情牌。

不過事情總算有那麼一點進展。在申文結尾，姚學閔也同意，應該盡快調查黃冊，找到原始記錄。

這份申文，並沒有立刻得到回應。沒辦法，發出時間是十二月二十七日了，眼看都到年根底下了，有什麼事還是等過完年再說吧！

於是爭吵幾方各自回家，熱熱鬧鬧地過了一個大年。一直到萬曆四年（一五七六年）的二月，祁門、績溪、休寧、黟縣才相繼回覆。他們的態度很鮮明，支持婺源縣的意見，催促盡快開查黃冊。

與此同時，五縣又扔出一條更具爆炸力的證據。

他們把自己縣內的土地檔案翻出來，合編了一部《五邑查明絲絹緣由呈詞》。這篇呈詞很枯燥，但是相當有殺傷力。裡面是每一縣從乙巳改科後繳納的賦稅定額與增減之變，極為詳盡。

原文既長又煩瑣，我姑且貼出其中休寧一縣的賦稅報表，讓大家看看效果。

原額夏稅麥八千九百九十九石四斗五升二合二勺，秋糧米一萬八百四十九石八斗七升八合六勺。改科多麥九百九十三石二斗二升一合八勺，該銀二百一十四兩八錢五分一釐三毫。加米一萬一千八百五十一石四斗八升八合，該銀五千七百四十七兩九錢七分一釐七毫。麥米共銀六千六十二兩八錢二分三釐。該縣國初錢糧當歙三分之二，今照數平抵外，比歙多銀一千二百六十八兩七錢三分五釐，歙將何者相抵。

細緻到了這地步，可見古人在數據方面一點也不含糊。

注意看最後一句「歙將何者相抵」，每一縣的報表結尾，都會加一句「歙將何者相抵」，意思是我們的賦稅清清楚楚，你們歙縣哪個稅目相抵了？

每張報表重複一遍，一共重複了五次，形同五次咄咄逼人的質問。

是文一放出，懂行的都知道歙縣大事不妙。歙縣也覺得這個實在難以回應，立刻辯稱這是各縣自己修的，未必準確，還得看朝廷黃冊才能定奪！

於是，雙方經過將近半年的大辯論，慢慢地把焦點集中到了黃冊上。

萬曆四年四月，歙縣和其他五縣幾乎同時上書，正式要求調取洪武十四年黃冊。徽州府在五月十八日正式向南京戶部提出申請調閱。

黃冊是朝廷的重要檔案，歷代的檔案存放在南京的後湖——玄武湖——庫房。這些都是朝廷機密文件，不能隨便調取。想查詢，必須得到南京戶部批准。

其實在這之前，歙縣早已經偷偷派人去南京，暗暗地想搶個先手。不料戶部直接把去的人踢了回來，理由是「越申」。因為黃冊庫是戶部下屬機構，不是什麼小州縣都能隨便來查詢的。要查，得徽州府提申請。

休寧縣、婺源縣也偷偷派人去申請查詢，被黃冊庫以同樣的理由踢回。雖然三縣都未得逞，但可見彼此在水面下的鬥爭有多麼激烈。

這次徽州府出面申請，南京戶部終於批准。徽州府趕緊組了一支調查團，由歙縣縣丞、婺源縣縣丞、休寧縣學訓導組成，準備開赴南京查閱。

應天巡按宋儀望是個老江湖，他有點擔心就算查了黃冊，恐怕徽州人還是會糾纏不清。無論查詢結果對哪邊有利，另外一邊一定會大鬧特鬧。為了避免這些麻煩事，宋儀望特意委派了太平府推官劉垓、寧國府推官史元熙，再加上徽州府推官舒邦儒——江西餘干人，以中立第三方的身分，加入審閱黃冊的隊伍。

為了防止可能出現的騷亂，宋儀望還指示徽州府，把諸縣帶頭鬧事的幾個人先控制起來。去年六縣大辯論的時候，除了幾位知縣唇槍舌劍之外，民間議論紛紛，湧現了幾個意見領袖。這些意見領袖在縣裡影響很大，要麼為本縣搖旗助威，要麼頻繁越級上書、上訪、上告，還隨時會向老百姓通報最新進度。百姓聞勝則喜，聞敗則怨，民間全靠他們才鼓噪出如此之大的聲勢。

在宋儀望看來，下面的民怨都是被這些大嘴巴忽悠起來的。眼看查閱黃冊在即，可不能讓這些人生出變數，先關一陣再說。

於是連同帥嘉謨在內，還有五縣的黃棠、程文昌、汪福高、吳敏仕、胡國用等影響力最大的幾個老百姓，被盡數控制起來。不過帥嘉謨很快被釋放了，因為他作為首倡之人，必須趕赴南京。

消弭了這個變數之後，徽州府調查團於萬曆四年七月十三日動身，於七月二十三日晚抵達南京。二十六日，調查團向南京戶部投文，次日得到召見。戶部尚書殷正茂勉勵了他們一番，說：「二百年黃冊，豈有可改易之理，各自安心。」然後派了負責後湖管冊的一個姓王的戶科給事中、一個許主事予以協助。

不過這兩位一聽調查團的請求，都面露難色，說時間這麼久了，可未必查得到啊。調查團急了，我們大老遠過來，就為了看一眼，無論如何還請協助。

八月初二，調查團終於進入後湖，見到了夢寐以求的黃冊。緊接著，他們眼前一黑。

黃冊十年一造。洪武十四年恰好是第一批黃冊編造的時間，從那時候算起，到萬曆四年，一共造了十九批，累積起來的黃冊數量，可謂浩如煙海。

別的不說，單是徽州府相關的黃冊就裝滿了足足二十個架子。光是搬運工人，就得臨時僱用一百五十人。而調查團能查卷冊的呢？一共就歙縣縣丞、婺源縣縣丞、休寧縣學訓導三個人，外加一個編外的帥嘉謨。這四個人埋頭去查，估計查完得八月底了。

關鍵他們還不能親自入庫去查。黃冊庫的規矩，外人不得入庫，以防有篡改塗抹的情形。想查怎麼辦呢？得由黃冊庫的官吏找到相關檔案，先抄一遍，再把抄件發給他們。這麼做很安全，很負責，就是效率極其低下。

可是，又能怎麼辦呢？等唄！調查團的幾個倒楣蛋袖子一捲，開始翻起故紙堆來。

這些可憐孩子沒料到，就在他們辛苦工作的同時，徽州府又出事了。

八月十四日，歙縣一個叫許一純的生員，突然上書徽州府，提出了一個新理論：「黃冊的記錄，並沒那麼可靠！因為那都是本地人所修，想要篡改實在太容易了。而《大明會典》是朝廷修的，更具有權威性。如果黃冊跟《大明會典》矛盾，應該以後者為準。」

這一下子，五縣輿論譁然。在他們看來，這個主張實在荒唐。黃冊是國初朝廷派員監修，當地人怎麼可能篡改？而《大明會典》是政府法規手冊，二手資料怎麼跟原始資料比可信度？

不用問，這是歙縣知道黃冊查詢結果對自己不利，開始造勢了！

五縣毫不含糊，立刻具文反擊，兩邊的話越說越難聽。你罵我「罔上規避，侮文蔑法亂政」，我罵你「五縣奸刁，妄行捏奏」，甚至還有好多百姓跑到官府門口，哭著要求「懇天作主，剿虎安民」。瞧瞧這用詞，剿虎，這是恨不得把對方當土匪給剿了。

結果正如宋儀望所擔心的那樣，鬧事者關了一批，又來一批，抓都抓不完。在他們的煽動下，諸縣立刻又沸騰起來，局勢又一次大亂。

倒楣的徽州府一面四處安撫，一面催促南京那邊盡快拿出一個結果才好。

這一等，就等到了九月中旬。調查團終於完成了工作，整理出一份從洪武十四年到隆慶六年的黃冊抄件。

隨之而來的，還有帥嘉謨的一份報告。

在報告裡，帥嘉謨說，洪武十四年造的黃冊，缺損甚多，尤其是最關鍵的「乙巳改科」以及當年四月一日改科的記錄，完全丟失。

沒了？

沒了！

所有人聽到這個消息，都傻眼了。

六縣人民都望眼欲穿，指望著黃冊來主持公道呢。之前你說得那麼熱鬧，現在你告訴我，檔案丟失，死無對證，那怎麼辦？

帥嘉謨對此早有準備，不慌不忙地在報告後半段寫道：從乙巳年改科到洪武十四年造冊，前後差了十六年，很有可能五縣改竄黃冊、府志在先，造冊在後，不足為信。然後拋出一句話：

「切思《大明會典》乃祖宗立法垂統之憲章，黃冊乃民間遵文編造之圖籍……豈奸反指府志黃冊為成法，而妄奏藐《大明會典》、部札為私書。」

意思是說：朝廷存的黃冊原始記錄已經沒有了，所以大家要相信《大明會典》的權威性。

得，事情轉了一大圈，又回到原點。

全白忙了。

說實話，帥嘉謨這個主張，實在強詞奪理。資料彙編怎麼可能比原始記錄還可靠？無非是

《大明會典》對歙縣有利，所以他才死死咬住這一點。

消息傳回徽州，給本來就激烈的輿論又潑上了一勺油。徽州府各縣民眾幾乎氣炸了，放棄了講道理，直接改成人身攻擊。再後來乾脆開罵，汙言穢語，什麼都潑上來了。六縣幾乎到了開戰的邊緣。

【注釋】

17 世頂名缺：明代的官員有嚴格的人事迴避制度，不僅不得在本籍任職，且不能久任；而胥吏都是本地土著，在地方上有盤根錯節的勢力，故有「流水的官、世守的吏」之說。戶房的書吏，是衙門內六部胥吏的一種，負責辦理夏稅秋糧的徵收、丁差徭役雜課的派遣，絕對是大有油水的肥差。

18 皇權不下縣：根據費孝通先生的論述，在帝制中國，皇帝擁有絕對的權力，但他並不能憑藉一己之力管理整個國家，官僚體制即為皇權的執行者或工具。而實際上，中央派遣的官員到知縣為止，縣以下沒有任何行政單位。所以，在縣衙門到百姓家門口這個範圍，是地方鄉賢、宗族在發揮重要作用，中央的權力進入不了與人民日常有關的地方公益範圍，故有「皇權不下縣」之說。

19 兵部左侍郎：據《明史．職官志》記載，明代的兵權分為兩部分，五軍都督府負責軍隊的管理與訓練，而徵調軍隊的權力歸屬於兵部，二者互相制約。兵部左侍郎，正三品，兵部尚書的副手，輔助尚書負責各地駐軍的糧草、軍隊的調動以及軍隊官員的任命。

20 貴州左布政使：據《明史．職官志》記載，明朝的地方政府權力乃是一分為三的，承宣布政使司負責民政，提刑按察使司負責刑名，都指揮使司負責軍事，最高長官分別為布政使、按察使、都指揮使，三權並立，互不隸屬。貴州左布政使，從二品，為貴州省最高行政長官。

21 南京戶部右侍郎：據《明史．職官志》記載，明廷原本定都金陵，明成祖朱棣奪位後遷都北京，但依舊保留了金陵陪都的地位，改稱南京，並設置了南京六部。其中，南京戶部右侍郎是南京戶部尚書的副手，輔助尚書徵收南直隸與浙江、江西、湖廣三布政司的夏稅秋糧，督責漕運和全國鹽引勘合，負責全國黃冊的收藏和管理。雖不及北京的戶部侍郎，但也可相當於現在的財政部次長。

22 貴州按察使：據《明史．職官志》記載，按察使，執掌一省司法監察之權，糾察官員風紀，澄清吏治，剷除奸暴，斷案平冤；並對布政使、都指揮使有監察之責，將情況上告吏部、都察院，以備考核。

23 江西右參政：據《明史．職官志》記載，各布政司內參政一職，從三品，人員不定，因事而設，分管糧儲、屯田、軍務、驛傳等事，分擔布政使的職能。明代的江西布政司設有督糧道一人，負責徵收、押運漕糧；督冊道人員不定，負責督造魚鱗圖冊、黃冊等，以作為當地徵收賦稅、攤派徭役的根據；分守道人員不定，負責向各府、直隸州傳達催辦布政司的公事。曹樓所任之江西右參政，即為上述三道之一。

24 御史：江東之彈劾馮保時任山東道御史。據《明史．職官志》記載，明代都察院設有十三道監察御史，正七品，主要負責糾察內外百官之風紀。若在京，則稽查兩京衙門審理刑獄案件有無拖延、枉曲，並巡視京營、倉場、內庫、皇城等；若外派，則為巡按，代天子巡狩，是皇帝的代表和化身，位卑卻權重，負責糾察地方官吏、舉薦人才、斷理冤案、督察稅糧與戶口、督修水利等公共設施、檢查學校教育等。

25 憲牌：在明代，官府發出的公文告示，稱為信牌，而兵備道、巡按御史、巡撫等均屬監察官員，他們發出的信牌，稱為憲牌。

◆◆◆

第三章　稀泥與暴亂

徽州府的這個亂象越鬧越大，戶部終於看不下去，迅速下發了一道公文。在這份公文開頭，戶部自己承認：「本部若徑依歙縣之奏，則五縣不從；若徑依五縣之奏，則歙縣不從，告訐日增，終非事體。」

你們天天這麼罵，也不是個辦法。既然黃冊已經沒有了，那麼怎麼解決呢？戶部給出了一個解決方案：

由戶部和應天巡、按提供一個徽州府的部額和府額（即每年解送戶部和解送應天的稅額），然後請徽州府統計六縣丁糧，加上存留本折麥米、官府辦公費以及各項額外錢糧，總算總除，平均一下。如果把那八千七百八十匹生絹算進去，而數字均平的話，說明絲絹稅是歙縣分內的；如果數字不均平，說明絲絹是額外多出來的，就不該歙縣獨負。

戶部給的這個演算法，似乎有些無理。六縣人口、田地均不相同，不同等級的田地、賦稅額度和內容也不相同，這麼大筆一畫，均平折算，未免太簡單粗暴了。

戶部有的是精算高手，怎麼會提出這麼一個糊塗點子？

奧妙就在「均平」二字，這已經是這個詞第二次進入我們的視野了。

上一次還是在隆慶年，帥嘉謨用這個詞，成功地響應了國家號召，引起了海瑞的注意。而這一次，戶部用了這個詞，自然也有用意——因為當朝首輔張居正大人正在醞釀把一條鞭法推廣至全國。

雖然張居正真正開始著手清丈田畝要等到萬曆六年（一五七八年），正式在全國推行一條鞭法，是在萬曆九年（一五八一年）。但在萬曆四年這會兒，各種前期準備工作已經逐步開展。南京戶部作為稅法執行部門，對政治風向自然最為敏感，他們必須緊跟中央新形勢。

在戶部看來，徽州為什麼會起糾紛？是因為稅種太雜太亂，什麼「人丁絲絹」、什麼「夏稅生絲」、什麼「虧欠夏麥」，這麼多科目夾纏不清。一會兒交生絲，一會兒交夏麥，亂七八糟，折算複雜，正是舊稅制的弊端，不出問題才怪。

如果能重新統計出徽州府的丁糧田畝之數，再把所有稅賦合併，兩下一除，均攤下去，再折成銀子，這事就算徹底解決了。

這個思路，恰好就是一條鞭法的核心內容之一：把所有的正稅、雜稅都合併起來，歸於田地，計畝統一徵收銀兩。

也就是說，南京戶部認為，徽州的問題，是舊稅法的錯，只要改成新稅法，問題自然消弭。因此，現在應該擱置歷史爭議，推行均平賦役之法。

這不禁讓我們想到一件往事：徽州絲絹案在隆慶五年本已歸於沉寂，到了萬曆三年年初，南京戶部突然「奉聖旨」舊事重提，這才讓徽州府心急如焚，重啟調查。

會不會從一開始，這就是戶部——或者更大膽地猜測一下，首輔大人——為了推行新政所謀劃的一步棋呢？

只有利用絲絹案引發一場大辯論，才能凸顯出舊稅法的弊端。屆時民意洶洶，都要求改革，朝廷從善如流，即時推行一條鞭法，豈不是順水推舟？

戶部的這個方案發到徽州，徽州知府都快哭了。本來六縣都快打出腦漿了，你們戶部非但不解決，還添亂。可這是上頭的指示，怠慢不得，徽州府只好硬著頭皮開始了艱苦的核算。

不過仔細想想，黃冊已佚，賦稅來源已成無頭官司，兩邊各執一詞，根本無法解決。這麼快刀斬亂麻，把歷史遺留問題全數切割，不失為一個好辦法。

徽州府花了整整一個月時間，總算趕在十月結束前，把整個六縣的數字算了一遍。與此同時，應天巡、按兩院的稅吏，也完成了部額與府額的梳理。兩邊數字加在一起總算通除，很快就拿出了一個結果。

在這個演算法之下，歙縣各項錢糧，已經超出了各縣平均之數。也就是說，「人丁絲絹」確實是額外的負擔。

結論的語氣很曖昧，態度卻很清楚：「人丁絲絹」這筆賦稅當初到底怎麼來的，不必深究，但現在均平之下，再讓歙縣獨輸，顯然就不合適了，以後得六縣一起承擔才是。

消息傳到徽州，五縣譁然，群情激憤。這些人一想，戶部尚書殷正茂正是歙縣人，不用問，他肯定徇私枉法，偏幫本鄉。

一時之間，整個徽州府除歙縣外，對堂堂尚書大人罵聲不絕。有說殷正茂「知虧無解，藉手戶科條陳事例，遂藉以逞私臆」，有的痛斥均平之法「不論源流、不論肥瘠、一概通融混派，借均平之名，為變亂之計」，還有的連整個戶部都罵上了，「以戶部私計而市私恩，以尚書大臣而變亂成法」。什麼難聽的話都有，不知殷正茂在南京，打了多少個噴嚏。

民間罵聲滔滔，官面上卻得繼續解決問題。

根據那份均平報告，歙縣負擔了額外稅賦，必須予以減輕。但具體如何操作，還得由地方上具體商量。

不過這事，可不能讓六縣自己定，那非打出人命來不可。

巡按宋儀望對上頭的精神心領神會，把這事委託給了當初調查黃冊的三位監督官員：太平府推官劉垓、寧國府推官史元熙、徽州府推官舒邦儒。

萬曆四年十一月初八，三位官員齊聚徽州之外的太平府，在巡撫都院的主持下，很快討論出一個解決方案。

「人丁絲絹」繼續由歙縣獨交，八千七百八十四絲絹折合白銀六千一百四十五兩，不予撤銷。但歙縣在四司銀、磚料銀、軍需銀等雜派均平銀中，減去五千二百六十兩，分攤給其他五縣來交。

這裡要特別說明一下，所謂均平銀，指的是嘉靖年間出現在江南的一種役法改革的產物。

大明百姓除了要繳納田賦之外，還要負擔徭役，無償為各級政府提供勞力服務。徭役的種類繁多，老百姓苦不堪言。均平銀，就是讓官府計算每年需要的徭役總數，把人力成本折算成銀兩，分攤到每畝地裡去，讓老百姓按畝繳均平銀。需要力役時，官府就從這筆銀子裡撥款僱用人手。

換句話說，老百姓不必親自去服徭役，交錢就行了，不耽誤自家農時。政府也很高興，僱人幹活，總比一家一戶找壯丁來得方便，工作效率更高。而且攤役入畝，也大量減少了政府工作量。一舉三得。

這個做法經過數年試行，頗受歡迎，因此各府紛紛這麼搞。徽州府也每年編列均平銀，各縣分攤統收，再分配到各個用途名目下。四司銀是衙門日常雜役費用，磚料銀是公共設施修葺費用，等等。

這個太平府方案，即是將田賦稅額轉嫁到役銀上去。這就能體現出一條鞭法的好處了，賦、役皆能折算成銀子，互相合併轉移非常方便。

唯一的問題是，它換湯不換藥，怎麼騰挪，五縣都是吃虧。因為他們本來一分錢都不用出，現在卻要替歙縣補五千多兩銀子到均平銀裡去。

這個方案報到兵備副使馮叔吉那裡，被駁回了。

沖抵均平銀這個方式沒問題，但吃相實在太難看了。一共六千一百四十五兩的絲絹賦稅，轉嫁了五千二百六十兩到五縣頭上，等於歙縣只負擔百分之十四，其他縣百分八十六，這很明顯是拿總稅去除縣數，平均而得。

問題是，歙縣的經濟規模占了徽州府的一半，不可能這麼簡單地平均了事。你們偏幫歙縣也可以，但是不要做得這麼明顯啊。

馮叔吉大筆一揮，推出了一個折中方案：把五千二百六十兩改成了三千三百兩。這樣一來，總計六千一百四十五兩銀子的絲絹稅，歙縣和其他五縣分別負擔百分之四十六和百分之五十四，大致符合各自的經濟比重。（具體的計算方式很複雜，因為均平之後諸縣或多銀或少銀，彼此沖抵折算，這裡不贅述。）

這個方案是典型的和稀泥思路：它把黃冊與《大明會典》拋在一邊，也不去計較絲絹稅的來歷——歷史問題，宜粗不宜細。總之現在大家各退一步，各自吃了小虧，這事就算完了，別鬧了。

這時候，已然到了萬曆四年的年根。過年期間，諸事停滯。等過完萬曆五年（一五七七年）的正月，地方才把這個方案上報給戶部，請尚書殷正茂酌定。

對於馮叔吉的這個方案，殷正茂十分贊同，連批了三句話：「其名尤正，其言尤順，其事尤易。」滿意之情，溢於言表。他把這個方案上報到北京，於四月五日上奏天子，很快得到了皇帝的批准，下發聖旨。

其時萬曆帝還未親政，這基本上可以視為是首輔的意見。

聖旨下發戶部，戶部再往下發，一級一級傳到徽州府，時間正是六月初七。考慮到南北二京的往返距離，再加上內閣以及各級官府的處理批閱，這份文書的流轉算是極其罕見地高效。

對這份聖旨，六縣的反應截然不同。

歙縣人民欣喜若狂。他們本來的主張，正是要求絲絹稅由六縣均攤，這個分配方案可謂正中下懷。

從此以後，他們頭上的賦稅，少掉了三千多兩銀子。從隆慶三年到萬曆五年，八年抗戰，終於大獲全勝。

其他五縣，則望著聖旨呆若木雞，不敢相信這是真的。我們的抗辯白說了？黃冊白查了？道理白講了？歙縣每一條主張，都被我們駁得體無完膚，結果戶部一句「均平」，就全給抹掉了？

五縣明明已經提出了極為有力的證據，可因歙縣這麼一鬧，最後還是讓它得了偌大的好處。對於這個太平府分配方案，五縣嗤之以鼻。保留一個「人丁絲絹」的虛名空殼，換成「均平銀」的名目就想糊弄我們？最後還不是要六縣均攤負擔！婺源有一位知名鄉宦如此譏諷道：「這是朝三暮四之術，拿咱們當猴子耍呢。」

一時之間，五縣群議洶洶，無不義憤填膺，跟開了鍋似的。可是，這不是府議，不是部議，而是聖旨，代表了最高的意志。眾人縱有不滿，也不敢公開指摘皇上。如果徽州府趁機好生安撫，說不定他們會咽下這個啞巴虧，接受既成事實。

可一件不算意外的意外，澈底引爆了整個局勢。

就在馮叔吉把方案上報的同時，帥嘉謨也悄悄地第二次趕赴南京。他懷揣著歙縣鄉宦提供的一筆資金，進京運作。聖旨發下來以後，帥嘉謨勝利完成任務，高高興興返回徽州。

多年努力終於得到實現，他實在太高興了，覺得該犒賞一下自己，就用這筆贊助費從有關部門給自己弄了一副冠帶。

朝廷對於鄉里年高德劭的耆宿，有時候會授予冠帶，叫作冠帶榮身。偶爾也會授予見義勇為好青年，叫作冠帶義士。這是一種榮譽性的裝飾，和如今胸口掛個大紅花差不多。

帥嘉謨覺得自己為民請命八年，差點連命都丟了，弄個冠帶戴戴，不算過分。

歙縣的老百姓，也是這麼想的。等帥嘉謨回到歙縣時，全縣的百姓都擁出來，熱烈迎接這位以一己之力扳倒陋稅的大英雄。他們搞了一個盛大無比的歡迎儀式，個個手執紅花歡呼，旁邊還有樂班吹奏。帥嘉謨進城以後，在百姓的簇擁之下遊街慶祝，所到之處，呼聲群起，儼然英雄榮歸。

這邊廂歙縣鑼鼓喧天，那邊廂五縣民眾可都要氣炸了。縣城裡傳出的每一聲歡呼，都化為一記耳光，重重扇在他們的臉上。抗爭八年，被歙縣佬把這個便宜占走了不說，居然還賣乖！尤其是看到帥嘉謨這個奸佞小人此時在街頭耀武揚威，再想到以後繁重的稅負又要沉重幾分，五縣民眾內心的火山再也無法壓制，徹底噴發。

你們歙縣不是靠鬧事鬧出一個減稅嗎？好，我們也鬧！

六月十一日，聖旨轉送到婺源縣。其時吳琯已經去職，由徽州府通判徐廷竹臨時代理政務。徐廷竹正好要去北京進賀表，還沒來得及走，衙門就被數千憤怒的婺源民眾給堵住了。他們手執木棍、火把，在衙門前守了一天一夜，要求徐廷竹去向上面反應，停止這種不公正的加稅方案，不答應就不准走。

面對快要爆炸的民眾，徐廷竹不得不口頭允諾，然後惶惶離去。隨即徽州府又派出推官舒邦儒去接掌婺源縣。

舒邦儒算是這個太平府方案的發起人之一，他接到任命後，知道這事極為棘手。可是任命在手，他只得匆匆上路。舒邦儒一邊趕路，一邊琢磨著該怎麼安撫婺源民眾。沒想到，他剛過休寧縣，還沒到婺源呢，就被當地憤怒群眾給攔住了。

眼前漫山遍野全是人，把官道生生遮斷。站在人群最前頭的，是當地鬧得最凶的幾個人，身後還有一排排有身分的鄉紳。他們攔住舒邦儒的隊伍，向他遞了一篇抗議申文，請他轉交徽州府。

說是申文，其實應該算是戰鬥檄文。上來就痛罵戶部尚書殷正茂是「權奸變制殃民，勢壓無容控訴」，罵完了殷正茂，又罵歙縣「歙逆恃戶部而變戶法，以歙人而行歙私」——聽見沒有，都已經用上「歙逆」這種詞，幾乎按敵國來對待了。

往後的話，更是難聽：「欲赴闕上書，以聲歙人變亂成法之罪，欲興兵決戰，以誅歙邑倡謀首釁之人。」聽見沒有，都要興兵決戰了。

罵完以後，更發出威脅：「一旦更派，縣民情忿怒，鼓噪不服，若不及時處分，誠恐釀成大變。」

舒邦儒接了這份申文，臉都嚇白了。休寧人沒客氣，把他的隨行書吏和僕役拖出來痛打了一頓。幸而舒邦儒有官身，還不至於有人敢動他。但看這個陣仗，他也只能做小伏低，接下申文答應幫忙轉交。

六月二十九日，舒邦儒好不容易穿過休寧，來到婺源，以為能鬆口氣，結果往前一望，眼前一黑——又是數千人聚在一處，遮道鼓噪。

又來了！

這回是婺源民眾，在當地鄉紳的帶領下聚了五千人，他們就這麼圍在長官身邊。遠遠地，有一個叫程天球的鄉民，居然還在縣城外豎起一桿大旗，上面長長一條橫幅：「歙宦某倚居戶部，擅改祖制，變亂版籍，橫灑絲絹，貽毒五邑。」那氣勢，就差填上「替天行道」四個字了。

在這一片詭異的氣氛中，舒邦儒戰戰兢兢地進了婺源縣城。他沒想到的是，等在前頭的，是一番更詭異的局面——婺源縣，居然自治了。

前面說了，婺源的知縣吳琯已去職，代理縣政的徐廷竹又忙著準備進京之事，整個婺源縣在六月份出現了短暫的十幾天權力真空期。

偏偏此時又趕上絲絹稅鬧得民意沸騰，當地豪強爭執不休，群龍無首。於是，婺源縣裡的一個有心人趁勢而起。

這個人叫程任卿，是當地的一個生員，原本負責司理署印。他在整個絲絹案中的地位，僅次於帥嘉謨，不過他的重要性，要到整個事件結束之後才體現出來。

程任卿是個有豪俠氣質的人，他敏銳地注意到婺源縣的權力真空，如果利用當前局勢做點驚人之事，可以在鄉梓刷出極高的聲望值，對未來大有好處。

於是他四處串聯，拉攏當地大族和有影響力的鄉紳鄉宦，同時對普通老百姓宣講煽動，聲言若朝廷不肯把絲絹稅改回去，就要鬧事。程天球那桿大旗，就是程任卿出的主意，走到哪裡都扛著。

婺源百姓一看大旗威風凜凜，又有人要為民請命，情緒無不高漲，助威的助威，捐款的捐款。一時之間，程任卿聲望大漲，風頭無二。

當程任卿覺得已經掌握了婺源人望之後，作為整個運動的最高潮，他率人突然占領了婺源縣衙隔壁的紫陽書院，成立了議事局[26]，儼然要另立中央，成立自治政府。

紫陽書院，一聽這名字就知道和朱熹有關。朱熹朱老夫子，恰好是徽州婺源人，所以這個紫陽書院，正宗到沒法更正宗了。程任卿占領這裡，顯然是早就謀劃好的。

這個所謂的議事局的創建目的——或者說對外宣稱的目的——是組織、協調諸縣的民眾抗議絲絹稅。程任卿自封管局，甫一上任，就準備了大量標語，上書「英雄立功之秋，志士效義之日」之類的話，貼得十里八鄉到處都是。

他甚至還亢奮地放言：「但有里排[27]一名不出，我等趕上其門，有一縣不來，我等趕入其縣，遍傳鄉鎮。」這是要把熊熊烈火燒到其他四縣去。

至於那桿大旗，就戳在書院中間，威風凜凜。它已經成了程任卿和諸縣的標誌性約定，並有一個名稱：激變旗。

那會兒徐廷竹還沒走，他覺得你們隨便折騰，但這大旗實在是太礙眼了。激變旗？什麼叫激變，就是鬧事啊，你們是唯恐別人不把你們當反賊？

迫於官府壓力，程任卿讓程天球把大旗挪到城外，但議事局的工作絲毫不受影響，繼續如火如荼地開展。他先後策動了幾件大事。

一是千人圍攻縣衙，逼迫徐廷竹代傳冤情；二是動員休寧縣半路攔截舒邦儒，代遞中文；三是婺源城外五千民眾向舒邦儒示威。

在先後數次大舉動上，議事局展現出了很強的協調能力，短時間內造起了極大的聲勢。程任卿一看民心可用，趕緊發動他們徵集捐款，每一石糧米徵銀六分，用以維持運營。老百姓看到好幾個當官的都被迫妥協了，覺得這個議事局確實能幹大事，紛紛慷慨解囊。大筆大筆的錢財，就這麼流進紫陽書院。

這個議事局乃是草台班子，既無帳簿，也無監管，收多少錢，花多少錢，全由程任卿一言而決。如果他想要從中漁利的話，實在是再容易不過了。

財帛動人心，就算程任卿自己是乾淨的，也沒法保證別人不眼紅。議事局裡有另外一個生員，叫程文烈，他看到這大筆款項，貪念頓生，暗中策劃把管局這個位置奪過來。

這個計畫的實施，就定在了舒邦儒進婺源縣城的次日，萬曆五年七月一日。

書接上回。話說舒邦儒戰戰兢兢地進了幾乎進入自治狀態的婺源縣城，在七月一日安排升堂畫卯。程任卿作為議事管局，也來到縣衙，和一群里排、耆老等著接見。此前在休寧和婺源城外，議事局讓這位大老爺吃了兩次虧，下馬威也給夠了，現在面談，可以爭取到足夠的利益了。

幾個人正在談話，正好來了一個歙縣送信的快手，名叫王學。婺源人一聽是歙縣來的，登時臉色就不太好看。

「快手」不是現在那個「快手」，而是指衙署裡負責傳喚官司、傳遞文書的差人，和負責緝捕罪犯的捕役合在一起，就是我們所熟知的「捕快」。

偏偏這個後生態度還很囂張，說你們不要妄想絲絹稅恢復舊制了，我們歙縣花了七百兩紋銀，搞定了府裡的戶房程德煥，就連你們的管局程任卿也同意了。他拍著胸脯說可以說服五縣認繳絲絹稅。

憤怒群眾一聽，大怒，這還了得，立刻叫囂著把婺奸程德煥、程任卿拖出來。程文烈趁機和其他幾個人鼓噪吶喊，帶領群眾衝入縣衙。

可憐程任卿前一刻是革命元動，後一刻就被打成了出賣婺源的反動分子。他大聲抗辯，可是根本沒人聽，直接被按在地上痛打了一頓，幾乎打得吐了血。程文烈興奮地站在高凳之上，指著程任卿說給我狠狠打！這夥人打到興頭上，還拿出刀來，把他從縣衙脅迫到紫陽書院，繼續施暴。

特別要指出，這一段詳盡描寫不是筆者憑空想像，真的是史料裡明文記載的。

但程文烈跟程任卿打了個兩敗俱傷，反而讓另外一個叫何似的讀書人漁翁得利，坐上了管局的位子。何似登位後的第一件事就是趕緊去挪用公款，結果一查箱底，還剩六兩白銀，又惹起一陣內訌。

舒邦儒一看這架勢，鬧得實在不像話，正要寫信回府裡求援。婺源人擔心議事局的醜事曝光，居然把送往徽州府的公文全都攔截了，不允許傳遞。舒邦儒坐困愁城，這下連消息都斷絕了。

婺源議事局這邊大亂，休寧那邊也是一片喧騰。

在吳大江、程時鳴幾個當地讀書人以及豪強的帶頭之下，一萬多鄉民聚集起來，搭著木梯，直接翻上縣衙牆頭，把告示榜文全數撕毀，砸掉一切和歙縣有關的商鋪設施；然後又高舉黃旗，日夜圍著縣衙鳴鑼吶喊，挾持知縣陳履；他們甚至找了幾個人，身穿青衣小帽，手執鎖鏈，聲稱要直接把所有參與絲絹稅方案制訂的官員鎖拿進京。

休寧人也向婺源人學習了「先進的」訊息管制經驗，在各處派人把守，任何過往文書，都必須審查以後才能通過，要求「一票一揭，必經休民人驗而後發」。

有了婺源、休寧兩縣帶頭，其他三縣也相繼發出檄文，一起鬧將起來。五縣人民買賣也不做了，地也不種了，專門在徽州府與外界的各個路口圍堵歙縣商人，見一個打一個，貨物全部截留搶走。甚至有一夥激進分子，聲稱要闖入殷正茂在歙縣的產業，燒祖屋，刨祖墳，好好給這位戶部尚書點顏色看看。

一時之間，徽州境內烽煙四起，政務為之癱瘓。整個徽州府，這回是澈底亂了。

徽州府這下可再也無法安坐。新上任的知府徐成位一臉黑線，委屈得要死。明明是前幾任知府姑息搞出來的事，結果這炸彈卻等到他上任才爆炸，實在太欺負人了。

可憐他一介知府無權更改絲絹方案，又不敢瞎許諾什麼，解決不了深層次的矛盾，只能含糊其詞地發了無數公文試圖安撫，效果可想而知。

與此同時，徐成位顧不上體面，急忙向撫、按兩院及兵備道發文求援，請求上級迅速拿出個辦法來，不然徽州今年怕是連稅都沒人交了。

上頭還沒來得及做出反應，徽州變亂又掀起一股離奇巨浪。

婺源縣裡有一批駐軍，帶頭的軍官叫趙浹，也是歙縣人。他一直很想回家看看，苦於軍法森嚴，不敢擅動。這次趕上暴亂，他連夜帶兵撤出婺源，直奔歙縣而去。為了掩人耳目，趙浹還派手下歙籍士兵到處散布流言，說婺源人要暴動。（這個說法來自婺源，真實性是很值得懷疑的，姑妄聽之。）

婺源人聽到歙縣人造謠說他們造反，勃然大怒，議事局立刻派人到處散播謠言，說真正想造反的是歙縣人。負責協調的人到了休寧，休寧這邊的帶頭人吳大江表示，你們玩得不夠狠，看我們的！

此前他們已經挾持了休寧知縣陳履，所以官印可以隨便亂蓋。吳大江遂以休寧知縣的名義，給浙江、江西、福建、廣東等布政司衙門發去飛報，聲稱休寧、婺源兩縣遭到一萬多名歙賊的入侵，休寧知縣陳履被擄走，婺源署理縣事的推官舒邦儒慘被毆打，連兵備道都被圍了，歙賊不日將越境四出，情況十萬火急！

萬餘「歙賊」入侵，真虧他想得出來，想像力太豐富了。

休寧縣的偽造公文發得痛快，那些接到急報的外省布政司衙門可全都傻眼了。

徽州的地理位置比較特殊，如果這裡發生暴亂，整個東南都要為之騷動。因此對這份軍情急報，東南諸省都很重視。

可研究來研究去，各省布政司衙門覺得很奇怪。徽州府的上級主管是應天巡撫，按道理出了亂子，應該先往南京那邊報才對。如今休寧縣的告急文書越級不說，居然還跨省，難道……南京已經被「歙賊」占領了？

四省布政司的冷汗登時就下來了。

「歙賊」居然囂張到了這地步，當年倭寇也沒這麼厲害啊。

這下子，真正是江南震動，諸省譁然。誰能想到，徽州府出了這麼一個厲害的縣，敢和整個江南單挑。在那幾天，「歙賊」風傳江南，人人聞之色變，充滿了黑色幽默的荒誕。

南京方面不是傻子，眼看整個東南都震動了，大為不滿，責令徽寧兵備道盡快查明這「歙賊」到底是怎麼回事。

徽寧兵備道有維持地方治安的職責，鬧到這個地步，他們自然也坐不住了。副使馮叔吉趕緊率先做出反應，連發兩道安民告示。

先一道語氣嚴厲，讓民眾各自回家，「如有隨途跟走，群呼類引，嚷亂有聲者，即系惡少棍黨」。後一道語氣柔和，說馮副使準備巡看五縣，仔細傾聽百姓呼聲，不過天氣太熱容易中暑，大家可以不必遠道迎接，留幾個人問話就是。

這不是客套話，馮叔吉真的親自趕到徽州，還帶著不少兵馬。他一是巡視五縣，彈壓民亂；二是要查明「歙賊」的真相。徽州府也趕緊發出禁約，禁止六縣民眾互相仇視傷害，否則嚴懲不貸云云。

至於應天巡撫，他正忙著給那些受驚擾的外省衙門解釋，南京沒事，徽州也沒有亂賊流出，大家不要驚慌……

無論徽州府還是兵備道，此時的態度都還好，只是溫言勸慰老百姓別誤會，並沒擺出一副趕盡殺絕的嘴臉。可熟悉官場的人心裡明白，這只是因為官員們要盡快平復亂局，等事態平息，就要秋後算帳了。

一直到這時，五縣裡的鄉宦們才意識到，這回可能有點玩大了……

起初五縣鬧事，這些鄉宦一直在背後推動，希望借此施壓，可民心一起，就不是他們所能控制的了。

休寧縣有位鄉宦叫汪文輝，在當地極有地位，官至尚寶司卿，算是見過大世面的人。他最初也積極支持五縣維權，可到了這會兒，他覺得不對勁了。汪文輝緊急聯絡了幾個有力之人，說這事得往回收，咱們是維權，不是謀反，真鬧大了，有理也變沒理了。

汪文輝連忙準備了一份揭帖，上書徽州府，語氣懇切地解釋說五縣並不打算鬧事，只是被逼太甚，民心不穩而已，外頭傳言什麼遮道毆打、豎激變旗什麼的，都是謠言，我們跟舒推事感情好著呢！

他的文筆頗佳，一邊解釋，一邊還不忘告狀：「今各縣憤激，事實至此，釁孽始萌，猶可杜息。其指斥之實，惟知切齒於殷門；其號呼之狀，惟欲求申於官府，其迫切之情，惟欲求通於君父。」

三個排比，層層推進，既把暴亂這件事洗得乾乾淨淨，又指出亂源在於殷正茂這個王八蛋——我們是反奸臣不反皇上，是大大的忠臣。

有他帶頭，其他幾縣也紛紛上書，調門一致降低，都態度懇切地表示：小民只是驚慌失措而已，只要大老爺把絲絹稅改回去，我們都是順民。

鄉宦們的呼籲，讓民間的熱度慢慢降了下去，然後朝廷的脾氣就上來了。

七月二十日，這次不是兵備道，而是更上一級的巡撫都院氣勢洶洶地發出安民告示。這次的口氣截然不同，沒有含糊地稱「五縣」或「六縣」，而是直接點了休、婺、祁、黟、績五縣的名，殺氣騰騰地表示：

「如有一縣一人敢倡言鼓眾者，先以軍法捆打，然後問遣，絕不姑息。」

耐人尋味的是，與這份安民告示一併送達徽州府的，居然還有一份兵備道捉拿帥嘉謨的公文。在這份公文裡，逮捕帥嘉謨的理由特別值得一讀：「以歙縣津貼之費，輸納冠帶，誇張梓里，以致五縣居民憤懣不平，哄然群聚。」你這是詐騙歙縣百姓的公款，去給自己買冠帶榮譽，還到處炫耀，這才導致了五縣民眾鬧事。

這些錢有多少呢？一共四十兩。

看得出來，上頭為了盡快平復亂局，只能拿帥嘉謨的人頭來安撫五縣民眾了。你沒罪，也得挑出點罪過來——可是，帥嘉謨一手促成絲絹稅改革，這個立場是經過聖旨確認的，從這裡實在挑不出毛病。兵備道憋了半天，只好胡亂找了個理由，說他挪用公款買冠帶。

誰讓你小子到處炫耀，惹出這麼大亂子，不收拾你收拾誰！

於是，這位一心為歙縣謀利益的英雄，糊里糊塗地以詐騙罪進了監獄。

當然，帥嘉謨在牢裡並不寂寞，因為沒過幾天，巡撫都院發出數份公文，點了五縣裡鬧事的一群首惡分子的名字——程任卿、程文烈、何似、吳大江、程時鳴等幾人都在名單裡，要追究他們的責任。

隨著這些責任人的入獄，以及各級政府的強力彈壓，加上當地鄉宦拚命安撫勸說，這一場轟轟烈烈的徽州之亂，總算逐漸恢復了平靜。

可無論是撫、按兩院還是徽州府，心裡都明白，此時的平靜是暫時的。暴亂的根源在於絲絹稅，這個不解決，始終是個隱患。

因此他們也紛紛上書戶部，表示這個絲絹稅的改革，雖然是聖上批准過的，但能不能……再商量一下？

此時徽州之亂的影響，已經不局限於當地，兩京官場都有震動。南京禮科給事中彭應時、湖廣道御史唐裔以及北京戶科都給事中石應岳紛紛上本，說徽州大亂肇始於絲絹稅的改制，可見此事還需要仔細斟酌。戶部尚書殷正茂身為歙縣人，即使沒有偏袒之心，也該避嫌，這次出事他也有責任。

其實他們對於徽州絲絹案的來龍去脈並不清楚，在彈章裡只是幾句話寥寥帶過。他們擔心的是，此事持續下去，會讓整個江南都變得不穩定，這才是關乎利害之處。所以說，誰有道理誰沒道理根本不重要，趕緊把這事平息才是真的，正如彭應時彈章裡說的：「奏請（皇上）定奪，毋得依違以杜釁端，庶地方永保無虞之慶。」[28]

在重重壓力之下，殷正茂只得上書謝罪請辭，不過並未得到批准。他戶部尚書的位子暫且保住了，但言路和群眾的意見都太大了。絲絹稅的方案，必然要做修改。哪怕已經有了聖旨，也得改。

只不過，皇上金口玉言，豈能出爾反爾。這臉，不能讓皇上丟。所以朝廷給出的方案修改理由是這麼說的：「雖令由欽定，始有專擅之情，事屬鄉邦，不免有可疑之跡。」意思是，聖旨雖然欽定了絲絹稅的改革，但你們在具體操作上有偏袒的痕跡，大概是主事官員的籍貫落人口實了吧。

朝廷定的調子是對的，是底下的人給唱歪了。誰唱歪的呢？到底還是讓歙縣出身的殷正茂背了這口黑鍋。

上頭既然同意修改絲絹方案，下面各路官員便重聚太平府，再次商議。萬曆五年十二月，絲絹稅的第三版改革方案終於出爐。

這個方案與原來相比，本質上沒什麼區別，只不過對五縣多讓了一步。

歙縣絲絹稅不變，減免的均平銀數額，從原來的三千三百兩調整到二千兩，由五縣均攤。

這樣一來，總計六千一百四十五兩白銀的絲絹稅，實際上歙縣出四千一百四十五兩，五縣出二千兩。

五縣民眾這次沒敢再鬧民變，可不滿之情溢於言表。你當這是菜市場討價還價？一塊不行就九毛，九毛不成就八毛，太不成體統了。我們要的可不是這個！

負擔就是負擔，一分銀子也是負擔！

老百姓鬧了這麼久，早就輕車熟路。抗議申文和請願書化為無數雪花，紛紛飛向各級衙門。官員們面面相覷，還能怎麼辦？繼續再議吧！議到大家都滿意為止。

這一議，就將近一年。一直到了萬曆六年十一月初四，徽州府總算硬著頭皮拿出了第四版方案，叫《豁免五縣均平方案》。

此方案對歙縣來說，沒什麼太大變化。絲絹稅照舊，減免的均平銀數額，調整到了二千五百三十兩。

而這二千五百三十兩，並不會攤派到五縣頭上。

在隆慶六年，戶、禮、工三部徵派徽州府的料價銀，減免了一部分，一直留在府帳上。同時還有一筆軍需銀，每年都會剩點結餘。徽州府每年從這兩項合計抽走一千九百五十兩，替五縣補進均平銀裡，諸縣再均攤五十兩，一共是二千兩整。如果以後每年軍需銀的結餘不足，則從五縣徵派補足。

繞了好大一個圈子，等於是徽州府把這筆稅扛下來了。

這樣看起來很合理，可是不要忘了，這個稅是每年都交的。徽州府料價銀是隆慶六年的減免所得，數量只會減少，早晚用光；而軍需銀結餘每年都不固定，今年多，明年少，萬一是負數，那麼這筆錢，還得讓五縣來承擔。

換句話說，這二千兩銀子的來源，是不穩定的。

前面三個方案，是橫向朝三暮四，讓絲絹稅在六縣之間來回騰挪；這第四個方案，卻是縱向朝三暮四，按時間軸來的。五縣初期可能交得少，可隨著時間推移，幾乎可以肯定會逐年增多，最後回到原來的水準。

而且這裡還有一個問題。

對歙縣來說，減免均平銀的數量是二千五百三十兩。而從料價銀、軍需銀和諸縣分攤中抽走的，是二千兩。

還有五百三十兩無法沖抵，帳不平啊。

歙縣和五縣已經打滾了好多次，差不多已到底線，讓誰多扛一分，估計都得爆炸。

要麼，再按照第四版方案的思路，從其他科目裡進行調配？

一般的調配，是不成的。因為你這裡減交，那裡就要多交，算來算去，總有一個科目要吃虧。一干能吏高官，就為這區區五百多兩銀子愁眉不展。

這時，不知哪位天才提出一個絕妙的主意——如果這個科目本身就不合理呢？讓它吃虧，豈不就正好兩便嗎？

什麼？怎麼還有不合理的稅收科目？

有哇，兩個字：協濟。

所謂協濟，是指當一處官府出現資金緊張時，由上級出面協調，組織臨近州府進行援助。這種援助一般來說都是臨時性質的。

比如在嘉靖三十八年（一五五九年），為了防備倭寇，徽州府協濟蘇州、松江海防一萬六千兩銀子；嘉靖三十九年（一五六〇年），為了鞏固長江防禦，徽州府協濟鎮江駐軍一千三百兩銀子；嘉靖四十年（一五六一年），景王朱載圳前往封國，徽州府協濟池州一萬兩，用於迎接儀仗開銷。

這些大的協濟，都是因事而起，事完了，錢就不用給了。可還有一些瑣碎的小協濟，雖屬臨時徵派，可久而久之，遂成定規，變成一項長期性的稅負。這是大明稅制的一個特點，很多科目因循成例，輕易更改不得，日積月累，形成無數散碎、複雜的短鏈條。

這些瑣碎協濟，往往與軍事密切相關。因為軍方的駐屯調動，不依行政劃分而行，經常跨數府數縣。比如兵備道副使馮叔吉這個「應、安、徽、寧、池、太六處兵備」的頭銜，就是依長江而備，跨越六府。若想尋求地方支援糧餉，非得靠徽寧兵備道來協調。

因此，兵備道對各地的協濟情況掌握得最全面。

按照那位官員的建議，請兵備道出面，清查一下協濟費用，看哪一項有不合理之處，取消便是。

兵備道也想盡快從這個泥沼裡脫身。於是在副使馮叔吉的授意下，兵備道清查了一遍帳簿，很快從中挑選出一個科目：協濟金衢道解池州府兵餉銀。

這個科目光看名字就挺奇怪的。

金衢道全稱是領金華、衢州、嚴州兵備道，它的駐地在衢州府，和徽州府沒什麼關係。徽州為什麼要給它兵餉？而且這筆銀子不是解往衢州，而是解往池州，那裡明明是徽寧兵備道的駐地。明明是徽州協濟金衢道的費用，卻要送去徽寧道的池州，這帳目流向也太亂了吧？

仔細一查，原來這也是一個歷史遺留問題。

早在嘉靖三十四年（一五五五年），為了防倭，朝廷設立了應天兵備副使，統一協調包括徽州在內的長江防務。到了四十一年（一五六二年），這個機構被裁撤，卻沒有下家來接盤。徽州府在那段時間，處於沒有駐軍保護的空白期。

本來朝廷覺得倭寇氣焰不復往日，徽州地處內陸安全得很，這事不用著急處理。沒想到好死不死，到了嘉靖四十三年（一五六四年），徽州突然鬧了一次礦上騷亂。一群來自金華的礦工化身流賊，沖入婺源縣大掠一番，徽州六縣為之震動。

當時的應天巡撫劉畿手裡無兵可派，遂移文鄰近的金衢道，希望他們就近協防。協防需要兵餉，這筆錢自然得是徽州府出。於是徽州府專門安排了一筆兵餉，每年解送衢州。

後來到了隆慶六年，朝廷設立了徽寧兵備道，把徽州防務從金衢道接回來。按說這筆餉銀該隨之轉過來，相應科目名稱也要修改，可徽寧兵備道打起了小算盤，覺得可以從中漁利。

首先，徽寧兵備道先從徽州府徵收一筆兵餉銀，於情於理這都是應該的，程序上沒有任何問題。然後徽寧兵備道給金衢道移文，說徽州防務我們接手了，兵餉銀以後歸本道所用。金衢道覺得這也合理，辦了移交手續。

最關鍵的手法來了：徽寧兵備道並沒告訴徽州府，兵餉發生了轉移，反而要求徽州府在「協濟金衢道兵餉銀」中間加上「解池州府」四個字，意思是，以後你們交給金衢道的兵餉銀，送到池州來就好啦。

徽州府非但沒覺察這個小手段，還覺得挺高興。因為解送兵餉本身也是有成本的，送到池州比送到衢州可近多了，這麼一改「解池州府」，我們還省了一筆運輸費呢。闔府上下，都讚頌兵備老爺體恤民情。

經過這麼一番操作，徽州府每年要交兩筆兵餉銀，名義上一筆給金衢道，一筆給徽寧道。其實金衢道早就收不到了，這兩筆銀子都要解去池州，落入徽寧道手裡。

說白了，這算重複徵稅。

有人也許有疑問，交兩次錢，徽州府難道傻嗎？

奧妙就奧妙在這兒了。從徽州府的財務角度來看，這是兩筆不同的支出，一項是給外地駐軍，一項是給本地駐軍。如果不知道「協濟金衢道」的前因後果，根本看不出兩項其實是同一項。

要知道，在一個龐大的官僚機構裡，政策的執行是有慣性的（比如說在大明）。政策一旦形成慣例，即使周圍情況發生變化，官員仍舊會機械地繼續執行，不會主動求變，甚至畏懼變化。所謂「祖宗成法」，就是這麼來的。

徽州府一直在交納「協濟金衢道兵餉銀」，這已經形成了一個習慣。既然沒人通知取消，那麼就繼續交下去好了，也沒人追究它是怎麼產生的。那筆絲絹稅也是同樣的道理，歙縣不也默默地交了兩百年嗎？

大明的正稅不多，雜稅和隱形稅卻無比繁重，其中很大一部分，就是透過這種方式在體制內悄然形成的。積弊一旦生垢，便難以清除，積少成多，演變出無數散碎、複雜的短途稅鏈，賦稅比帳面上要沉重數倍。

看到這裡，我們大概能明白，六縣為什麼糾結於這些稅目數字了。

並非只是因為他們熱愛興訟，實在是負擔太重，不堪承受。從這次爭議中能看到，除夏稅秋糧的正稅之外，徽州府還要徵收南京承運庫的人丁絲絹，給地方政府的六項均平銀，給工部、戶部的物料銀，還有各式各樣的地方協濟……

若是再碰上徽寧兵備道這樣有私心的，上下其手，又運作出一筆額外的稅收，負擔就更大了。此前第一版太平府方案中，徽州官員甚至還想借機運作一下，增加一點官府辦公費。

更可怕的是，這些數字，只是解到庫的稅額，還要加上途中的扛解、火耗、補平、內府鋪墊等，這才是老百姓最終要承擔的稅負。徽州府每年要向六七個部門分別解送稅賦，每多一路，附加成本就會翻一倍。

就這樣，地方雜稅和臨時稅不斷增加，附加成本隨之提高，效率直線下降，整個體制逐漸變得臃腫無比，同時造就了大片舞弊空間。大部分稅額，就在這些煩瑣、細碎的流轉環節中，被各級操盤手們吸走。老百姓交的錢越來越多，朝廷收入卻不見增加，大部分都在中間環節裡被消耗了。

長此以往，地方民怨沸騰，政府束手無策，最後的結果，就是調控失靈，天下大亂。

張居正搞的一條鞭法，治標不治本，它無法從根本上改變大明產生「雜稅」的機制，只能略微擴大稅基，把問題的爆發拖延一段時間罷了。

大明滅亡的原因，徽州府的這筆小小稅賦，應該是一個很好的啟示。

咱們書歸正傳。

前面說了，「協濟金衢道解池州府兵餉銀」這筆稅銀，本身並不合理。徽寧兵備道一直很擔心，萬一又碰到一個類似帥嘉謨這種愛較真的人，說不定會再起波瀾。這一次既然有人提議，兵備道索性順水推舟表示，為了徽州府安定團結的大好局面，我們吃點虧，從這筆兵餉銀裡抽出五百三十兩來，把最後的虧空補上吧。

這筆原本是重複徵收的稅，就這麼巧妙地被洗白了。

兵備道高風亮節，解決了最後的問題，諸位官員看到了成功的曙光，連忙又經過一輪討論，做了一點微調，使之更加完備：

減免料價銀的庫存有限，不能支撐逐年抽調，直接併入軍需銀。

五縣額外負擔的那五十兩也算了，省得他們囉唆，直接也併入解池州府兵餉銀。

於是，在萬曆七年（一五七九年）的三月，第五版方案出爐了。

人丁絲絹六千一百四十五兩，仍由歙縣承擔，但他們負擔的均平銀，則減少二千五百三十兩。這筆均平銀怎麼補足呢？由徽州府軍需銀抽出一千九百五十兩、金衢道解池州府兵餉銀抽出五百八十兩，合計二千五百三十兩，轉入均平銀帳目沖抵。

這個方案，可以說是集妥協、折中之大成，把負擔壓力分散到歙縣、徽州府、兵備道等諸多方面。這樣一來，歙縣少交了二千多兩銀子，心滿意足；五縣一點負擔不用加，也心滿意足；徽州府和兵備道略吃了點虧，但消弭了一場大亂，杜絕隱患，也合算。

對朝廷來說，一則上交的稅款並不短少，二則趁機清理冗稅雜役，統一錢糧，對一條鞭法的推行也是好事——這個方案真是把方方面面都照顧到了，難怪執筆者得意地稱其為「共免兩全法」。

這一次，上上下下俱鬆了一口氣。兵備道趕緊發布大字榜，通告六縣新的稅制，並得意揚揚地宣布：「自萬曆七年為始，明載賦役冊，永為定規。」

我相信，在張榜公布的一瞬間，這幾個字轟然化為斗大的金黃色大字，配著恢弘的音樂，在徽州官場大小官員腦海中旋轉。他們此時一定百感交集，涕淚交加。

不容易啊，這一場肇始於隆慶四年的大紛爭，前後持續了將近十年，先後五版解決方案，至萬曆七年終於澈底消弭。中間多少波折，多少折騰，總算熬過去了。

塵埃落定，生活還得繼續。

讓歙縣人感到高興的是，曠日持久的絲絹紛爭，把各種細節、徵派原理都討論得很透澈，官府上下都不太敢做手腳，反而會主動找別的稅目設法再減免一點。這時又趕上了朝廷推行一條鞭法，所以歙縣所承擔的人丁絲絹，不必全以實物交付，直接本色折銀或折色折銀，不必先賣糧食再買絲了，無形中又少了一層負擔。

據學者考證，萬曆七年之後，歙縣真正實交的人丁絲絹稅，其實只有額定的七成。

這一切，都是拜那個學霸帥嘉謨所賜。

而帥嘉謨後來到底怎麼樣了呢？

【注釋】

26 議事局：程任卿等人在婺源縣成立之議事局，乃是民眾自立的草台班子，被官方判定為非法組織，也是程任卿的重要罪狀之一，官方認為他聚眾百餘人，自任長官，捉打公差，支用糧米，甚至要向全縣徵收稅糧入自己的口袋，實在罪大惡極。實際上，現代意義上的議事局進入中國，同樣是在萬曆年間，為寄居澳門的葡萄牙人所建立，又稱作市議會、市政廳，負責管理租界內葡萄牙人在行政、經濟、軍事及宗教方面的各種內部事務，是其維持地方治安的最高權力機構。

27 里排：據《明史．食貨志》記載，明代編輯賦役黃冊，以一百一十戶為一里，推選家中丁糧多的十戶人家為里長；餘下百戶編為十甲，每甲十人，一人為甲首。每年由里長一人、甲首一人，負責催徵賦稅。如此排序，十年為一個週期，是為排年。故某一年輪值的里長，被稱為里排。

28 奏請（皇上）定奪，毋得依違以杜釁端，庶地方永保無虞之慶：聖上萬萬不可猶猶豫豫、模稜兩可啊！懇請聖上裁斷是非，以正視聽，杜絕此類爭端，但願能永保地方太平無事！

◆◆◆

第四章　秋後算帳

萬曆五年七月，兵備道拿住帥嘉謨，把他關在監牢裡待審。同時被捕的，還有包括程任卿在內的一夥五縣鬧事分子。

兩個月後，徽州府終於拿出了初審判決：帥嘉謨、程任卿以及其他幾個人，被判充軍。其中帥嘉謨的罪名是「將不幹己事情，捏造寫詞，聲言奏告，恐嚇得財，計贓滿貫」、「以陳奏而斂取」。

在狀詞裡，徽州府描述了這樣一個「事實」：帥嘉謨自誇有手段，向歙縣老百姓收取銀錢，說你們補貼我上京告狀，我自有辦法幫你們免徵賦稅。他利用歙縣民眾的恐慌心理，收斂了大量錢財，假公濟私——比如私自弄了套冠帶，用的就是公款。

這是一個欲加之罪的政治性判決，翻譯過來就五個字：「誰讓你多事？」從官府視角來看，這起紛爭根本是無中生有，完全是帥嘉謨一個人挑起來的，當初你如果乖乖閉嘴做你的數學作業，哪兒還會有後面這麼多事？

所以官府毫不猶豫地犧牲掉帥嘉謨，來換取五縣的穩定。至於這個罪名是否合理，並不在考慮之列。法律問題，咱們政治解決。

初審意見提交給兵備道。可是馮叔吉很不滿意，覺得徽州府怕得罪人，給判輕了，不足以警誡別人。於是馮叔吉把這些人提到太平府，讓安慶、池州、太平三府會審，再議一次罪名。

這次商議，最終給帥嘉謨定的處罰是「杖一百流三千里，遣邊戍軍」。這個判罰，從他本人角度來說實在是冤枉，但從官府角度，沒弄死你，算是很講良心了。

萬曆六年七月十九日，這份判決意見得到刑部尚書嚴清的支持，具題上奏，並於二十日拿到聖旨批准。一切都塵埃落定。

然後，帥嘉謨在官差的押解下離開徽州，踏上了漫漫的戍邊之路。他當時是何心情，後來又發生了什麼，我們不得而知。但值得欣慰的是，歙縣民眾並沒忘記這位幫他們減賦的英雄。在《歙縣志》裡的義士一項，專門記載了帥嘉謨的事蹟，以及一段評語：「以匹夫而塵萬乘之覽，以一朝而翻百年之案。雖遭謫戍，而歙人視若壯夫俠士。」

不知道在隆慶三年那個炎熱的夏日，當帥嘉謨翻開歙縣帳簿第一頁時，如果預知到未來有這麼一場巨大風波，他是否還會繼續。

絲絹案的始末和帥嘉謨的經歷，就講到這裡，不過故事還沒說完。

因為英雄並非只有他一個。

在五縣民眾心中，也有好幾個慨然倡義、奮勇抗爭的大英雄。如果沒有他們的拚死反抗，恐怕官府早在萬曆四年就把歙縣的負擔強加過來了。

這些人，也都是當之無愧的五縣義士。

比如曾經捲入議事局風波的何似，在等候判決期間去世，死之前留下一封遺書，寫得十分慷慨激昂：「身雖殞歿，而生平義氣之正，鼎鑊甘如飴，刀鋸不足懼者，必不與囹圄而俱泯。」

不過在官府眼中，這些人是地方上的刺頭，欲除之而後快。於是這些人和帥嘉謨同時被捕，罪名各不相同。有的是聚斂騙財，有的是聚眾鬥毆，有的是尋釁滋事，判罰也輕重不一，從杖責、下獄到流放充軍都有。

其中罪名最重的，就是程任卿。他搞起了議事局，僅這一項就和別人的性質截然不同。官府對他的判詞裡說：「以欺眾罔利之徒，轉為犯上作亂之漸，建旗張局，召號者數過萬餘，縛吏侮官，陸梁者狀非一出，造飛言於達路，則江、浙、閩、廣亦各驚心。毀禁示於公牆，則山澤閭閻幾為解體。」

這些罪狀，都是大犯忌諱的事，從判詞來看，距離謀反只差了一線。

所以程任卿的判決最重，居然是斬監候——相當於死刑緩期執行。整個徽州大亂中，被判處死刑的，只有他一個。

程任卿真是個奇人，在監獄裡得知這個消息，沒有哭訴哀號，而是慨然上書自辯。他不愧是徽州出身，自帶訟師光環，洋洋灑灑寫了一大篇，居然探討起判決書裡援引的大明律和犯罪事實的適用問題。

他沒否認那些指控事實，但是聲稱判決引用的法律條文不對，性質不適用於本案。一點、兩點、三點……論點鮮明，邏輯縝密，旁徵博引，簡直可以拍一部大明版的《法網遊龍》。如果說帥嘉謨是數學學霸的話，那麼程任卿就是生不逢時的法律達人。

這些抗辯，並未能改變他被判死刑的事實。不過斬監候這個罪名很微妙，判了死刑，但什麼時候執行卻沒說，這就留下許多可以操作的空間。

在許多有心人的保護下，程任卿並沒有秋後問斬，而是舒舒服服待在監獄裡。徽州府考慮到五縣民眾的情緒，不敢輕易執行死刑，索性一直拖著。

程任卿在監獄裡待久了，窮極無聊。他決定做一件有意義的事情——寫書。

獄中寫書這事，在中國屢見不鮮。不過程任卿要寫的這本書，和尋常的可不一樣——準確地說，他不是寫，而是編書。程任卿聯絡了徽州府的官吏和諸縣友人，把圍繞絲絹案的大大小小的文書，都搜集起來，匯集成冊。

要知道，絲絹案持續了這麼久，中間各個利益集團無數次爭吵議論，留下了大量文字資料。鄉紳們的書信、題記、狀書，諸縣申文，諸府、兵備道、撫按兩院一直到戶部的各類揭帖、告示、憲牌、奏文、判決書、保書，等等，應有盡有。

徽州又有健訟傳統，健訟的前提是有深厚的資料基礎，因此各縣都有保存檔案的習慣，私人還偷偷留下抄本。因此，程任卿編這本書不缺素材。

他只花了半年，便編撰成一本書。

不知出於什麼目的，程任卿給這本書起了一個特別容易讓人誤會的名字，叫《絲絹全書》，不知道的還以為是講怎麼造絲綢的，以後可以和《鋼鐵是怎樣煉成的》放在一個書架裡。

《絲絹全書》分為金、石、絲、竹、匏、土、革、木八卷，從隆慶四年帥嘉謨上書海瑞開始，到萬曆七年《奉按院豁免均平公文》終（其實最後還附了一篇何似的臨終說帖），一共收錄各處文書一百三十七篇，基本上囊括了整個徽州絲絹案從官府到民間的全部重要文獻。

按照程任卿的想法，他編這本書的目的，是剖白心跡，表明冤屈。很難得的是，程任卿並沒有一般文人的臭毛病，他雖然自認冤屈，但對《絲絹全書》沒有進行任何裁剪修纂，始終保持客觀中立。哪怕是對他和五縣不利或謾罵的文字，照樣一概收錄，不改一字，最多是在底下加一行批註，略微辯解幾句。

《絲絹全書》裡的很多歙縣文獻，把程任卿描述成了一個貪圖小利、沽名釣譽的丑角。不知道程任卿編撰到這一部分時，是不是會搖頭苦笑。但他嚴守立場，未做塗抹，而是原封不動地抄錄進去，堪稱史學家的典範。

中國很多古代史料，往往只記錄大要而忽略細節，重結論而輕過程，多高層而少下層，所以很多事件——尤其是民間的事件——記錄語焉不詳，框架雖在，細處缺失。後世之人，只能從字裡行間的蛛絲馬跡去猜測。像徽州絲絹案，在《明實錄》裡只有一句描述。光看那個，研究者恐怕只會當其是一場普通民變，一掠而過。

感謝程任卿，能保留下這麼多材料，我們才得以窺到當年那一場大辯論的真實風貌，從起因到結果，從官府態度到民眾反映，無不歷歷在目，生動無比。

搖惑衆心，捏稱歙民将銀七百兩托不在官府書程鳳，送本縣不在官吏程德煥，管局程任卿認納絲絹，是虞縣丞魁繳依准等言，傳揚城市。程文烈与張蒼、陳憲光、金伯梧、程記、王慶各又不合，揚旗鳴金，率衆擁入縣廳，擂鼓吶喊，將程德煥綑打，又擁進虞縣丞衙內捉本官，扯扭出街，拖至局內。程文烈、王慶各又不合，將本官員領提倒，張蒼原充徒夫，又不合，手執尖刀一把架在本官頸邊要殺，陳憲光、金伯梧、程記各又不合將本官毆辱，以致本官當時嘔血，方淂放回。程文烈又不合，站立高櫈，喝將程任卿趕打，比任卿因与文烈訐爭，俱不入局，何似又不合，乘机随向汪時等說，稱任卿被歐，原局不可一日無主，爾等可報我為謀

圖三

這篇小文裡有大量細節描寫，絕非「鍵者」杜撰腦補，實在是《絲絹全書》裡收錄的資料太細緻的緣故。明代民間縣一級事件，能記錄到這種程度的，可謂絕無僅有。

（附截圖一張，足見裡面提供的史料詳細到什麼程度——差不多可以當電影腳本來用了。）

程任卿的這個斬監候，一候，就候了二十年。後來有個做官的同鄉叫余懋學，上書給他喊冤，最終得以改回充軍，並被發遣到邊疆。程任卿這人也真有能耐，戍邊期間居然還立了大功，當上了把總[29]，最終榮歸故里。

婺源人民，始終記得這位抗爭英雄，也在《婺源縣志》裡的義士傳裡留了一個位置給他。而《絲絹全書》，也因此流傳至今。

程任卿的事，就這麼結束了。

但絲絹的故事還沒完。

萬曆二十年（一五九二年）前後，距離徽州絲絹案已經過去十幾年。這件塵封已久的案子陡然又被掀開一角，顯露出了一個此前幾乎沒人留意的驚天細節。

掀開這一角的，是一位婺源籍的官員——南京戶部右侍郎余懋

學。他忽然上了一道《豁釋絲絹大辟疏》，為程任卿乞求減刑。在這篇疏裡，余懋學講述了當年徽州之亂期間發生的一件隱祕往事，而且牽涉了一位曾經的大人物——張居正。

萬曆三年，余懋學時任南京戶科給事中，以敢言直諫而著稱，先後數次上書，批評張居正的種種政策太過操切，言辭十分激烈，是變法的反對者之一。尤其是萬曆五年「奪情」事件之後，張居正把余懋學削職為民，趕回婺源老家永不敘用。

余懋學返回婺源之時，正趕上徽州之亂爆發。

當徽州絲絹案爆發之時，有人來找余懋學助威。余懋學為人比較警惕，沒有答應，只是寫了封信給徽州知府，勸說恢復舊制。結果戶部尚書殷正茂誤以為他也參與其中，還寫信來詢問。余懋學忽然意識到，這是張居正餘怒未消，打算借機懲治自己，便行事更為謹慎，閉門不出，也不與別人來往。

萬曆五年八月前後，暴亂差不多結束了，官府開始四處抓人。可奇怪的是，無論是兩院還是兵備道，首先發出來的緝拿令，都口口聲聲說是豪右宦族作亂。

余懋學這個說法，在《絲絹全書》裡也有佐證，其書裡收錄了《查豪右牌面二張》、《按院再議均平查訪豪右憲牌》、《都院再訪豪右憲牌》三份文件，都是各級官府的明發文件。另外還有一份歙縣人的舉報信，說五縣暴亂的主謀，在於「二三豪右，坐地主盟」。

官府為什麼把矛頭對準當地土豪鄉宦？余懋學認為，這是得自張居正的授意，試圖把他也攀扯進來，好進一步報復。

按照余懋學的說法，在事件期間，張居正給應天巡撫胡執禮寫了封密信，指名說婺源大亂的根源，在於前南京尚寶司卿汪文輝和余懋學；同時張居正還指使都御史王篆，寫了一封信給應天巡按鄭國仕，說余懋學和另外一個叫洪垣的婺源鄉宦是主謀，一定得嚴懲。

甚至連殷正茂，都親自給徽州知府寫信，暗示余懋學和暴亂的關係。

種種壓力之下，各級官府不得不積極行動起來，開始大張旗鼓地抓捕當地豪強。可命令傳到了徽州府這一級，態度陡然消極下去——這完全可以理解，朝廷與基層之間隔著一道鄉紳，要實施有效統治，不爭取到他們的合作是不行的。

徽州府若是傻乎乎地聽從上級指示，使勁打擊當地豪右，那會得罪一大片人，以後管起來就更難了。所以徽州府給朝廷回了一封公文，叫《本府回無豪右申文》，不用看內容，光看標題就知道：「本府不存在豪右，自然也就談不上抓捕了。」

胡執禮和鄭國仕本來也只是迫於張居正的壓力，才發牌捕拿。現在徽州府否認，加上余懋學在北京的幾個朋友王錫爵、陸光祖、李世達等人也寫信過來勸其守正，撫、按兩院樂得順水推舟，改口說既然不是豪右作亂，那一定是生員鬧事，改抓他們吧。

然後，這才有抓捕程任卿等人的動作。

在給這些人議罪之時，張居正因為找不到余懋學的罪，心裡很不爽，又聽說余懋學跟程任卿關係不錯，便特意指示刑部要嚴辦。結果原本給程任卿判的是充軍，被張居正這麼一插手，最後變成了斬監候。

這些八卦，余懋學本來是不知道的。他後來起復，重回官場。李世達和鄭國仕向他出示了張居正和王篆的親筆信，他才知道當年自己處於多麼危險的境地，自稱當時嚇得「毛髮猶為悚然」。

至於程任卿被判死刑，余懋學認為不過是代他受過罷了。

余懋學這次上疏，希望能夠申請豁免程任卿死罪，改判充軍流放。他還特意提及，當時的戶部尚書殷正茂致仕以後，隱居歙縣，也一直為釋放程任卿而奔走，說明他內心有愧。

余懋學是言官出身，筆法厲害，為了替程任卿正名，狠狠地批評了一通朝廷對徽州絲絹案的處理意見，先後列舉了五不堪、五不通、四誣揑、四不協，如同檄文一般。

言外之意，整個徽州之亂，張居正得負首要責任，是他強行偏袒歙縣，強令戶部、應天兩院改稅，五縣人民，尤其是婺源人民被迫反擊，是有大義名分在的，不可以簡單地定義為「民變」。

余懋學講的這個故事，我覺得真實性有待商榷。從推廣一條鞭法的角度出發，張居正確實對徽州之亂施加過一定影響力，但若說整件事情就為了針對一個回家待業的前言官，未免太過陰謀論了。最多是張居正摟草打兔子，順便而為罷了。

徽州之亂，究其過程，跟余懋學本人真沒什麼關係，他單純是想多了。

有趣的是，別看余懋學對徽州絲絹案有諸多批評之詞，卻隻字不提翻案之事。不光不提，他在文章最後不忘補上一句：「乃若絲絹均平，處分久定，臣不敢復置一喙，以滋紛擾。」

什麼意思？現在絲絹案已經過去了，我也不好多說什麼，免得再生變亂。

余懋學心裡很清楚，徽州的「人丁絲絹」稅惹出那麼多風波，費了多少力氣才算談妥。他身為徽州人，可不敢輕易言改。萬一因為自己一言而再起紛爭，徽州上下，非把他吃了不可。

批判張居正容易，再辯論一次徽州的絲絹稅？還是算了吧。

◆◆◆

【注釋】

29 把總：根據《明史．兵志》的記載，明代京營分為三大營，設千總、把總等領兵官；各地方總兵之下，也設有把總領兵。故，把總在千總之下，領兵幾十人至百人，為軍隊中的基層領兵官，相當於現在的排長或連長。

筆與灰的抉擇

婺源龍脈保衛戰

萬曆二十八年（一六〇〇年）的九月初九，正逢大明的傳統佳節——重陽節。在這一天，帝都的天家會登上萬歲山，登高燕飲，簪菊泛萸。從京城到十三個布政使司、南北直隸的普通百姓，同樣也要暢飲重陽酒，分食花糕。家裡有女兒的，還會在這一天返回娘家，一起拜祭灶神和家堂，其樂融融。

不過此時的南直隸徽州府婺源縣，卻是一片愁雲慘霧。居民們雖然也忙於重陽之事，可都有些心不在焉。從知縣、縣丞、主簿、典史、縣學教諭到當地有名望的鄉紳鄉宦，都聚在紫陽書院，一臉頹喪，一臉愕然。

就在一天前，有本縣的快手從南京風塵僕僕地趕回來，抄回了一份鄉試榜單。

明代科舉分為三級：鄉試、會試、殿試。其中鄉試是行省一級的考試，三年一次大比，考試時間是在八月，因此又稱「秋闈」。能通過秋闈鄉試的士子，成為舉人，有了進京躍龍門的資格——范進中舉，境況立即天翻地覆，可絕不是小說家誇大。

萬曆二十八年庚子，正是大比之年，整個南直隸的學子都聚集到了應天府，集中考試。鄉試一共三場，一般於八月九日、十二日和十五日舉辦，放榜日期則視考官閱卷速度而定。像南直隸這種文教繁盛之地，每一屆考生都高達四千餘人，往往拖到九月初才會放榜。

榜單一出，婺源縣派去觀榜的快手第一時間抄了結果，回報縣裡。

這次結果，讓他們無比震驚。

婺源，脫科。

就是說，婺源縣去考試的士子，一個中舉的都沒有。

嚴格來說，這一屆婺源縣中舉的有兩個人，一個叫汪元哲，一個叫汪若極。不過他們倆一個是六合人，一個是旌德人，只是寄籍在婺源縣學。所以更準確的表述是：萬曆二十八年秋闈，婺源縣本籍學子全軍覆沒。

這簡直太荒唐了。

婺源是什麼地方？那是朱熹朱老夫子的祖籍所在，儒宗根腳，靈氣悠鍾，一等一的文華毓秀之地。

即使好漢不提當年勇，只看本朝往屆鄉試成績：上一屆，也即萬曆二十五年（一五九七年），婺源籍中舉士子七人；再上一屆，萬曆二十二年（一五九四年），中舉士子六人；再上一屆，萬曆十九年（一五九一年），中舉士子七人；甚至在萬曆十三（一五八五年）、十六年（一五八八年）兩屆，每一屆都赫然有八位婺源士子過關。前追隆慶、嘉靖、正德、弘治、成化諸代，哪一屆秋闈，婺源縣都能拿下至少一掌之數的解額。

要知道，這可是南直隸，是競爭最殘酷的考區。婺源區區一縣，能保持如此之高的中舉率，足可以自矜文運不隆。

這麼一個科舉大縣，今年竟然被剃了一個光頭，這怎麼可能？

婺源人的第一個念頭是，不會主考官在舞弊吧？

科場舞弊，不算什麼新鮮事。不過這一屆的主考官，一個叫黃汝良，一個叫莊天合。黃汝良是著名的清直之臣，頂撞過藩王，懲治過南京守備太監；莊天合是萬曆皇帝的老師，行止端方，兩個人都不像是會作弊的人。

那問題只能出在提調官身上。

提調官是負責科舉具體庶務的官員，最容易居中搞搞小動作。這一屆的提調官是應天府的府丞，叫徐公申。婺源人一打聽，問題還真出在這傢伙身上。

嘉靖四十年之後，應天鄉試不允許南直隸籍貫的人做主考官，以防有偏袒同鄉的行為，對提調官的籍貫卻沒限制——畢竟提調官不管閱卷，想偏袒也沒辦法。

可人的智慧總比規則要高明一些。不參加閱卷，同樣有辦法動動手腳。

徐公申是蘇州長洲人，他利用提調之權，故意把老家蘇州、松江、常州三府的卷子和江北的廬州、鳳陽、淮安、揚州四府的混在一起，先送進考官房；等到閱卷過半，他再把應天、鎮江、徽州、寧國、池州、太平六府的卷子送進去。

科舉都是主觀題，是否中舉，完全取決於考官一念之間。江南士子的水準，比江北高出一截。徐公申把江南三府和江北四府的考卷摻在一起送進去，無形中會產生對比，讓三府中舉率更高。

更何況，本屆鄉試人數太多，考官閱卷的時間有限，容易心理倦怠。批前面的考卷，可能還會仔細批閱品味；批到後來，便開始敷衍，恨不得全刷下去才好。徐公申把應天等六府的卷子押後送達，等於為自己老家淘汰掉了一半競爭對手。

對這個行為，六府考生憤恨不已，卻也無可奈何。

人家一不受賄洩題，二沒冒名夾帶，三無塗改考卷，只不過是改了改送卷的次序，沒違背任何規則。因此這件事雖惹得物議洶洶，但終究還是不了了之。

婺源人得知真相之後，悻悻而退。算了，這次運道不好，下次咱們再來討回公道。

三年之後，萬曆三十一年（一六〇三年），癸卯秋闈再開。這一次應天鄉試出現了前所未有的盛況，赴考士子超過六千人，是明代南直隸鄉試人數最多的一屆。而錄取解額只取一百三十五人，百分之二的錄取率，可謂空前殘酷。

這一次婺源縣盡遣精英，務必要一雪前恥。

重陽節之前，榜單貼出來了。

婺源士子中舉者，有施所學、方大鉉、余懋孳、盧謙四人，其中盧謙是盧江籍，婺源本籍的只有三人。

總算沒脫科，但也僅僅比沒脫科好那麼一點點。不過婺源人的希望還沒澈底斷絕，因為考試還沒結束。

鄉試結束後，全國舉子將在次年的年初趕赴京城，參加禮部舉辦的會試，稱「春闈」。會試通過的考生，叫作貢士，仕途之望已是板上釘釘。接下來皇帝會親自主持一場殿試，沒有淘汰，只為這些貢士排一個名次，分三等。

一甲有三人，賜進士及第，即我們所熟知的狀元、榜眼、探花；二甲若干人，賜進士出身；

三甲若干人，賜同進士出身。

婺源的舉人數量不少，只要任何一位能在會試和殿試拿到好成績，就足以抵消婺源縣在鄉試中的發揮失常。

轉眼來到萬曆三十二年（一六〇四年），會試考完，殿試金榜很快也公布了：一甲三人，沒有婺源學子的名字——順便一提，這一科的榜眼是未來幾乎挽救大明的孫承宗；二甲五十七人，也沒有婺源學子的名字；直到三甲放出，才在第一百零一的位置上出現了余懋孳的名字。

哦，對了，陪余懋孳在三甲隊伍的，還有一個毛一鷺。將來他會成為應天巡撫，在蘇州殺死反對魏忠賢的五個義士，成就一代名篇《五人墓碑記》。

金榜名單傳到婺源縣，整個縣城陷入一片恐慌。

整整六年時間，整個婺源縣只出產了一名同進士和兩名舉人。這個成績在那些邊鄙小縣，或許是不得了的成就，可對婺源來說，卻不啻是場災難。

往小了說，學子的科舉成績，決定了當地官員的考評。像是縣學教諭，至少得培養出三名舉人，才能獲得升遷資格。若是連續幾屆秋闈失利，連知縣的治政能力都要被質疑。

往大了說，科舉是進入大明官場的唯一正途。入朝則為高官，致仕則稱鄉宦，當地的政治實力和話語權，取決於本籍士子們的仕途之路，一損俱損，一榮俱榮。

現在連續兩屆科舉慘澹收場，也難怪婺源的鄉紳鄉宦們如此緊張。舉人梯隊斷了檔，意味著在未來二十年內，婺源縣的影響力將狠狠下降一截。別說跟其他府縣對抗，就是在自家徽州府比較，婺源也將落後於歙縣和休寧縣，淪為二流之列。

這可不只是面子受損，還涉及巨大的政治與經濟利益分配。大明地方上起了糾紛，當地鄉宦會聯名上書，表達意見。誰家的鄉宦地位高、牌子硬，誰就能占便宜。婺源現存的老鄉宦們，實力還比較強，可他們早晚會死，如果沒有新鮮血液補充，長此以往，縣將不縣。

危機臨頭，當地的有識之士們紛紛開始反思，問題到底出在哪裡。

縣學的師資力量，不可謂不盡心；縣衙對教育事業的重視與支持，不可謂不周致；婺源大小家族對士子的供養，不可謂不豐厚；婺源境內的讀書風氣，不可謂不濃厚。

一切都運轉正常，總不能說婺源這兩屆是單純運氣不好吧？

怎麼不能？

大家正在議論紛紛，這時婺源縣學裡有一位叫程世法的生員，他提出一個猜想：婺源的運氣不好，會不會是風水出了問題？

別笑，他是認真的。明代篤信風水之說，徽州這裡尤其癡迷。都說徽州人愛打官司，這些官司裡有一半是因為各種風水侵爭。他們認為風水格局關乎一家之際遇、一族之起伏，乃至一地之興衰，必須予以重視。

婺源的風水，一向被本地人引以為傲。境內號稱「群山入斗、風雲綿密」，無論格局還是形勢均是上佳，因此才能孕育出朱子這樣的聖人。整個婺源風水的核心，恰好坐落在一條龍脈之上。

要講清楚婺源這條龍脈的厲害，得先講講它的來龍和去脈。

在婺源縣的北方，有一座大鄣山，《山海經》裡叫作「三天子鄣」，屬於黃山餘脈。它像一條巨龍般盤臥在皖贛邊界，號稱「諸山祖源」。大鄣山系黃山向南伸出的一條旁支，沒走多遠，奇峰陡起，拔起一座海拔一千六百三十米的擂鼓峰——婺源境內的最高峰，也是婺源龍脈的來龍所在。

擂鼓峰的山勢先向西南，再轉東南。一條地脈跌宕盤結，不斷經過退卸剝換，從通元觀、石城山、鄭家山、西山至里外施村、里外長林、石嶺，並於船槽嶺過峽。

船槽嶺這個地方，地質特徵特別明顯。它的山頂凹陷內收，狀如狹長的船槽，故稱船槽嶺。其中最大的兩處凹陷，分別叫作大船槽和小船槽。其上有文筆峰，有硯池，還有日月雙峰對峙，儼然文脈氣魄。

在大小船槽之間，有一條很狹窄的通道。龍脈於此過峽，並分為三條支龍。第一條龍伸向西南，至嚴田散為平地。第二條龍奔向東方，直接挺向清華鎮，在那裡與婺水匯合，呈長龍入水之勢。婺水在清華鎮外與月嶺水、浙溪水合攏，挾著龍脈餘勢繼續南下，化為星江河直入婺源縣城。第三條龍則是向南方走楊村、峽石、洪村，延展到婺源縣城。

從地圖上可以看得很清楚，這一段山脈的形體非常清晰，枝幹勻稱，跌頓有序，主脈直進而少盤結，這在風水裡，叫作「進龍」，主青雲直上。加上它又與星江河互相烘托，龍借水勢，格局更為深閎。

明代的風水大師，曾經如此評價婺源龍脈：「龍峽展開大帳不下數里，中為中峽，前後兩山

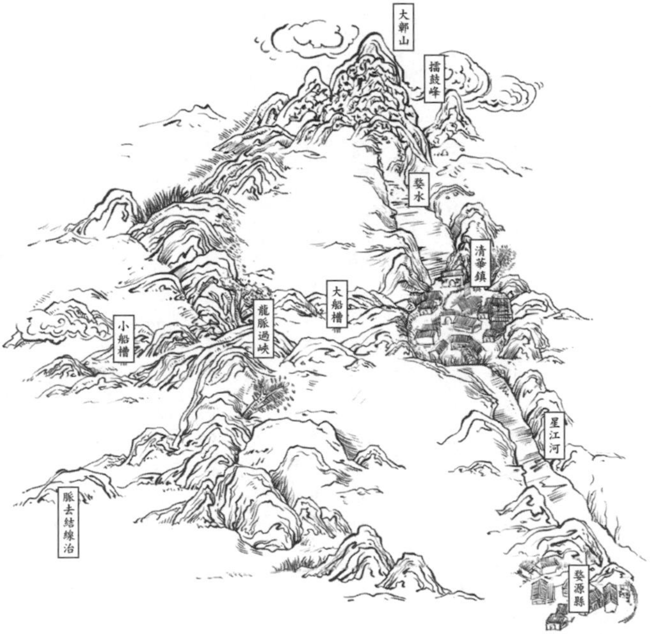

圖四　龍脈示意圖

相向，三龍會脈，中夾兩池，合為一山，形家所謂『朋山共水，川字崩洪』是也。峽內五星聚講，文筆插天，硯池注水，石石呈奇，難以盡述。左右帳腳，護峽星峰，跌斷頓起，胚秀毓靈，真通縣命脈所繫。」

這個「中峽」，即指船槽嶺，乃是龍脈正幹的樞紐所在。從風水理論來說，確實是一個有利於出文曲星的格局。在一些婺源文人的筆下，甚至把船槽嶺和泰山相提並論，後者孕育出孔聖，前者孕育出朱子。

風水虛妄與否，姑且不論，反正當時的婺源人真誠地相信這個理論，認為龍脈與本縣文運息息相關。

程世法懂一點邏輯，他覺得既然本縣龍脈能庇佑文脈順暢，那麼如今金榜荒蕪，想必一定是龍脈出了問題吧？於是他著手做了一番調查，調查結果令程世法十分震驚。

按照行政區，大、小船槽嶺屬於婺源縣的十七都、十八都、二十三都和四十三都——都是在鄉之下的一個行政單位——這四個都的區域，恰好涵蓋了龍脈中最重要的過峽一段。

不知何時，在這四都一帶的山嶺之間，多了許多灰戶。

灰戶，即專門採製石灰的工匠。

于謙于少保曾經寫過一首《石灰吟》，拋開個人志趣不談，四句詩恰好是古代採製石灰的標準流程：千錘萬鑿出深山——將石灰岩從山體上鑿下來；烈火焚燒若等閒——把石灰岩碎塊與木材或煤炭分層鋪放，引火燔燒，把碳酸鈣轉化成二氧化碳和氧化鈣；粉骨碎身全不怕，要留清白在人間——在加熱過程中，石灰岩塊徹底變成白粉末狀的生石灰。

石灰在明代的應用範圍極廣，舉凡建築、消毒、裝飾、煉丹、戰爭、醫藥、印染、造紙、船舶等行業，無不見其身影，需求量極大。

船槽嶺一帶的山體，主體由優質的石灰岩構成，易於開採，附近還有豐富的植被，可以就地採伐充作燃料，開窯極為方便。當時的記載稱這裡「隨挖隨燒，隨燒隨碎，柴省而灰美，力半而利厚」。

而且船槽嶺距離清華鎮極近，那裡是一個交通樞紐，沿星江河南下，從上饒可入鄱陽湖，自新安江、富春江可至錢塘，自青弋江入長江，順流可到南京、揚州，可以說是輻射吳楚，物流快捷。

船槽嶺有這麼得天獨厚的生產條件，不搞石灰產業，簡直是天予不取，反受其咎啊。可是在風水理論裡，龍脈以山石為骨，以土為肉，以水為脈，以草木為皮毛。如今這些灰戶在船槽嶺天天鑿石挖土，伐木焚林，等於是在龍身上一塊塊地剜肉下來。

本縣龍脈天天被灰戶凌遲，這婺源士子在科場上不吃癟才怪呢。

領悟到這一層道理之後，程世法一頭冷汗地跑回縣學，把這個發現講給同學們聽。他的同學大多來自婺源大族，回去之後講給家裡長輩聽。一傳十，十傳百，終於驚動了婺源縣的大佬們。

萬曆三十二年開春，一封請願書送到了婺源知縣譚昌言的案頭。

譚昌言打開請願書，還沒看正文，先嚇了一跟頭。這請願書的開頭兩個字是「具呈」，文書慣用的抬頭，意思是備辦呈文。接下來，則是密密麻麻一連串人名，足有五十三人。

名單最前面的，是曾在朝中做官的鄉宦們，總共三十四人，隨便一個名字都擲地有聲：有兵部左侍郎汪應蛟、戶部右侍郎游應乾、太僕寺卿余一龍與汪以時、大理寺正卿余啟元、大理寺右寺丞余懋衡、雲南廣南知府汪昌齡等，還有一大堆廣西按察使、遼東兵備副使、福建布政使、禮部郎中、江西道監察御史等等，最低也曾是副部級高官。

唯一的例外，是剛剛得了同進士出身的余懋孳，他是婺源兩科獨苗，還未授官職，但已有資格與這些先賢同列共署。

這三十四人，個個身分優崇，人脈深厚，可以說是婺源縣實際上的統治者。在他們之後，還開列有八位舉人、八個貢生，以及三個廩增附生。

舉人不用多解釋，貢生是指那些被府縣選送入國子監的優秀生員，大概類似於特招或保送。而這個廩增附生，就非常奇怪了。

明代的儒學官校有人數定額，朱元璋規定府學四十人，州學三十人，縣學二十人，稱為廩生，由國家每月發米養活。後來隨著科舉制度逐漸成熟，讀書人越來越多，但祖制又不能變，怎麼辦？官府只好再增加一部分名額，這部分人叫「增生」，不享受廩米待遇。後來「增生」名額也不夠了，再添加一部分，叫作附生，即附學生員。慢慢地，廩、增、附變成了三個學生等級，剛入學的統統是附生，如果考試成績好，可以升格為增生，再升廩生。

換句話說，廩增附生就是婺源縣學裡的學生仔。

這些學生何德何能，能跟前面那些高官學霸同列？原來這三個人叫俞起震、程元震和程世法。很明顯，程世法是「龍脈被毀之說」的首倡者，那兩位同學曾跟他一起結伴勘查。所以他們三人雖然身分低微，但仍可以附驥鳳尾，篇末署名。

譚昌言看完了具呈名單，膽氣已然弱了半截，趕緊往下看正文，瞧瞧這些大佬到底有什麼訴求。

正文倒不算長，三百多字。開頭簡述了一下婺源風水龍脈有多重要，然後筆鋒一轉：「近龍愚民乃以射利之故，伐石燒灰販賣，以致龍身被削，肢爪被戕。故庚子秋闈脫科，癸卯賢書僅二。生等蒿目痛心，恐石盡山赭，不獨人文不振，將來尤大可虞。」

「蒿目」一詞，出自《莊子》「今世之仁人，蒿目而憂世之患」，引申為憂慮地遠望著那艱難時局。

用這麼一個典故，便把大佬們的心態表達明白了。大佬們的訴求簡單明瞭，要求官府「立石嚴禁，以杜鑿伐」，澈底禁絕燒灰行為。

譚昌言是縣官，自然知道婺源有燒灰的營生，更知道這產業的利潤有多大。光是清華鎮的稅卡，每年就能從石灰貿易裡收得上千兩白銀。

這麼大的利潤，足以培育起一個巨大的利益集團。俗話說，斷人財路，如殺人父母，自古賺錢的生意最難動。鄉宦說禁絕容易，官府真要厲行查封灰戶，搞不好會掀起一場大騷亂。譚昌言為官謹慎，可不想輕易蹚這渾水。

於是他很快做出批覆：「合帖生員程世法等，前往船槽等處地方，勘明議報，以憑定奪。」既然程世法認為是龍脈風水問題，那便請這位生員再去一次，詳細調查一下到底有多少灰戶、多少灰窯、對山體傷害有多大。更重要的是，得查清楚，燒灰和科舉不順之間有多大相關性。最後這一點特別重要。燒灰之舉早已存在，而前幾屆婺源科場表現很好，直到最近兩屆才連續失利。兩者之間的因果似乎牽強了點……就算真要禁絕，也得給個差不多的理由才行，不然何以服眾？

於是程世法肩負著闔縣父老的重任，在萬曆三十二年二月初十再次進山。

這次他是奉官命前往，除了有俞起震、程元震兩個同學陪同，還有十七、十八、二十三、四十三都的都長、里長、里老人等當地負責人跟隨。

程世法在這一次的調查中發現，情況比他先前了解的還要糟糕。比如船槽嶺上本來有日月雙山，左脈為月山，又名寨山，右脈為日山，又叫蓬頭山。經過灰戶們的不懈努力，月山幾乎被鑿成平地，日山也岌岌可危。附近的文筆峰乾脆被折了一半，只有峰下的硯池尚存。

更有甚者，居然在船槽嶺的龍脊之上用火藥炸山，以便獲取石料，炸得龍脊千瘡百孔。

程世法細細詢問了一下，發現灰戶多是當地居民。他拿出官府和鄉宦們的文告，警告鄉民們不得繼續傷害龍脈，否則婺源要倒大楣。鄉民們的反應卻不甚積極。脾氣好的，找理由說石灰是自家種田用的；脾氣不好的，比如嚴田一帶的村民，氣勢洶洶地回答關你什麼事，氣得程世法直罵他們是頑民。

調查結束後，程世法回報譚知縣：灰戶規模很大，龍脈狀況堪憂。至於村民們講的「種田自用」，程世法認為這純屬扯淡，婺源植被茂盛，種田用草木灰足夠了，哪兒用得了那麼多石灰？這些頑民不去老老實實經營本業，為了牟利而瞎找藉口。

說實話，村民們說「種田自用」，固然是藉口，但程世法這個說法，也有點何不食肉糜。

婺源這個地方，縣志裡記載其形勢：「山踞八九，水與土逼處其間，才一二耳。」也就是說墾殖率僅有百分之十至百分之二十。婺源居民如果單純務農，情況會很淒慘。當地鄉紳余懋衡在《北鄉富敬堂記》裡如此描述：「民終歲勤動，竭土之毛，自供賦徭外，所餘不支數日之需。」

農民靠種田幾乎活不了，那只能自謀生路。而婺源縣的幾項主要營生——茶葉、木材、徽墨、白土等，都被婺源大族壟斷，普通百姓別無選擇，不去燒灰怎麼活？

程世法出身於湘公程氏，自然從大族立場去看待問題。反正自家是做生意的，農民收成如何，哪裡及得上龍脈存亡重要。

譚昌言久為父母官，對基層情況心知肚明。不過他想要的，不是燒灰的實情，而是一個說得過去的封禁理由，來證明龍脈和科場的關係。

沒想到程世法連這個理由也準備好了。

婺源燒灰業是何時開始的呢？程世法打聽到了一個確切的時間——嘉靖四十三年。在這一年，婺源有程姓與胡姓兩戶人家跑到船槽嶺下，開窯燒灰，很快其他居民也紛紛跑來效仿，一時間鑿遍了龍峽正幹與左右支脈。

婺源的老人們一聽「嘉靖四十三年」這個時間，無不眼皮一跳。

嘉靖四十三年，對婺源來說絕對是記憶深刻的一年。在那年的十二月二十四日，百餘名來自處州、衢州、金華等地的造反礦工殺入婺源境內，四處為盜。

礦工在那個時代是最有戰鬥力的群體，身強力壯，紀律性強，又吃得起苦。就連戚繼光招募戚家軍，都要從礦工裡選拔，可想而知這支流賊有多兇悍。一百名礦工，戰鬥力恐怕相當於千人的地方團練。

婺源小小一縣，完全束手無策，只好任憑這夥流賊四處燒殺搶掠。這些礦工後來和其他流賊合夥，氣焰十分囂張。當時的婺源知縣忍無可忍，派兵去圍剿，反被擊潰。流賊們殺至縣城弦高鎮，打死一個指揮，又焚燒北門突入，恣意劫掠，整個縣城化為一片廢墟，整個徽州為之譁然。

後來還是徽州府從金衢道借兵圍剿，才算是將其撲滅。這次寇亂持續了兩年之久，給婺源留下了極其慘痛的記憶。（徽州府借兵這事，還牽涉另外一起公案，請看〈學霸必須死——徽州絲絹案始末〉。）

程、胡兩家開挖船槽嶺是在嘉靖四十三年夏季，到了年底就爆發了寇亂。龍脈一損，立刻給婺源帶來了血光兵災，兩者之間的關係還不夠明顯嗎？

程世法還特別指出，自從開挖船槽嶺，婺源境內災害頻頻，有兵燹、飛蝗、久旱、洪澇，甚至還趕上兩次山體滑坡。可見船槽嶺的龍脈不只關乎縣學文氣，還與整個婺源的氣數密切相關。

其實在船槽嶺燒灰之前，婺源碰到的災難一樣不少。但程世法有意把嘉靖四十三年之後所有的壞事，都說成龍脈被毀的結果，一項一項排比開列，聽上去確實挺聳人聽聞。

這麼一說，龍脈安危不只影響科場成敗，還攸關整個婺源縣的福禍，那些對科舉不大感興趣的百姓，必然也會為此緊張起來。有這麼一個理由，就足以爭取到足夠的輿論支援，讓官府直接宣布保龍禁灰了。

不過知縣譚昌言沒有立刻從諫如流。他和程世法身分不同，看待問題的方式自然也不一樣。身為本縣主官，譚昌言考慮更多的是婺源局面的穩定。

禁絕灰戶們燒灰簡單，但他們一旦生計斷絕，就會聚眾鬧事，甚至淪為流賊。萬一釀成嘉靖四十三年那種暴亂，從老百姓到官員都要倒楣。一個負責任的官府在推行政策時，一定會準備好相應的疏導方案，簡單粗暴地一禁了之，卻不去想後續應對措施，那叫顧頭不顧尾。

因此婺源官方在下達禁令之前，還得給灰戶們留出一條活路來。

這條活路，譚昌言早已經想好了——官贖。

船槽嶺一帶有很多私地，張家占了這個山頭，李家占了那個山頭。那些山民持有地契，都是合法私產。根據程世法的調研，灰戶們之所以如此大膽肆意，正是因為灰窯都設在私人山地內，自家地盤，我想挖啥誰也管不著。

而官贖的做法是：由婺源縣衙出面，以官方身分贖買山民們的地契，把船槽嶺附近散碎的私地變成一整塊官地，這樣官府實行禁灰政策，便名正言順了。而灰戶們賣地換得銀錢，去買田也罷，去跑商幫也罷，有了活路，自然也就不鬧了。

至於買山的經費來源，也不是問題。

這筆回購費用，叫作「捐俸」，名義上是譚知縣感念民眾貧苦，毅然捐出自己的俸祿。其實一個知縣一年俸祿才九十石米，根本不夠。譚昌言只是做出一個表率，真正出大頭的，是婺源當地的大族鄉宦們。

這是明代一個很流行的做法，一逢災年，常有知縣、知府帶頭捐俸，賑濟災民，當地士紳「感於」義舉——或者叫迫於壓力——也會紛紛捐銀輸糧。

在婺源縣看來，你們有錢人既然想保龍脈，付出點代價也是應該的。

譚昌言是個謹慎的人，他覺得需要給灰戶那邊也提前通個氣，留點緩衝期。於是譚知縣委託程世法二次進山勘探，給那些灰戶開了個吹風會，說官府準備購買你們手裡的地契。

圖五　婺源龍脈保護區示意圖

程世法很快回報，灰戶們的反應很積極，無不「歡呼祝頌，樂為還結，慕義願輸」。

摸清楚各方面的反應，譚昌言心裡有底了。萬曆三十二年二月二十二日，婺源縣正式發布了一份保龍公告。

在這份公告裡，官府劃定了一個範圍：從船槽嶺頂東連大岩外至通天竅、水星、獅山、月山、象山、土星一帶，以及西連小船槽嶺外至朱林、洪李、日山、龍山，四面前後上下山頂山腳石坦，並水岩山、通岩洞、石城山、重台石一帶，皆劃入婺源龍脈保護區，不許任何人入山開伐。

為了讓禁令更有震懾力，公告裡還特意點了船槽嶺附近八位里約、七戶山林業主以及六家灰戶的名字，要把責任落實到戶。公告裡語氣嚴厲地警告說：

「如有仍前至所禁內挖鑿取石，起窯燒灰，並肩挑船載等情，許地方里派約保即時指名呈來，以憑拿竟。定以強占山場，一律坐罪。如里約地方容隱不舉者，一併究治，絕不輕貸。」

接下來，公告裡給出了官贖方案，催促各山的業戶盡快拿出地契，去婺源衙門辦理贖買手續，還規定了獎懲措施，先來的另外有獎勵，不來的要查究到底。

這時一個問題浮出水面：如果船槽嶺封了山，那麼婺源縣本身對石灰的需求該怎麼解決？總不能坐守石灰寶藏，去外地另買吧？

這種情況，公告也考慮到了，特意另行劃定了一個範圍：「地方做牆，自有湧山、石壁、岩前、甲路等灰。」那一帶的山嶺也是石灰岩質地，但遠離龍脈，想燒去那邊燒好了。可見婺源官方設計出的這個方案，當真是滴水不漏。

在公告的最後，譚昌言還不忘強調一句：「各宜體諒，毋得故犯。」這一句「各宜體諒」，可算是把婺源知縣的苦澀給點出來了。

明代知縣的地位很微妙。他在一縣之內並非乾綱獨斷的土皇帝，更像是一個「各宜體諒」的協調角色。朝廷下發的訓諭政令要落實，鄉宦豪強的需求要安撫，貧民寒戶的生計要照顧，軍隊與地方的關係要斡旋，甚至連衙門裡的胥吏都不得不有所顧慮——諸房小吏都是世襲職位，熟知當地情形和文牘技術，真想搞出什麼小動作，一個外來的流官很難查知。

譚昌言的這一篇公告文，可以說是明代知縣施政思路的一個實例，體現出了高超的平衡手腕。士紳們雖然出了錢，但保住了龍脈；灰戶們雖然沒了營生，但得了實利；官方居中協調，分文不出，即把一大片山地收歸國有，可謂皆大歡喜。

這個辦法試運行了一年，譚知縣覺得成效不差，於是將整個保龍方案上報給徽州府申詳。

這個申詳，是公文術語，意思是向上級詳細彙報，以便讓高層及時掌握情況。因為從法理上來說，婺源知縣提出的「禁絕燒灰」只是一條臨時行政命令，只有得到徽州府的認可，才能形成一項永久地方法規。

萬曆三十三年（一六〇五年）四月二十四日，申詳正式提交徽州府，由知縣譚昌言、縣丞馬孟復聯合署名。正文裡別的話沒多說，只是反覆強調了龍脈毀傷對科場的影響：「邇來秋闈不振，士子多抱璧之悲。倘日後正脈盡頹，學宮有泣月之慮……釐革系通邑公情，盛衰關學校大事。」[30]

從府一級的視角，最為看重的地方上的兩項宏觀數據一個是稅賦，一個是科舉。前者關乎錢糧，後者關乎官場。婺源縣的官員反反覆覆強調「秋闈不振」、「縣學盛衰」，正因為這是徽州府最關心的痛點。

果然，此事上報之後，引起了徽州知府梁應澤的高度重視。不過他也很謹慎，沒有大筆一揮表示同意，而是回了一封信給婺源縣。

在回文中，梁應澤問了一連串的問題：「此嶺來脈自何山？其峰高若干？呈中崩洪、日、月、文筆、硯池各何所指？坐落何方向？何都圖？離縣學遠近若何？當地之民何以不遵？豈有奸豪主於中而鼓愚民以無忌？」

這些問題問得如此詳細，說明徽州府並不完全信任婺源縣的保龍報告，要看更具體的數據。

這是個很有趣的現象，要知道，雖然知縣是知府的下屬，可他的任免權在吏部，兩者的利益並不完全統一。知縣為了一己私利，瞞報矇騙知府的事，在明代屢見不鮮。

梁應澤看得出來，「禁絕燒灰」這事牽涉重大，光是婺源一篇申詳沒法讓他放心。尤其是，婺源縣有意無意地透露了一個至關重要的細節，他不得不把話挑明了問。

這個細節，就是徽州府回文的最後一個問題：「豈有奸豪主於中而鼓愚民以無忌？」是不是有當地的土豪劣紳在背後指使老百姓燒灰？

梁應澤老於治政，一問就問到了關鍵。婺源縣在報告裡輕描淡寫地說是愚民毀山，但區區幾個愚民，怎麼會有這麼大膽子，又怎麼會搞得這麼大？

可以想像一下，如果船槽嶺下的每一戶灰戶都是自己開窯，自己鑿山，自己燒灰，燒完灰以後自己再挑出山區運到清華鎮去賣，成本會高到無利可圖。別說「白粉」了，就是真正的白粉都不會讓生產者自己去管渠道分發的事。

用現在的話說，個體戶燒灰加賣灰，這個營利模式有問題。

《金陵瑣事》裡講過一件真事。有一個叫陸二的人，以販賣燈草為生。萬曆二十八年，他帶了一船燈草往來吳中，被沿途稅卡徵稅。一船燈草只值八兩，可陸二光是交稅就交了四兩。眼看往前又有稅卡，陸二一氣之下，把燈草搬下船，上岸一把火燒了。

石灰和燈草一樣屬於量大價賤的商品，真要灰戶自己去販賣，只怕和陸二一樣直接被關稅抽死。

只有產量上了規模，成本才能降下來。因此灰戶的上頭，肯定存在著一級中間商，一頭在船槽嶺統一收購，一頭統一運輸到清華鎮銷售。

這個中間商，不是一般人能幹的。他既得有龐大的經濟實力，也得在地方上有足夠的影響力——說得直白點吧，灰戶背後一定有婺源縣的豪強或商幫在支持；說得更直白一點，搞不好整個燒灰產業就是這些人投資的，灰戶只是為他們打工的佃戶罷了。

這些事情不說明白，梁應澤怎麼敢隨便批准呢？

譚昌言接到徽州府的回文，讀明白了上司的顧慮。他立刻著手回覆一文，詳盡地解釋了整個船槽嶺的來龍去脈、諸峰形貌等等，還附了兩張圖。

關於梁知府詢問的營運模式問題，譚昌言拍著胸脯表示：「愚民窺利不已，雖無豪勢之主使，實同頑梗之故違。」意思是，這些灰戶背後沒什麼人，單純的刁民罷了。他還特意強調說，這並非婺源縣自作主張，而是諸多有力鄉賢上書請求的結果。

既然有力鄉賢都主張禁絕，那麼灰戶背後就算有人支持，也不是什麼大佬，否則早跳出來反對了。您就儘管放心吧。

這封呈文還沒顧上發出去，婺源縣就出事了⋯⋯

本來在婺源縣和徽州府文書往復期間，縣衙已經開始了官牘工作。縣丞馬孟復親自督戰，一個一個村子走過去，先後已有三個業主過來賣了地契。可沒想到，馬孟復一到長林，就被當地村民給圍住了。

長林位於清華鎮西南方向的馬鞍山南麓，村子裡多姓程。這裡本叫長霖，取意「賢名濟世，霖澤鄉里」，後來誤傳為長林。它的位置，恰好在船槽嶺龍脈的中段，受禁令的影響最大。他們對馬孟復極不客氣，聚眾圍堵，強烈抗議，要求知縣取消成命。

這個消息要是傳到徽州府耳中，婺源縣肯定要受牽連。譚知縣擦擦冷汗，趕緊去問到底怎麼回事。

開始他以為這些愚民貪婪牟利，可再仔細一打聽，人家聰明得很，知道龍脈這個話題不能碰，他們抗議的，是灰稅的問題。

開採船槽嶺上的石灰礦，是需要繳稅的，謂之灰稅。長林人說，現在要我們停止開採，可又不取消灰稅，這不是把人往死路上逼嗎？

開礦收稅，不開礦不收稅，這訴求挺合理的啊，可為什麼婺源縣的公告裡沒提取消的事，難道是知縣大人給忘了？

還真不是。知縣大人如今也是滿嘴苦澀，這個灰稅啊，還真是個麻煩事。

萬曆二十四年（一五九六年），萬曆皇帝做出了一個震驚天下的決定：他派遣宮內太監前往全國各處，收取礦稅——礦指開礦，稅指榷稅，也就是商業稅。

按說多開礦場、增收商業稅，也是調節財政的一種正常手段。可一來，萬曆皇帝派宮裡的太監充作礦監稅使前往各地，這些太監不懂技術只懂斂財，借這個機會大肆勒索，在民間造成了極大的混亂；二來，萬曆皇帝把這筆收入全解入內庫，變成皇帝自己的零花錢，不列入國庫之內，跟朝廷財政無關。

結果這個礦稅成了全國深惡痛絕的一項政策。單說開礦吧，它的收入主要來自金、銀等貴金屬礦場。但公公們貪心不足，覺得涵蓋範圍太窄，自作主張，又想開水銀、煤炭、朱砂、石灰等礦。可是公公們人手不夠，顧不過來，怎麼辦呢？簡單，直接針對民間已有的各類礦場徵稅就得了。

這種稅如附骨之疽，沾上就脫不開。比如說，你今天開了一個汞礦，按照三成比例繳稅。挖了一個月，礦藏見底了，那稅還交嗎？還得交！那礦已經挖空了怎麼辦？不管，只要官府的礦場稅簿有你這麼一號，就不能以任何理由銷掉。你開新礦也罷，繼續種田也罷，總之得把這筆稅補上。

船槽嶺燒灰的灰稅，正是從萬曆二十四年開始收的。收上來的稅款，被公公們直接送進萬曆皇帝的小金庫，根本不經過婺源縣、徽州府以及南京承運庫這條國庫線。他們收了多少銀子，地方政府無從監管。

於是事情尷尬了。婺源縣可以下禁灰之令，卻無免稅之權。誰那麼大膽子，敢替皇上省錢？可是不免稅，燒灰根本無從禁止，非激起民變不可。

誰也沒想到，這麼一個小小的爭議，居然會扯到天子。譚昌言抓了半天頭髮，又派人去細細勘問，才算從這個僵局中理出一縷解決的希望。

原來船槽嶺的開採規模太小，利潤又薄，礦監稅使們懶得親自來，而是用包稅的形式來收稅。所謂包稅，是這麼運作的：比如有一個叫張三的人，跑去跟李四公公說，船槽嶺太遠，不勞您親自關注，您把那邊的稅包給我，甭管我怎麼收，反正每年給您送來一百兩銀子。李公公一聽，挺好，准了。張三拿著李公公的片子跑到礦上，讓灰戶王五、付六兩家開燒，統共收上一百二十兩銀子，一百兩給公公，二十兩自己留下。

說白了，這種模式就是官府把稅收任務承包給個人，約定一個上繳額度，超過額度的即是包稅人的利潤。

對粗放型政府來說，這麼做特別省事，但副作用也特別大，因為包稅人不是政府，他為了獲取利潤會拚命壓榨地方，不崩潰不甘休。在那個例子裡，張三為了獲取最大利益，一定會拚命壓榨王五和付六，壓榨越狠，他得錢越多。

包稅在宋代叫「買撲」，只在某些市集試行過。而元代連田稅都敢包稅，終至天下動盪。等到明代戶籍制度建立起來之後，包稅基本上銷聲匿跡。直到萬曆礦稅大起，它才又露出端倪。太監們人手有限，而要收稅的地方又太多，像船槽嶺這種偏遠地帶，索性承包出去就好了。

也就是說，只要找到船槽嶺的這個包稅人，婺源縣應該還有機會解決灰稅問題。

接下來譚昌言到底做了什麼事情，文獻上並無記載。但一個明顯的事實是，長林抗議事件後沒幾天，灰稅居然奇蹟般地取消了。

雖然這段歷史隱沒於黑暗中，無從揣測，然而從婺源縣發布的公文裡，我們多少能猜到一點隱藏劇情。

五月二十八日，婺源縣就龍脈事件正式回覆徽州府。在最終呈給上級的定稿裡，譚昌言先是回答了之前梁知府所提的若干問題，然後說了一句曖昧微妙的話：「長林抗禁之情，尤藉口於灰稅……向以包稅之故，反啟傷脈之端。而不獨為縣龍、學龍大害，而與設法包礦保全山靈之意，亦大悖矣。」

翻譯一下：長林抗議啊，是因為灰稅的事。當年包稅導致龍脈毀傷，這不光對咱們婺源縣和縣學的氣運有所妨害，對當初承包礦場愛護山靈的初衷，也有所違背啊。

這話說得真夠費勁的。很明顯，譚知縣想說這一切都是包稅惹的禍，可一罵包稅，就會扯到礦監的公公們，一罵公公們，就會扯到皇帝。一個小小知縣，誰都不能得罪，只好小小地譴責一下包稅，然後還得往回找補一句，表示包稅開礦的本意是好的，只是執行沒到位而已。

譚知縣應該是私下裡跟利益方達成了某種妥協，爭取到了灰稅的取消。可是這些事沒法攤開在檯面上說，只好隱晦地點了幾句因果。

有趣的是，在同一篇文裡，譚知縣前面還義正詞嚴地痛斥愚民「且向所藉口者，或以灰稅未除。而本縣業已議豁，又復何辭！」後面忽然又說「其本嶺灰稅除另申豁外，謹據通邑輿情再合申報。」——前面還口口聲聲說我們早把灰稅免了，後面卻變成了我們正在研究免稅的辦法……

這個前後不一致的矛盾，說到底還是好面子。灰稅之爭，畢竟是婺源縣衙理虧，但官府不能錯，至少不能向老百姓認錯，否則官威何在？所以譚知縣用了春秋筆法，把取消灰稅之事挪到長林抗議之前，顯得民眾特別不理性，免了稅還鬧事。

本來是官府收取重稅，導致民眾抗議，知縣急忙彌補救火。這麼一挪移，變成了官府早有綢繆，無知民眾無理取鬧，官府耐心安撫解釋。

效果完全不一樣了。

梁知府接到譚知縣的報告，讀出了其中關於包稅的微言艱難之意。不過譚昌言還算能幹，在縣裡把麻煩都擺平了，沒往徽州府踢。梁應澤聞弦歌而知雅意，也不必再深究了，大筆一揮，照准執行。

婺源縣先前的保龍禁灰令只是一道行政命令，現在經徽州府批准，便正式形成了一條行政法規。為了體現出足夠的震懾性，婺源決定把禁令鐫刻在一塊巨大的石碑上，立於船槽嶺進山處，讓所有人都看到。

萬曆三十四年（一六〇六年）二月十五日，這塊石碑製作完畢，並在一干徽州、婺源官員、地方鄉宦士紳以及民眾的圍觀下，立在了婺源龍脈之上。

石碑的背面，刻的是徽州府發給婺源縣的行牌公文——現在叫正式通知，不算太長，姑錄於下：

直隸徽州府梁為懇保縣學龍，以培地脈，以振人文事。

據本縣申查，禁傷船槽嶺龍脈緣由。奉批覽圖，峰巒秀聳，內如三龍會脈，兩湖中夾，月峰左峙，日峰右起，文筆硯池，種種奇絕。惜哉，傷於愚民之手！蓋緣向缺表章，是以官失呵護，則前志遺漏之罪也。礦以議包，何得妄鑿？灰稅駕指，又經縣豁。此後，有敢盜採者，官府學校共仇之。此郡邑得為、當為、可為事理，不必轉達院道也。仰縣即豎石，大書嚴禁，有犯者許人訐告，從重究罪。仍編纂一條，補入郡志山川款中，以俟後之君子。此繳。

這篇通知為梁應澤的手筆，頗有幾個耐人尋味的地方。比如他說龍脈被毀，是因為「向缺表章，是以官失呵護」，表面看是批評婺源官方漫不經心，其實是在指責萬曆皇帝的非法礦稅才是禍根；再比如他又說「礦以議包，何得妄鑿」，委婉點明了包稅與妄鑿的因果。

最有意思的是，梁應澤提到灰稅時，用了一個詞：灰稅駕指。「駕」是聖駕，「指」是到達、去向，就差明說一句這稅是皇上自個兒收的了。

他不是一貫為官謹慎嗎？怎麼突然如此大膽？

原因說來簡單。兩個月前，也就是萬曆三十三年十二月，萬曆皇帝頂不住朝野對礦稅的抗議浪潮，不得不下旨宣布停礦分稅，將此前開採的礦場悉數關停，榷稅也不讓太監們收了，統統轉交當地有關部門。萬曆皇帝的礦稅之策，就此告終。

既然朝廷都取消礦稅了，那麼梁應澤趁機抱怨兩句，自然也沒什麼風險了。

在這篇文章的下方，還有一系列落款。為首的自然是徽州知府梁應澤，以及同知、通判、推官三人，囊括了整個徽州府的前四名高官。然後是婺源縣的四位主官——知縣金汝諧、縣丞馬孟復、主簿孫良佐、典史鄭大成，以及縣學的教諭、訓導等人。

等一下，婺源知縣的名字，似乎不太一樣了。

原來在立碑的萬曆三十四年初，譚昌言父親去世，已經丁憂離職。禁燒保龍，是他在婺源縣做的最後一件事。婺源人感念譚昌言在這件事上的用心，特意在碑石落款處給他留了一個「前任知縣」的位置。

名單再接下來，是之前鬧得最凶的那批鄉宦：汪應蛟、游應乾、余一龍、汪以時、余啟元、余懋衡……在名單最後，是為此事一直奔走的縣學生員程世法等。

這是刻在石碑背後的內容。

在石碑的正面，則刻有「嚴禁伐石燒灰」的禁令正文。正文很短，無非是規定了禁令所涉及的行政單位以及地理範圍，和婺源縣原來那份通知沒有太大區別。是文下方的落款，刻的是徽州推官鄭弘道的名字。

因為新一任知縣金汝諧還沒到任，婺源事務暫時由鄭弘道代理。他的正職推官在府裡負責司法實務，外號叫作「刑廳」，來宣布保龍禁令最有效力。

禁灰令雖已生效，可還得有人負責監督才行。婺源縣衙人手不夠，顧不到船槽嶺那麼廣袤的山區，這個監督責任，便交給了婺源縣學。

龍脈若有損傷，影響最大的便是縣學的士子們，派他們去保龍，自然是責無旁貸，就像梁應澤說的那樣：「官府學校共仇之。」於是婺源縣學也迅速頒布了一項政策，表決心說「責在通學諸生，有不能辭者」，派遣船槽嶺附近學籍的諸生不時監督，一有發現，立刻向官府彙報。

石碑既立，禁約終成。灰戶們灰溜溜地填埋窯灶，把青山綠水留給遍體鱗傷的龍脈。婺源縣的文人們紛紛撰文，不吝溢美之詞，來記敘這一次偉大勝利。

文人的筆法，比冷冰冰的公文更加鮮活。比如在大鄉宦游應乾筆下，譚知縣和梁知府形象十分高大：「郡、邑侯之約炳若日星，誰復敢干明憲者。」[31]在另一位鄉宦汪以時的文中，更是聲情並茂地描述譚昌言在離職時，握著縣學士子的手流淚道：「予茲疚心銷骨，遽棄山靈，他日復耗，予之所深恫矣。」[32]

最誇張的是縣學教諭仁家相，他撰文講到：梁應澤聞聽龍脈被毀，勃然大怒，拍案而起，怒斥「屠龍者罰毋赦」——這就近乎小說了。

無論是哪一位文豪，都高度評價這次禁絕燒灰的歷史意義，稱其為「保天物，弭近害，懷永圖，挽文運，葆靈光」。在莘莘學子和社會賢達的齊聲稱頌中，這一場保龍運動轟轟烈烈地落下帷幕……

才怪。

婺源縣的處置方案，確實是相當周密。可惜百密一疏，決策者們漏算了一點：人性。

人性本貪，就算已得到了利益，只要有機會攫取更多的利益，一樣會鋌而走險。

墨西哥曾經勸說農民放棄種植罌粟，改種熱帶水果，但失敗了。因為跟毒品的利潤相比，任何經濟作物的收益皆不值一提。農民趨利避虧，天性使然，這是法律也無法禁止的事。

明代婺源的情況比墨西哥還極端。當地山林覆蓋面太廣，耕種幾乎不能糊口，跟在龍脈上燒「白粉」相比，收入天差地遠。一邊是田裡刨食兒，朝不保夕；一邊是鑿石燒灰，大秤金小秤銀。你說山民們會守著一座金山挨餓嗎？

雖然縣裡搞過一個贖賣政策，可那是一錘子買賣，不解決實際問題。從實際操作來看，根本沒有多少人去贖地契，推三阻四，一年贖不回來幾個山頭。那些已經贖賣了地契的人，手裡的銀子花光之後，更會回來打龍脈的主意。

總之，從經濟學角度來看，婺源本地的地理環境，註定了縣裡的保龍政策不可能長久。

但誰也沒想到，崩壞來得如此之快。

萬曆三十四年，也即立保龍碑的同一年，在巨大利益的誘惑下，灰戶們重新回到了船槽嶺，偷偷摸摸扒開窯口，繼續開鑿燒灰。

縣學很快發現動靜不對，派學生過來制止。那些灰戶的態度極其囂張，非但不把禁令放在眼裡，而且聚起大批民眾，堵住礦場入口，不許學生靠近。學生拿出公文來說你們違法了，灰戶們便反駁說我們吃不上飯你們管不管？學生管不了，只好回報縣學。

縣學裡都是秀才，秀才遇見兵，這道理怎麼說得清楚？他們只好上報縣衙。縣丞馬孟復親自帶人趕往現場，可灰戶們仍舊不懼，反而惡狠狠地威脅馬縣丞：「不伐石燒灰，則近龍之居民，無以治生而為盜。」這詞太文縐縐了，是事後官員在報告裡修飾過的。原話我猜差不多就像是：「你們官老爺不讓俺們燒灰，不給活路，俺們就上山落草當強盜去！」

一句話，把馬孟復給堵回去了。

馬孟復趕緊向新任知縣金汝諧報告。金汝諧初來婺源，覺得此事十分荒唐。開礦是嘉靖四十三年開始的，你們船槽嶺的居民在那之前是靠什麼過活的？再說了，嘉靖四十三年以後開挖灰礦，當盜賊的人就變少了嗎？

金汝諧認為這些刁民純屬胡攪蠻纏，必須嚴肅處理，以儆效尤。他不耐煩譚昌言的懷柔之策，直接派了衙中捕役、快手以及一些鄉賢支援的僕役，前往船槽嶺鎮壓。一番揉搓之後，大部分灰戶作鳥獸散，只有一個叫洪天的人被官軍擒拿。

這個洪天，是十七都下屬的一個甲長，他慫恿同甲的人戶一起燒灰，算是灰戶裡的中堅力量。馬孟復親自坐鎮審問，從他嘴裡問出一個不大不小的祕密。

洪天的供詞是這樣說的：「貧民日趨挖石燒灰，所謂傭工是也。百倍之利，則自出本聚灰囤戶專之耳。」

原來真正掌握這個產業的，不是灰戶，而是那些囤戶。這些人多是當地豪強出身，他們僱用窮人進山挖礦，然後再集中販賣去清華鎮。

這個模式，其實也算不得什麼祕密。當年譚昌言解決灰稅問題的關鍵，不是要找船槽嶺的包稅人協商嗎？他找到的，正是這些聚灰的囤戶。

在譚昌言時代，這些包稅人一直隱沒在幕後以承包商的身分操作；到了金汝諧時代，他們終於現身了。

從萬曆三十三年底開始，朝廷撤銷了礦稅政策，公公們回了京城。而這些包稅人搖身一變，成了礦主，賺取的利潤更多了。有這麼大的利益在誘惑，難怪官府豎碑未穩，這些囤戶便捲土重來。

根據洪天的交代，其時勢力最大的兩個囤戶，一個叫俞辛宇，一個叫程濟。這兩個人心狠手辣，又聰明絕頂，特別擅長鑽官府的漏洞，從中牟利。尤其程濟，他爹是在嘉靖四十三年率先鑿山的兩戶人家之一，可謂家學淵源。

金汝諧開始並不相信。在他看來，保龍禁灰的法規設計很完整，哪裡來的漏洞可以鑽？可深入調查之後，金汝諧不得不承認，自己實在是小看這些「土人」了。

此前譚昌言在設計禁令時，考慮婺源本地也有石灰需求，便留了一個口，准許居民前往湧山、石壁、岩前、甲路開採石灰。那裡位於船槽嶺西南方向，相距數十里，不會驚擾到龍脈。

不過湧山、甲路一帶的岩質特別硬，開礦殊為不易，並不像船槽嶺那麼好採掘，願意去的人少。灰戶們會選擇在岩石口開挖——此地位於龍脈禁區的西側邊緣，在這裡採掘算是擦邊球，在兩可之間，官府一般不管。

俞、程兩位囤戶，盯上的就是這一個小小的後門。

他們是這麼操作的：首先去婺源縣衙門，宣稱岩石口的山是俞、程兩家先祖的祖墳護山，請求也劃入龍脈禁區範圍。衙門一聽，這要求很合理，便把禁區邊界朝西多擴了一圈，將岩石口圈進來。

這樣一來，再有灰戶在岩石口燒灰，便屬於非法。

接下來，兩人又主動請命，說怕宵小貪圖岩石口的便利，願意自家出錢出人，以護墳的名義順便護山。衙門更高興了，這既宣揚了孝道，又替官府做了監督工作，值得提倡，直接照准。

這樣一來，岩石口遂成了俞、程兩家的禁臠之地。他們打著護墳的官方旗號，把不屬於兩家的灰戶都趕出該區域，然後偷偷把自家灰戶放進來。

從此以後，俞、程兩家的護衛每日巡山，不許閒雜人等靠近。山裡灰窯卻是熱火朝天，燒得不亦樂乎。他們的灰戶不光在岩石口開鑿，還借著地利之勢，摸進相鄰的龍脈偷灰。

經過這麼一番令人眼花繚亂的神操作，婺源的龍脈禁令形同虛設，反成了囤戶排除競爭對手、擴大生產的保護傘。金汝諧搞清楚這些門道之後，瞠目結舌，深深被婺源的民間智慧震撼。

馬孟復在縣丞任上很久，他給了這位新上任的知縣一個建議：「俞辛宇素為不法，現在與程濟等在船槽嶺縣龍上開窯取石，燒灰致富，殊屬抗拒。捏墳並據岩口，希圖再開船槽，殊屬詭詐。俞辛宇、程濟俱當重擬，庶儆將來。」

意思是要嚴加懲治，以儆效尤。

金汝諧十分贊同他的意見，在批示裡講道：「一以為己之利，一以為己之墳，自為得矣，如通邑大病何？」你們為了一己私利，也太不顧全大局了。

婺源縣的一、二把手的態度如此明確，按說俞辛宇、程濟算是撞到槍口上了吧？

沒想到，金知縣和馬縣丞研究了一下，發現這一槍還真是不好開。

俞、程兩人的罪行無可爭議，不過他們違反的是保龍禁令。該禁令屬於地方法規，違法者的罪名可大可小。從重判一個「煽惑民眾」，可至徒刑或流刑，如果想往死了整，弄個絞刑也不太難；從輕判的話，一個「違禁鑿山」，打上幾板子也就完了。

按照婺源縣的本意，自然是判得越重越好。可大明各級政府的司法權限，限制很嚴格。知縣的許可權，只到笞刑或杖刑；再重一點的徒、流二刑，就得提交徽州府來判；若是死刑，還得送京裡請三法司來定奪。

從金汝諧的立場來看，他絕不肯把這件案子上交。一交徽州府，上司肯定會想：譚昌言在位時，保龍令執行得妥妥當當，怎麼你一上任便出了這麼大婁子？俞、程二犯固然可恨，你的管理能力是不是也得商榷一下？

上任官員幹得太好了，搞得現任壓力巨大。金汝諧希望這事別鬧得太大，縣衙處理就完了。以知縣的許可權，頂格處理，最多判個杖一百。當然，如果這個判決得到認真執行，俞、程二人肯定也吃不消，會被活活打死。偏偏大明律有規定，犯人有權贖刑，用繳納罰款的方式抵扣刑罰。

贖刑分成兩種。一種是「律得收贖」，即法律裡有明確規定的贖刑金額，並且不能贖全罪。比如你判了杖三十、徒兩年，你可以交錢把徒刑贖了，但杖刑不能免。還有一種是「例得納贖」，可以贖買全罪，一點不用受苦。

毫無疑問，俞、程肯定會採用「例得納贖」的方式來脫罪。

根據罪犯經濟狀況，大明例贖分成三種：無力、有力、稍有力。無力者，依律執行；有力

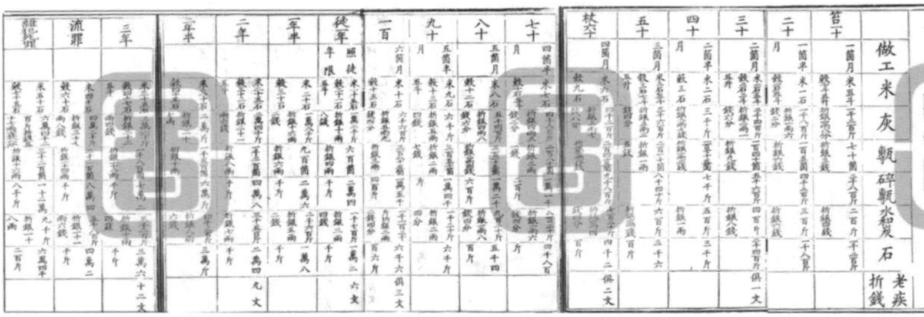

圖六　《在京納贖諸例圖》，來自《大明會典》

者，輸納米穀來贖刑；稍有力者，可以用勞役折銀的方式贖刑。

具體如何折算，如今已不可考。不過在《在京納贖諸例圖》[33]裡有這麼一個數據：判徒刑三年的，如選擇運送石灰的勞役，工作量要折夠三十二兩四錢；判雜犯死罪的，運送石灰的勞役則要折夠五十七兩六錢八分。

這是在京城的價格，地方上的價格會更便宜。最重的雜犯死罪，幾十兩銀子也就贖完了，杖刑自然罰得更少。這些銀子對窮人家來說，是傾家蕩產的數字，可對開灰場的囤戶來說，根本只是毛毛雨。

咱們現在大概能明白金汝諧的尷尬了。如果輕判俞、程二人，發揮不了真正意義上的懲罰效果；如果重判，自己的官聲怕是要受損。

金汝諧是浙江平湖人，新科進士，剛剛外放到婺源這裡做知縣。他在朝中有人關照，當知縣只是刷個資歷，自然要以求穩為主。

最後，還是積年的縣丞馬孟復教了他八個字：「上保縣脈，下妥私情。」這八個字，和譚昌言領悟到的「各宜體諒」一樣，道出了知縣在地方上的生存平衡法則。金汝諧心領神會，很快判決出來：俞、程兩個囤戶各判杖刑，准其納米例贖。

板子高高舉起，輕輕放下。

反倒是洪天那個倒楣蛋，官府在他家裡搜出幾張蛤蟆嶺的地契，強制被贖成官地了。沒辦法，縣裡的贖地政策快執行不下去了，需要點數據衝衝業績。

在閱讀保龍的故事時，有一點必須提醒諸位：目前保留下來的資料，都是出自官府記錄、鄉宦整理，傾向性很明顯。俞、程二人究竟是地方惡霸還是貧苦百姓，不得而知。不過從灰戶們此起彼伏、趕之不盡的狀況來看，囤戶有著雄厚的群眾基礎，絕非公文上一面之詞說的那麼奸邪。

書歸正傳。

判決完成之後，金汝諧張榜全縣，再次重申了龍脈對於婺源的重要性，要求各地提高警惕，防止灰戶繼續為害。為了表示自己絕不姑息犯罪分子的決心，金汝諧在全縣人民的注視下，宣布了一項重要措施：

他為那塊保龍禁碑修了個遮蔽風雨的亭子……

人民群眾的眼睛是雪亮的。官府講空話的調門越高，越說明他們不打算幹實事。這個消息一出來，囤戶們歡欣鼓舞，把灰窯挪得更隱蔽一些，免得知縣大人看見為難；而山民們看到洪天的遭遇，自然把手裡的地契捏得更緊，依附囤戶的態度更積極。

龍脈山中，依舊是一派興旺景象。

鄉宦們看在眼裡，惱在心裡，可是他們也很尷尬。去催促官府吧？官府的態度比他們還積極，一會兒修個亭子，一會兒貼張告示，就是不解決實際問題。自己去抓那些囤戶吧？龍脈廣闊，人家往山裡一鑽，根本抓不過來。再說千鈞之弩，不為鼷鼠而發機，一干見證過朝堂風雲的致仕大佬，三番五次為小小的灰戶抗議，也太沒面子了。

一來二去，局面便這麼僵下去了。

順便說一句，萬曆三十四年又逢大比，這一次婺源縣在應天鄉試中，有兩人過關。一個叫俞育，婺源汪口人；一個叫汪之達，本籍懷寧。也就是說，婺源士子只有一人中舉，比上一屆還慘。不知這跟婺源龍脈問題遲遲不得解決的狀況到底有沒有關係。

到了萬曆三十七年（一六〇九年）的應天鄉試中，局面更慘了。婺源籍只得兩人中舉，而且這兩個人的身分都頗尷尬。

一個叫李鏊元，是從徽州郡庠選貢入南京國子監的，和婺源縣學無關，另外一個叫汪秉元，人家是土生土長的京城人，只不過籍貫是婺源而已，而且他參加的是北直隸順天府鄉試，跟南直隸都不是一個榜——大明為了保證各個地區的考生平衡，榜分南北，各考各的。

也就是說，真正從婺源縣學出去赴考的，這一屆又是顆粒無收。

光陰荏苒，白駒過隙，一轉眼到了萬曆三十八年（一六一〇年）。

明哲保身的知縣金汝諧終於離任，此後他的仕途還算順暢，短短一年，先是入覲留部，然後考選南廣東道監察御史，前景頗好。婺源的小小紛爭，對他來說已是過去式。

接替金汝諧擔任婺源知縣的，是一個叫趙昌期的官員，籍貫慈溪。

趙昌期是萬曆三十八年庚戌科的進士，三甲第二十八名，成績中等。順帶一提，趙昌期這一屆的探花，叫錢謙益。

趙昌期的出身不算特別好，但他娶的老婆來歷不小，姓朱。朱氏的父親叫朱國祚，曾摘取過狀元桂冠，給太子朱常洛當諭德官，後來在泰昌、天啟年間成為名震四方的閣臣之一。以朱家的顯赫地位，竟然願意把女兒嫁給趙昌期，可見非常看好這個人的未來潛力。

趙的表現，也確實不負朱家青眼。史書對他的評價是：「慈祥可觀，尤加意學校。」可見這個人行事老成，對於文教最為關心。趙知縣到任的第一件事，就是在縣學建起一座尊經閣，然後大辦文會，會同各鄉名士來修撰地方誌，在婺源很快贏得交口稱讚。

這麼一個富有理想主義的知縣，對於龍脈之事一定比前任上心。對燒灰不滿的當地鄉宦找準機會，在萬曆三十八年十二月二十日又一次聯名上書，要求加強保龍措施。

士紳們的這一份陳情，透露出目前婺源燒灰的新趨勢：「鴽言餘山無害，實關正脈爪牙。斷一指而一身為之痛傷，一節而大勢為之疲。」可見這四年以來，灰戶們對於龍脈還稍有收斂，但對附近支脈一點不客氣，大肆開採。在風水理論裡，這種舉動同樣會驚擾龍脈。

婺源鄉宦們在這一份陳情裡，反覆引用譚昌言、梁應澤等官員的批示，希望趙知縣能蕭規曹隨，繼續厲行禁止。有意思的是，他們對金汝諧卻隻字未提。這也是一種態度，可見地方上對金的姑息態度早有不滿。

在文章結尾，鄉宦們告誡趙知縣：「頑民習玩，非嚴禁無由攝奸。雖德盛化神，必痛懲始能畏志。」顯然希望他能一改前政，拿出雷霆手段。

趙昌期和前面兩任知縣的風格都不同，他朝氣蓬勃，銳氣十足，而且對儒學文教的重視勝過其他一切。他接到陳情表以後，二話不說，叫上縣學教諭，兩個人親自去船槽嶺勘察。

趙昌期走訪了許多當地居民，調研很深入，發現燒灰鑿山的情形確實觸目驚心，比立保龍禁碑之前還嚴重。回到縣裡之後，趙昌期焚膏繼晷，連夜撰文，拿出一份前所未有的嚴厲保龍方案：

第一，舊立灰窯，要全數登記在冊，然後在官府的監督下一一推土填埋。

第二，十七、十八、二十三、四十三都的當地居民，要互相監督舉報。

第三，一旦發現有人燒灰，除判刑之外，還要加罰一筆「追償龍脈銀」。這筆銀子一半用來獎賞舉報人，一半用來給縣學買田收租，租金用來支付官府專項巡查的費用。

第四，各都里約、保甲實行連坐，每個月都得提交一份本地無伐石燒灰的甘結——保證書，官府要仔細查考。誰敢不交，視同燒灰，重打三十大板，枷號一個月示眾。

第五，縣衙不時走訪，如有一窯未拆，本犯及本都里約、保甲重究。

趙知縣的這份方案，絕對是動了真格，比譚昌言的態度更加強硬，比金汝諧設計的監督、獎懲條款更細緻。而且他在策略的選擇上，也非前幾任因循守舊的知縣可比。

比如說，趙的方案有一條，是鼓動民間互相監視。

民間互相監視這事，不算出奇，譚昌言也試圖幹過，不過效用不彰。當地人都是互相幫助，指望他們舉報自家鄉親，怎麼可能？

可趙昌期這次出手，卻是大大不同。

關鍵就在於方案的第二條：十七、十八、二十三、四十三都的當地居民，要互相監督舉報。

它看似平淡無奇，實則暗藏精妙。

趙昌期親自踏勘之時，碰到過一件事。他到了十七都那裡去走訪居民，居民們都說損毀最嚴重的是獅山、象山，都在十八都的地界；他又去了十八都，當地居民表示我們這裡確實山體損毀厲害，不過損毀最嚴重的通元洞、水岩山，都在和十七都交界的地方，是他們越界幹的。

趙昌期很好奇，進一步調查後發現，原來自從有了燒灰業，十七都和十八都、二十三都、四十三都的當地居民經常越界，去別人山裡鑿岩，運回自家灰窯裡燒。四都之間，沒少因為這種糾紛發生鬥爭，幾十年下來，幾乎成了仇人。

這對官府來說，是一件好事。趙昌期在第二條裡特別規定：「如十七都有犯，許十八等都之人；若十八、二十三、四十三各都有犯，許十七都之人彼此指名首縣。」你們不是看對方不順眼嗎？給你們個機會去逮他們的錯，擺明了要挑動群眾鬥群眾。

在「里」這一級，群眾會互相包庇；在「都」這一級，不同地域之間彼此敵視。

為了鼓勵四都內鬥，趙昌期加了一個補充條款：舉報成功者，罰金分一半走。

新仇舊恨，足以驅動人心。

這個方案，於萬曆三十九年（一六一一年）二月初十公布，明眼人都看得出來，這次官府要動真格的了。士紳們一片歡騰，齊聲頌揚趙的政策好。

而囤戶、灰戶們在度過最初的試探期後，紛紛偃旗息鼓，不願與之正面對抗。沒辦法，這位趙知縣太狠了。官差清山，跟篦子掃過似的，一個窯口不留。僥倖有那麼幾個倖存下來的，很快都被同鄉給舉報了。任何一都，誰敢進山鑿岩，另外三都會立刻撲上來咬一口。要知道，官府或許不清楚當地情況，易受矇騙，本地人可最清楚那些山中的勾當了，一抓一個準。

上有知縣督戰，下有民眾自察，灰戶們兵敗如山倒，一個灰窯接一個灰窯被堵封，一個囤戶接一個囤戶被拿下。整頓行動如犁庭掃閭，很快肅清了大大小小的石灰礦窯，只有保龍禁碑屹立依舊。

整條龍脈終於平靜下來，恢復了往日的安詳。

這次對船槽嶺灰戶的勝利，毫無疑問趙昌期該論首功。比起譚昌言的委曲求全、金汝諧的明哲保身，趙昌期可以說是一個雷厲風行的實幹家。如果他沒有親自去船槽現場查勘，沒有仔細走訪四都民風，斷然拿不出如此實用巧妙的方案；而如果他沒有銳氣，也不會堅定不移地把政策執行下去。

當然，趙知縣之所以如此大膽，也是因為他喜好詩詞書法，平日裡和婺源士紳們時常飲宴唱酬，關係極為密切。在士紳眼裡，譚也罷、金也罷，都是外來官員，而趙則算是半個自己人。有了他們支持，趙昌期才能澈底放開手腳。

次一年的萬曆四十年應天鄉試，婺源縣一舉高中五人，其中四個婺源本籍。還有一個更好的消息，在萬曆四十一年的會試中，婺源學子方大鉉勇奪會魁，殿試位列二甲第十二名——婺源縣在科場的運氣真的回來了。

這簡直神了！這邊廂趙知縣的保龍方案才開始執行，那邊廂婺源就出了一個進士。這一定是龍脈感於真誠的愛護之心，終於顯靈啦。風水之驗，如響斯應。

如果讀者還有印象的話，應該記得這個方大鉉，他在萬曆三十一年和余懋孳同科成為舉人，但沒通過會試。這位十年磨一劍，終於在這一科奇蹟般地衝到了前列。

會魁又叫五經魁，指在五經中選一經進行考試，並在本房分組中考取頭名。雖然會魁沒有會元那麼厲害，但也值得誇耀一番。而殿試二甲十二名的排位，是個極高的名次。想想看吧，國家公務員考試，全國成績你排第十五名是什麼感覺。

順帶一說，這一科的狀元是崇禎朝首輔之一的周延儒。陪著方大鉉在二甲裡的，還有一個將來成了魏忠賢心腹的王化貞。三甲裡還有一個潘雲翼，這個人倒沒什麼作為，不過在天啟那場著名的王恭廠大爆炸裡，他在乾清宮裡生生被震死。只能說人生各有際遇吧。

方大鉉的表現，讓婺源人對龍脈之說更有信心了。你看，萬曆三十一年是龍脈燒灰最囂張的時候，結果連方大鉉這樣的文曲星都止步於會試。現在趙知縣狠狠整治了一番，龍脈復靈，效果立竿見影，文曲星立刻就出頭了。

灰霾絕跡，文脈復通，至此婺源的保龍大作戰獲得了完全勝利，緩緩落下帷幕……才怪。

趙昌期的做法無可挑剔，可他也忽略了一點。時間。

受限於婺源的地理和經濟模式，你可以永遠禁止某些人燒灰，也可以暫時禁止所有人燒灰，但你做不到永遠禁止所有人燒灰。

趙昌期的強力壓制政策，需要一個始終不鬆懈的領導者。一旦他離開了，政策必弛，政策一弛，燒灰戶必然捲土重來。而趙知縣不可能永遠留在婺源，所以這是一個無解的問題。

萬曆四十一年，趙昌期結束了在婺源短短的任期。他留下一雙遺愛官靴，告別了依依不捨的婺源人民。

接任的人叫馮開時。

馮開時文章寫得漂亮，頗有文名。他接任之後，並沒有毀棄前任制度，該執行的條例還在執行，只不過不像趙昌期抓得那麼嚴格了。

要知道，一個體系的運轉，需要各個零件緊密咬合，方能運轉無礙。馮開時開著機器，卻懶得上潤滑油，時間一長，問題便開始出現了。

在他的任內，官府的山林巡查日漸鬆懈。一鬆懈，就收不上來罰款。收不上來罰款，便無從獎勵那些舉報民眾。民眾得不到獎勵，慢慢地也就不再舉報，各自悶聲發大財。沒了舉報和罰款經費，導致巡查更加鬆懈——挺好的一套機制，在漫不經心中陷入了一個死循環。

當初那些掩面而走的灰戶、囤戶，發現嚴打的風頭已經過去，便大搖大擺地又回到船槽嶺，扒開灰窯繼續開工。他們鑿岩的勢頭比從前還猛烈，開礦規模比從前還大，彷彿欲望被壓制狠了，這次要一口氣全反彈回來。

等到鄉宦士紳們發覺情況不對，整個龍脈已是一片千窯萬礦的熱鬧景象。他們找到馮開時，請求他採取措施。馮知縣微微一笑，表示自有妙計。

沒過幾天，馮知縣召集縣裡民眾，公開宣布捐俸。他作為父母官，願意捐俸百金，盡買龍脈石山燒灰處的地，留給縣學作為學田。

這招譚昌言已經玩過了，事實證明沒什麼用，山民們根本不願意出賣地契。不過捐俸這個動作，從宣傳上確實好看，能充分體現出知縣愛民如子的用心。

知縣既然有了動作，士紳們也不好裝聾作啞，大家各自出了點錢，湊足了一千三百兩用於贖買龍脈。不過由於贖買政策形同虛設，這一輪宣傳，只成全了馮知縣的官聲。

士紳們有點不甘心，再次去催問，馮知縣又是微微一笑，拿出一篇文稿來。原來，馮知縣已經寫完了一篇陳述婺源保龍禁灰的大文章。

這篇文章，真的是辭藻華麗，典雅斐然。

比如他描寫龍脈風水：「由來獨加護持，以至龍神獨王。挺生徽國道脈，浚周孔之源。輩產碩儒，著述匹鄒魯之盛，科第蟬聯相續，台座鷺序推先。」「鷺序」指像白鷺一樣群飛有序，多指朝堂之上的百官站位。

再比如他談到龍脈被破壞的慘狀，痛心地寫道：「委郡禁於草莽，等公法如弁髦。後來歲月無窮，削朘將何底極？行使縣治別遷，必移學校另置。陸梁大横，三尺何存！」

「弁」是黑色的緇布冠，「髦」是童子垂在前額的短髮。在古代冠禮中，男子要把黑冠去掉，額髮剪斷，以示自己終於成年。因此「弁髦」代表的是沒用的東西。「陸梁」也是個古老的詞。在秦漢之際，嶺南土著多住在山陸，性格強梁，中原遂稱他們為「陸梁」，引申為囂張横行之意。「三尺」代指法律，因為古人書寫律法時，要選擇三尺長的竹簡。

行了，典故注釋就到這裡，總之能體會到馮文豪淵博的學問就好。

士紳們看到最後，通篇都是花團錦簇、駢四儷六的辭藻，卻沒什麼乾貨，除了吹嘘了馮知縣自己捐俸的義舉之外，一條具體措施也沒寫。

馮開時解釋說，這篇文章不是給你們看的，是給上面看的。

他把文章的收件人地址一亮，滿座皆驚。

送直隸徽州府知府劉可法，送欽差整飭徽安兵備、江右參議張文輝，送巡按直隸、監察御史田生金，送欽差督撫應天等府地方、右副都御史王應麟，送欽差提督學校、巡按直隸、監察御史周。

好傢伙，馮開時竟然將自己的文章，群發給整個南直隸的高層，一個不少，真當這是拜年簡訊啊。

縣級官府解決不了的問題，可以向上級反映尋求支援，這是很常見的。比如譚昌言就曾把禁灰政策上報徽州府申詳。但正常的知縣，一次只找一個，實在不行再換一家，沒想到馮開時一次把大神們全給請出來了。

不知道他是想顯擺一下自己的文筆、炫耀一下捐俸的偉大，還是想爭取上峰對保龍的支持，抑或三者兼有之。

不過馮開時的面子倒是很大，很快那五位官員都回覆了，批語內容大同小異，無非是說船槽龍脈關乎一縣興衰，不容奸人鑿燒，宜立行禁止，嚴加究拿云云。

就這樣？就這樣。

上頭的批示，只是給一個方向性意見，具體措施，還得縣裡自己拿主意。

討回來五位大人的批覆，馮開時把保龍禁碑修葺了一番，接著忙別的去了。士紳什麼反應，文獻裡沒有記載。不過咱們可以開個腦洞，想像一下，如果那時候有記者的話，採訪馮知縣的對話會是怎樣的。

記者：「馮知縣，針對龍脈燒灰的亂象，縣裡採取了什麼措施嗎？」

馮開時：「我們已呈文給南直隸的諸位高官，引起了上級高度重視。劉、張、田、王、周各部高層圈閱批示，充分體現出了對我們的關心。我給你們看看他們的簽名和批語。」

記者：「那有什麼具體的舉措呢？」

馮開時：「當然是認真遵從上級意見，嚴格執行領導指示，以士民福祉為念，以大明社稷為重。我還寫了幾篇駢文專門說這事，我給你念念啊……」

記者：「不用了……我看這些高層的批示，都要求立行禁止。那麼咱們縣裡，是怎麼做到立行禁止的呢？採取了哪些具體舉措？」

馮開時：「我一回來，就調集人手，把那塊保龍碑給擦乾淨了，碑亭也給修好了，特別氣派，保證每一個路過的山民都看得清清楚楚，感受到官府的威嚴。」

記者：「只是擦石碑嗎？管用嗎？」

馮開時：「石碑上刻的都是高層批示，你這麼說，是認為高層的批示沒用嘍？」

記者：「不，不是。我是問具體措施。」

馮開時：「一看你就沒細讀我的文章。我給你念念那篇呈文啊：『懇乞徧申當道，嚴批勒石。其一樹於本地，俾居士民互相覺詧，以制城社之股肱；其一樹之通衢，令槩邑咸知先禁，以廣官家之耳目。』」

記者：「這什麼意思？」

馮開時：「這個詧字念查，是察的異體寫法；那個槩字，念蓋，是概的異體寫法。這都是很高深的學問，一般人不知道。」

記者：「我是問整句話的意思。」

馮開時：「就是說，除了譚大人立的那塊保龍碑之外，我又立了一塊石碑，擱在縣城門口的大道旁邊了。這樣，一塊震懾船槽村民，一塊提醒整個婺源軍民。」

記者：「那還有別的舉措呢？」

馮開時：「我們的口號是：愛惜山靈，宏施厚載之德；斡旋文運，長瞻繼照之光。」

記者：「……」

（以上對話純屬虛構，但那幾句古文確實是馮開時的原文，修葺、另立禁碑之事也不是虛構的，讀者察知。）

在馮開時這個飽讀詩書的文人治下，婺源縣在宣傳領域取得了豐碩成果，耀眼的文告接二連三地頒布，言辭鋒利雅馴。如果只看這些文章，一定會覺得婺源已經在治理灰礦上取得了巨大勝利。

可惜的是，文學可以虛飾，數據卻不能造假。在馮開時的任內，科舉成績在不斷地狠狠打臉。

萬曆四十三年（一六一五年）應天鄉試，婺源籍學子只有兩人中舉，無人闖過會試。萬曆四十六年（一六一八年）應天鄉試更慘，無人中舉，婺源學子又一次脫科。

這事太丟臉了，以至於《婺源縣志》的作者不得不在萬曆四十六年的科舉成績下方填入一個叫方拱乾的當科進士。其實人家是桐城人，也沒從婺源縣學應試，只因為桐城方氏是婺源遷移過去的，他才被硬拉過來遮羞，免得開了天窗。

這一下子，縣學的士子們可坐不住了。他們沒時間去檢討自己讀書是否用功，都認為這是龍脈被戕害的緣故。

很明顯嘛。趙大人在位時嚴格約束燒灰行為，龍脈復振，你看萬曆四十年的考試成績多好。馮大人接任以後口號喊了一大堆，那幫灰戶、囤戶卻越來越囂張。龍脈被這麼天天鑿、日日燒，科舉成績能出來嗎？

萬曆四十六年的十一月初八，婺源縣城的廩生、增生、附生們同仇敵愾，集體向馮開時上了一篇呈文。在呈文裡，學生們描述龍脈如今的狀況是：「起窯數十，聚眾百餘，每日鑿石、斷龍、燒灰無忌，若不亟究，龍脈將竭，縣治不保。」

在呈文裡，學生們提出兩條建議，一是請縣丞會同縣學前往逐一拆毀灰窯；二是請官府督促十七都、十八都兩處負責人每月出具甘結。

這兩條舉措，在趙昌期任內本已執行得很好。現在學生們重新向馮開時提出這些建議，可以反證它們早被廢除不用。可見在短短幾年時間裡，趙昌期在任時的保龍體系已是千瘡百孔，而燒灰產業的復興又有多麼迅速。

學生們不指望馮大人拿出新舉措，但好歹把趙大人當年的政策嚴格執行一下啊！

這些聯名上書的學生，陣容著實不得了，一共有五十二人，其中後來有資格進縣志的足有十人之多。他們要麼是學霸，要麼有個好爸爸。比如有個叫余自怡的，以八股文著稱，後來官至廣州知府；再比如有個叫余昌祾的，出身余家大族，他爹是敢面斥張居正的戶部侍郎余懋學，他自己則靠恩蔭做到了廣信府同知。

那麼多官二代和學霸一起鬧事，馮開時不得不親自出面安撫。他很快給了一個批覆：

「東衙會同學諸生員拆毀究罪。如違，解院、道重處。」

所有人看到這段批語，都覺得新鮮。馮大人從來是妙筆生花、滿腹錦繡，什麼時候寫過這麼短的回覆？又什麼時候寫過這麼乾巴巴的文字？一個典故沒有，一個生僻字沒用，這，這還是馮大人的風格嗎？

反常，太反常了。

學生們又仔細研究了批文內容，更反常了。

「東衙」指的是縣丞。縣丞的辦公室在正堂東側，因此有這個代稱。馮開時的批示，是讓縣丞夏時跟學生們去把被舉報的灰窯拆毀，這本沒什麼，可難道後面不該接一句「各地方不得徇情容隱，一體究治，斷不輕貸」嗎？

還有，拿住破壞龍脈的罪犯之後，難道不該接一句「本縣惓惓嚴禁，枷責治罪」嗎？

這位馮大人一推六二五，抓犯人的事扔給縣丞，審判犯人的事踢給察院、兵備道去重處，知縣該做的事，一句沒提。

他這是怎麼了？

答案在兩個月後揭曉。萬曆四十七年（一六一九年），一過完春節，馮開時迫不及待地宣布離任，高升去了南京戶部。縣學的學生們這才恍然大悟，原來他早知道自己要走，自然不會去管保龍燒灰這種爛攤子，敷衍敷衍得了。

學生們氣壞了，從來沒見過這麼不負責任的官員。馮在任六年，表面文章做得光鮮亮麗，可保龍戰爭疏漏百出，這種人也配高升？這些學生到底沒社會經驗，不明白人家活雖然幹得一般，可 **PPT** 寫得好，一文遮百醜。

馮開時打點行裝，高高興興去南京赴任了。憤憤不平的學生們決定把呈文重寫一份，等新來的知縣一到任，就拿給他看，讓父母官從一開始就意識到保龍的嚴重性。

結果他們左等不來，右等不來，一直等到萬曆四十七年的三月頭上，才盼來一位官員。

一亮片子，原來這位官員叫劉煥發，是徽州府的推官。馮開時離職以後，婺源知縣這個位置一直空著，徽州府沒奈何，只好把劉推官派過來，臨時代理縣事。

這事在大明很常見。如果一個知縣職位出缺，得上報給吏部，吏部再挑選合適人選派遣過去，這一來一去要花很長時間。在舊官已去、新官未到的空窗期，會由縣丞或府級官員來臨時代掌政事。此前譚昌言離職之後，就由徽州府鄭推官代理過一陣。

可若是臨時代理的官員，意味著行事一定守成，他們只求在新知縣來臨之前別出什麼事就好，不會做什麼大的改變。

這位劉推官人還不錯，雖無文采，但願意幹點實事。他一到任，便重新立起一塊石碑，把巡撫都院、巡按察院、兵備道、徽州府和婺源縣歷代高層的批示，都刻了上去，立在縣城旁邊。

等一等，這不是馮開時此前吹噓要做的事情嗎？原來他連這麼一件面子工程都沒幹成……

緊接著，劉推官著手重建了一支巡察隊，包括了縣衙三班、縣學生員和船槽嶺附近里約、排年等成員，每年二、八、十、十二月對龍脈進行重點巡邏。

除了巡察隊，當年的一系列政策——比如鼓勵都間互監、重賞舉報等——都不同程度得到恢復。雖然劉推官只是個看守官員，執行力度不比趙昌期，但比馮開時在任時可強多了。龍脈灰戶囂張了六年的氣焰，又被壓回去了一截。

七月一過，吏部選派的新知縣終於到任。他叫金德義，浙江義烏人。金德義和劉煥發交接了工作，開始著手了解婺源縣的民情。

金知縣是個什麼性格的人，理政是個什麼思路，婺源人並不清楚。縣學的學生們忽然想起來，之前不是說要修改一篇保龍呈文，拿給新知縣看嗎？現在正是時候！

縣學最不缺的就是讀書人，很快呈文改好了。它的開頭先回顧了龍脈的風水形勝，然後從朱熹開始說起，追述婺源歷代名人，接下來筆鋒一轉，講起燒灰鑿石者的可惡，以及驚擾龍脈給婺源帶來的種種惡果，兼之回顧歷任知縣的政策，以及建議云云。

是文面面俱到，條理清楚，不失為一篇上等的說明文。

這些學生裡有一位神人，可惜名字已不可考。他看了呈文改稿，覺得不夠勁爆，無法觸及新知縣的心靈。你看，呈文裡說什麼龍脈被毀、文運中斷，這跟金知縣有關係嗎？說什麼閭井蕭條、十室九空，人家關心嗎？還提什麼嘉靖四十三年之後，兵燹連連、災劫綿綿，人家又不是婺源人，會怕這個？

這些刺激太弱了，要更強烈一些。我們的最終目的，是讓金知縣發自內心地認為，保龍禁灰這事跟他的切身利益密切相關，他才有動力去推行。

然後他提筆寫下了一段話，夾入呈文之中。

這一段話，堪稱震撼靈魂的奇文，姑錄於下：

「嘉靖丙寅，遂致礦賊攻城焚劫之禍，譚之色變，懷白李侯失守去位。地理之關於人事，豈不回應哉？迄今縣治火災時起，民居靡寧。賓蒙張侯升任外謫；中雲吳侯甫拜南垣，未滿即世；石梁趙侯，終於右銀台；二愚萬侯，甫拜侍御，直諫蒙謫；省堂陳侯，半載丁艱；月樵朱侯，亦以艱去，至今遷少冏卿；若谷徐侯，亦以艱去，至今尚居少參；念塘熊侯蒞邑僅一歲而殞；凡同譚侯，亦以艱去，至今遷大參；啟宸金侯，西台三載未艾而逝；青嚴趙侯，以曹郎終；開三馮侯，候補戶曹——何嘉靖甲子之前邑侯之晉華者踵接，而甲子遂為閒直也？」

這段話裡有許多別稱，即使直接翻譯也不好理解。我把內容分成段，解釋一下，大家就明白了：

嘉靖四十五年，礦賊攻破了縣城，當時的知縣李志學被貶謫到漳浦做典史。從此以後，因為龍脈被破壞的緣故，在婺源做知縣的人，沒一個仕途平順的。不信我給您數一數啊。

接任李志學的知縣，叫張東暘，升官沒多久就被貶了。

次一任知縣叫吳琯，病死於任上。

次一任叫趙崇善，最高只混到右銀台——銀台是通政司的別稱，右銀台即右通政，正四品。

再下一任知縣叫萬國欽，做到侍御，也就是監察御史，可惜因為直諫丟了官。

下一任叫陳宗愈，上任半年趕上親人亡故，只能丁憂去職。

下一任叫朱一桂，也是家裡死人，丁憂去職，至今也只混到少冏卿——冏卿是太僕寺卿的別稱，少冏卿即太僕寺少卿，正四品。

下一任叫徐良彥，同樣丁憂去職，只混成了個少參。布政使下屬有參政、參議，前者別稱大參，後者少參，正四品。

下一任叫熊寅，到任一年病逝。

再下一任就是譚昌言，丁憂去職，如今只做到大參——從三品。

下一任金汝諧，去了西台當御史，三年就病逝了。西台是都察院的別稱。

下一任趙昌期更慘，以曹郎終。曹郎是指六部之下的各司主官，趙曾擔任南京兵部主事。

下一任馮開時，只在戶曹混了一個候補主事。

這位不知名高人的思路著實刁鑽，他一口氣列出了婺源縣前後十三任知縣的履歷，提煉出一條規律：「地理之關於人事，豈不回應。」歷任婺源知縣因為龍脈受損的事倒楣連連，官路坎坷，沒一個過得好。新來的知縣大人，您自個兒掂量掂量吧。

這個角度可以說是高屋建瓴，深悉人性。你跟官員們陳說民間疾苦，未必能讓他們感同身受，但一說這事有礙於仕途，保證會引起高度重視。

其實仔細分析的話，這份倒楣名單根本名不副實。比如趙崇善、朱一桂、徐良彥三人官至正四品，譚昌言更做到從三品。雖說是閒職，但也不至於被說成仕途蹉跎。這若是蹉跎，那什麼才算仕途順利？當到皇帝嗎？

那位高人為了論證十三位知縣都倒楣的論調，只好硬說這幾位還爬得不夠高，職位不夠重。這種先立論點，再扭曲論據的做法，值得後人學習。

真正要說時運不濟，只有趙昌期一個。這位勤懇實幹的官員，以南京兵部主事終。以他的才幹和背景，只做到這個級別的官位，確實挺可惜的。可他對婺源的貢獻最大，高人感念恩德，筆下留情，只說他「以曹郎終」，並沒去刻意渲染。

這份呈文的震撼效果，真是立竿見影。金德義讀完以後，對保龍的態度一下子變得積極起來。

金知縣初來乍到，情形不熟，並沒有採取趙昌期那一套有節奏的「內鬥」之計，而是直接調集人手前往龍脈，誰鑿岩燒灰抓誰。一時間雞飛狗跳，不少灰戶和囤戶來不及躲避，紛紛被捕下獄。

縣學的學生們一片歡欣鼓舞，覺得金知縣真是趙侯再世。沒想到，金德義的這個做法太過簡單粗暴，反而引起了強烈的反彈，逼得十七、十八、二十三、四十三的居民們團結起來，一致對外。

馮開時在任那幾年，四都居民已經不像從前那麼彼此敵視了，養出了一套互助的策略。這次金德義一下狠手，他們立刻分散開來，把灰窯往深山裡挪，不再互相舉報。官府的人過來問話，誰都不會開口。

在婺源山區那種地方，如果得不到當地人的配合，官府想實行什麼政策當真是寸步難行。船槽嶺燒灰遊擊隊深諳十六字方針：「敵進我退，敵退我鑿。敵駐我睡，敵疲我燒。」跟官府周旋起來。金德義的高壓政策聲勢很大，可實際效果並沒那麼明顯。

這一場官民之間的對抗，一直持續到萬曆四十八年（一六二〇年）年初。所有人都以為春節之後官府會有所進展，卻沒料到最先來到的，是四都灰戶們的一次反擊。

大明律有規定，如果對縣級主官的政策不滿，民眾可以一級一級向上申訴。四都灰戶抓住這個機會，每一戶發起一樁訴訟，直接把知縣金德義告到了上級徽州府。

此時的徽州知府叫周士昌，四川內江人。他開年一開衙，還沒跟同僚道賀，便被鋪天蓋地的狀書給淹沒了。

四都居民的訴狀並沒有保留下來，但是從其他文獻對「刁民」的痛斥中，大概能猜出他們說的是什麼內容：現在稅賦太重，田地太少，如果禁止燒灰的話，百姓將無從活命，請求取消金知縣的嚴打政策。

要知道，這會兒已是萬曆末年，大明基層亂象已然萌生。尤其是從前年開始，朝廷面向全國開徵遼餉，每畝土地加徵九釐。這筆加稅，加不到士紳們頭上，到頭來還是由自耕農承擔，全國農民的處境變得更加惡劣。

具體到婺源縣裡，本來田地就很貧瘠，遼餉一加，老百姓更沒辦法種田維生了。他們選擇做灰戶鑿山，實在是因為活不下去。

灰戶的這些狀紙，還把遼餉的事拿出來當擋箭牌：為了更好地支持遼東戰局，我們多賺銀子多交稅，可一旦禁灰沒收入了，遼餉也會受影響，難道你們為了婺源龍脈一己私利，要置國家大局於不顧嗎？

明代打官司有一個特點，無論上下，都喜歡往大道德、大政策上靠。一靠上，便立於不敗之地，誰反對我，就是不道德，就是反對朝廷。婺源灰戶的狀書挾遼餉以制府縣，一點也不奇怪。

徽州知府周士昌拿到這些狀子，可犯愁了。婺源保龍這事爭了許多年，前因後果他很了解，但這次告狀的人上升到了遼餉的高度，著實不好處理。

尤其是他這個級別的官員，應該已經聽說明軍萬曆四十七年三月間在薩爾滸的一場戰爭中空前慘敗，接下來肯定又得臨時徵派。這種大環境下，婺源保龍一事已然變得複雜化。倘若他一個錯判，灰戶們再去巡按或巡撫那裡上訴，可能這事就通天了。

拖吧！

這一拖，就拖到了萬曆四十八年的夏天。

對於灰戶們的上訴，徽州府遲遲沒有回應的動靜。灰戶們沒著急，婺源縣那邊的金德義先慌了神。因為縣學士子和鄉宦告訴他，徽州府百分百支持保龍，肯定會立即駁回上訴。可如今上頭一直沒有動靜，這本身便代表了一種態度。

他找到婺源士紳們，抱怨說聽信你們一面之詞，現在我要受連累了。士紳們一思量，不能坐等，得主動出擊。

不過訴訟這條路就算了，一打起官司來可拖不起。婺源的重量級人物很多，他們推舉出身分最高的汪應蛟，以私人身分寫了一封信給周士昌。

汪應蛟是萬曆二年（一五七四年）的進士，歷任濟南參政、山西按察使、天津與保定巡撫、工部右侍郎、兵部左侍郎，可以說是一步一個腳印，全靠地方實績升上來。嚴格來說，汪應蛟還沒有致仕，仍是官場中人。他的兵部左侍郎，穩穩壓徽州知府一頭。只不過這時候他因為要養奉父母，留在婺源沒去上任。

跟他相比，無論年紀、資歷還是官職，周士昌都只是個小字輩。

汪應蛟客客氣氣地寫了封信給周士昌，簡單寒暄了兩句，然後指責「豪民猶挾其故智，嘗試捍罔，且以乞生朧告台下」，直接給定了性是鬧事。關於灰戶提出的「乞活」訴求，汪應蛟駁斥說：嘉靖四十三年之前沒燒過灰，人家是怎麼活的？除了那四都，其他幾都也沒有燒灰，又是怎麼活的？

在信箋的末尾，汪應蛟動情地請周知府「為敝邑造千百世之福，士人千百世之感也」。

汪這種大人物，越是客氣，壓力越大。周士昌接信之後，頓覺棘手。他忽然想起來，還有一個遼餉的問題沒解決，反覆讀了幾遍汪信，裡面卻隻字未提。周士昌再仔細想了想，才體會到其中門道。

遼餉這事，換了別人，不提是因為不敢提。唯獨對汪應蛟來說，不提是不屑提。

汪應蛟在官場上是有名的抗稅高手。萬曆搞礦稅時，他屢次上書公開反對，還差點幹掉兩個天子的親信礦使王虎、王朝，名滿天下。他在天津帶兵時，兵餉不夠，一般官員會上書請求撥款或加稅，只有汪應蛟一分錢不要，帶人引水改造，生生把葛沽、白塘一帶的五千畝鹽鹼地溉成了水田，從此屯田足可濟軍。

天子的礦稅、自家的兵餉，他都頂得住，何況區區遼餉？

汪應蛟隻字不提，是在暗示周士昌：你不用怕別人扯遼餉的事，朝廷有什麼問題，儘管往我這兒推。

周士昌領悟到這一層，顧慮盡去，當即修書一封，客客氣氣地表示：「日前奸民朧告乞生一詞，類有數紙，初亦准其一。行縣查勘，不謂次日又來苦訴，若扼其吭而奪之食者。然此種十詞九謊，有何成心。」

他準確地把握住了分寸，一口咬定灰戶們是朧告——朧即含糊不清，類似於莫須有，是十詞九謊。既然他們說的都是謊話，燒灰助遼餉什麼的自然也是瞎說八道了。

給汪應蛟私人交代完以後，徽州府從程序上，正式駁回了所有灰民的訴狀，並且指示金德義知縣，要全力配合燒灰專項治理工作的開展。

金知縣那邊，緊鑼密鼓自不必說。縣學這邊，更是戰意騰騰，士紳們推舉了一位叫余懋衡的官員前來督戰。

余懋衡也是個朝野知名的人物，萬曆二十年的進士。他在陝西巡按任上時，公開舉報稅監梁永貪瀆，差點被後者毒死。兩人大鬥一場，結果是梁永撤回御馬監，余懋衡也丁憂回家。後來他被啟用為大理寺右寺丞，可惜身體不好，正在歸鄉養病。

有這麼一位額頭生角的狠角色壓陣，自然讓莘莘學子士氣大振。

余懋衡為婺源縣學寫了一封公開信，算是戰前動員書。這封信可稱得上殺氣騰騰，劈頭就說：「頑民違禁鑿龍，椎銳之聲，火焰之氣，十餘里內若裂若開，意欲何為？」余到底是進士出身，幾句論述，灰戶囂張氣焰，躍然紙上。他緊接著筆鋒一轉：「聞雖拘拿數人，照舊鋤石燒灰，視衙門若兒戲，此亂象也。將為兵火城郭之憂，豈止科第財富之凋殘已耶！」

這句就更狠辣了。這些人私自燒灰，連官府都不放在眼裡，如果不管，恐怕是要化身流賊謀反啊。到時候，倒楣的又豈止是教育部門。

一下子，立意就高了，性質從保龍上升到平叛。

尤其是一說起灰戶乞活的事，余懋衡的排比句洶湧而來：「嘉靖甲子以前未燒灰，未賣灰，頑民依舊吃飯，依然種田。別都之民無縣龍可鑿，無灰可燒可賣，依舊吃飯，依然種田。茫茫四海，為商，為賈，為匠，為工，何技不可度活？」

其實余懋衡有點揣著明白裝糊塗，他寫過一篇《北鄉富敬堂記》，裡面分析婺源務農之艱辛，頭頭是道——說明他很明白灰戶為何鋌而走險。只不過為了龍脈安危，余大人也顧不上許多了。

最後余懋衡呼籲廣大學子：「殘縣龍以射利，不仁甚矣！自殘其龍，自傷其脈，不智甚矣！吾輩若不亟為力禁，坐視凌夷，亦不得謂之仁，不得謂之智矣！剝膚之災，堅冰之禍，勿謂吾言不驗！」

連「勿謂吾言不驗」都說出來了，說明真的要開打了。

正式開戰的日期，定在了萬曆四十八年的八月。

先是汪應蛟、余懋衡等人領銜，會同幾十名鄉宦聯名上書，請求金知縣保龍嚴查。然後金知縣擲下權杖，委派縣丞黃世臣親自帶隊，會同縣學的生員督查隊，氣勢洶洶朝著船槽嶺撲過來。

這一次聯合執法，力度空前，真正細到一窯一戶一地，逐一查實。事後黃世臣寫了一份工作報告，簡單引用一段，感受一下其細緻程度：

「里長施時高，引至十七都小嚴前，有窯一所，查出窯戶呂乞、呂正、呂愛、呂芝、呂奇、呂呈等；樓下有窯一所，查出窯戶洪澤、洪星、洪新壽、洪三保、洪福忠、洪互等；外施村有窯一所，查出窯戶何興、何德桂、洪象、洪善、汪虎、方子等；戴貳拾塢有窯一所，查出窯戶程法互、程新明、程高、程文辛、詹華，以上司窯俱在十七都地方……藏在窮源幽塢。」

從這段記載可以看出，灰窯幾乎都是家族式作業，一窯一戶，或兩家聯合，最多摻雜一兩個外姓人。窯歸家族共有，每個族人都有細股可分。所謂囤戶，實際上是家族中帶頭之人，和一般礦主還有區別。

這次清查，可謂是摧枯拉朽，犁庭掃閭。龍脈嶺上的灰窯又一次被一掃而空，光是拘押的就有幾十人，連坐者更多。金德義甚至公開表示，這一次絕要嚴懲：「若稍從末減，則雖欲禁之不過隔靴搔癢耳。」

這場轟轟烈烈的專項治理運動，持續了足足一個月，然後在八月底戛然而止。

皇上駕崩了。

七月二十一日，萬曆皇帝在弘德殿去世，終年五十八歲，漫長的萬曆時代落下帷幕。他的長子朱常洛即位，改元泰昌。

這個消息從京城傳到婺源縣，差不多是八月底的光景。金知縣緊急叫停了巡察工作，把所有人都召回來。天子駕崩，接下來要做的事情可多了。

知縣得組織全縣軍民服國喪；得籌備祭禮祭品；婺源縣是木材大縣，搞不好還會被臨時徵派上等梓木——這是老皇上的事。還有新皇上的事：改元泰昌，那麼縣裡的一應文牘案卷都得準備用新年號；登基還有大赦，縣獄裡的犯人哪個能赦哪個不能，也得提前議處；知縣還得打點行裝，進京朝覲新君。總之接下來的事情多得不得了，保龍的事，可以暫緩一下。

沒想到，計畫沒有變化快。婺源縣準備得差不多了，京裡又傳來消息，泰昌帝即位不過一個月，突然病逝。現在是由泰昌帝的長子朱由校即位，改元天啟。

得，所有準備工作，從頭再來一遍吧！

泰昌皇帝的去世十分蹊蹺，引發了震動朝野的「紅丸案」。此時保龍運動的推動者汪應蛟已經回歸朝廷，擔任南京戶部尚書。泰昌帝死後，他和禮部尚書孫慎行、左都御史鄒元標一起上書，指責首輔方從哲引發朝中大臣們彼此攻訐。

朝裡怎麼打的，那是另外一個話題。總之，汪應蛟也顧不上管婺源的事了。

連續兩帝即位，別的不說，光是改年號這事，就夠基層忙一陣了。在這段時間裡，婺源縣留下來的文獻資料特別混亂，尤其是落款日期，一會兒是「萬曆四十八年十月」，一會兒是「泰昌元年九月」，簡直無所適從。

好在朝廷體恤基層窘境，宣布這一年八月之前，算萬曆四十八年；八月之後，算泰昌元年（一六二〇年）；從次年正月開始，再按天啟紀年算。有些鑄錢的工坊，索性把兩個年號合在一起，鑄成合號錢。

這場混亂一直持續到十一月才算消停。婺源知縣金德義停下來喘了口氣，這才想起來，牢裡還關著一大堆灰戶待審呢。

糟糕，得抓緊時間了！

再有一個月，就是天啟元年（一六二一年）。按規矩天子是要大赦天下的，牢裡這些犯人都是輕罪，肯定會被釋放，這一釋放，我們豈不是白幹了嗎？

於是婺源縣衙上下齊動員，從知縣到縣丞、典史、主簿，再到諸房官吏，全衝到牢裡進行突擊審訊。

天啟元年正月十一日，知縣金德義、縣丞黃世臣、主簿黃師正、典史李芳四人，具名寫了一封長長的審結申詳，提交給徽州府。

這麼大規模的審判，按流程應該向徽州府報備。可周知府怎麼也沒想到，連元宵節還沒出呢，他們便心急如焚地把名單提交上來了。算算時間，恐怕婺源縣的官吏們，這個春節都是在牢裡審著犯人過的。

審結申詳稱：婺源縣一共查獲十七都灰窯四座、十八都灰窯兩座，一共拘捕了百餘人，正式定罪的有十六人，其中包括了此前曾出場的兩個囤戶俞辛宇和程濟，不過兩人已經病故，於是又從俞、程兩家各抽出一人頂罪。

這十六名罪犯，一共罰銀十五兩七錢，已收入縣庫。是否還需要進一步懲戒，還請周知府酌定。

其實以金德義的許可權，足夠給這十六人判罪了。不過這一次行動，畢竟名義上是周士昌敦促而起，請知府來親自定罪，顯得這件事辦得有頭有尾，把功勞歸於徽州府的高瞻遠矚。

周士昌拿到報告，對金知縣的這個分寸拿捏很滿意。如果真把那一百多人都判了罪，搞不好會引發地方震盪，絕非官員所願見，揪住首惡十六人，不多不少，恰到好處。於是周士昌提起筆來，擬了一個「杖三十」。

這個懲戒是可以刑贖的，其實相當輕，周士昌寫了八個字的理由：「鄉愚罔利，如蚊撲燈。」意思是，這些人太蠢，總幹這種自取滅亡的事，嚇唬嚇唬得了。

這個判決，再一次顯示出地方官員的治政原則。像這種波及幾個鄉數百人的大事，官員很少會趕盡殺絕，真把老百姓逼上梁山，誰也沒好處。

官員的辦事原則是：拿住首犯，略施薄懲，以嚇阻壓制為主，不求根治問題，只要別在我任內出事就好。仔細回想一下，歷任知縣——除了趙昌期之外——對待保龍的態度，實際上都未曾偏離過這條主線。

不過周士昌覺得光自己批准，還是有點不踏實，又去找應天巡按易應昌，請他背個書。

二月十六日，直隸巡按察院正式發布了公告，除重申了龍脈保護區的範圍之外，這一次還強化了懲罰措施：「鑿山之家，罄其資產入官，重示枷示。」

原來只是罰錢了事，這次是直接查抄家產，算得上從重治罪了。周士昌轉發這道禁令時，還叮囑說，罰沒家產不得拿去做別的，要用來資助那些貧苦的讀書士子。

十六個首犯被判刑，沒什麼，那點罰款不算疼。但這個查抄家產，可就太重了，不說官府有沒有這個執行力度，就是被垂涎自家的鄰居誣告一下，也受不了啊。

政策一拳緊似一拳，直殺得灰戶斂跡，囤戶收聲。在馮開時任內縱容出的燒灰大潮，再度被官府強力地壓制下去。金德義主持的這一次嚴打，效用昭彰，船槽嶺下再沒鬧過什麼燒灰鑿山的大事，山林一直沉靜安詳。

用當時婺源巡諭何儉總結的話說：「保龍之法，在巡視之有方，巡視之方置司官上也，權假候缺之司鎮之次也。」意思是，保龍成功的關鍵，還得靠官府重視啊。只要官府真心想管，就管得了。

這一年的八月，恰好又是秋闈鄉試。這一次婺源學子中了三個舉人，其中兩個人是婺源本籍，分別叫汪全智和余自怡。在次年的春闈和殿試中，還有一位婺源籍舉人汪秉忠得中三甲。

這個成績，跟昔日盛況沒法比，但比前幾年總算強一點。風水論者紛紛表示，你看，龍脈的影響立竿見影啊。

可是接下來的天啟四年（一六二四年）鄉試，婺源只有一人中舉；再到了天啟七年（一六二七年）鄉試，只有兩人中舉。風水論者又說了，龍脈譬如人體，久屙必內虛，須徐徐浸補，方有靈妙——再等等看。

沒想到，這一等，等來一個晴天霹靂。

天啟七年八月十一日，秋闈剛開始考，天啟皇帝撒手人寰。

他這一死不要緊，這一科來年的殿試沒人主持了。好在天啟的弟弟朱由檢很快即位，改元崇禎。崇禎皇帝宣布這一科不中斷，來年正常舉辦會試和殿試。

婺源縣的人品，在這一次差點中斷的科舉中突然爆發了一次。別看鄉試的婺源新舉人只有兩名，分別叫胡士昌、張作楫，可闖過崇禎元年會試、殺到金鑾殿上的婺源人足足有四人之多。其中張作楫考了三甲二百六十六名、胡士昌三甲二百一十七名、余自怡三甲一百六十五、汪全智考得二甲五十四名。就數量而言，已與歷史最高紀錄持平。

消息傳回婺源，學子士紳無不興高采烈。多年的保龍大業，終於結出了碩果啊。

回顧婺源縣與灰戶之間的一系列鬥爭，從嘉靖四十三年到崇禎元年（一六二八年），邇來六十四年，一個多甲子的時光，太不容易了。有人提出一個建議，那一篇篇煌煌如星日的呈文憲詞，那一位位或賢或愚的父母官，士紳們的備極辛勞、學子們的勠力盡意，若不能留書後人，豈不是太可惜了？

說幹就幹！

婺源士紳們將所有相關的保龍文書都搜集起來，合訂成了一本書，叫作《保龍全書》，以期讓婺源後輩知道，曾經有那麼多人為了本縣文脈嘔心瀝血。

不過在做這本書時，編撰者們有意無意地只收錄了自家和官府的各類文書，對於灰戶、囤戶的狀書、抗辯、呈文等一概不取。呈現在讀者面前的，是一群奸邪愚民被婺源賢達打敗的正義故事。我們只有深挖字裡行間的記載，才能聽見那些灰戶的一絲微弱吶喊——史書編撰權有多重要，可見一斑。

《保龍全書》編撰完成之後，請來縣學教諭何儉做跋。何儉在回顧了六十四年來同謊言、愚蠢和膽怯的鬥爭之後，動情地寫下一段話：「星源半殘之龍永保無虞，而絕盛之文運再振於今日矣。」

是的，從此以後，士子們終於可以安心讀書，繼續輔佐聖主於盛世。這一場漫長的保龍運動，總算轟轟烈烈地落下帷幕……

才怪。

如前文所述，婺源地理決定了兩者之間的矛盾不可調和，雖可憑強力壓制，但只要官府稍有鬆懈，便會重燃戰火。何教諭「永保無虞」的夢想，終究只是一個夢想罷了。

事實上，流傳至今的《保龍全書》一共有五冊。我們看到的這段經歷，僅僅是第一冊涵蓋的內容。此外還有《續保龍全書》，記述了康熙年間先後兩次保龍運動的始末；第三冊單獨記錄了一個叫施大任的人在乾隆年間的保龍訴訟經歷；第四冊記錄了乾隆年間的保龍運動；第五冊則講光緒十六年（一八九〇年）到十七年（一八九一年）之間的龍脈燒灰大戰。

也就是說，灰戶們並沒有在明末澈底銷聲匿跡，反有越演越烈之勢。此後的保龍戰爭幾乎貫穿了整個清代，訴訟交加，其中詭詐離奇之處，一點也不遜色於明代保龍。

不過那就是另外一個故事了。

附：

本文得益於佘偉先生點校的婺源《保龍全書》、廖華生老師的《士紳階層地方霸權的建構和維護——以明清婺源的保龍訴訟為考察中心》，以及特別感謝社科院阿風老師提供的《婺源縣志》電子版，免去了我去圖書館抄書之苦。

【注釋】

30 邇來秋闈不振，士子多抱璧之悲。倘日後正脈盡頹，學宮有泣月之慮……釐革系通邑公情，盛衰關學校大事：我縣近年來在鄉試中的表現總是不盡如人意，士子個個才高八斗，一到考試就發揮失常、名落孫山，真可惜啊真可惜！倘若日後龍脈澈底崩塌了，我縣的科舉成績還有啥盼頭呢？恐怕只有獨自對月哭泣的份了！（所以，不能再等了。）必須整頓改革，禁絕燒灰，保住龍脈，這是我縣所有老百姓的期盼，是關乎科舉興衰的頭等大事！

31 郡、邑侯之約炳若日星，誰復敢干明憲者：知府大人和知縣老爺英明神武，所立的禁令如同日月星辰一樣熠熠發光！誰還敢明知故犯，觸犯嚴明的法令呢！

32 予茲疚心銷骨，遽棄山靈，他日復耗，予之所深恫矣：我現在心中憂苦、愧疚不安，譭謗之言害人甚烈，恐怕以後還會有人捨棄山靈，再次伐石燒灰，倘若成真，這將是我心中最深重的痛！

33《在京納贖諸例圖》：《大明會典》卷一七六《五刑．贖罪》收錄了明代政府對贖刑的詳細規定，其中，《在京納贖諸例圖》列有針對笞、杖、徒、流罪、雜犯死罪等刑的贖罪適用數目，包括做工、納米、運灰、運磚、碎磚、運水和炭、運石等不同種類，並且，若是年老有疾病不能做工，可折錢繳納。有的專案空缺，表示不適用於贖刑，如流罪與雜犯死罪，不能以「老疾折錢」來贖。

誰動了我的祖廟

楊千院律政風雲

一說起黃山的美景，有句人人必引的名言：「五岳歸來不看山，黃山歸來不看岳。」

大明嘉靖年間，在這座絕景黃山的腳下，曾發生過一起民間官司。這起官司不算大，案情也不複雜，卻被訴訟雙方硬生生打出了美國律政劇的風采。這起官司的奇崛跌宕之勢，比起天都、蓮花、玉屏等奇峰亦不遑多讓。

故事的主角，是一座古寺，和一座孤墳。

明代南直隸地區有一個徽州府，徽州府一共下轄六縣：休寧、歙縣、黟縣、婺源、績溪、祁門——其中歙縣最大，黃山正好位於歙縣的最北端。

從黃山南麓的湯口鎮一路南下，大約走上三十公里，地形會陡然一變。在連雲疊嶂的山區之間，多出一段狹長如紡錘的盆地。盆地的中央地帶，坐落著一座叫呈坎的古樸小鎮。

小鎮很美，唯獨呈坎這個名字有點怪。如果你現在去旅遊，千萬別相信導遊說的什麼「遊呈坎一生無坎」，那只是附會的吉祥話。

那麼這個名字，到底怎麼來的呢？

其實在漢代，這個地方本來是叫龍溪。到了晚唐，有兩個不速之客忽然來到此間，再也不走了。這是一對堂兄弟：堂兄叫羅天秩，號秋隱；堂弟叫羅天真，號文昌。

這哥倆本是豫章的柏林羅氏。唐懿宗在位期間，天下局勢一天比一天糟糕。哥倆算了算，得早做準備，找一處能躲避戰亂的安穩地方。羅秋隱是個精通天文地理的奇才，他跑到黃山考察了一圈，最終選定了黃山以南六十里處的龍溪落腳，並將其改名叫作呈坎。

這用的是漢武典故。當年漢武帝為了求長生，在建章宮裡建了一座神明台。台上立有一尊銅仙人，雙手舉起銅盤，用來承接早晚露水，飲之可獲長生。龍溪周圍這片盆地，恰好有一條深川河流經，俯瞰全景，豈不正像是仙人露水落在承露盤裡嗎？

對此《羅氏族譜序》裡的解釋是「蓋地仰露曰呈，窪下曰坎」，故名呈坎；也有一種說法，認為「坎」在八卦中屬水，「呈」者平地，「呈坎」即水旁平地之意。

羅氏兄弟很快把族人都遷到了呈坎。羅文昌選擇在盆地東南的上溪東、下溪東居住，成為呈坎前羅氏的始祖；羅秋隱則選擇了盆地西部的後崗居住，成為呈坎後羅氏的始祖。

羅秋隱對呈坎很滿意，他特意寫了《定居》、《定志》二賦，告誡子孫，不要輕信別人言辭遷徙他處，然後溘然去世。他的墓地，選在了其生前居屋以南三里的一處河岸。這裡背靠黃龍山，面對深川河，乃是一處絕佳的風水寶地。

這個地方，現在還有。從呈坎鎮向南走，快接近盆地南口有一個依山傍水的村子，叫作楊干，即羅秋隱埋骨之地。嚴格來說，楊干是一個大地名，它包括了位於佛子嶺附近的下楊干、深川河畔的中楊干，以及更北方向的上楊干。羅墓所在的位置，正在中楊干旁邊。

楊干的這個「干」字，作「水邊」講，正如《詩經．伐檀》裡說：「坎坎伐檀兮，寘之河之干兮。」至於「楊」字，便無從考據了，也許從前在這裡住著楊姓什麼人。

羅秋隱下葬之後，這裡便成為後羅氏一族祭拜祖墳之地，立有墓祠，四時香火，羅氏還撥出專門的田地用來支應日常開銷——叫作膳塋。

不得不說，這座墳的風水確實好。從那以後，呈坎後羅氏人才輩出，在宋代比較著名的有羅秋隱八世孫、官至吏部尚書龍圖閣學士的羅汝楫——不過這位親附秦檜，參與迫害岳飛，所以後人不太願意提，倒是他有兩個兒子，都是大才。

四子羅頌精通法律，判決迅捷準確，經手的案子從無冤滯，在民間得了一個外號，叫作「羅佛子」。至今呈坎附近有佛子嶺，即從其得名。

五子羅願，是方志典範《新安志》的作者。他精通博物，文筆精醇，而且道德感很強，一直以父親為恥，從來不敢進岳飛廟。《宋史》裡有記載，說羅願一生兢兢業業，致力於民生，到老覺得善政累積得差不多了，才有臉去拜祭岳飛。結果他剛拜完，還沒出廟就猝死了。雖說這個結局荒誕不經，但也能從側面看出羅願的性格。

一代名儒朱熹對羅頌、羅願兩兄弟十分欣賞，曾給過一句批語：「呈坎雙賢里，江南第一村。」「雙賢」即指羅頌、羅願兄弟，一句話把呈坎提到了一個極高的地位，羅氏一族亦成為當地顯貴世家。

到了南宋理宗年間，呈坎後羅氏的當任家主，是羅秋隱直系十三世孫羅鼐。他在主持祭禮時發現一個弊端，呈坎羅氏自唐以來繁衍興盛，四處開枝散葉，每年祭禮「老者遠莫來，來者幼莫時」，長此以往，未免怠慢了祖先。

於是羅鼐召集族中眾人，提出了一個辦法：在祖墳的周邊建起一座禪院，割出部分田地作為寺產，請來僧人住持。一來祖墳時刻有人看守修葺，不致毀壞；二來寺內誦經不斷，香火繚繞，也等於為祖先烘托陰德。

這種性質的寺院，被稱為墳寺。宋代崇佛之風興盛，很多大族都選擇為祖墳修建一座墳寺，這在當時是很流行的做法。

聽了羅鼐的建議，族人紛紛表示贊同。羅氏一族家風親厚，成員素來團結。他們有錢的捐錢，有田的捐田，實在沒錢沒田的，也會表示我家出兩個壯丁，參與營造，很快就解決了禪院基建和資金的問題。

接下來，就是找和尚了。

羅氏歷代與徽州當地大族聯姻，羅鼐娶的是歙縣程家的女人，老丈人程元鳳官至右丞相兼樞密使。羅鼐請程元鳳推薦一位可靠的僧人，老泰山想了一下，想到在寧泰鄉仁佑里有一座楊干禪院，遂推薦其中一個叫覺曉的僧人。羅鼐過去聊了一下，覺曉同意過來，索性把楊干院整個遷了過來。

羅氏在墓右邊的開闊地修起了六間大屋，正中間供奉如來，右邊供奉后土，左邊供奉羅秋隱的牌位，再左邊則又是三間屋子，一直修到溪水旁邊的河坡，成為楊干禪院的基本格局。

這是個挺有意思的組合，如來是釋家的，后土是傳統民間神祇，後來被道家吸納，再加上祖先牌位，可以說是集佛道儒三家信仰於一身，應了王重陽那句話：「紅蓮白藕青荷葉，三教原來是一家。」

南宋寶祐六年（一二五八年），楊干院正式建成。羅鼐又請來程元鳳，專門撰寫了《羅氏新建楊干院碑記》，把建院的前因後果寫清楚，請祁門人方岳負責篆蓋、歙縣人方回進行書丹——這兩位都是進士出身，方回後來在元代做到建德路總管。可見羅鼐為了建這個禪院，真是動用了不少人脈。

從此以後，羅氏祖墓旁邊多了一座禪院。僧人們日日誦祈，羅氏年年拜祭墳塚，興寺護墳。

時光流轉，世勢推移。轉眼二百七十年過去，曆書從大宋寶祐六年一下子翻到了大明嘉靖七年（一五二八年）。

在這期間，很多事情不曾改變。羅氏一如既往地在呈坎生活著，發展成為歙縣大族之一。而楊干禪院的香火也從未中斷，始終繚繞在古墳四周。

但如果仔細觀察，會發現很多事情還是發生了變化。比如羅氏對祖墳疏於祭掃，來的人越來越少。到楊干院上香的人卻越來越多，它慢慢從一座羅氏的守墓禪院變成面向公眾的名剎。

本該相敬相安的羅氏一族和楊干禪院，在嘉靖七年突然起了齟齬，彼此攻訐，爆發了一場曠日持久的爭鬥。

爭鬥的起因，還得從楊干禪院的一位「高僧」說起。

這位「高僧」的法號叫法椿，也是徽州人，出生於弘治八年（一四九五年），籍貫是歙縣鄰近的休寧縣。此人的來歷十分可疑，據說是絕戶家的獨子。

大明對於戶籍管理特別重視，每一百一十戶人家編為一里，一里造黃冊一本，寫明各戶的丁壯、事產，憑此科稅。一戶人家如果壯丁斷絕，會被歸類為絕戶，自然也不用繳稅了。

因此民間有一種作弊手段，就是讓家裡的丁壯逃離原籍，再向官府報備絕戶，從此家人可安享免稅之福。法椿很有可能就是這麼一種情況。

正德元年（一五〇六年），年僅十一歲的法椿逃離了家鄉休寧。雖然他距離法律規定的成丁年齡還有五年，但此時地方戶籍方面腐敗嚴重，經常有明明不成丁的孩童，被惡吏強行登記為壯丁，借此要百姓多承擔稅徭。

能逃，還是早點逃的好。

法椿離家之後，只有兩個選擇。第一個選擇是成為沒有戶口的流民，四處遷徙，除非買通一地官吏假造戶籍，才能合法落腳；第二個選擇，就是出家為僧、道，只要有寺觀肯接收他，並取得度牒[34]，便有了合法身分。

徽州崇佛之風十分濃烈，境內大小寺院有幾十座。法椿理所當然選了出家這條路。不過他不敢留在原籍休寧，跑到臨近的歙縣，投拜到楊干院門前。

寺廟對於這種投拜來的逃戶，一般持歡迎態度。畢竟逃戶沒戶籍，寺院將其收留，形同大戶人家多了幾個隱戶奴僕。至於這種行為是不是違法，出家人慈悲為懷，人家求上門來，怎麼能忍心趕走呢？

事實上，徽州一帶的諸多寺廟，一直在偷偷招納逃流軍民，這已是行業內的潛規則。僅楊干院在正德年間，就先後招納了四十多人，法椿不過是其中一個罷了。

當時楊干院的住持叫佛海，他大概是看對了眼，欣然收這個十一歲的少年為徒，還給他起了一個法號叫「法椿」，使他成為楊干院中的一個小沙彌。

「椿」本意是大椿，乃是一種傳說中的長生古樹，引申為壽高不衰之意。法椿這個名字，自然也寄寓了師父希望法統延續綿長的祝福。

現在法椿與真正的和尚之間，只差一張度牒了。

明代對於度牒管理，頗有一套辦法。從洪武十七年（一三八四年）開始，朝廷規定，天下持有度牒的僧道，每三年要考核一次，沒過的要收回度牒，比如今考駕照還嚴格。

不過就像其他政策一樣，官僚們很快就發現其中的利益所在。從景泰年間起，只要僧、道捐納五石糧食，便直接頒發度牒。再後來，朝廷乾脆把這個制度當成開源之術，一遇災害，乾脆簽發幾萬張空白度牒給當地官府，拿去換糧食賑災。

也不知道是法椿天資聰穎能順利通過佛典考試，還是他師父格外疼愛他，替他出了一筆費用，總之在兩年之後，法椿順利獲得了度牒，正式成為一名落籍的僧人。

此時休寧縣已經覺察法椿逃戶的事。法椿是家裡的獨子，依大明律，單丁不得出俗。縣衙屢次下發文書，要求他立刻還俗應差，否則嚴懲不貸。可惜在大明體制裡，這卻是一件幾乎不可能完成的工作。

為什麼呢？

前面說了，大明在宗教管理上頗有創新，講究兩個字——意識形態上要「敬」，行政管理上要「汰」，換句話說，朝廷充分尊重你的信仰自由，但宗教不能凌駕於國法之上，也得接受朝廷部門的管轄。

洪武年間，朱元璋在禮部設立了僧錄司，總管大明佛教事務。這個機構在各地每一級都有分部：府一級有僧綱司，州一級有僧正司，縣一級有僧會司，逐級向上彙報。這些部門的官員都有僧人身分，謂之僧官。

用現在的話說，寺廟屬於條管機構，地方縣府是塊管機構，兩條線。當法椿獲得度牒之後，進入條管單位，休寧縣明知他是逃戶出身，卻再也無可奈何。

法椿徹底擺脫了俗世糾紛，開始在楊干院裡大顯身手。他運氣特別好，跟對了人。他的師父佛海在當地頗有影響力，在正德年間一度做到了徽州府的都綱[35]。

都綱是僧綱司的主官，司掌整個徽州府的宗教事務，從九品。它看似是個最低級的芝麻官，實際權柄可不低。當地僧人違法犯戒、寺廟的爭端訴訟，都交由都綱來裁決調解。

不過這個職位雖有官身，卻無俸祿，手下辦事的皂吏僕役一應費用，還得僧官自己掏錢。所以這個職位的選拔方式，是誠德者任之。什麼是「誠」？捐納一大筆銀錢就是誠，證明自家有財力勝任。什麼是「德」？你必須得到本地諸寺住持的認可，有大德聯名作保，才有資格擔當。

說白了，這個官位得買。

買官之制看似荒唐，其實也有它的道理。鄉紳鄉宦為什麼能在基層一言九鼎？一是有錢可以左右經濟，二是有聲望可以上達天聽。這兩個條件，是基層權力的來源所在。釋門雖然清淨脫俗，可也一樣要遵循這個規律。一個寂寂無聞的窮和尚，就算佛法造詣再高，坐上都綱的位子，也沒法展開工作。

法椿的師傅佛海能當上都綱，可見身家和聲望都不低。佛海退下來以後，稍微運作了一下，在嘉靖二年（一五二三年）把法椿也推上了這個位置。

法椿入寺不過十七年，剃度不過十五年，竟然能做到徽州府都綱，著實是個人物。

此時的楊干院，風氣已大不如前，廟裡幾乎沒有認真修佛的。僧人們除了斂財誆騙之外，沒事還勾搭民間婦女，幾成淫窟。與楊干院僧人有染的女子，光名字留下來的就有滿真、七音、保弟、葉毛、佘窗、仙真等人。更有甚者，堂堂釋教弟子居然信了白蓮教，時常在寺裡起香聚會，借機姦淫婦女，搞得烏煙瘴氣。

羅氏一族跟楊干院關係密切，看到和尚們這麼亂搞，自然心生不滿。有一次楊干院又搞起白蓮祕法，這次居然公然立壇詛咒。羅家人嚇得夠嗆，生怕自己家被邪法影響，找到里老抗議。

按照大明律，每一百一十戶人家合為一里。一里之內，管理者除了里長和甲首之外，還有里老。這個職位一般由年高德劭者擔任，負責調解里內爭端。只有當里老調解不果，百姓才能去縣衙提起訴訟，不得擅自越級上告。

立壇詛咒這事，說大不大，說小不小。羅家人不好直接去縣衙上告，便先請來里老呂社英調停。

呂社英去楊干院轉了一圈，回來勸羅家息事寧人。羅家問那詛咒的事怎麼辦，呂社英真能和稀泥，請來一個叫胡禎的術士，燒了幾張紙，做了一番法事，就算是解咒了。

這件小事並沒鬧得多大，可羅家人對楊干院的不滿溢於言表，積怨日深。尤其是羅家這一代的家主羅顯，知道朝廷對白蓮教的態度，懼怕萬一哪日楊干院事發，把羅氏一族也牽連進去。

嘉靖六年（一五二七年）十二月，楊干院的佛殿發生了損壞，重修工程由佛海的師弟、法椿的師叔佛熙和尚負責。這個和尚指揮工匠修理時，把一大堆瓦礫廢料蓋到了羅秋隱的墳頭之上。等到工程結束之後，他沒收拾，把垃圾扔在那裡再也沒管。

嘉靖七年三月，羅顯偶然進入楊干院，看到祖墳被一堆瓦礫死死壓在下面，登時氣得夠嗆。再一打聽，發現主使者是佛熙，羅顯更是怒不可遏。

他和佛熙之間，那是早有積怨。

從前楊干院的位置靠近河道，屢次為洪水所侵。楊干院的和尚們遂把佛殿移到了羅秋隱的墳前，把供奉牌位的祠堂改到墳後的坡頂。經過這麼一改，格局和宋代時大為不同，羅秋隱的墳本來在寺旁，這回被包納進了院牆之內，與佛殿咫尺之隔。

到了弘治年間，位於墳後坡頂的墓祠發生坍塌，當時負責修理的正是佛熙。這和尚自作主張，非但沒修好墓祠堂，反而趁機在原地起了五間大屋，修了個觀音堂，還造起了鐘、鼓二樓以及廠廳、廊房等設施，楊干院儼然成了一座大寺的規模。

當時羅氏雖然對佛熙不滿，但格局已成，只好退讓一步。沒想到這個和尚得寸進尺，如今居然用垃圾來羞辱羅家祖墳。

羅顯帶著無比的憤怒，叫來幾個族人，把祖墳上的瓦礫清理乾淨，等佛熙回來理論。佛熙沒露面，只派了個小沙彌回話，提出一個要求：讓羅顯把祖墳遷出楊干院。

相信羅顯聽到這個要求時，內心是崩潰的。整個楊干院是為了給我家祖先守墳才建的，你們搞清楚自己的立場好不好？羅顯把來人罵走，準備好好跟和尚們算算帳。

不料佛熙卻率先出手。

佛熙早看這座殿後孤墳不順眼，這次既然挑起了衝突，一不做二不休，索性把事情做絕，老衲可不是吃素的！

他手裡一翻，準備了一份狀書，直接送到了歙縣知縣高琦的案頭。

在這份狀書裡，佛熙聲稱羅氏一族看中了本寺的好風水，設了一個假墳在此，妄稱年代久遠，偽造方志文書，其實護墳是假，謀奪寺產是真。

猛一看，這狀書簡直就是胡言亂語，全無憑據。可佛熙一點也不擔心，因為他背後站著一位高人——正是他的師姪、時任徽州府都綱的法椿禪師。

都綱是宗教仲裁官，法椿自然熟知大明律。整個訴狀，恐怕都是出自他的手筆。

可不要小看佛熙這次提告的動作，裡面的門道可是很深的。

百姓要告狀，得先請里老進行調解，調解不成再行告官。楊干院屬於寺廟體系，因此不受這個流程的限制，可以徑直去找知縣。換言之，羅顯要告楊干院，將會是場曠日持久的官司；楊干院告羅顯，卻可以立刻進入審理階段。

這樣一來，羅顯將在毫無防備的情況下，與楊干院對簿公堂。

知縣高琦接到訴狀之後，立刻派人把羅顯提來。羅顯一頭霧水趕到縣衙，看到佛熙旁邊居然還站著法椿。

原來，佛熙主動提訴，還有這麼一層用意。

在《金陵梵剎志》裡，關於都綱的許可權是這樣說的：「若犯奸盜非為，但與軍民相涉，在京申禮部酌審……在外即聽有司斷理。」翻譯過來就是：如果訴訟是寺廟之間的，交由都綱仲裁；若訴訟發生在寺廟和普通民眾之間，則須透過當地官府來審理。

楊干院起訴羅顯，屬於宗教人士與民間的衝突，自然應該交給歙縣知縣審理。但因為楊干院是原告，身為徽州都綱的法椿，也有權參與進來。

種種跡象表明，這一次起訴是楊干院精心策劃的，目的就是讓法椿站在公堂之上，與羅顯對質。

羅顯本來信心滿滿，法椿是都綱又怎麼樣？我家祖墳先於楊干院而起，這是板上釘釘的事實，有實物、有人證，還有府志、縣志、碑文等文獻為證，怎麼可能把白的說成黑的？

沒想到，雙方一對質，情況卻大大出乎羅顯的預料。

法椿上來就扔了三枚大炸彈。

第一，他宣稱羅秋隱墳墓的所在早已湮滅無聞，現在的墳頭是羅顯偽造的。理由是：這尊墳墓的形制狹小，墳邊又沒有石灰勾勒，只有八層磚圍，分明是臨時草草堆成。

第二，府志、縣志記錄簡略，裡面所說的羅氏墳塚位置含糊，未必就是目前在楊干院裡的這座，因此不足為憑。

第三，楊干院的建立，與羅氏無關。目前這所禪院始建於唐咸通二年（八六一年），位置是在歙縣孝女鄉，先後經歷三次遷移，方才落於楊干。而那篇所謂程元鳳撰寫的碑記裡，說楊干院自寧泰鄉遷來，顯然指的不是這一所楊干院。院內的墳頭，自然也就不是羅秋隱的——羅家人拜錯墳頭了。

羅顯被這三枚炸彈給炸蒙了。這三條雖是強詞奪理，可一時之間不易辯駁。沒等羅顯辯解什麼，法椿又扔出了第四枚炸彈。

這是一份洪武二十四年的流水保簿，編號「賓一千九百九十九號」。那一年，徽州正好清丈土地，不光要清理民田、官田，所有寺廟道觀的土地也要登記造冊。楊干院名下的所有寺產，就登記在這份文書裡，並寫明所屬人是楊干禪院。

法椿的主張很簡單：流水保簿是最具權威性的官方證明，足見官府承認楊干院的產權在寺僧手中，並無與羅氏有關的字樣。禪院內的建築該如何處置，只有寺僧有權決定。

如果說前三條還屬於強行碰瓷的話，那這一條就是直指要害了。不管楊干院和羅氏在唐、宋、元期間有什麼淵源，至少在洪武二十四年之後，法律上認定楊干院是獨立經營的，而非羅家私產。

羅顯這下子可慌了。

他連忙申請同鄉做證。知縣發牌調來排年、里老、鄰佑來問話。

里老的身分剛才解釋過了，鄰佑即鄰居，這個排年，說來有些複雜。明代的里長並非終身制，是由十戶富裕人家輪換充任，每戶輪值一年。輪值的人戶，稱為現年，不當值的九戶，則稱為排年。他們有義務為涉及本里的官司提供證詞或擔保。

這三類人，都是最熟悉羅氏和楊干院關係的外人。羅顯以為他們肯出來做證，多少可以扳回一城。孰料這些人在堂上支支吾吾，不肯明言。甚至有兩個早已從呈坎後羅分出去的族人——羅承善和羅互社，跳出來代表分家指斥羅顯。

看來法椿的準備工作做得十分充足，不光撒出銀錢去收買關鍵證人，還挖出兩個跟羅顯有仇的閒漢。楊干院是遠近知名的富戶，都綱這級別的官職說買也就買了，賄賂幾個小小百姓自然沒問題。

羅顯立刻陷入四面楚歌的境地，極為被動。他唯一的希望是知縣能稍微講點道理，做出公正的裁決。可他站在公堂往上一看，見是知縣高琦，心裡明白徹底完蛋了。

高琦在《歙縣志》和《徽州府志》裡有傳，他是山東武城人，進士出身，嘉靖五年（一五二六年）起擔任歙縣知縣。當地人對他的評價非常糟糕：「性剛愎，每以微罪杖人，不服則乘怒加杖，遂令立斃，且復黷貨無厭。尋以貪酷敗。」

以法椿的手段，不會不去重金賄賂這位「黷貨無厭」的主官，補上最後一手棋。

果然，高琦在審理時，表現出了極其露骨的偏袒，對法椿、佛熙一方言聽計從，對羅顯卻屢屢訓斥。羅顯嚇壞了，他知道高琦的名聲有多壞，除了「貪」之外，還有一個「酷」，動輒動刑，被當場打死也不是沒先例。

羅顯年紀不小，害怕自己稍有反抗，會被水火大棍伺候，便被迫含淚認。

高琦一見被告服軟，立刻敲釘轉腳，發下判決：羅顯和那兩個幫忙搬瓦礫的羅氏族人問罪發落，縣衙派人去把那座祖墳鏟平。

楊干院一方大獲全勝。

法椿不愧是徽州都綱，熟知司法流程不說，又膽大心黑，盤外著一著接一著，更有楊干院的財力支撐。他以有心算無心，硬是把一樁沒道理的官司給打贏了。羅顯輸得冤枉，可也輸得不冤。

羅顯回到家裡，越琢磨越委屈，越委屈越氣憤。

倘若還在宋代，羅氏一族裡世代簪纓，人脈深厚，連興建楊干院都能請來當朝右丞相撰文，哪個宵小敢來動歪腦筋？可惜進入明代之後，羅氏的官運卻大不如前。

準確地說，是後羅的官運大不如前。呈坎分前羅與後羅兩脈。前羅在明代出過幾個名人，比如徽墨鼻祖羅小華、隆慶進士羅應鶴、著名清官羅尚錦等等；後羅一脈則與官場斷了緣分，他們家出了不少商人和舉人，但再沒見到什麼朝廷大員。

要知道，官員數量與家族地位密切相關。沒了官身護佑，你繁衍得再興盛，也不過是一塊肥肉，引各方垂涎。法椿、佛熙之所以肆無忌憚，高琦之所以敢貪贓枉法，還不是覺得後羅好欺負唄！

羅顯擔心這場官司一輸，後面的麻煩無窮無盡。他召集了各房家長，說咱們不能坐以待斃，得把這場官司打下去。

族人們深知其中利害，紛紛出錢出力。現在有文獻記載的，羅顯惠、羅儀、羅權、羅興等八人負責跟隨羅顯當助手，處理官司事宜。在活動經費方面，羅昌璽捐了七百二十兩，羅斯昌、羅斯齊兩兄弟，羅儀儒、羅良璽、羅珂珊等身家比較富庶的族人，每戶捐了六百五十兩銀子。次一等的羅姓族人，或捐三百，或捐一百，也有家境比較困難的，只捐了十幾兩。

總之羅氏一族「莫不各隨其力之所及，家之所有，樂輸以為助」，齊心協力要渡過這次危機。羅顯對此很是激動，感慨說：「將以見一時舉族念祖之公心，且使後世知孝於祖者，垂直不朽，亦可以自勵雲耳。」

羅家足足湊出差不多四千兩銀子，按當時的物價，可以買八千石大米。打個官司而已，用得著這麼多錢嗎？

還真需要。

《近事叢殘》裡有這麼一段隆慶年間的往事。一個叫曹大章的翰林回到老家金壇居住，遭遇強盜打劫，懷疑是揚州一個叫韓嘉言的鹽商幹的。曹大章把韓嘉言告到了應天府。官司開打之後，兩家各顯神通，不是買通應天府尹，就是去找科道彈劾，行賄的行賄，收買的收買，銀錢潑水一般使出去。最終官司打到南京刑部，終於判定韓嘉言與強盜案無關。

可憐韓嘉言為了上下疏通打點，百萬身家花了個罄盡。雖然結局他還了清白之身，卻已被這無妄之災折騰到破產的邊緣。

可見在大明打官司，每一層環節都得使錢，不多準備點銀子是不成的。拿這四千多兩去對楊干院的和尚，還遠遠不夠呢。

羅顯收得了銀子，聚齊了人手，族裡問他下一步打算怎麼翻案，羅顯想了想，去歙縣擊鼓鳴冤肯定沒戲，鬧到徽州府也意義不大。

他一咬牙，說咱們去徽州府巡按察院上訴去！

巡按察院是個什麼地方？為什麼羅顯覺得去那裡上訴會更有勝算呢？這還得從大明的上訴制度說起。

大明朝廷有規定，打官司要一級一級打，老百姓如果起了糾紛，先讓里老調解，不成則去州縣裡打官司；州縣解決不了，再上訴到府裡；府裡不滿意，再上訴到省級最高司法機構——按察使司。這個次序不能亂。如果有人膽敢越級上訴，擾亂司法秩序，無論是否冤枉，先笞五十再說。

歙縣的上級主管是徽州府。羅顯要循正規途徑，必須先在歙縣提告，然後再去徽州府上訴。這官司一打起來，怕是會曠日持久。

但凡事總有例外。

明代有一個官職叫作「巡按御史」，該官員代表皇帝定期巡視各地，檢查地方政務，並且只對皇上負責，地方政府管不著。

巡按雖然只是七品官，但權柄極大，地方上舉凡民政司法的庶務，有問題可以「大事奏裁，小事立斷」。更可怕的是，巡按還有兩把尚方寶劍。

第一把寶劍，是對地方官員有獎懲之權，可以保舉「廉能昭著」的清官，亦能追究「蠹政害民」的貪官。所以就連四品知府看見七品巡按，都得客客氣氣的。

第二把寶劍，巡按除了監察之外，還自帶法院屬性，有權接受軍民詞訟。如果老百姓覺得縣衙處斷不公，又不願意上訴到府衙，那麼還有一個選擇，就是去找巡按上訴。

巡按是中央官員，找他打官司不算越訴。而且巡按的身分獨立於地方，可以一定程度上保證審案不受地方利益干擾，算是百姓的另外一條申冤的通道。老戲文裡經常看到，動輒戲臺上出來一個「八府巡按」主持公道，威風凜凜，所有人都得跪。雖然「八府巡按」不是正式官職，但也多少能看出其在民間的威名。

徽州府隸屬於南直隸地區，歸中央直轄，沒有省一級的按察使司，但屬於應天巡按御史的巡查區。

羅顯在歙縣這裡吃了虧，又不想驚動徽州知府，自然就該去應天巡按那裡找回場子。

說來有趣，徽州府的辦公地點，就在歙縣的縣城裡頭。羅顯從歙縣縣衙出來以後，一拐彎就能走到徽州府衙，再往東邊走上幾步，可以看到一座高大寬闊的公署，這裡就是應天巡按御史的辦公室——徽州巡按察院。

這是洪武三年（一三七〇年）興建的建築，有正廳耳房五間、泊水三間、直舍一間、後堂三間、左右廊各六間、門屋七間、聽事廳左右各三間，算得上大院子了。

巡按御史沒有固定駐地，要巡視遍歷各地，各地都會設有一座「察院」作為辦公室。歙縣是附郭縣，縣衙和徽州府衙同在一城，所以歙縣察院和徽州察院索性合併一處，一個單位，掛兩塊牌子。

不，嚴格來說，是三塊牌子。

這座公署本來還有一塊牌子，叫作「應天巡撫徽州都院」。

巡撫這個官職，比巡按級別更高。在大明國初，行省一級由承宣布政使司、提刑按察使司和都指揮使司分管民政、司法以及軍事，號稱「三司」。但三司彼此獨立，運轉起來特別麻煩，後來朝廷設了一個「撫政安民」的巡撫，節制三司，軍政一肩挑。

比如在隆慶年間，海瑞就曾巡撫應天十府，威名震懾，嚇得整個南直隸官場為之簌簌。

巡撫的頭銜裡既然有個「巡」字，自然也要在各地設下辦公地點，稱為「巡撫都院」，也有受理訴訟的職能。南直隸巡撫一共有兩個，一個叫「鳳陽巡撫」，負責鳳陽、廬州、淮安和揚州四府，兼漕運總督；還有一個叫「應天巡撫」，負責應天、蘇州、松江、徽州、安慶等十府政務。它在徽州府的辦公室，叫巡撫都院，一直是和巡按察院合署辦公。

弘治十四年，應天巡撫彭禮來到徽州，覺得一起辦公太麻煩了，徽州府趕緊在府學左邊建了個新都院，把牌子搬了出去，舊院仍交巡按使用。

徽州百姓一提到都院和察院，都敬畏地稱之「兩院」。

嘉靖八年（一五二九年）年初，羅顯寫好上訴的狀書，帶著全族人民的希冀，踏進了巡按察院的大門。

可巧新一任巡按御史剛來，此人叫劉乾亨，是河南洛陽人。劉乾亨新官上任，很想有一番作為，對這件案子頗為重視，遂接下了羅顯的訴狀。

羅顯這份訴狀，也是請了高人指點。裡面先不提楊干院和羅秋隱墳的事，而是指責楊干院「招集流民偽僧為非」、「習演白蓮教法，聚散無常」，說佛熙姦淫婦女並「謀死姦婦父男」，說法椿「夤緣官府，交通賄賂」，總之先給人造成一個先入為主的印象——這闔寺僧人都是奸佞，奸佞之話必不可信。

說完這些，狀書才開始講述羅家祖墳的事，引用大量文獻來論證羅氏「因墳建寺」的緣由，以及佛熙等人的惡行。最後還不忘把知縣高琦捎進來，說他貪贓枉法，濫用酷刑，事後還派人平墳，簡直罪大惡極。

劉乾亨看完羅顯的訴狀，覺得這案子沒什麼疑問，勝負立判。不過正因為勝負太明顯了，反而比較麻煩。

巡按雖然可以接軍民詞訟，但並非能事事親審。《大明會典》裡說得很清楚：「（巡按所接案子）若告本縣官吏，則發該府；若告本府官吏，則發布政司；若告布政司官吏，則發按察司；若告按察司官吏……不許轉委，必須親問。」

可見大部分告官案件，巡按只能向被告官吏的上一級轉發，只有當按察司官吏涉案時，巡按才能親自出手。

羅顯這個案子涉及歙縣知縣高琦，按正常流程，劉乾亨應該將其轉發給徽州府，由府屬推官來處理。可如果徽州府能解決，人家何必跑來察院多此一舉？

劉乾亨再看了看，發現狀書裡提及了一個細節：羅顯指控高琦除了收取賄賂之外，還濫用酷刑，將其屈打成招。

這回好辦了！

《大明會典》裡關於巡按親審的條件，有一則特殊條款：「伸訴各司官吏枉問刑名等項，不許轉委，必須親問。」就是說，如果案情裡有官吏擅用刑求逼供、鍛鍊成獄的情節，巡按不得再轉發出去，要親自審問。

按照我們的想像，接下來應該就是劉青天親自升堂了吧？驚堂木一拍，奸僧犯官紛紛跪下認罪云云。

不，並沒有。接下來劉乾亨做出一個特別奇怪的決定——轉寧國府提吊文卷審理。

這個寧國府，不是《紅樓夢》裡那一座，而是在徽州府東北方向的鄰府，治所在宣城。劉巡按這一腳皮球踢得夠遠，踢到了徽州府境外。

這個決定乍一看莫名其妙，但仔細一琢磨，可謂深得官場真味。

一個新上任的巡按，如果上來就親審拘拿一個知縣，未免有點駭人聽聞。做官最重要的是和光同塵，抓了高琦不要緊，惹得徽州官場結黨營私，八府巡按也吃不消。

劉乾亨把案子轉交寧國府異地審理，自己就安全了。寧國府跟歙縣沒關係，可以保證審案的公正，更不怕得罪徽州官場。將來他們若是查出歙縣知縣有問題，也怪罪不到巡按頭上。

更妙的是，這並不違反大明律。羅顯狀告知縣高琦，按規矩是該轉交府級衙門來審。只不過這個「府」不是徽州府，而是寧國府罷了。在大明的司法實踐裡，異地審案的情況很多，誰也無法指摘。

劉乾亨這是在隱晦地暗示徽州府，如果你們對異地審理有意見，那我就要援引「伸訴各司官吏枉問刑名」的條款，動用巡按的許可權來親自審理了，屆時大家面上定不好看。

「巡按親問」在劉乾亨手裡，變成了一件核武。它的用處不是毀滅，而是威懾，放在發射架上引而不發，才最有力量。

所以這一招「轉寧國府審理」，看似踢皮球，其實蘊藏著無比精妙的平衡技巧，既讓案子順利推進，同時又保護了巡按自己。

果然，徽州府知道以後，什麼也沒說，也沒什麼能說的，等結果就是了。只有法椿顯得有些狼狽，他的力量在徽州府能施展，跨境力不能及。

寧國府派來審理楊干院案子的，是一位姓郭的推官。

在明代的府衙生態裡，一把手是知府，二把手是同知，三把手是通判，四把手是分管刑名理獄工作的推官，俗稱「刑廳」，也叫「四爺」。

這個四爺叫郭鳳儀，河南人。他相當認真負責，把案卷供狀、古今郡志、寺碑家譜等一干卷宗調過去，細細研讀，把所有里老、鄰居等相關人證重新審問，還派了太平縣的典史、巡檢親自趕赴楊干院勘查現場。太平縣即現在的黃山區，明代歸寧國府管理，與歙縣隔黃山相鄰，過來一趟很方便。

結果並沒什麼懸念。無論文獻還是鄉人證言，都證明了羅氏祖墳的存在。而寧國府的調查人員在楊干院佛殿前的泥土下方，挖出了一些古舊磚廓，更證實了祖墳絕非浮土堆成。

寧國府的判決如下：

1. 斷令佛熙修築墳還羅顯標祀[36]。
2. 仍將觀音堂東邊一間與羅顯蓋造祠堂一間，豎立碑記，供奉羅秋隱神主。
3. 以後不許羅顯因而賴為己地，再有埋葬。
4. 追查佛熙、滿真犯奸是的，追出度牒還俗。
5. （佛熙）供擬羅顯奏事不實，杖罪。

這個判決，可以說羅家大獲全勝。羅顯不僅保住了祖墳，可以如常祭祖，而且還追回了觀音堂的一間房屋，為祖先重建墓祠。而且仇人佛熙被判了誣告罪，狠狠挨了一頓板子，強制還俗。唯獨第三點對楊干院有利，判定羅氏對寺產並無所有權，也不得添加新墳進去。這條聊勝於無，羅顯本來也沒有爭寺產的心思，更不會把新墳挪進去。

可惜知縣高琦並沒受什麼影響，大概寧國府不願無端得罪一位官員吧，算是一點點遺憾。

按照程序，寧國府把結果回報徽州府察院，請巡按覆審。劉乾亨大筆一揮，直接批准，還添了一條，責令佛熙親自把祖墳堆回去。

還墳現場一度十分尷尬——對佛熙來說，不光太平縣的典史和巡檢來壓陣，還強制要求楊干院的和尚，以及附近里老、甲首、鄰人都來圍觀。眾目睽睽之下，佛熙紅著一張老臉把墳土堆回去，堆完以後，倉皇而去。

一應事項完成以後，羅顯和楊干院雙方「各取甘結」。甘結是一種特別的法律文書。當官司做出最終判決之後，雙方都要在甘結上簽字畫押，以表示服從判決，不再翻案。甘結一簽，證明本案在程序上完結。

可有一個人，仍舊不服。

法椿。

寧國府審案之時，法椿力不能及，只能眼睜睜看著判決下來。可是他並不甘心，一心要把案子反轉過來。

不過這件事若再從祖墳入手，難度太大。法椿精研佛法之餘，想出一條毒計來。嘉靖九年（一五三〇年）七月十五日，楊干院對外宣布，要搞一次盛大的中元節法會，無論僧俗男女都可以來參加。遠近鄉人聽說之後，紛紛聚攏過來，一時楊干院內外熙熙攘攘，分外熱鬧。

呈坎距離楊干不遠，後羅氏的年輕族人們見到如此好玩，也紛紛跑去玩耍。去的人有羅良璽、羅偉，以及羅顯的乾姪子鄭來保。鄭來保還帶著自己妻子尚金宗以及妻子的閨密葉氏、鄭氏、徐氏等人，興致勃勃地來到楊干院。他萬萬沒想到，這是自己過的最後一個中元節，也是人生最後一個夜晚。

具體怎麼回事，史書裡並沒有提及。總之，在當晚發生了一次蓄謀已久的鬥毆。在爭鬥中，鄭來保被僧人們活活打死，屍體被一個叫智燈的和尚搶走，直接燒毀。

消息傳回到呈坎，羅顯無比震驚，怎麼一個人去看個法會就平白無故地死了，而且連屍體都找不到？他還沒從震驚中恢復過來，更大的麻煩已經降臨了。

楊干院突然宣布要狀告羅氏。

這一次，法椿的控訴比上一次更加陰狠。他宣稱後羅一族的羅良璽圖謀楊干院土地，唆使羅偉在法會上挑釁，打死了楊干院僧人能霓、佛圓，一定要追究到底。

法椿在狀書裡精心做了設計，把這次訴訟設計成一起人命官司，再牽連到羅氏謀奪土地的動機。新案帶著舊案，便無翻案之嫌了。

不過法椿沒有把狀紙遞到歙縣縣衙，而是一竿子直接把案子捅到了徽州巡撫都院。

注意，是巡撫都院，不是巡按察院。剛才說了，這裡是巡撫在徽州的辦公地點，它和巡按察院一樣，也可以接民間的訴訟官司。

這是大明司法制度的一個特點：無論是布政使、按察使還是巡按、巡撫，他們都可以接待上訴民眾或複查案情。萬曆年間有一位大儒叫呂坤，他曾經評價這一特點：「數批檢問，非以求同，正謂恐有冤抑，相與平反耳……蓋眾官同勘一事，原為此事虛實；同勘一人，原為此人生死。」意思是對於同一案子，由幾個互無統轄的部門來勘問，可以最大限度保證審判的公正。

尤其是「數批檢問」四個字，要求斷案時十分謹慎，多次批駁、考查、詢問，盡最大努力查明真相，避免冤假錯案。

「數批檢問」這個辦案原則，對百姓來說，是好事，但也很容易被有心人利用。

比如法椿這次選擇了巡撫，就包藏了心機。

上一次羅顯之所以能翻盤，一是因為他選擇了上訴巡按；二是在狀子裡把知縣高琦也給告了。一涉官員，巡按便有理由要求異地審判，導致法椿不能控制局面，以致失敗。

法椿不想重蹈覆轍，所以這次他越過歙縣和徽州府，繞開應天巡按，把這樁案子送到了應天巡撫面前。他精通法律，知道巡撫都院有個規矩，如果巡撫碰到上訴案件是純民間糾紛，無須親自審理，而是「發與所在有司」，讓地方司法部門去調查。

那一年的應天巡撫叫毛斯義，他接到訴狀，一看這是歙縣民間鬥毆事件，不涉官員，便按規矩轉發給徽州府，責成他們盡快處理。

經過這麼一番操作，法椿終於如願以償，讓案子落在了徽州府。別忘了，他可是徽州僧綱司的都綱，也屬於官員之列，這裡算自己的半個主場，打點起來方便多了。

除了官面上的手段，法椿在私下裡也沒閒著。

嘉靖九年十一月二十五日，法椿在一個叫容嶺的地方擺下酒宴，請來了李廷綱、范瓊隆、王琳、李文浩、胡通進、吳永升、汪寧、羅櫝、羅延壁等九人，這些人都有一個共同的身分：被告羅良璽所在里的排年里長。

同席的，還有汪招才、汪社貴、汪寄壽等人。汪姓是歙縣大姓，比羅姓還要強大，叫他們幾個過來，可以一壯聲勢。

法椿知道，這件案子一旦開審，一定會把九個排年叫去問話，得事先買通，串好口供。這件事他不方便出面，便委託了佛熙來充當酒宴主人。

佛熙在宴席上公然提出了一個要求：「奏本已准，望列位回護。」意思是案子要開審了，哥兒幾個可得記住說什麼話。然後他掏出了三十兩銀子和三兩一錢的金子，交給出席者平分。眾人把錢收下，紛紛表示絕無問題。

法椿這邊摩拳擦掌，羅顯那邊可也沒坐以待斃。

他是個略懦弱的好人，可不是個笨蛋。上次被法椿的突然襲擊坑得太苦，這次羅顯多少吸取了點教訓。

羅顯做的第一件事，就是再次來到巡按察院，向巡按劉乾亨提訴，狀告楊干院和尚毆死乾姪子鄭來保並誣告羅良璽、羅偉。劉乾亨和巡撫毛斯義的反應完全一樣，把這個案子直接轉發徽州府，與楊干院訴羅良璽、羅偉案合併為一案，統一審理。

這……不是脫褲子放屁，多此一舉嗎？

或者咱們問得再專業一點：巡撫或巡按遇到民間糾紛提告，不親自審問，而是轉發徽州府處置，這和老百姓直接去徽州府上訴，有什麼區別嗎？這條規定的意義何在？

《大明會典》中關於巡按的職責裡，有這麼一句描述：「受軍民詞訟，審系戶婚田宅鬥毆等事，必須置立文簿，抄寫告詞，編成字號，用印關防。立限發與所在有司，追問明白，就便發落，具由回報。」

也就是說，找巡按上訴的民間案件，要先在巡按察院登記留底，然後才會轉發徽州府。巡按察院會設定一個審結限期，如果逾期未結，巡按要追究官員責任。等有司審完之後，還要把結果回報給巡按察院，由巡按核准才算完結。

無論案情登記、審結限期還是具由回報，其實都是在鞭策地方有司：這件案子在我們巡按察院掛上號了，你可別敷衍塞責啊。

所以羅顯去巡按察院再次起訴，是有意義的。此舉能給徽州府製造壓力，逼迫他們秉公行事，至少不敢太過偏袒。

更何況，巡撫是一省之長，日理萬機，這種小案子不可能特別關注，轉完就算了；而巡按只負責司法監察，對官司有更多精力去盯著。對徽州府來說，應天巡撫轉過來的案子，可以稍微動點小心思，若是巡按轉來的案子，可就得打起精神來不敢出錯了。

果然，徽州府一接到巡按轉發，頭都大了，這成了兩院都關注的案子啊！知府不敢只派推官來審，更換成了徽州府的二把手，徽州同知李邦。

同知的全稱是「同知府事」，正五品，主要負責「清軍伍，督糧稅」，是僅次於知府的大人物，俗稱「糧廳」或者「軍廳」。碰到州縣無法解決的案子或者兩院轉發的案子，往往由同知充任主審官，以示重視。

對法椿來說，搞定一個推官相對容易，如今主審突然換成了同知，賄賂的成本和難度直線上升。無形之中，羅顯把法椿的主場優勢給打消了一大半。

嘉靖十年（一五三一年）正月，此案正式在徽州府開庭。

開審的流程千篇一律，無非是原告被告各自陳述案情，各自提交物證、人證。可就在法椿準備叫那九個排年里長出庭做證時，羅顯突然亮出了殺招。

羅顯當場指控，說佛熙和尚收買了這九個人，而且說出了準確的時間、地點、人物以及受賄金額：嘉靖九年十一月二十五日，容嶺，三兩一錢黃金和三十兩白銀，受賄人為李廷綱等九人。

佛熙宴請之事，做得十分隱祕，羅顯是怎麼知道的？

原來這九個排年之中，有一個叫胡通進的人，他此前欠了別人的債，拿到佛熙的賄賂之後立刻去還錢。而羅顯靠著族裡的力量，早已在呈坎張開了一張監視大網，盯著這些和案子密切相關的排年。上次法椿就是靠賄賂人證，差點讓羅顯祖墳不保。再笨的人，這次也該長記性了。

胡通進一還錢，羅顯這邊立刻覺察，帶人打上門去，三下五除二全問出來了。

羅顯在公堂上當眾喝破這件事，李廷綱、王琳、范瓊隆幾個人嚇得面如土色。他們不過是些升斗小民，哪兒吃得住如此驚嚇，紛紛捧出受賄金銀，一五一十全交代了。

法椿萬萬沒想到，羅顯看著老實巴交，卻把自己的幾個殺招全給拆解掉了。

到了這份上，同知李邦覺得不用再繼續審了，可以直接宣判。羅顯趁熱打鐵，把一個人扶上公堂——死者鄭來保的兒子鄭文，正宗的苦主，上堂是要控告法椿等人密謀打死自己父親。

這種直接告來徽州府的案子，就不需要同知親自出馬了。李邦把徽州府推官曹世盛叫來，讓他繼續審理。

曹世盛一升堂，即下令拘拿法椿等人，並要求召來當晚行兇時的兩個重要證人：楊干院的行童——就是寺院裡做雜活的小和尚——汪仁堅，以及楊干院的火頭吳塔監。

眼看羅顯即將大獲全勝，可徽州府派去找證人的皂吏回報，說汪仁堅、吳塔監兩人突然病故，已經下葬。

案子到這裡，突然一下卡住了。

曹世盛忽然發現，他們沒理由繼續拘拿法椿。因為法椿起訴的是羅良璽毆斃僧人案，他賄賂證人，是為此案做偽證。而羅顯起訴的是楊干院僧人毆斃鄭來保案，如今證人絕滅，無法證明法椿跟這件案子有什麼關係。總不能他在甲案裡犯了錯，就判他在乙案裡是兇手吧？

只好暫時把他放了。

要說法椿，可真是意志堅韌之輩。明明處境極為不利，他居然還沒放棄，恢復自由之後的第一件事，就是找到佛熙，按授機宜。

佛熙得了師姪的提點，再赴巡撫毛斯義處上訴。這次上訴不為勝負，只為拖延時間。巡撫接了這案子，一定會轉發徽州府，徽州府再回覆巡撫都院，文書來回，怎麼也得幾天時間。

接下來，佛熙馬不停蹄地找到吳永升、汪寧、羅櫝、羅延壁、胡通進幾個人，對他們說：

「你侮受我金銀事已發覺，今就首官，難免本罪，莫若誣稱羅顯情虧，妄將金銀詐稱是僧買求，再告一詞，替我遮飾，得贏官司重謝。」

這不是筆者的原創，而是供狀文獻裡的原話。看到這裡時，真是服了法椿了，虧他能從絕路中挖出這麼一條縫來。

反正那九個排年已承認收受賄賂，乾脆讓他們改一下口供，誣稱這些錢是羅顯給的，也是羅顯教他們說是佛熙賄賂。為什麼羅顯這麼做？因為他心虛啊。

這套說辭並不求邏輯嚴密，只求把水攪得足夠渾。吳永升、汪寧等人得了佛熙保證，立刻向徽州府告了一記刁狀，詐稱那筆金銀是羅顯給的。

羅顯一聽這幾個人居然還要攀咬自己，也不示弱，讓自己的姪子羅興去了巡撫都院，找毛斯義毛老爺申訴。你不是要鬧大嗎？那我就再鬧大一點。

此前他一直走的是巡按這條訴訟線，這次走一回巡撫衙門，把兩院補齊，聲勢搞得大大的。

巡撫都院接到案子，照例轉給徽州府。徽州府一看麻煩又來了，推官曹世盛連忙請到同知李邦，按程序這事還得您來審啊……

李同知打開案卷一瞧，好傢伙，一樁案子變成了四樁案子：羅顯、鄭文訴楊干院僧人毆死鄭來保兼誣告羅良璽、羅偉案，法椿訴羅良璽、羅偉毆死楊干院僧人謀奪風水案，九排年訴羅顯賄賂排年偽證案，羅顯訴九排年誣告案。

這四樁案子你中有我，我中有你，彼此牽連，有來有回。本來挺簡單一事，現在硬是被法椿攪得錯綜複雜。

好在徽州同知李邦也不是吃素的。徽州這個地方以「健訟」著稱，民間特別愛打官司。能在這個地方當父母官的，都是久經考驗之輩。他展卷一捋，從千頭萬緒中一下子抓到了關鍵所在。

根源就在嘉靖八年的羅氏祖墳案。

那樁案子雖然審結，後續餘波卻漣漪不斷。要了結眼下的四樁案子，非得把那一件根源弄清楚不可。

可是，徽州府並沒有關於此案的資料。

當時羅氏祖墳案一審是在歙縣，二審涉官，由巡按劉乾亨安排，轉去寧國府異地審問。結案後的執行，也是由寧國府太平縣負責。此案所有的相關檔案，都存在那邊，徽州府沒有經手，自然也沒記錄。

李邦想要了解羅氏祖墳案的情況，還得去寧國府找。於是他便派遣一個叫作潘元的快手，跑去寧國府調閱檔案。

法椿覷到這個機會，又出手了，還是盤外著數。

他找到潘元，送了一筆錢。潘元心領神會，假裝生病在家，把徽州府申請調閱卷宗的文書和自家身分憑證，給了楊干院一個叫能儒的和尚。這個能儒和尚沒有剃度，拿著潘元的憑證，大搖大擺去了寧國府。

那時候身分證沒照片，寧國府哪裡知道潘元被人冒名頂替，一看文書勘驗無誤，便把檔案找出來，交給了能儒。

能儒拿到檔案之後，直接把它給了佛熙。佛熙偷偷打開，發現裡面分成兩卷。一卷是歙縣知縣高琦判案的文件，對楊干院有利；一卷是寧國府推官郭鳳儀判案的文件，對羅顯有利。當年寧國府二審之時，曾把歙縣一審卷宗調過來對照，因此並在了一處。

佛熙把寧國府卷宗偷偷抽出來，只留下歙縣卷宗在裡面，仍由能儒送到徽州府，指望能借此瞞天過海。

可惜李邦並不糊塗。他看了看卷宗，發現只有歙縣高琦的手筆，便多留了個心眼，召來羅顯詢問。羅顯一聽就急了，懷疑卷宗被人偷換，他大叫大嚷，要求徹查。

可這怎麼徹查？潘元或能儒若一口咬定中途丟失，誰也沒轍。明代這種手段很流行，本來案情清楚，結果被人故意湮滅檔案，最終不了了之。法椿幹司法工作的，見過太多了，所以才敢放膽如此施為。

可法椿沒料到，羅顯這一嚷嚷，自己的同夥佛熙倒先心虛了。畢竟這是竊取官府文書，算是重罪。佛熙把寧國府卷宗藏在身上，偷偷躲在徽州府公堂附近，俟退堂混亂之時，過去把卷宗扔到桌案上，掉頭就走。

有一個叫程寬的推廳小吏，他收拾公堂時看到有本卷宗扔在桌上，打開一看有寧國府字樣，遂送到清軍廳。

清軍廳是徽州府同知的辦公室，李邦一看卷宗莫名其妙地被送回來了，又把羅顯喚來。羅顯仔細檢查了一下，發現還缺少一份重要文件——甘結。

前面說了，甘結是結案後雙方簽署的文件，表示服從判決。這份文件若是丟了，法椿很有可能不承認判決結果，又把案子拿出來重審。

李邦沒有尋找遺失文書的義務，他只能依照現存文件做判斷。羅顯沒辦法，只能自力更生。這件事倒是不難查，羅顯略做詢問，很快便發現是快手潘元找人頂替的緣故。他再一次跑到巡按察院，要告潘元和能儒偷換文書湮滅證據的罪過。

巡按照例轉發徽州府，李邦一看，好嘛，現在成了五樁案子了。

不，不只五樁。

嘉靖十年六月二十九日，在寧國府卷宗遺失案發生的同時，楊干院又出事了。

楊干院有個小和尚叫仁膏，氣不過羅氏作為，提了兩桶大糞潑到羅氏祖墳和祠堂，搞得汙穢不堪。恰好這一幕被羅顯的族弟羅時看到了，跟仁膏兩個人廝打起來，鬧到歙縣公堂。知縣責令一個叫姚升保的歇家——一種做婚姻訴訟生意等仲介的職業，類似於牙人——去調解。不料姚升保一眼沒看住，讓仁膏跑掉了。

羅時把這事告訴羅顯，羅顯大怒。祖墳被潑穢物，這誰能忍？他大張旗鼓去到巡撫都院那裡，又一次提告。佛熙聽說這件事之後，跟法椿一商量，不能示弱，遂捏造了一個仁膏被羅時尋仇打死的假案，去了巡按察院提告。

等到巡撫、巡按分別把狀書轉至徽州府時，同知李邦手裡剛好湊夠七樁案子，可以召喚神龍了……

李邦沒有召喚神龍的能耐，只好召喚休寧縣知縣高簡、黟縣知縣賴暹兩個人，讓他們合議併案審理。

上級移交下級司法機構審案，是明代一種常見的做法。尤其是這一大堆亂七八糟的案子裡牽連著歙縣知縣，為了確保順暢，最好是讓鄰縣來審。

這案子本身，真沒什麼好審的。兩位知縣調取了過往卷宗，又到楊干院現場勘查一番，很快得出結論：祖墳歸屬無誤，維持原判。至於那幾樁毆斃人命的官司，能霓、佛圓、鄭來保、汪仁堅、吳塔監五人算是病故，仁膏根本沒被人打死，而是逃亡在外，並無謀殺情節。

從這份判決中可以看出來，兩縣得了徽州府的暗示，要快刀斬亂麻盡快結案，不要深究細枝末節。所以判決大原則上對羅家有利，但像鄭來保、汪仁堅、吳塔監三人的死因——尤其是鄭來保的——居然報成了病故，顯然是不願深究。

總體來說，這次判決維護了好人利益，但也沒讓壞人受罰。

法椿的攪亂之計，終究還是發揮了作用。

他深悉官場心態，知道官員最怕的就是混亂。一旦發現混亂開始趨向失控，官員們便會下意識地去彌縫、抹平，把事情盡快了結，哪怕中間有些許不公正也無所謂。秉持著這個認知，法椿硬是把一場敗仗，攪成了一場亂仗。

當然，官府對羅氏一族，也不是沒有愧疚之心。兩個知縣特意委託當地德高望重的鄉紳，將楊干院內的墳祠範圍重新測量了一下：「東入深二丈五尺；西入深二丈二尺；南北橫闊六丈五尺，墳右空地一丈六尺，墳前以溝，墳後以街沿各為界，聽從羅秋隱子孫永遠摽祀，不許浸損。」

這算是把羅氏墳祠的歸屬徹底坐實，與楊干院劃出了明確界限，辦成一樁鐵案。

兩縣的判決還沒完。

羅顯和法椿，都判了個「奏事不實」，李廷綱等九個排年收取賄賂，以上十一人各杖八十，徒二年；行賄、竊換文書的佛熙杖六十，徒一年，強制還俗（上一次未得執行）；其他諸如羅興、羅時、義珍、能儒等次一級的參與者，也俱各受罰。

你們這麼折騰官府，多少也得付出點代價吧？

當然，這個判決，還是留有餘地的。羅顯和法椿年紀都不小了，真挨上一頓板子只怕會當場死掉，兩縣准許他們用繳納米糧的方式來贖刑。九個排年裡的胡通進、吳永升家裡闊綽，也採用同樣的方式抵扣刑罰。義珍和尚沒錢，就用勞動的方式來抵扣——叫作「折納工價」。

接下來，徽州府給兩院各自行了一道文，在他們那兒把案子銷掉，先後得到巡按御史劉乾亨、巡撫都御史陳軾的批准（毛斯義已調任），同意李同知的判決。這件事從程序上算徹底完結。

可這時有一個人，仍舊不甘心。

還是法椿。

他居然還沒放棄。

法椿注意到一個事實。那九個受罰的排年裡，李廷綱最先自首，得到了免罰的待遇；胡通進、吳永升納了米，也抵扣了刑期。但其他六個人，只能乖乖挨打。

這裡頭，仍有可乘之機。

法椿找到那六個倒楣蛋，又撒出銀錢去，聯絡了其他里的十四個排年，湊足了二十人聯名具表，去告羅顯。

告羅顯什麼呢？

告他為了隱瞞實情，賄賂了那九個排年，給了每人五十兩銀子，一共四百五十兩。

這個數目，對普通百姓來說可以說是天價了。那麼有證據嗎？

有啊。

當初李廷綱自首的時候，掏出了佛熙給的三兩銀子作為證據，我們也有。然後汪寧等六人分別掏出了五十兩白花花的紋銀，上繳官府。

不用問，他們拿出來的這三百兩是法椿給的。

法椿也真是大手筆，一抬手就扔進三百兩銀子打水漂，再加上額外送他們六人的酬勞以及收買其他排年的，成本不低。

但這些銀子花得相當值。

汪寧等六人家境一般，不可能自己出五十兩白銀，這些錢肯定是別人給的。別人怎麼會無緣無故給你錢？一定是要換你在官司上的合作。那麼在官司上，誰最後得利了？自然是羅顯嘛。按這個思路想下去，簡直不要太合情合理。

更狠的是，汪寧提告的，是羅顯賄賂了九個排年。他們六個現在已經把贓款交了，那麼剩下的三個人——李廷綱、胡通進、吳永升，也會被官府催繳贓款，可他們哪兒有啊，這不等於平白多了五十兩債務嗎？

活該，誰讓你們逃過一劫，我們卻要挨板子。

搞定了排年，法椿又以佛熙的名義，派仁膏——就是先前跟羅時打架的小和尚——去了巡按察院告狀，聲稱找到新的證據，能霓、佛圓並非如兩縣判決時說的那樣病故，而是被羅顯指使的族人打死的。兇手叫羅祿，楊干院已經掌握了他「圍捉嚇騙銀兩、捲擄家財」的證據。

證人不可靠，又冒出一個兇手，法椿如此安排，等於是要澈底否定兩縣的判決。只要這樁七合一的案子翻轉過來，連帶著羅氏祖墳祠堂也就能剷除了。

此時已是嘉靖十一年（一五三二年）二月，巡按察院裡換了新主人。新來的巡按叫作詹寬，福建人。他不清楚之前的一系列紛爭，只看到法椿、佛熙要翻案。

大明法律允許翻案，而且要求這種性質的案子必須去異地審結。既然此前休寧、黟縣兩縣判決是來自徽州府同知的委託，那麼這個案子不能留在徽州。詹寬想了想，決定把此案移交到池州府。

池州府隸屬於南直隸，範圍與現在的池州、銅陵二市相當，緊鄰徽州府的西側。

詹寬為什麼選擇池州府，而不是寧國府，這個史無明載。但從種種跡象推測，法椿應該是暗中使了力氣。

賄賂巡按是件高難度的事，但也得看賄賂巡按做什麼。法椿沒讓詹寬枉法，只是讓巡按大人在法律許可的範圍內，做出一個法椿想要的選擇罷了。這對詹寬來說，毫無成本與風險。

池州府對這個案子很重視，由知府侯緘親自提吊人、卷，著一個姓楊的推官負責具體審理。法椿在侯緘或者楊推官這裡，也使了大錢。這一次法椿想明白了，光靠規則內的小聰明，是扳不回局面的，還得花錢。畢竟在大明，銀錢最能通神，這一點連遠在北京修道的嘉靖皇帝都明白。

接下來發生的事情，沒有人知道。

因為原本丟失了……

是這樣的，這一系列案子的檔案文書，收錄在一本叫《楊干院歸結始末》的書裡。而這本書留存至今的版本，缺失了第十四頁。所以池州府到底怎麼審這個案子的，已經沒法知道了。

我們只能翻到第十五頁，看看池州府審問的結果如何。

這裡有羅顯留下的一篇自述：「不意奸僧串通積年打點衙門鋪戶唐文魁，賄囑官吏。至九月十五日，計延傍晚到所，不審鄰佑，不詳原案，不取服辨，非法夾打。」

可以想像，羅顯面臨著多麼絕望的局面。

首先，這個開庭時間定在傍晚就很蹊蹺。因為明代的府城是有夜禁的，一更三點敲響暮鼓，禁止出行；五更三點敲響晨鐘後才開禁通行。一更三點就是現在八點左右，等你傍晚開庭時，老百姓早跑回家去了——沒人圍觀，才好方便做事。

然後上頭這位主審官，也不問證人，也不查卷宗，也不聽辯解，直接擲下一個結論，你不畫押就打。

這都是些什麼結論？

要羅顯承認行賄，給了李廷綱等人每人五十兩白銀來做偽證；還要羅顯承認，羅氏祖墳是偽造的，與楊干院無關。

羅顯自然打死不從，要看供狀。沒想到楊推官直接買通了幾個書手小吏，每人一兩銀子，直接把卷宗裡鄰居的證詞給改了。所有「有墳」字樣均改為「無墳」，真正做到滴水不漏。

要說這位楊推官，絕對是個老於案牘的刀筆吏，他寫了一篇長長的判詞，極為精彩，好似推理小說一般。這段文字近乎白話，筆者就不翻譯了，特抄錄如下。

對於羅氏祖墳真偽問題，他如此分析道：

「吊查新安新舊志書，俱載楊干院在歙縣孝女鄉漳端裡，唐咸通二年建。而今寺不曾收入。志額及洪武丈量籍冊與本寺奠基文簿備載今寺見產，並不曾開有羅秋隱墓。又查《新安文獻志》，載有程丞相行狀，明開女適羅鼐，亦不曾開有建寺守墳緣由。止有羅顯宗譜並伊執出《程丞相碑記》開有羅秋隱葬在通德鄉楊干寺後……備查各執書丹文簿，眾執羅秋隱並無墳墓實跡。」

然後楊推官又質問道：

「楊干寺自唐迄宋已經三遷，羅秋隱死於唐末，縱葬楊干，未必在遷處所。且羅氏前朝代有顯宦，傳至近世，丁力富盛，既系遠祖葬地，緣不遞年摽祀？豈無故老相傳？查自洪武至弘治，節次修蓋法堂，與前殿相去不滿四步，中果有墳，當必侵壓，本家何無言論？」

他還去現場親自勘查了一圈：

「況既系古墳，必有顯跡，今泥磚亂砌，內實黃土，長止三尺，高廣尺餘，中不容一人之臂。若磚內加以板木、衣衾，止可容一人之掌，豈類廓形？傍鋪細碎石子，審是本寺階路。且歙本山鄉，縱使薄葬，焉無斗灰、片石黏砌？」

楊推官從文獻、行為邏輯和墳墓形制三個角度，完全否定了羅秋隱墓的存在。

那麼現在那座祖墳是怎麼來的？楊推官腦洞大開，給了這麼一段故事：

「羅顯見寺有風水，要得吞謀，捏伊始祖羅秋隱葬在本寺，令羅晳、羅文殊強搬瓦礫，修理砌墳。差委趙典史修墳建祠，羅顯等暗造墓誌一塊，帶領弟姪，假以修墳，乘機於觀音堂前挖去泥土混賴，置酒邀請李廷綱、范瓊隆、王琳、李文浩吃。羅顯對說：『每人且將金三錢一分、銀三兩送你，出官之時，只說佛熙買求你贓，汪寧等俱有。比李廷綱等聽從接受，羅顯又將銀兩、衣帛等物約共一百二十兩作為謝禮，與李廷綱、范瓊隆、王琳，各分五十兩入己。』」

不知道法椿使了多少錢來賄賂楊推官，但這錢絕對值。這篇判詞推理層層推進，有憑有據，合情合理。楊推官這一支如椽大筆，生生將一樁鐵案給翻過來了。

不過他建構的整個理論，還有一個致命的破綻，那就是羅秋隱墓。

楊推官的理論基礎是，羅秋隱墓系羅顯偽造而成，一切推理都是基於這一點發揮。反過來說，如果羅秋隱墓是真的，這篇精彩的判詞不攻自破。

此前糾紛，楊干院毀掉的只是墓頂土堆，並未往下深入。羅顯如果豁出去，要求官府開墓驗棺，挖出祖先屍骸，這場官司就贏定了。

而楊推官心思縝密，不會不補上這個疏漏。他暗中提醒法椿，法椿找了當地豪強三百多人，在楊干院裡夤夜舉火，打著勘查的旗號將墳當頂掘挖，居然真在裡面挖出了磚墎[37]、墓誌，可是並沒有找到棺槨屍骸之類。

這個結果，有點模稜兩可，怎麼解釋都合理。

不過到了第二天，情況又變了。那一千豪眾次日清晨早早過來，使鍬用鏟，轉瞬間就將羅秋隱墓的痕跡徹底抹除，只留下一片平地。

最後一個漏洞，也補上了。

很快楊推官得意揚揚地扔出了結論：「（羅顯）反行汙首，捏僧截卷，致仍舊斷。裝捏眾詞，平占風水。」

羅顯怎麼也沒想到，池州府的這次審判如此不加遮掩，讓局勢發生了一百八十度的急轉。自己滿滿的優勢，瞬間化為烏有。

怎麼辦？

情急之下，他想到了寧國府。

當年這個案子，正是在寧國府異地審訊，才讓羅氏獲勝。現在池州府做出的判決，是在打寧國府的臉，如果他們能參與進來，案情一定會有轉機。

可惜寧國府顯然不打算蹚這場渾水。羅顯的訴狀告過去，負責人直接轉回了徽州府。徽州府呢，因為此案已由巡按詹大人轉委池州府審理，不好駁巡按察院的面子，也照樣轉到池州府審理。轉了一圈，回到原地了。

此時已經是嘉靖十二年（一五三三年）一月份，將近兩年時間過去。羅顯別無選擇，又踏進了巡按察院的大門，去找巡按詹寬詹大人主持公道。

以往數次官司，羅顯靠著向巡按御史提告的辦法，占盡優勢，這一次他覺得還會被福星關照。可他也不想想，當初把整個案子踢到池州府的，正是這一位詹寬。羅顯找他，豈不是自投羅網嗎？

羅顯在這一次的訴狀裡聲稱：池州府審判不公，楊推官貪贓枉法，法椿毀壞祖墳，請求秉公處理。

詹寬一看，哦，這案子涉官了。

之前說過，按照大明律，如果一樁涉官案件提告到巡按這裡，案件要轉到被涉官員的上級機構。告縣官，則轉府處理；告府官，則轉布政使司處理；告布政使官員，則轉按察使司處理。只有告按察使司的官員時，轉無可轉，巡按才能親自審問。

池州府也隸屬南直隸，南直隸不設布政使司和按察使司，府級再往上的地方司法機構，只有應天巡按御史。因此這次羅顯的案子，詹巡按可以親自過問。

詹寬也不客氣，先提拿了太平縣的趙典史過來，問他嘉靖九年六月去楊干院築墳的事。趙典史不知是被嚇的，還是得了什麼暗示，說話支支吾吾，說當時羅顯自己找了一百多人去築墳，本人只是旁邊監督，羅顯曾經說在地下發現磚埆什麼的，本人只是聽說，並未親見云云。

詹寬又潦草地審問了幾句，直接判了案。不過這次判決的結果，無論羅顯還是法椿，誰也沒預料到。

判詞如下：

「夫崇正辟邪，為政首務。欺公蔑法，難長刁風。切照羅顯祖墳，就依其宗譜等書所載，果在寺後，不應今在寺中。今果在於寺中，則修造梵宮時，助緣題名於梁楣者，羅氏如許多人，又不應忍棄其祖，與僧直據其後耳。實為取非其有，又何怪乎排年扶僧競為立一赤幟耶？合平其土。」

詹寬一上來，就否定了祖墳的合法性。即便如羅顯主張的那樣，祖墳在先，佛寺在後，如今也該拆掉。楊干院現在是公眾寺廟，捐款的外來居士很多。你們把祖墳留在廟裡，別人天天上香，是供奉你家祖先還是供奉佛祖？

然後詹寬筆鋒一轉，連羅秋隱都罵上了：

「秋隱，唐時一民庶耳，不知有何功德在人耳目，專祠獨祀於百世之下，實為僭越，法當立毀。再照楊干院創雖非今，然而妄塑佛像，跡類淫祠，又系今時例禁，尤當一切毀去。」

等一等，你罵羅秋隱也就算了，怎麼連楊干院也要毀掉？你到底哪邊的？別著急，咱們再往下看看詹寬給的解決方案：

「將中堂改祀宋丞相程西元鳳，為舊有神主頁。配以羅鼐、迪威、賢孫，為碑載檀越也。左右兩堂，遍祀勸緣，助緣人氏，為示此寺絕非一家可得而據也。觀音堂改與僧家，祀其香火，各仍其舊，為寺有僧田，尚供稅賦也。候本院另行平毀改立，庶可以斥二家似是之非，亦無負前人崇正辟邪之意矣。」

沒想到，沒想到詹寬的判決竟然是這麼一個離奇的結果。

羅氏祖墳要推平，佛殿也不能倖免。原有殿屋一半改祭程元鳳等先賢，一半留給楊干院。

這有點莫名其妙了。程元鳳是羅鼐的岳父，在建立楊干院的過程中出了大力氣，但也不至於把羅家祖宗搬走，祭一個外人吧？

詹寬這麼判決，也是有原因的。在大明朝，你家的祖先，可不是隨便就能立祠堂祭祀的。《大明集禮》有明文規定：「庶人無祠堂，惟以二代神主置於居室之中間，或以他室奉之。」也就是說，你的先祖甭管哪一朝的，沒有官身的話，他沒資格享受立祠祭祀的待遇，子孫只能把牌位擺自己家裡拜拜。

試想，如果無論什麼人的祖先，都可以立祠祭祀，豈不是大明滿地都是祠堂？

羅秋隱在唐代是庶民，所以詹寬認為楊干院裡的羅秋隱墳和墓祠，算是淫祠，理應禁絕。相比之下，為羅家寫碑文的程元鳳，是大宋堂堂右丞相，詹寬覺得與其祭羅，還不如祭程呢。

詹寬比楊推官高明之處在於，他不糾結於那些細枝末節的推理，直指禮法核心，拿意識形態泰山壓頂，讓人辯無可辯，駁亦不敢駁。要知道，大明以禮立國，凡事一上升到道德層面，就沒道理好講了。

當然，詹巡按對楊干院也沒什麼好臉色。早在洪武二十四年，朱元璋就下過一道《歸併令》，要求天下寺院要進行歸併，三十人以上才能成寺，而且還得是歸併到明前的老寺，新建的庵堂寺院要一概革去。

雖然楊干院屬於老寺，但佛殿裡的佛像卻是新修的，也算「跡類淫祠」。詹寬援引《歸併令》，要求他們必須限期整改，交出一半寺產。

法椿沒想到，眼看見到成功的曙光，卻惹出這麼一位一身正氣、兩不偏幫的大神。判詞裡有一句「為示此寺絕非一家可得而據也」，正是法椿夢寐以求的結果，可以澈底把羅氏一族趕出楊干院——只是代價實在太大，半座寺廟沒了。

除了祖墳之事，還有九位排年涉及賄賂之事等著處理。

詹寬也懶得仔細分辨，給羅顯、法椿以及九個排年統統判了杖、徒之刑。好在這些刑罰很快得到了赦免，因為正趕上八月份嘉靖皇帝生了個兒子，起名為朱載基，大赦天下——他們的運氣是真不錯，趕上了好時候，若是晚兩個月判，結果恐怕會大不相同，因為朱載基出生不到兩個月就夭折了。

至於是誰賄賂九位排年的，到底也沒查清楚，就這麼不了了之了。

嘉靖十二年十二月，應天巡按察院行了一道公文給徽州府，責成他們按照判決書，盡快去楊干院平墳拆寺。徽州府收到一看，這道公文上還有巡撫都御史陳軾批示的「照巡按衙門批詳施行」，立刻明白，兩院已就這個問題達成共識。

其實陳軾在徽州同知李邦審結之後，也批示過同意。現在他再同意詹寬的判決，有點打自己的臉。可陳軾也沒辦法，巡按雖然比巡撫品級低，可畢竟不在一條行政線上，真要在司法領域頂起牛來，巡撫也得讓巡按三分。

有了兩院督促，徽州府不敢怠慢，派了一個姓張的通判在楊干院壓陣，把羅秋隱的墳墓第二次鏟平。然後，他們將佛殿拆毀，只留下觀音堂供僧人們禮佛。

法椿和羅顯看著這一切，百感交集。兩人從嘉靖七年鬥到嘉靖十二年，卻是這麼一個兩敗俱傷的結局。

面對這一結局，法椿大概是放棄了，而羅顯卻在一年之後，重新振作起來。因為他無意中發現了一個小真相。

在鄭來保被毆死的那一夜，楊干寺的和尚堅稱有佛圓、能霓兩個僧人被羅家毆死，但一直不見屍首；後來休寧、黟縣兩縣斷案時，認定兩人病故；再後來池州府斷案，法椿又拿這兩個和尚說事，指控是羅祿所殺，後被詹巡按證實子虛烏有。

那麼這兩個人到底去哪兒了呢？羅顯自己也做了一番調查，調查結果讓他大吃一驚。

還記得法椿的來歷嗎？他本是休寧縣的絕戶長子，逃戶至楊干院被佛海收留，偷偷入了僧籍。休寧縣曾經找上門來，要他回去落戶，不知為何沒有追究到底。

羅顯找到的真相是：佛圓、能霓多年前就死了，楊干院卻一直在虛造僧籍，讓他們活在冊籍裡。休寧縣發文書給楊干院，要求法椿還俗回去落戶，法椿或佛海便買通了休寧縣的一位里老鄭彥儒，把佛圓、能霓其中一人的僧籍銷掉，偽託還俗，虛落在鄭彥儒的里冊中。一人逃出，一人回籍，帳面上做平，足可以給休寧縣一個交代。

經過這麼一番運作，死和尚進了活人籍，法椿便把身分洗脫出來。這次與羅氏對決，法椿故技重施，讓佛圓、能霓兩位再「死」一次，借此誣陷羅氏。

羅顯認為這是一條絕好的證據，憑它一定可以扳倒法椿！他抖擻起精神，打算繼續上告，可寫完狀書卻發現，無路可走了。

此案最後一次是巡按御史詹寬親自審結，巡撫都御史陳軾附署，可以視為終審判決。羅顯想要上訴，地方上已經找不到比兩院更高的司法機構了。此路不通。

等一下。

地方上沒有，那麼京城呢？

京城有刑部、大理寺、都察院三法司，還有一廠一衛，還有閣老們，再往上……還有皇上嘛。羅顯冒出一個極其大膽的想法：要不咱們上訪去吧！

上京告御狀這種事，歷朝歷代都有。漢稱「詣闕」，唐有「投匭狀」、「邀車駕」，宋叫「詣台省」，清稱「京控」。在大明朝，上訪有個專門的術語，叫作「京訴」。

越級訴訟已經很犯忌諱，京訴更是敏感至極。

早在洪武年間，朱元璋曾經給老百姓頒發大誥，頭頂大誥可以直接進京喊冤。不過很快「小民多越訴京師，及按其事，往往不實，乃嚴越訴之禁」。從此以後，大明歷任皇帝對京訴格外謹慎。民眾可以上訪，但甭管申訴事實是真是假，上訪者都得被問罪。

好在徽州府有健訟傳統，百姓法律意識和常識都很豐富。羅顯和羅氏一族研究半天，在大明律裡查到這麼一條：

「各處軍民奏訴冤枉事情，若曾經巡按御史布按二司官問理……令家人抱齎奏告者，免其問罪，給引照回。」

就是說，如果上訪的案子曾被巡按御史或者布政史司、按察史司受理過，那麼上訪者可以免罪。這在法理上說得通，因為被這三處衙門拒絕之後，百姓沒有能再上訴的地方了，只能上京。

羅顯這個高興。楊干院這個案子，終審正是巡按判的，完全符合這個規定。可沒高興多久，他發現這條規定還有個適用範圍：

「軍役戶婚田土等項干己事情，曾經上司斷結不明，或親身及令家人老幼婦女抱齎奏告者，各問罪，給引照回，奏詞轉行原籍官司，候人到提問。」

朝廷日理萬機，不能什麼雞毛蒜皮的上訪案子都接。如果你是涉及大逆或人命之事，適用於剛才那條免罪的規定；如果你上訪是為了田產婚姻戶籍之類的，對不起，一樣問罪，還得打回原籍。

楊干院這個案子，核心糾紛是羅家祖墳的位置，歸到田土一類，自然不能免罪。得，空歡喜一場。

順便說一個無關的趣事，大明律有時候挺地域黑的。在《弘治問刑條例》裡有一條關於「京訴」的規定：「江西等處客人，在於各處買賣生理，若有負欠錢債等項事情，止許於所在官司陳告，提問發落。若有驀越赴京奏告者，問罪遞回。奏告情詞不問虛實，立案不行。」特別指明江西人做生意打官司的，不許上訪，否則問罪不說，還不予立案。

為什麼這麼黑人家？早在朱元璋的《教民榜文》裡已有揭示：「兩浙江西等處人民，好詞訟者多，雖細微事務，不能含忍，徑直赴京告狀。」不是不接你們的案子，實在是你們太喜歡打官司了，屁大點事也跑來京城上訪，朝廷實在忙不過來啊……

書歸正傳。

羅家人研究了半天，發現無論如何得犧牲一人，才能把上訪這事完成。羅顯年紀大了，一定扛不住牢獄之災，法律上也不允許老人京訴，得派個身強力壯抗打的年輕人去京城。最後羅顯的姪子羅興站出來，毅然決然地說我去吧。

於是羅顯精心準備了一份狀書，將整個紛爭的前因後果、證據辯駁詳細地寫下來，最後還附了法椿虛造戶口、改換身籍的新犯罪事實。

羅興揣著這份狀紙，從歙縣千里迢迢朝著京城而去。時年嘉靖十四年新年。

尋常百姓看慣了戲文，以為告御狀就是望見皇帝車仗，高舉狀紙，大喊一聲冤枉啊，迎頭一攔。

其實這麼做的風險極高。且不說你往前一衝，有很大的機率會被護衛直接打死，就算僥倖未死，《大明律．兵律．宮衛》對於這種攔御駕的行為也有嚴厲規定：「若衝入儀仗內而所訴事不實者，絞。」

其他性質的京訴，最多是杖刑或者徒刑，這種就直接絞刑了。

那我不去找皇上，直接在皇城外頭喊冤呢？

也不行。

「擅入午門、長安等門內叫訴冤枉，奉旨勘問得實者，問罪，枷號一個月；若涉虛者，仍杖一百，發口外衛分充軍。」

可見皇城喊冤也是個高風險的舉動。

京訴這事，需要上訪者有極大的勇氣，同時也需要一些技巧。羅興大約在二三月間抵達京城，他顯然得到過高人指點，既沒攔車駕，也沒去城門口喊冤，而是找準了京訴唯一的正確門路——通政司。

通政司是幹什麼的？它「掌受內外章疏敷奏封駁之事，凡四方陳情建言、申訴冤滯、或告不法等事，於底簿內謄寫訴告緣由，齎狀以聞」，負責朝廷以及地方各類文書的接收、審核、分配轉發等等，職責範圍正好包括了接待「申訴冤滯」這一類的上訪。

雖然通政司只管把文書轉發給有關部門，本身沒有斷事之權，但這是一道必要的審核程序。如果沒有通政司蓋章，你就算有天大的冤情，刑部、大理寺和都察院也不會受理你的狀子。

羅興找對了門路，把這份狀子順利送入通政司。通政司審核之後，收下文件，正式進入京訴流程。然後通政司把羅興一捆，扔牢裡了……別忘了，京訴是違法行為，不問所訴案情虛實，你都得坐牢。

四月十二日，通政使陳經於奉天門把楊干院案上奏天子。嘉靖皇帝讀完這件案子的前因後果，驀地想起一件往事。

嘉靖剛登基那會兒，爆發過一次「大禮議」事件。簡單來說，嘉靖本是興獻王的兒子、正德皇帝的堂弟。正德死後，沒有子嗣，大臣們便把他請來京城當皇帝。嘉靖登基之後，朝臣們說您這算改嗣，得認伯父弘治皇帝為父親，對親爹興獻王改稱皇叔，不然祭太廟不成體統。嘉靖不幹，堅決不改口，還想把親爹追認成皇帝。他跟朝臣們鬥了幾年，最終獲得勝利。興獻王得了個「皇考恭穆獻皇帝」的名號，神主牌擺進了皇城觀德殿中。

嘉靖是個孝順兒子，對於統嗣奉先之類的事情懷有情結。楊干院案的是非曲直，嘉靖無從判斷。但他對於羅氏一族拚命保護祖宗祠墳這個行為，很有好感，甚至頗有共鳴。朕當年不也是拚了小命，才保住了親生父親的牌位嗎？

而且……這個案子，實在很合朕的心思啊。

羅興進京上訪這個時候，嘉靖皇帝正琢磨著給親爹再弄個廟號，好讓他老人家名正言順地入享太廟。此時他的政治手段日漸成熟，知道這種事不宜強行推進，一定得按部就班地來操作。

一切都已經規劃好了。

按照嘉靖皇帝的計畫，在接下來的嘉靖十五年（一五三六年），吏部尚書夏言將上一道奏疏

《請定功臣配享及令臣民得祭始祖立家廟疏》，連續提出三條建議——「定功臣配享」、「乞詔天下臣民冬至日得祭始祖」、「乞詔天下臣工建立家廟」，建議放鬆宗廟祭祖的禁令，推恩天下，允許子民祭祀自己幾代以上的先祖。

其中最關鍵的一句是：「臣民不得祭其始祖、先祖，而廟制亦未有定則，天下之為孝子慈孫者，尚有未盡申之請。」這是夏言的原話，未嘗不是嘉靖皇帝的心聲。夏言上疏之後，嘉靖皇帝立刻順坡下驢，下旨准許民間聯宗立廟，祭祀始祖。

這個消息只要一傳出去，全國宗族一定歡欣鼓舞，熱烈響應。朝中臣工無法反對，誰敢說自己不想祭拜先祖？在各地開禁祭祖的大潮掩護之下，嘉靖皇帝便可以順理成章地給親爹追尊廟號了。

這個羅氏祖墳，正好是因為違反了祭祖禁令，才被詹寬毀去。對嘉靖皇帝來說，這可謂是瞌睡時送來一個枕頭。他可以借這件案子隱晦地點明一下態度，提前吹吹風，為明年的開禁祭祖宣傳造勢。

再說了，羅顯告的是楊干院，那是釋教的寺廟，對一心沉迷修道的嘉靖皇帝來說，也沒什麼好顧慮的，說不定還會在心裡暗爽一下。

想到這裡，嘉靖皇帝下旨，交由都察院處理此案。

皇帝的小心思，就是朝廷的大心思。誰都看得出來嘉靖的態度，否則特意下旨幹什麼？於是楊干院這樁案子在司法流程走得飛快，從都察院轉呈刑部，再送到大理寺堪合，很快先拿出了對羅興的處理意見。

羅興越訴上京，論律當罪。都察院廣西道——這是部門名稱，並非專指地域——判定對該犯施以杖刑，但法外開恩，減了一等。具體的執行工作，交給了京城地方上的最高司法部門——順天府。順天府對羅興施完杖刑，給了他一張路引，讓他回原籍候審聽理。

緊接著，五月十四日，都察院發布了對羅顯、羅興所訴楊干院侵毀羅氏祖墳案的處理意見：轉發應天巡按御史宋茂熙，著其親自審理。

好敷衍的官腔啊，這不是把皮球踢回去了嗎？

這種上訪案子，朝廷一般並不會做出判定，而是發回原籍，指定地方官員進行審理，是官場慣例。

但如果真以為是敷衍，那就太小看大明官僚們的用心了。為官之道，講究「默會於心」，很多事情不可明言於口，只能在細微處去自己揣摩。

官腔，也得看怎麼打。

在這份看似冷漠的文書裡，都察院寫了這麼一段叮囑：「遵照近奉欽依事理……親自虛心鞫審，毋拘成案，果有虧枉，即與辯理。有罪人犯，依律議擬。不得轉委別項官員，以致推調淹滯。亦不得固執己見，羅織成獄。」

這段批示，每一個字看著都是標準官腔，不帶任何傾向，可仔細琢磨味道，就能發現深意。

「遵照近奉欽依事理」意思是本著最高指示的精神。這是個大帽子，讓讀者知道發話的到底是誰。

「毋拘成案」，是讓宋茂熙不要援引此前的判決，等於說皇帝對詹寬的判決不滿意，必須反過來；「果有虧枉，即與辯理」，誰最虧枉，自然是上京告狀的苦主羅家；「亦不得固執己見，羅織成獄」，這是提前定下了此案的調子，你要是不按上頭的心思判，那上頭便認為你是固執、羅織。

在明眼人眼裡，這態度已表達得足夠明顯，朝廷就差明著說一句我支持羅家。

如果受理官員還不明悟的話，再想想，有幾個上訪的案子，能由通政司的頭頭鄭重其事地呈給皇上？那個流程本身就傳遞了重要的訊息。

皇帝的態度，都察院「默會」；都察院的文書，應天巡按御史也「默會」。宋茂熙是個老油條，他覺得這案子既然得了皇上關注，還是別沾手的好。他隨即下文，把這案子又轉到了寧國府，重新審過。

這套流程，看起來和上一次沒區別，可背後蘊藏的政治意義，卻截然不同。原來只是一樁地方鄉民訴訟，現在卻儼然成了配合中央宣傳形勢的典型。我大明一向以政治需求為第一位，司法什麼的走走過場就好。對此寧國府自然也是深為「默會」。

司法問題，政治解決，這場官司的勝負，其實在開審前就定好了。

寧國府這次審理前所未有地高效，不出幾日判決便出爐了。和詹寬當年所判相比，可謂是一個華麗的急轉身：

「斷聽羅顯等照舊修築墳堆，並埋立志石，墳前摽祀，不許在墳左右別行修理。」

羅氏祖墳，又一次華麗麗地回到楊干院內。

九排年收受賄賂一案也順便審結，系佛熙所為，各自追贓。至於池州府審出的那個所謂「羅顯賄賂九排年每人五十兩」，純屬栽贓陷害。

對於楊干院裡的羅氏祖墳內沒發現棺槨的問題，寧國府也十分貼心地做出了解釋：「因前墳自歷唐宋至今數百餘年，喪制厚薄，葬埋深淺，委不可知。原遺骸年久，消滅已盡，化為泥土，理亦有之。」

好嘛，羅顯還沒解釋呢，他們已經自動腦補了，真是太貼心了。

寧國府的判決書送到巡按察院，宋茂熙十分滿意，批示道：「寺因墳而建，墳因寺而廢，以理言之，毀寺而存墳可也，廢墳而存寺不可也。」

一般對於轉委案件，巡按批個准字就夠了，宋茂熙寫這麼多，是把羅秋隱墳和楊干院的性質明確下來，使奸邪無從翻案。再說了，這案子是走京訴的，判決結果得往都察院上報，皇上一定會看見，趁這機會多寫幾筆，顯得忠勤用心。

於是這一件前後持續八年、興訟七次的案子，以呈坎後羅氏的勝俐落下帷幕。羅顯百年之後，可以無愧於九泉之下了。

想到他這八年以來的艱辛，不得不感慨一句：羅氏一族的勝利，當然要靠羅顯和族人們的自我奮鬥，同時也要考慮到歷史的行程哪。

對了，還有一個人的下落沒交代。

法椿。

他徹底失敗了，不是敗給了羅顯，而是敗給了嘉靖皇帝。在寧國府的壓力之下，法椿洋洋灑灑寫了一篇超長的招供，從他的角度交代了整個紛爭的緣由、過程。

不過法椿不知使了什麼招，居然逃過了責罰。

在寧國府的那份判決裡，羅顯和法椿等人都有奏事不實的行為，前者杖九十，後者杖八十，但准許罰款抵銷。羅顯的罪名，居然比法椿還重一些。後來羅顯繳納了三十石米，才算抵銷了刑罰；法椿有官身，只交了七石。

而且，羅氏祖墳保住了，楊干院也沒受什麼影響。寧國府判決裡有一條：「本寺觀音堂佛殿並地土，仍聽寺僧法椿等照舊營業梵修。」

把觀音堂、佛殿退還給楊干院，是因為羅氏從頭到尾都沒有主張過對楊干院的所有權；對法椿的罪行懲罰如此之輕，是因為他一直隱在幕後，大部分行動都是通過佛熙等人來進行的。

不過，也許還有另外一種解釋。

寧國府這次判決面面俱到，唯有一個案子——鄭來保被毆身死案——被遺漏掉了。按說這次判決對羅顯如此偏袒，這麼重要的人命官司怎麼可能不提？再回想起休寧、黟縣兩縣合審時，曾經判定鄭來保屬於病故，也未予以深究。可見無論徽州府還是寧國府，在這個案子裡都不支持羅顯的主張。

所以，有沒有可能，鄭來保真的是意外病故，卻被羅顯拿來給楊干院潑汙水，而徽州、寧國兩府沒有被羅顯蒙蔽，認為這件人命官司不存在，法椿才沒有被重判？

更不要說羅顯被先後判了數次「奏事不實」，說不定都和鄭來保案有關。

對於整個楊干院事件，我們得保持一個清醒的認知：所有關於這件案子的資料，都是出自羅顯編撰的《楊干院歸結始末》，內容不可避免地從羅氏主觀立場來敘事。他們是否文過飾非，是否誇大其詞，無從知道。法椿未必有那麼邪惡到底，而羅顯，也絕非一隻善良的小白兔。

歷史的複雜性和迷人之處，也許就在這裡了。

無論如何，折騰了一大圈，局勢回到了嘉靖六年的原點。楊干院的僧人們，照舊在寺內誦經禮佛；羅氏一族，照舊每年來墳前祭拜。孤墳與古寺終究沒有分開，一如從前。

楊干院的官司結束了，可歷史的進程，還在繼續。

嘉靖十五年，夏言上疏三道，建議開禁祭禮。民間祭祖立廟之風大盛，令宗族社會形態進一步鍛成，對後世中國影響深遠。

在同一年，按照徽州當地保存文獻的好習慣，羅顯把這場官司的相關文書，纂成了一部《楊干院歸結始末》，留給子孫後代，希望他們「未必不興感警創以動其孝思，亦期保久遠之一助也」。

嘉靖十七年（一五三八年），嘉靖皇帝如願以償地為父親追尊廟號，為「睿宗」。嘉靖二十七年（一五四八年），睿宗的神主牌位入享太廟。

嘉靖四十五年（一五六六年），徽州府修《徽州府志》，將楊干院的興建時間定於宋寶祐六年，為護羅秋隱墳而起，為這起爭訟畫上最後的句號。

羅氏一族繼續在呈坎繁衍，綿延至今；楊干院也始終坐落在楊干，不曾遷移。遠山近溪，晨鐘暮鼓，幾百年來，那座孤墳依舊矗立在佛殿之前，只有悠揚的鐘聲始終相伴。當地至今還流傳著一句俗話：「陰塢口的風，楊干院的鐘。」兩者皆是興旺不衰的象徵。

楊干院在明末尚存，兩朝領袖錢謙益還曾寫過一首《三月七日發灊口，經楊干寺，逾石砧嶺，出芳村抵祥符寺》，再後來如何就不得而知了。我看到有一篇今人的《徽州百村賦》裡提及，楊干院敗落於清末，只有建築留存。到了一九八五年十二月，村民在院裡烘烤球鞋，不慎點著了蚊帳，把這座空寺澈底焚盡，只有一道灌斗磚牆殘留。

【注釋】

34 度牒：亦稱「祠部牒」。唐朝設立試經度僧制度，經過考試合格的僧尼、道士，由國家管理機構祠部發給其度牒，作為合法出家者的證書，可憑此免承徭役。明王朝十分注意限制僧尼的數量，規定每三年發放一次度牒。並且，男子不到四十歲、女子不到五十歲，不得出家。《大明律》中對沒有度牒、「私自剃度者」亦有十分嚴厲的處罰。

35 都綱：為梵語「大經堂」之音譯，自唐代始有此稱謂。明初，在禮部之下設立僧錄司，管理全國佛教事務；在外府，則設僧綱司，掌管該府佛教事務，包括頒發度牒、決斷僧尼詞訟等。僧綱司主官為都綱，從九品，由政府選擇精通佛教經典、嚴格遵行戒律的有德之僧人出任。

36 標祀：亦稱標祀、標掛，俗稱清明吊子。標，農村用白紙剪成的祭祀用品。每年清明節，各家各族掃墓祭祖，祭掃完畢，往往插一標桿於墓前或墳頭上，其上糊上長條白紙或楮錢，表明已行祭祀。南方的標桿多用竹，北方的標桿則用柳枝，這些柳枝往往有可能活為樹。

37 磚墎：用磚塊砌成的牆。

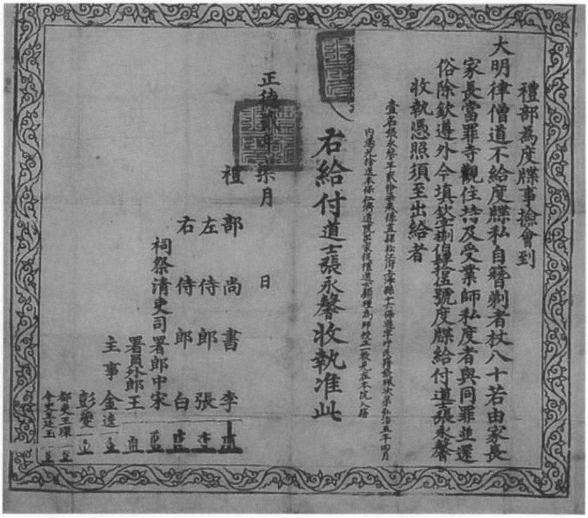
禮部為度牒事據會到
大明律僧道不給度牒私自簪剃者杖八十若由家長
家長當罪寺觀住持及受業師私度者與同罪並還
俗除欽遵外今填[illegible]號度牒給付道士張永馨
收執憑照須至出給者
右給付道士張永馨收執准此
正德[illegible]年柒月　日
禮部尚書李
左侍郎張
右侍郎白
祠祭清吏司署郎中宋
署員外郎王
主事金

圖七　明代的道士度牒

後記

我跟這個故事的緣分，說來很是奇妙。

絲綢案之後，我對徽州文書產生了很大的興趣。一次偶然的機會，我讀到阿風老師的《從〈楊干院歸結始末〉看明代徽州佛教與宗教之關係——明清徽州地方社會僧俗關係考察》，從中第一次得知了楊干院的事蹟。

可惜那篇論文的重點在徽州僧俗關係，關於案子本身，只是大略講述了一下過程。我迫切地想看到《楊干院歸結始末》全文，論文注釋裡卻只提及原件藏於中國社會科學院歷史所。

我在網路上找了一遍，未果，看來那本史料並沒有被電子化。我又下了一大堆相關論文，可也一無所獲。我絕望地發現，唯一的辦法，就是去社科院找。

那是二〇一七年的夏季，我背著書包，騎著共享單車，興沖沖地跑到了社科院門口。奇蹟發生了，門衛並沒攔我，大概我的形象比較符合經常來這裡的人設吧……胖胖的、背書包、戴眼鏡、騎自行車，眼神還有點呆呆的。

我找到辦圖書借閱證的地方，一個小姑娘正坐在電腦後。我說我想辦證，小姑娘問，你哪個所的？

我：「呃……普通市民。」

小姑娘：「對不起，我們這兒不對普通市民開放。」

我一陣失望，但也有心理準備。小姑娘突然很奇怪地瞪了我一眼，警惕地拿起手機。我在她報警之前，趕緊轉身。馬上要到門口了，忽然聽到背後喊了一聲：「你是親王？」

我嚇得一哆嗦，這麼快員警連網名都查到了？趕緊點頭承認。

然後我才知道，小姑娘和我一個很要好的朋友是劍三裡的師徒，剛才她看我眼熟，拿手機偷拍了一下，發了微信跟我朋友確認。

確認身分之後，小姑娘十分激動，然後還是拒絕了我辦證的請求。

我哭著表示理解，又靈機一動：「那你能不能幫我查一下數據庫，看有沒有館藏《楊干院歸結始末》的原件？」

小姑娘表示這沒問題，查了一下，發現這個原件是藏在社科院歷史所裡，和社科院圖書館還不是一個系統。而且這份原件是明代原件，算文物，保存狀況敏感，別說外借了，就連借閱都極有難度。

我一聽，完了，這回肯定沒戲了。我只好向小姑娘道謝，失望而去。然後我忽然又靈機一動，問她能不能聯繫上阿風老師。

小姑娘十分激動，然後又拒絕了。不過她答應如果碰到阿風老師，可以幫我問問看。

後來經過多方尋找，我總算加到了阿風老師的微信。我忐忑不安地問，有沒有《楊干院歸結始末》的影印本可看？阿風老師說沒有。

我哭著表示理解。沒想到阿風老師隨即說，你別費勁去看原件了，很難辨讀。有一位已故的周紹泉老先生做了一部分點校工作，我以他的工作為基礎，把全書點校完了，馬上就會在下個月出版的《明史研究》上登出來。

我差點仰天長嘯，這實在是太有緣分了，連續兩次的奇蹟啊！阿風老師還很熱心地把他的很多論文發給我參考，他對一個陌生人實在是太好了。

因為俗務耽擱，這篇文章到現在才算寫完。它基於周紹泉、阿風兩位老師點校注釋的《楊干院歸結始末》，以及參考了阿風老師的《明清徽州訴訟文書研究》、《從〈楊干院歸結始末〉看明代徽州佛教與宗教之關係——明清徽州地方社會僧俗關係考察》、《明代府的司法地位初探——以徽州訴訟文書為中心》等一系列論文。與其說是寫作，其實更像是一個學習的過程。

天下透明

大明第一檔案庫的前世今生

序章　天生命苦，湖中玄武

中華大地之上湖泊眾多，風光各有不同。假若把它們比擬成人類的形象，鄱陽湖端方溫潤，像一位器宇軒昂的名士；洞庭湖氣象萬千，如同一名才華橫溢的詩人；太湖恢弘大氣，儼然是一位叱吒風雲的大俠；西湖精緻俊秀，必然是一個清純少女……

在這一群「俊男美女」之間，恐怕只有位於南京城外的玄武湖是個例外。若將它比作人類，出現在我們眼前的，應該是一個滿臉悲苦的滄桑大叔。

這真不怪它。

縱觀玄武湖的歷史，可謂是屢遭劫難、動輒得咎。它的湖生，簡直就是一部被人類霸凌的歷史。

玄武湖在歷史上出現的時間很早，它古稱「桑泊」，位於楚國的金陵邑。秦始皇統一六國之後，將金陵邑改設為秣陵縣。這個湖就在縣治旁邊，於是被順便改名叫作秣陵湖。

據說秦始皇曾經巡遊至此，有一位望氣士說這裡風水好，有王氣。秦始皇一聽不樂意了，立刻派人把附近的方山鑿開，引水灌入湖泊。金陵的王氣被生生洩掉，從此在這裡建都的王朝，都難以長久。

這個故事於史無證，應該是後人附會編造出來的。不過人類對玄武湖滿滿的惡意，從這個傳說裡可見一斑。

整個漢代，秣陵湖籍籍無名，並沒什麼顯著事蹟。到了三國時代，孫權為了避自己祖父孫鍾的諱，乾脆廢掉了「秣陵湖」和「鍾山湖」這兩個名字，改稱其為蔣陵湖——因為湖邊有一座陵墓，墓主是漢代駐守在此的秣陵都尉蔣子文。

孫權喜好奢華，為了修一條青溪，把蔣陵湖湖水借走了一半。後來孫權又大修宮苑，計畫在宮殿四周挖一圈水路，又想借水。可憐蔣陵湖已快被抽成溼地，實在伺候不動這位大帝。孫權沒奈何，只好重新疏通管道，引江水入湖，把宮苑修在了湖岸前方。

因此蔣陵湖又得名叫「後湖」，意思是在宮苑之後。

此後這座湖泊的名字一直被改來改去，什麼玄武湖、昆明湖、飲馬塘、練湖、習武湖等等。玄武湖這個名字的來歷，據傳說是人們曾在湖裡發現兩條黑龍——其實就是揚子鱷，黑色屬北方，北方有神獸曰玄武，玄武湖的方位恰好又是在建康城北方，因此得名。

那個時候的玄武湖，面積是現在的三倍那麼大，約有十五平方公里，本用於編練水軍。後來南朝帝王們覺得拿這種風景練兵太浪費了，遂在湖心堆出三座島嶼，模仿蓬萊、方丈、瀛洲，號稱「三神山」，還在附近修起了上林苑、華林苑和樂遊苑，成為王公貴族出遊玩樂的絕佳地點，一時興盛無二。

可惜好景不長，隋文帝南下討平了陳朝之後，怕前朝餘孽死灰復燃，便將建康城的宮苑推平，讓農民在上頭耕種。建康這個名字，也被改回秣陵。至於玄武湖，它離宮苑太近，也未能避開這場劫難。

它慘到什麼程度呢？後來唐代的顏真卿曾經在這裡擔任過地方官，他在玄武湖原址設立了一個放生池。想想看，一個偌大的湖泊，居然被填成一個放生池的規模，這得有多淒涼。李白曾有詩感嘆：「亡國生春草，離宮沒古丘。空餘後湖月，波上對江州。」這個「後湖」就是指玄武湖。

終唐一代，玄武湖委屈地蜷縮成一團，默默無聞。一直到三百四十八年之後的南唐時代，後主李煜和六朝一樣喜好奢華享受，玄武湖這才被重新疏浚，勉強恢復昔日「名目勝境，掩映如畫」的風采。

有一次，一個叫馮謐的寵臣對李後主說：「當年唐玄宗賞賜了賀知章三百里鏡湖，傳為美談。我退休的時候，只要這眼前的三十里玄武湖，也就夠了。」李後主沒吭聲，旁邊的尚書徐鉉諷刺道：「天子對賢士一向慷慨，區區一個小湖送就送了，沒什麼可惜的，可惜沒有賀知章那樣的人物值得賞賜啊。」[38]

可惜玄武湖的好日子沒過多少年，又開始走霉運了。這次它迎頭撞上一位千古名臣王安石。

王安石曾在江寧府擔任知府，辦公地點正在玄武湖旁邊。他是個出了名的務實主義者，每天看著湖邊勝景，覺得鬧心。這風景再好，也不能當飯吃啊，太浪費了。於是王安石上書給宋神宗，建議排空湖水，改為農田。他算了一筆帳，將這個湖填平，可以多得二百餘頃好田。

這種好事，朝廷自然無有不允。就這樣，在王安石的主持下，開十字河，立四斗門。可憐的玄武湖再一次被人為放空，化為一望無際的農田，只留下十來個小池塘，彷彿它眼眶中滿盈的淚水。

這已經是它第二次被人類幹掉了。

王安石對這項政績很是得意，特意寫了一首《書湖陰先生壁》以為紀念：「茅檐長掃淨無苔，花木成畦手自栽。一水護田將綠繞，兩山排闥送青來。」兩山是鍾山、覆舟山，這一水，即是玄武湖。昔日那煙波浩渺的大湖，成為「護田繞綠」的條條水渠，多好啊。

王安石的初衷是好的，可惜對城市規劃缺乏了解。沒了玄武湖，城市的排水功能受到極大限制，一下雨就澇。這個麻煩從宋代一直持續到元代，以至於元廷不得不先後兩次重新疏浚。在鍾山附近開河道，重新蓄水還湖，才算讓玄武湖稍微緩過來一點。

一直等到大明皇帝朱元璋定都應天府之後，他著手對玄武湖——那會兒其官方名字已被定為後湖——做了一次大改造，才使之恢復到最盛時三分之一的格局，夠資格重新稱湖了。

聽到這個消息，一身傷痛的後湖挺高興，覺得自己總算否極泰來。大明的首都近在咫尺，肯定會在我這兒建個行宮林苑什麼的吧？過去的奢華好日子，眼看就要回來啦！

它沒高興多久，朱元璋突然下了一道離奇的命令：封湖。

隨著皇帝一聲令下，大批軍隊衝到後湖水畔，把附近百姓毫不留情地驅趕出去，硬是在京城

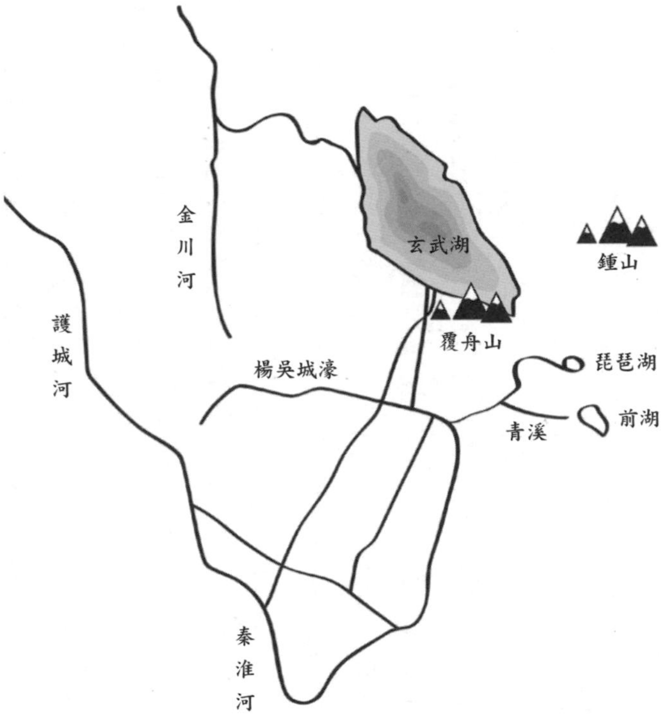

圖八　玄武湖示意圖

表二　玄武湖歷朝面積變化表

東晉（320 年）	湖上修了 6 里堤壩
南朝（446 年）	湖上修了 10 里堤壩
北宋初年	湖內增加了 67 頃耕地
北宋（1076 年）	湖內增加了 200 餘頃耕地，幾乎乾涸
元代（1343 年）	湖的面積恢復為原來的三分之一

腳下隔離出了一塊戒備森嚴的禁區。

也許只是臨時性的管制措施吧？後湖這樣猜想。

它萬萬沒想到，這次封湖持續了不是一年，不是五年，而是將近三百年，幾乎與大明的國祚等長。終明一代，後湖從未對外開放過，成為大明最神祕的區域之一。

究竟是什麼原因，讓大明朝廷如此大動干戈，把這座命運多舛的湖封禁如此之久？是風水考量？是靈異作祟？抑或湖底鎮壓著什麼不得了的怪物？

以上答案都不對。

想搞清楚大明封禁後湖的原因，就得先牽扯出一個歷代帝王都為之殫精竭慮的大題目。

◆◆◆

【注釋】

38 馮謐喜湖，典出宋人賓萃（別號天和子）所編《善謔集》，原書已佚。元末明初陶宗儀編纂《說郛》時收錄八條，包括上述這條馮謐喜湖。

第一章　天下透明

讓咱們先把玄武湖擱在一旁，視線稍微放遠一點，看向西元前二〇六年的咸陽。

在這一年的十月，大秦首都咸陽出了一件小事。

不，我不是說鴻門宴，它是件大事，還沒發生。

這件小事與鴻門宴相比，毫不起眼，在史書裡只有簡單的幾句話，閱讀時很容易一眼滑過去。但對風起雲湧的秦末亂局乃至後世來說，它卻有著極深刻的影響。

這一年，劉邦搶在其他諸侯之前殺入關中，兵臨咸陽。秦三世子嬰手捧玉璽出降，秦帝國澈底土崩瓦解。這群沛縣窮漢進入大秦國都之後，立刻被其繁華富庶迷花了眼，紛紛衝進各處府庫去搶金帛財寶。就連劉邦自己，也賴在秦宮裡不願意出來。這裡多美好啊，有精緻滑順的帷帳，有名貴的萌犬和駿馬，有琳琅滿目的寶物，還有不計其數的美女。

在這場狂歡中，只有一個人保持著無比的冷靜。他叫蕭何。

跟那些出身市井的同僚相比，這位前沛縣官員有著豐富的行政經驗，他知道，對這個新生政權而言什麼才是最重要的。

蕭何穿過興奮的人群和堆積如山的財貨，來到大秦丞相、御史專屬的檔案庫房。這裡門庭冷落，因為裡面沒有珠寶金玉，只有天下諸郡縣的戶口版籍、土地圖冊、律令等文書，沒人對這些寫滿枯燥數字的竹簡有興趣。

蕭何下令將這些資料進行清查、分類，然後一一打包好。

沒過多久，劉邦去鴻門參加了一次酒宴。回來以後，他一臉晦氣地吩咐諸將收拾行李，準備退出關中。緊接著，項羽大搖大擺地闖進咸陽，他趾高氣揚地告訴劉邦：「你去漢中當個漢王吧。」然後把三個秦軍降將章邯、董翳、司馬欣封在秦嶺北邊，牢牢地鎮在漢中與中原之間。

劉邦大怒，漢中又小又窮，道路險峻，再加上這麼三道枷鎖，明擺著不打算讓自己翻身啊！他心想，乾脆賭一把，帶兵去跟項羽拚一場算了。周勃、灌嬰、樊噲幾名部下輪番相勸不果，這時蕭何站了出來，問他：「去漢中稱王，跟死相比哪個慘？」劉邦說：「廢話，當然是死更慘。」蕭何說：「現在咱們跟項羽打，鐵定是百戰百敗，純屬作死；您何妨學學商湯和周武，先去漢中隱忍一陣再說。」

劉邦看著蕭何，覺得他話還沒說完。

隨即蕭何講出一段詳細規劃：「臣願大王王漢中，養其民以致賢人，收用巴、蜀，還定三秦，天下可圖也。」

估計劉邦聽完這話，肯定下意識地反問了一句：「憑什麼？」

你的戰略規劃聽著很棒，但具體怎麼實踐？憑什麼「養其民」，憑什麼「收用巴、蜀」，又憑什麼定三秦、圖天下？

蕭何微微一笑，就憑我從咸陽帶出來的那些戶籍檔案。

可不要小看這些其貌不揚的簡牘，它們蘊含的力量，比名將精兵更加可怕。戶籍的雛形，早在商代「唯殷先人，有冊有典，殷革夏命」[39]時就已經出現了，春秋時代亦有書社制度。但真正把它建成一個完整體系的，是赳赳老秦。

自商鞅以來，秦國的行政管理一向以綿密細緻而著稱，特別熱衷於大數據。《商君書》裡列舉了國家興盛需要掌握的十三類數據：官營糧倉、金庫、壯年男子、女子、老人、兒童、官吏、士、縱橫家、商人、馬匹、牛，以及牲口草料。其中對於百姓數據的搜集，必須倚重戶籍的建設與管理。

到了秦始皇時代，郡縣制推行於全國。從一郡、一縣到一鄉、一里乃至每一戶，官府都有詳盡記錄。你家裡幾口人，年紀多大，什麼戶籍類別，多高的爵位，何年何地遷來，何年傅籍，養幾匹馬、幾頭牛，耕種的地在哪兒、多大，種的什麼作物，稅要交多少，等等，記錄得清清楚楚。而且相關檔案每年還要進行更新，由專門的上計人員送到咸陽留存，以便中央隨時掌握地方情況。

這套制度，在秦始皇時期一直保持著高效運轉，到了秦二世時期，各地官府出於慣性也一直在執行。蕭何在官府裡當過主吏掾[40]，對這些東西再熟悉不過。

當蕭何把它們獻給劉邦時，一瞬間，整個天下都變得透明。

表三　《里耶秦簡》編號 K17 簡表

南陽戶人荊不更黃口 子不更昌
妻曰不實
子小上造悍 子小上造
子小女規 子小女移

無論是南海郡的柘漿種植面積、成都的蜀錦產量，還是琅琊郡在秦始皇二十八年（西元前二一九年）的壯丁總數，翻閱一下，一目了然。想知道整個河東地區的牲畜總數？想看看關中有多少鐵匠作坊？翻閱一下，探囊取物。

劉邦手持竹卷，足不出漢中，便可以閱盡天下虛實。

如《里耶秦簡》編號K17，一家人的姓名、排行、關係非常清晰。

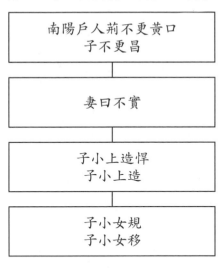

對於一位志在天下的王者，這實在太重要了。

知道了壯丁數量，可以算出能動員的士兵和民夫；了解了牲畜多寡，可以合理分配運力；查閱了作物產量，便對糧草的徵發心中有數；掌握了地形圖冊，也就明確了對該地區的用兵方略。哪個郡有鐵礦，可以冶煉軍器；哪個縣有草藥，可以平伏疫病；哪個鄉可以提供獸筋膏脂，多長時間送到哪裡，道路狀況如何……種種資訊，都隱藏在這一片片簡牘之中。

要知道，戰爭的勝負，很大程度上取決於後勤表現。後勤最重視的並非武勇，而是精準統籌。精準統籌的前提，則是詳實豐富的數據。可以這麼說，在戰略層面的對局中，拚的不再是韜略，而是資源利用率。誰的數據掌握更精準、誰的物資調配更有效率，誰就是最後的勝利者，即所謂「大勢」。

蕭何從咸陽運走的簡牘檔案，正是戰略對決中必不可少的。

劉邦偶爾說話做事不知輕重，但大事上絕不糊塗。他立刻領悟到這些簡牘蘊藏的威力，心下大定。《漢書》記載，他聽完蕭何的勸說後，就回了一個字：「善。」幾百年後，劉備聽完諸葛亮的《隆中對》，也只回了同樣一個字，他的內心，未必不是在效仿高祖。

劉邦不再執著於跟項羽爭霸，收拾行李高高興興出發了。抵達漢中之後，他拜蕭何為丞相，主抓內政，坐鎮後方。沒過幾年，劉邦明修棧道，暗度陳倉，揭開了楚漢相爭的序幕。

在漫長的中原爭霸期間，項羽就像是一尊浮在空中的無敵戰神，每一次揮動武器，都把劉邦伸過來的藤蔓砸得粉碎。可這些藤蔓的根部緊緊吸附於大地，源源不斷地從土壤裡榨取營養，一次又一次重新生長，伸展，糾纏，韌勁十足。

慢慢地，戰神開始疲憊，藤蔓的數量卻有增無減。它們被打斷了無數次，可總能捲土重來。戰神想落在地上喘息片刻，卻驚訝地發現早已無立足之地，四面八方都被藤蔓密密麻麻地爬滿……接下來的故事，人人皆知。

如果說那些名將是藤蔓的枝，那麼蕭何就是藤蔓的根。

「鎮國家，撫百姓，給饋餉，不絕糧道。」這是劉邦為蕭何做的工作總結。[41]這些工作沒有衝鋒陷陣那麼華麗激烈，也沒有運籌帷幄那麼驚豔燒腦，只是無休止地和數字搏鬥的瑣碎。它沒法保證漢軍在戰場之上連戰連捷，但可以讓漢軍在戰場之外始終不敗。

於是項羽百勝而後一敗，劉邦百敗而後一勝，江山遂告易手。

劉邦對這一切，看得非常透澈。他稱帝之後，論功行賞，把負責後勤工作的蕭何排在了首功。

若沒有蕭何當初從咸陽果斷運出的那一大批無人問津的檔案，這種奇蹟般的營運效率簡直無法想像。善戰者無赫赫之功，這些不顯山不露水的戶口版籍，才是真正的第一功臣。司馬遷為蕭何這個行為做了總結：「漢王所以具知天下厄塞、戶口多少、強弱之處、民所疾苦者，以何具得秦圖書也。」

當然，這些咸陽老檔也並非萬能。

秦末戰亂時間太長，以致中原凋敝不堪。劉邦在自己下的詔書裡承認：「民前或相聚保山澤，不書名數。」[42]這個「名數」，顏師古解釋說是「戶籍」。「不書名數」，是說老百姓都跑光了，戶籍管理體系已然崩潰。

咸陽老檔可以提供一些歷史數據以為參考，卻沒辦法繼續更新數據。

但不更新又不行。

馬上得天下，不能馬上治天下。維持一個國家，比占領一個國家更難。新生的漢家王朝想要延續下去，得先搞清楚人口數量，把流民趕回到田地裡去，固定稅基；有了稅賦徭役，政權機器才能運轉，實行有效統治。想做到這些，沒有一套行之有效的戶籍制度和配套法律是絕對不行的。

這個難題，劉邦自然而然地交給蕭何去解決。

漢高祖四年（西元前二〇三年），蕭何便迫不及待地動手進行了一次全國人口大普查，「初為算賦」，然後以此為基礎，搞出了一套叫作《九章律》的法典。

這個法典是以秦六法為基礎，在《盜法》、《賊法》、《囚法》、《捕法》、《雜法》、《具法》之外，又補充了《戶律》[43]、《興律》、《廄律》三部法律。這其中的《戶律》，正是以法律條文的形式架構出的一套戶籍制度。

這套體系展開來說，是個非常大的話題。簡單來講，漢戶律「計家為戶，計人為口」，以一戶作為基本單位。戶籍要開列戶主以及家庭成員的籍貫、爵位、年齡、性別、相貌膚色、健康狀況等。還要對家庭財產進行登記，一戶有多少田畝、多少奴婢、多少牲畜，一一寫明。

該戶的賦役數額和戶口級別，皆據此而定。

每年八月，老百姓還要向當地官府主動申報戶口變動情況，謂之「案比」。每隔三年，各級官府就要把手中的人口數量、年齡、墾田、稅收、官吏數量做一個統計，鄉里交縣里，縣里交郡國，最終匯總成「計簿」，再派專人遞交中樞。

中央這邊接到「計簿」，由御史先審核一輪，確認數字沒問題，再提交給丞相。有了這些數據，朝廷可以保證稅收，也可以借此控制民眾流轉，進一步增強中央集權。

這都是秦法搭建起來的運作框架，由漢律來落地實行。

確定了田地數量，稅賦就有了出處；確定了人口數量，徭役就有了來源。這兩樣掌握住，政權就穩了。用《大學》裡的話說：「有德此有人，有人此有土，有土此有財，有財此有用。」

這套體系不光讓西漢渡過了初期的難關，逐步走向強盛，還深刻地影響到了後世。

自漢以後，隨著社會生產力發展，每一個朝代都演化出自己獨特的戶籍管理體系。比如東晉分本土黃籍和僑民白籍；唐分天下戶口為九等，三年一團貌；宋代分有常產主戶和無常產的客戶，又分坊郭（城市）戶和鄉村戶，等等[44]。但萬變不離其宗，無論細節如何變遷，其運作的基本邏輯，始終不曾偏離蕭何的《戶律》精神，總結下來就八個字——收稅有據，束民有方。

一個政權掌握的戶籍數據越詳細，天下就越透明，統治也越穩定。

因此我們會看到，歷代王朝肇造，皇帝要做的第一件事，永遠是統計天下，修造版籍。這事搞不定，啥也幹不了。

不過建戶籍這事吧，說難不難，說容易也不容易。

戶籍檔案有一定的繼承性。如果你前頭趕上一個可靠政權，規則設計完備，資料保存完整，能省不少事。比如劉邦，有現成的秦法可以參考，又有蕭何保留下來的秦檔，很快便能進入狀態；司馬炎運氣更好，魏、蜀、吳三國皆襲用漢制，三分歸晉之後，三家戶檔可以直接合併；大

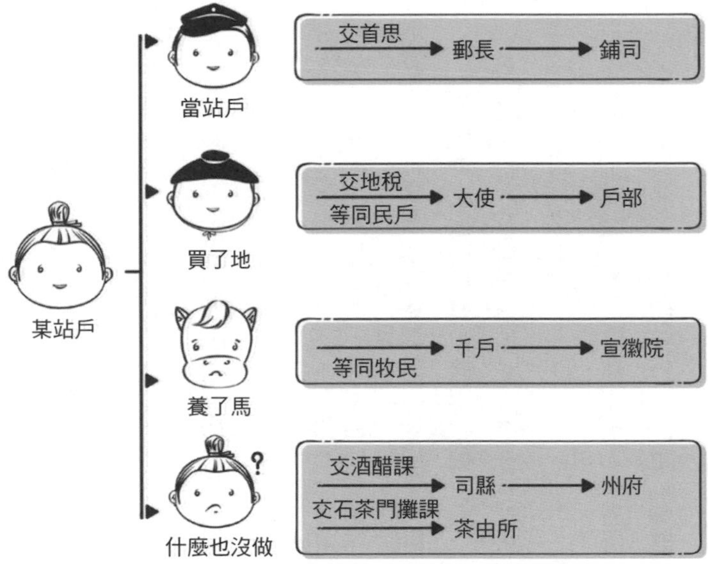

圖九　某站戶同時向不同部門交稅示意圖

唐之前，有隋朝幫它「大索貌閱」，收拾流民和隱藏戶口；大宋之前，後周已把基層建設得差不多了，趙匡胤黃袍加身，照單全收便是。

跟這些幸運兒相比，大明開國皇帝朱元璋可就沒那麼好的運氣了。

因為他要面對的，是奇葩前任留下來的一個大爛攤子。

元代是一個非常奇葩的朝代，它的戶籍體系叫作「諸色戶計」，以繁複而著稱。有按職業分的，如軍戶、民戶、匠戶、鹽戶、窯戶、儒戶、打捕戶、樂戶、織戶、採珠等等；有按貢賦內容分的，如薑戶、藤花戶、葡萄戶；有按照僧、道、也里可溫、答失蠻等宗教信仰分的；還有為了服務於貴族而設立的投下戶、怯憐口戶；再往下細分，還能分成草原兀露絲封戶、五戶絲食邑戶、投下私屬戶、投下種田戶等等；甚至還會細分到負責侍奉貴族老年生活的養老戶，負責供養皇親國戚的江南鈔戶，給公主和王妃當嫁妝的從嫁民戶，隸屬於寺院的永業戶；等等。

順便一說，同一類戶籍下面，還按財產數量分為九個級別。

再順便一提，不同類別的戶籍，歸屬不同的管理機構，沒有統一的協調機制。比如探馬赤軍戶歸奧魯官管理，匠戶歸戶部管理，僧道戶歸宣政院管理，投下戶則是不同的宗王貴戚私有之物，江南鈔戶名義上歸戶部管，稅收卻要上交諸王與駙馬們。

在沒發明電腦的年代，想把如此錯綜複雜的戶籍體系理清楚，就是一百個耶律楚材也沒辦法！忽必烈在中統元年（一二六〇年）曾經試著搶救了一下，立了十路宣撫司，定戶籍科差條例。可這種種錯綜複雜的關係，讓他這次「閱實天下」的目的沒有實現，反而弄得更亂了。

跟繁複的戶籍體系相對應的，元代的戶籍管理也極其簡單粗暴。

馬可．波羅在遊記第二卷裡，講過一段他在杭州的見聞：「每家的父親或家長必須將全家人的名字，不論男女，都寫好貼在門口，馬匹的數目也一樣要載明。如有人死亡或離開住所，就將他們的名字勾去，如遇添丁，就加在名單上。」

雖然他是以讚賞的口氣來描述的，但讓秦漢唐宋的戶籍官吏看到這個場面，能吐出一口血：這管事的得多懶，才會這麼幹啊！

這還是在一線城市杭州，其他地方更不敢想像了。所以元代的戶籍管理，其實算得上放養。

如此破爛粗放的一部機器，一直磕磕碰碰地運轉了百年。元末戰亂一起，它便徹底崩潰。用史書上的話說就是：「元季喪亂，版籍多亡，田賦無準。」[45]

蒙古人拍拍屁股，跑回北方草原放牧去了。前來接盤的朱元璋，可發了愁。他望著那一堆冒著狼煙的機器殘骸，蹲在地上嘆了口氣：這飯啊，夾生了。

元代戶籍實在太亂，大明根本不可能全盤繼承；可徹底拋開另起爐灶，難度也極大。廢棄不是，繼承也不是，朱元璋面對這個複雜局面，只能摸著石頭過河，一步一步試探著來。

早在洪武元年（一三六八年），他在南直隸諸府和江西三府搞過一個叫作「均工夫」的試行制度。規則很簡單，按田地數量徵賦役：每一頃地，出一個壯丁，農閒至京城服三十天徭役。如果田不夠一頃，可以幾家合出一丁；如果田多人少，也可以出錢僱佃農去服役。

這是一個無奈的折中做法。因為那時老百姓跑得到處都是，沒有戶籍來制約。官府乾脆不按人頭徵稅，而是把賦稅折到田裡。你人可以跑掉，但土地總跑不了吧？

除此之外，朱元璋在洪武元年還發布詔書說：「戶口版籍應用典故文字，已令總兵官收拾，其或迷失散在軍民之間者，許令官司送納。」[46]這是在向民間徵集散落的元代戶籍殘本。緊接著，第二年，朱元璋又宣布：「許各以原報抄籍為定，不許妄行變亂。」[47]

你在元代是什麼戶籍，現在還是什麼戶籍，別自己亂改。在新戶籍建起來之前，權且用舊戶籍管著，先把人攏住了再說。

無論是「均工夫」還是「原報抄籍」，都只能臨時救個急。真正想讓大明長治久安，還得盡快把新的戶籍體系建起來才行。朱元璋手下有一位大臣叫葉伯巨，他把這個道理說得特別直白：「夫有戶口而後田野辟，田野辟而後賦稅增。」

為此朱元璋輾轉反側，到處開會調研，最後還真讓他尋到一個辦法。

寧國府有個叫陳灌的知府，在當地搞了一個戶帖法，成效斐然。朱元璋深入研究了一下，覺得這個建戶籍的法子特別好，又是經過實踐檢驗的，完全可以作為樣本在全國推行。他決定拿來先用用看。

時間很快推移到了洪武三年。

洪武三年對大明來說是個特別重要的年份。在這一年，朝廷相繼頒布了各種政策，重修了官員殿陛禮法，制定了王府官制、五等勳爵，明確了明代科舉的框架。一個新生政權，正緩緩走上正軌。

在這一年的十一月二十六日，朱元璋頒布了一道聖旨，鄭重宣布戶帖制在全國推廣上線。

「戶帖」這個詞不是明代原創的，它最早見於南齊，在南北朝至唐宋的史料裡時常可見，是一種催稅到戶的術語。不過在明代，這個「戶帖」的內涵卻變得很不一樣。

不光內涵不一樣，連口氣都變了。

朱元璋的這道聖旨，在中國的皇家文件裡極有特色。要知道，一般的聖旨正文，在皇帝形成意見之後，都會交給專家潤色一番，使之駢四儷六、辭藻雅馴，看起來高端大氣上檔次。而朱元璋的這份「戶帖諭」，卻是一篇原汁原味的「口諭」。

聖旨是這麼說的：

說與戶部官知道，如今天下太平了也，止（只）是戶口不明白俚（哩）。教中書省置下天下戶口的勘合文簿戶帖，你每（們）戶部家出榜去，教那有司官將他所管的應有百姓，都教入官附名字，寫著他家人口多少，寫得真著，與那百姓一個戶帖，上用半印勘合，都取勘來了。我這大軍如今不出征了，都教去各州縣裏下著，繞地里去點戶比勘合，比著的便是好百姓，比不著的，便拿來做（作）軍。比到其間，有司官吏隱瞞了的，將那有司官吏處斬。百姓每（們）自躲避了的，依律要了罪過，拿來做（作）軍。欽此。

真不愧是平民出身的皇帝，聖旨寫得近乎純大白話，讀起來特別寒磣。

這個文風，其實不是朱元璋首創，乃是脫胎於元代。元代皇帝都是蒙古人，發布命令多用蒙語，會有專門的譯員逐字逐句直翻成漢文，再交給文學之士進行文言修飾。有時候事起倉促，省略最後一道程序，便形成一種特別生硬的口語話文牘——硬譯公文。比如泰定帝即位的時候，詔書就是這種風格：「（我）從著眾人的心，九月初四日，於成吉思皇帝的大斡耳朵裡，大位次裡坐了也。交眾百姓每心安的上頭，赦書行有。」

有興趣的人可以看看《正統臨戎錄》，裡面用硬譯體記錄了大量蒙古人的對話，特別有趣。說回正題。

朱元璋為啥要用這麼奇怪的白話文？不是因為朝中無人，而是因為他受夠了那些文縐縐的套話空話。

有一位刑部主事茹太素上奏疏給朱元璋，前後一萬七千字。朱元璋讓人念，一直念到六千多字，還沒進入正題。朱元璋大怒，把茹太素叫過來痛罵一頓。這位皇帝態度倒真認真，罵完了大臣，晚上叫人接著念，念到一萬六千五百字，才聽見乾貨。

茹太素用最後五百字說了五件事，件件見解都很精到。朱元璋感慨說：「今朕厭聽繁文而駁問忠臣，是朕之過。有臣如此，可謂之忠矣。嗚呼！為臣之不易，至斯而見。」

後來朱元璋為了防止忠臣被誤傷，特意把公文要求寫在《大明律》裡：「陳言事理並要直言簡易，每事各開前件，不許虛飾繁文。」

在國家級的政策文件上使用大白話，也算朱元璋身體力行做的一個表率。

回過頭來繼續看朱元璋這份聖旨，拋開文風不說，它的內容相當務實。裡面沒任何虛頭巴腦的廢話，條分縷析，每一句都是乾貨，把戶帖制的核心思想表述得很清楚。

那麼，戶帖制到底是幹什麼的？怎麼運作？咱們不妨把整個執行流程走上一遍，就明白了。

第一步，當然是皇帝下發一道大白話聖旨到戶部，為政策定下基調。

第二步，戶部根據文件精神，設計出標準戶籍格式尺寸，叫作戶帖式。

戶部規定：「戶帖」的用紙長一尺三寸，寬一尺二寸，邊緣還綴有一圈花卉裝飾。這個尺寸，可不是隨便定的。

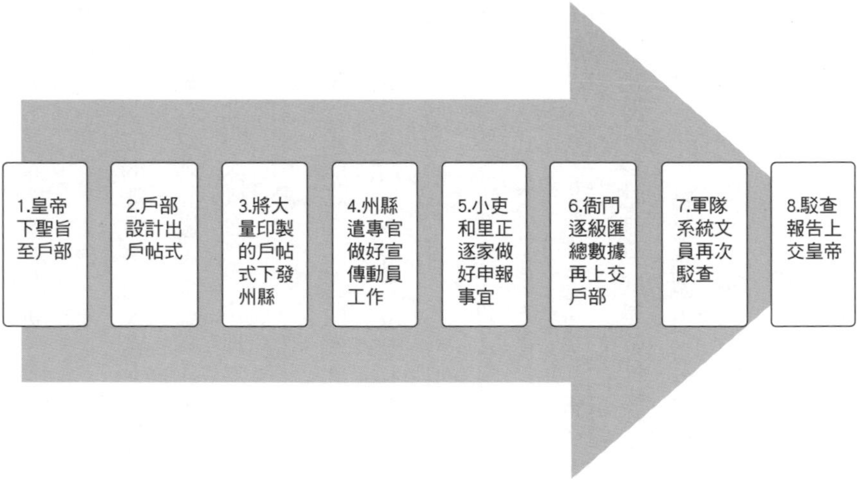
1.皇帝下聖旨至戶部
2.戶部設計出戶帖式
3.將大量印製的戶帖式下發州縣
4.州縣遣專官做好宣傳動員工作
5.小吏和里正逐家做好申報事宜
6.衙門逐級匯總數據再上交戶部
7.軍隊系統文員再次駁查
8.駁查報告上交皇帝

圖十　「戶帖制」執行流程示意圖

早在晉代，朝廷製作戶籍時已有規定，要求用一尺三寸札。因為當時沒有線裝書，而是卷軸裝。紙與紙之間左右相連，形成一條長幅，因此寬度不限，只需要規定長度即可。

到了明代，裝幀方式已和現代無異，頁頁相疊，因此需要把長、寬都規定出來。將長度定為「一尺三寸」，也算是一種從古。

看完尺寸，咱們再來看正文格式部分。

正文分成左、中、右三塊。在最右邊，印製洪武皇帝剛才那段白話聖旨，前面添加一句「戶部洪武三年十一月二十六日欽奉聖旨」字樣。一來申明此乃皇命；二來警告百姓要如實申報，否則要充軍；三來提醒經手官員，如果他們違法徇私，也要處斬。

中間部分，是戶帖主要內容，要寫明該戶的鄉貫、男子丁口、女子口、名歲、與戶主關係、戶種、事產、住址等資訊。

最左邊，是留給官員簽字之用。朱元璋對這次推行極為重視，要求每一級都要有經手官員的簽押，以便追溯責任。所以每一份戶帖的簽字，都是從戶部尚書鄧德開始簽起，接著是副手左侍郎程進誠——當然，這兩位的簽押都是提前印製好的，否則他們也甭幹別的事了；隨著戶帖一級級下發，會有侍郎某、郎中某、員外郎某、主事某依次簽在後頭。

這是中央部門簽發部分。在戶帖背後沿邊還留有空白，以便地方執行官員簽下花押：從知縣、縣丞、司吏、典吏到書手、里保，一個都不能少。

調閱任何一份戶帖，都能查到從中樞到執行小吏這一整條文件流轉的路線。哪一環節出問題了，抓起責任人來十分方便。

每一份戶帖，都要一式兩聯。首一聯叫作籍聯，次一聯叫作戶聯。前者交給官府留底，後者給百姓家裡留底。在籍、戶二聯之間的騎縫處，要印有字號以作為堪合之用，還要蓋上一個戶部騎縫章，每聯恰好各留半個印。這樣一來，官、民各有一份，最大程度防止偽造。

從一份戶帖式上的設計可以看出，大明朝廷著實下了一番苦心。逐級簽字，騎縫用印、編號堪合，籍戶二聯，盡可能堵上可能存在的疏漏。僅此一點，就比前朝不知要高到哪裡去了。

第三步，戶部把設計好的戶帖式下發給官辦印坊，依照樣本大量印製，然後分發到各地州縣，並規定了繳還時間。

第四步，各地州縣接到空白戶帖之後，必須由正印官員擔任提調官——這個提調，是臨時差遣頭銜，和後來負責教育的行政職務不一樣。他的工作是張貼文告，曉諭百姓，讓他們早做準備，還要對屬下官吏進行培訓。

接下來，提調官成立工作小組，親自坐鎮監督，下級官吏帶著空白戶帖，分赴各地基層去執行。

第五步，衙門小吏和當地里正逐家去敲門送帖。百姓大多不識字，需要口頭申報，小吏當場填寫資料，並由熟悉內情的里正審核、作保。三方確認無誤，小吏會撕下其中的籍聯部分，帶回衙門，與其他籍聯匯總；剩下的戶聯部分，交還百姓自家留底，叫作戶帖。

這個制度之所以叫戶帖制，就是從戶聯這兒來的。

第六步，所有填好的籍聯，在衙門匯總統計，要算明戶口、人口、丁口、田產幾項數字的總額，連同原始資料一起遞交給上級，自己複製一份留底。這麼一層一層磨算，逐級匯總到戶部。戶部呈遞到朱元璋手裡的，就是一份全國總戶口、總人口、總適齡壯丁以及總耕種田畝數的概算報告。

有了這個東西，天下在朱元璋面前，便不存任何祕密了，透明可見。他可以隨時看到一個地區的總數據，如果願意，也可以深入查到任何一戶的情況。

但你們以為這就完了嗎？

老朱對官僚一向不大放心，總怕有人從中舞弊徇私。他對老百姓更不放心，民間隱瞞人口和田地的事太普遍了，如果放任不管，等於白幹。

因此他特意設計了一個制約舞弊的手段。

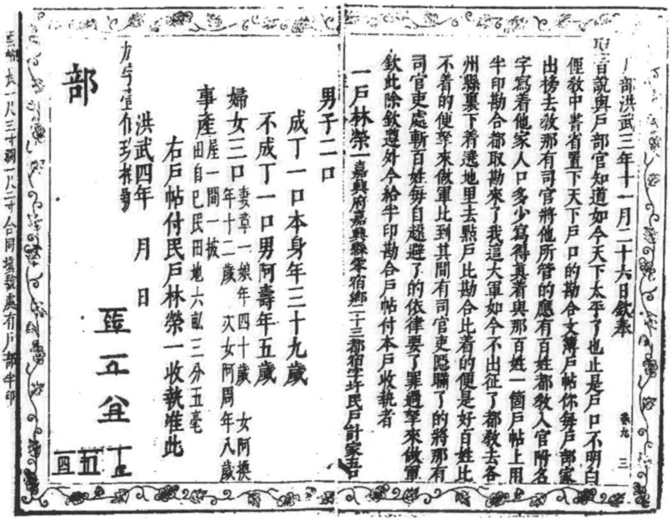
戶部洪武三年十一月二十六日欽奉
聖旨說與戶部官知道如今天下太平了也止是戶口不明白俚教中書省置下天下戶口的勘合文簿戶帖你每戶部家出榜去教那有司官將他所管的應有百姓都教入官附名字寫着他家人口多少寫得真着與那百姓一個戶帖上用半印勘合都取勘來了我這大軍如今不出征了都教去各州縣裏下着遶地里去點戶比勘合比着的便是好百姓比不着的便拏來做軍比到其間有司官吏隱瞞了的將那有司官吏處斬百姓每自躲避了的依律要了罪過拏來做軍欽此除欽遵外今給半印勘合戶帖付本戶收執者
一戶林榮一嘉興府嘉興縣零宿鄉二十三都宿字圩民戶計家五口
男子二口
成丁一口本身年三十九歲
不成丁一口男阿壽年五歲
婦女三口妻章一娘年四十歲 女阿換年十二歲 次女阿周年八歲
事產屋一間一披 田自己民田地六畝三分五毫
右戶帖付民戶林榮一收執准此
洪武四年 月 日
部

圖十一　戶帖實物圖（出自崇禎《嘉興縣志》）

第七步，朱元璋動員了一大批軍隊系統的文書人員，分散到各地去審核抽查，術語叫作「駁查」。用聖旨裡的話說就是：「我這大軍如今不出征了，都教去各州縣裏下著，繞地里去點戶比勘合。」

這些大頭兵和地方不是一個系統，相互包庇的機率不高。如果軍隊駁查出戶帖數字與實情不符，哪一級出了問題，就要哪一級官員的腦袋。如果查出百姓自己隱瞞，那就發配去充軍。

第八步，軍隊駁查完畢，也提交一份報告給皇帝，和戶部報告並讀。大功告成。

說了這麼多，那麼這個戶帖到底什麼樣子？讓我們拿一份保存至今的戶帖實物，看看都填寫了什麼吧。

從圖上我們可以很清楚地看出，在最右側，是朱元璋的大白話聖旨，占了將近一半的紙幅。在聖旨結尾還有一行字：「除欽遵外，今給半印堪合戶帖付本戶收執者。」這是在宣讀戶主的權利和義務，提醒他有權收到一份戶籍副本，上面還有一半官印可以驗證真偽。

聖旨之後進入正文：

一戶，林榮一。

嘉興府嘉興縣零宿鄉二十三都宿字圩民戶。

計家五口。

男子二口：成丁一口，本身年三十九歲；不成丁一口，男阿壽，年五歲。

婦女三口：妻章一娘，年四十歲；女阿換，年十二歲；次女阿周，年八歲。

事產：屋，一間一披；田，自巳民田地，六畝三分五毫。

從這些資訊可以看出，這是個典型的小自耕農家庭，一家五口，一間房子幾畝田地，勉強糊口度日，家庭地址在嘉興府下轄的某一個鄉村裡。

再往左邊看，是兩行字：「右戶帖付民戶林榮一收執，准此。洪武四年　月　日」。說明這份文件是戶聯，給戶主留底。

在「洪武四年」的左邊，有一排殘字，只餘左半邊：「加字壹佰玖拾號」。這個是騎縫字號，另外一半字在籍聯上面，已被扯去交官。萬一起了糾紛，官府就會調來籍聯和戶聯對比，騎縫字號能對齊，說明是真的。

而在年月日的斜下方，還有負責官員的花押，一共有六個。不過具體是哪些官員的手筆，非得穿越回去才能知道了……

在左上角，還能看到一個「部」字。另外一個字是「戶」，留在了籍聯上。具體操作手法是，把第一聯卷起來，讓「戶」字和下一聯的「部」字恰好平齊，蓋上騎縫大印。如此操作，兩聯各留一半鈐記，功能和字號一樣，還兼具認證功能。

這樣一來，官府和民眾各執一份。不光官府可以用它來管理，民眾若碰到家產糾紛，也可以以此為證據，去調官府的原始記錄，最大限度地杜絕了偽造、篡改的情況。

這份戶帖，可以說設計得相當周詳了。

不過細心的朋友可能會覺察到，這個戶帖裡有兩個不太容易發現但事關政策成敗的小問題。大家不妨停在這裡，想上五分鐘，再繼續讀下去。

戶籍最重要的功能之一是什麼？是徵收賦稅。而中國古代的賦稅依據除了人丁之外，還要看田地的多寡。

不，這個說法還不夠準確。

稅賦依據，不只要看田地多寡，還要看田地品質。

河邊的田地和山坡上的鹽鹼地，即使面積相同，土地肥瘠程度肯定不一樣，產出大不相同；

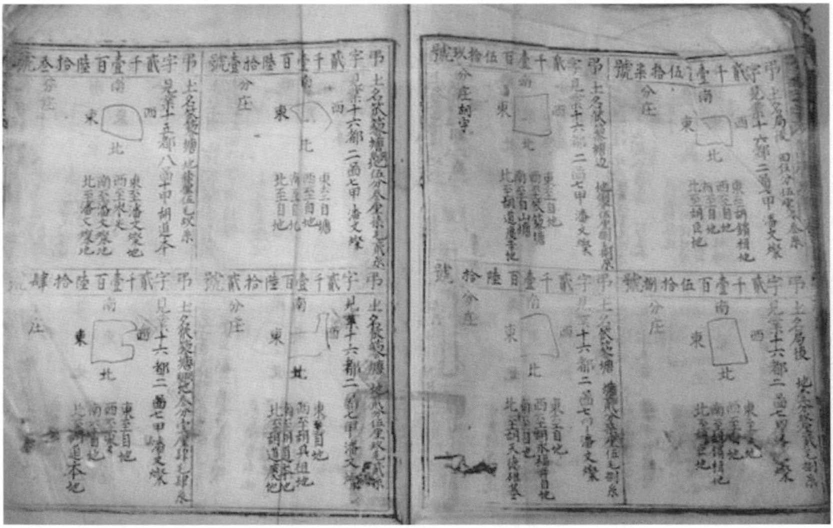

圖十二　《明萬曆九年歙縣十五都八圖丈量魚鱗清冊》
（藏於徽州稅文化博物館）

麥田和桑田，即使面積相同，收稅種類也要有區別。如果不加區別，只以面積來收稅，小則造成紛擾，大則激起民變。

早在春秋時代，楚國令尹子木整頓田制時，就注意到要考慮田地肥瘠不同，要「量入修賦」。王安石變法時，有一項方田均稅法，將土地按肥沃程度分成五等，每等稅負各不相同，多占良田者多繳，少占貧田者少繳。

將田地分級，是土地管理實踐中的重要一環，可以在一定程度上保證稅賦公平，減輕貧民負擔。

可在剛才那份戶帖裡我們可以看到，林榮一家裡那六畝三分五毫的田地，只是簡單地登記成「自巳民田地」。這塊土地種的什麼作物、肥沃程度如何，戶帖裡一概沒寫，甚至連所在位置和形狀都沒提。

這讓朝廷以後怎麼收稅？

也許會有人指出：土地資料都是單獨編成魚鱗圖冊，你在戶帖裡當然看不到。魚鱗圖冊是一種土地登記簿，裡面會將所有者的田、地、山、塘一一標明，繪成圖形。一片一片的地圖狀如魚鱗，故而得名。它始見於宋代婺州，在元代開始流行於兩浙經濟發達地區，是國家釐定稅賦的重要參考。

但問題是，朝廷開始大規模修造魚鱗圖冊，是洪武十四年之後的事。在洪武三年、洪武四年推廣戶帖的過程中，看不到官方有任何清查田地的意圖。

這太奇怪了，元末的狀況明明是「版籍多亡，田賦無準」，說明戶籍和田籍都散失了。朱元璋既然已經搞了全國人口大普查，為什麼不順便把田地也算一算呢？幹嘛拖到洪武十四年之後才做？

其實，這不是疏漏，反而是大明朝廷的務實穩重之處。

朱元璋想搞土地清查嗎？想！他做夢都想。

拜元末弊政所賜，明初的田地管理一攤爛帳，基層瞞報土地的情況十分嚴重。像湯和、李善長這種級別的功臣，都曾因為族人藏匿土地之事受過申斥，可想而知當時的風氣。

隱田藏匿得多，稅賦就交得少。稅賦交得少，新生的大明政權就要出問題。朱元璋當然希望盡快把天下的土地都清查一遍。早在洪武元年，他已動過清查土地的心思，要求戶部「核實天下土田」。

但具體到執行層面，從皇帝到戶部尚書都在發愁。

太缺人才了。

清點人口比較簡單，執行人員懂得加減乘除就夠了；清丈田地卻是一個高難度的技術活，因為田地不可能全是規整的方形，經常會有圭、邪、箕、圓、宛、弧之類的田地形狀，執行人員得精通方田之術，才能精確測量出面積。

何況它還是個情商活。地方上的勢力盤根錯節，互相包庇，執行人得足夠精明，才能從狡黠的地方豪強嘴裡挖出隱田來。

國初百廢待興，朱元璋手裡暫時還沒有那麼多人才儲備。

洪武初年的大明朝廷缺人缺到什麼程度呢？有一次，朝廷決定要整頓浙西的土地，勉強湊了周鑄等一百六十四人前往核田，這還是因為浙西是賦稅重鎮的緣故。至於長江以北的廣大地區，只能「分遣監生並秀才丈勘北方田地」，瞧瞧，連國子學的人都抽調出去了。至於其他地區，中央連使者都派不過去，只能發一紙聖旨，讓各個地方自行「擇邑從事之賢者」、「新具圖籍」。

上頭的窘境，各地都看在眼裡。好，你顧不過來，那我就慢慢拖唄。比如蘇州府，洪武元年的核田任務，他們交齊全府魚鱗圖冊的時間，是在洪武二十年（一三八七年）。

即使是派了督查員的浙西地區，朝廷的推行也是困難重重。

浙西乃是膏腴之地，那麼多田地，利益關係牽涉極深。當年元廷屢次想在這裡清丈土地，結果「緣以為厲民，至有竊弄兵戈子草間者，上下憂之，遂不克竟」，愣是被當地人給搞砸了。後來官府和當地豪強達成一個默契，你好好配合我建土地冊籍，準不準另說，我不深究你隱報的土地，各自賣個面子，相安無事。

這麼個複雜的地方，朝廷卻只派了一百六十四人，撒下去連個水花都瞧不見。史書上記載周鑄他們事情辦得不錯，「父老咸喜其清明果決，竿尺有準，版帳不欺」[48]。還有湊趣文人寫了首詩：「天子龍飛定兩都，山川草木盡昭蘇。三吳履畝難為籍，四海均田喜有圖。」[49]

至於實際效果嘛，周鑄有一個同行者叫成彥明，他留下了一段工作記錄：他負責松江一府下的三十八都、二百一十五圖。一個人要兼顧這麼多地方，其核田清丈的成色，怎麼可能好到哪。可見「竿尺有準」云云，無非是跟當地達成某種默契罷了。你自己報上來，我給你寫下來，大家都別深究。

這還是在大明統治的核心地帶，至於周邊各地，更是鞭長莫及。

事實上，無論在技術上還是形勢上，洪武初年的朝廷沒法澈底清丈全國土地，更別說為土地分級了。對此顧炎武在《天下郡國利病書》裡特意強調過：「國初定賦，初但據一時一地之荒熟起科，未嘗有所厚薄於其間。」

當然，朱元璋手裡還有軍隊，如果要強行清田，也未嘗不能。但一村一縣可以鎮壓，總不能每村每縣都要靠暴力解決。天下初定，民心未附，這麼硬搞，必然激起大面積變亂。

作為一名出色的政治家，朱元璋表現出了相當大的彈性：既然做不成，就先退一步唄。

退一步，海闊天空。退一步，十年不晚。

所以在洪武三年開始的戶帖大登記中，他決定只專心普查人口，不去碰「清田」這根高壓線。只讓百姓把手裡的田地面積寫清楚，官府做個帳面統計，就得了。

可是不清丈土地，又怎麼知道它們的面積和產出呢？就算讓百姓自行申報，也得有個參考吧？

朝廷用了一個巧妙的民間土法來估算。這法子原來在金華地區盛行，以產量來估田畝。割麥子的時候，三撚為一把，每二百四十撚或八十把折為一石。每六十束稻草，則為一擔穀。拿這個經驗公式推算，肥田每畝收穀四擔，瘠田兩擔，可以從產量粗略推算出土地面積。

這個經驗公式適用於江南地區，北方物候不同，算法也有所不同。比如說有一個姓王的秀才在山東諸城推行的叫折畝法：具體做法是設定一個基準單位，叫作稅畝，好地一畝頂一稅畝，次一點的地，兩畝頂一稅畝，再次的地，三畝才折一畝。通過這種做法，盡量讓稅賦公平一點。後來到了明中後期，折畝法被發揚光大，通行全國，不過那就是後話了。

無論是金華的經驗公式，還是諸城的折畝法，都是折中之舉。朝廷無法核田，又要保證稅收正常運作，只好採取這種粗疏的權宜之計。

朱元璋退的這一步，非常重要。

不清丈土地，百姓的抵觸情緒會減輕很多。朱元璋抓大放小，先把戶帖給推行下去。他甚至還主動下詔，鼓勵墾荒，說新開發的土地不予起科。

百姓一聽，好啊！舊田地官府現在不追究，新田地還不用徵稅，那還不多幹點？元末拋荒的大量田地，在這個時期被重新墾殖，生產力迅速恢復。

至於戶帖，官府說什麼咱能填什麼，反正是免費的。

老百姓覺得自己占了大便宜，卻不知道朱元璋的算計更長遠。

他們不明白，戶帖的真正功能，是把居民禁錮在原地。只要人鎖住了，朝廷想挖出藏匿的田地，還不是一句話的事？他們現在開墾的隱田越多，未來朝廷可以徵稅的田地就越多。

比如到了洪武十三年（一三八〇年），朱元璋下旨宣布：「陝西、河南、山東、北平等布政司及鳳陽、淮安、揚州、廬州等府民間田土許盡力開墾，有司毋得起科。」聽起來不錯，從洪武十三年開始墾荒的土地可以不用交稅。但再仔細一想，不對啊，很多人從洪武四年開始就開墾土地了，洪武四年到洪武十三年期間的新田，可就這麼被國家算進賦稅了。

緩行一步的好處還不止於此。

經過戶帖推廣這一場全國大普查的洗禮，朱元璋訓練出了一大批精通計算又深諳基層內情的官吏。他們具備了清丈土地的能力以及豐富的地方行政經驗，技術層面不存在障礙。

朱元璋這一招以退為進，既緩解了基層情緒，又推行了政策，還訓練了隊伍，為以後埋下伏筆，可謂前後勾連，一舉數得。這般手段，真是面面俱到。

等到洪武十四年——恰好是戶帖推行十週年，國家捲土重來，百姓們驚訝地發現，他們身負戶帖之枷，面對虎狼之吏，已經沒辦法像洪武元年那樣再玩小動作了。

真應了那句話，稅收可能會遲到，但從不缺席。

咱們再說回那份戶帖裡的第二個問題。

林榮一的家庭地址，是嘉興府嘉興縣零宿鄉二十三都宿字圩民戶。

注意這個「民」字，指的是林榮一全家的戶籍類型，是「民戶」。在其他幾份流傳下來的戶帖裡，我們還能看到「軍戶」、「匠戶」等分類。

等一等，匠戶、軍戶那些亂七八糟的，不是元代的職業戶制嗎？大明洪武二年確實搞過一個「原報抄籍」，但那不過是維穩的權宜之計，怎麼洪武四年的新戶籍裡，還有這種鬼東西？

元代的這個職業戶制，是一種歷史大倒退。本來在宋代，因為經濟發展迅猛，戶口設計趨向於寬鬆流動。比如「客戶」是沒有常產的戶籍，但如果一個佃農賺到錢買了田產，就可以「復造」戶籍，從「客戶」轉為有常產的「主戶」。

元代可不敢這麼幹，統治者最擔心的是統治被顛覆，所以他們設計戶籍的思路是往死了限制，限制得越緊越好。職業戶制下的民眾，世世代代只能從事一種職業，不可變易。

放著宋的好東西不學，幹嘛學壞的？

朱元璋選擇保留元代的職業戶制，原因很複雜。

一方面，明初有大量人口是舊職業戶出身，牽涉複雜，已形成一套固定生態。貿然廢除職業戶，會造成一定程度的混亂。明初百廢待興，朱元璋不想在這個上面節外生枝。所以他在洪武二年，利用能搜集到的前朝舊檔，申明效力，讓職業戶各安其位——先穩住再說。

而一項國家政策是有延續性的，一來二去，職業戶便從權宜演變成常例了。

另一方面，朱元璋自己搞了一個衛所制。龐大的軍隊不再退役，以衛所為單位，直接落地變成軍戶。閒時屯田自給，戰時赴戎。而軍人的子弟，世世代代都是軍人。朱元璋對這個設計很得意，自誇說我朝不用徵兵，也不用徵餉，軍隊自給自足，不驚擾百姓分毫。

這些人，自然而然也就成了「軍戶」。

不過朱元璋總算沒太糊塗。他只把戶籍分為四類：民戶、軍戶、匠戶、灶戶。民戶歸戶部管，軍戶歸兵部，匠戶、灶戶歸工部。還有一些細分小戶種，但總算不像元代那麼奇葩。

在具體的政策落實上，他也表現出了務實的靈活性。比如在這次洪武三年開始的戶帖大登記中，有一個特別的要求：「不分戶種，就地入籍。」

「不分戶種」是說無論民、軍還是匠戶，都要登記，沒有例外，這是全國一盤棋；「就地入籍」是說，當時天下流民逃戶太多，朝廷要求他們返回籍貫所在地，但如果有人不願意回去，也沒關係，可以在本地落籍，一樣可以授田登記。

不過，無論是權宜之計還是規劃衛所，都只是表面原因。其實朱元璋沿用職戶制，歸根到底是因為他的控制欲太強了。

這種制度弊端多多，但特別適合維持穩定，而穩定是新生朱明王朝最重視的。在朱元璋心裡，老百姓最好老老實實待在土地上，別到處蹓躂生事。

不光朱元璋這麼想，明清兩代對職業戶制，也頗多正面評價。比如萬曆年間有一位禮部官員晏文輝讚譽說：「洪武舊本，由（猶）木之根、水之源也，木有千條萬幹，總出一根；水有千支萬派，總出一源。人有千門萬戶，總出於軍民匠灶之一籍。」清代的學者朱奇齡更是進一步分析說：「既有常業，有令世守之。則父兄所以教其子弟，子弟所以拳其父兄者，無非各事其事，童而習之，其心安焉，不見異而遷焉。」

朱奇齡的分析，真正是切中肯綮：你一生下來，職業就註定了，不會有別的想法，自然不會瞎忙——此所謂「其心安焉，不見異而遷焉」。官府方便管理，社會也能少鬧點矛盾。

換句話說，為了保證安定團結的大好局面，朝廷並不在乎犧牲掉社會活力和個人自由。這個職業戶制度是特殊歷史時期的妥協產物，在穩定明初局面方面有它的意義。沒想到朱元璋試用了一下，覺得太好使了，乾脆把它當成一個常規，一代代傳了下去。

不清田，職業戶，從上述兩處細節可知，設計者在一份薄薄的戶帖裡埋藏的用意，實在深若淵海。

這一次戶帖大登記，從洪武三年年底一直持續到洪武四年年底，前後整整一年。因為策略務實、設計周詳，加上最高領導人的高度重視，很快全國大部分地區都順利完成任務。

雖然這次普查的原始記錄沒留下來，但根據種種記載推測，總註冊人口數在五千五百萬以上。這五千五百萬人，是已經安定下來的生產人口，而且處於官府控制之下。只要朝廷願意，可以追查到具體任何一戶的狀況，掌控力遠超從前。自宋末至元末一百多年，這是中央政權第一次如此清晰地了解天下人口多寡。

這對新生的大明政權來說，意義重大。

正當諸多官吏長舒一口氣，覺得大功告成之時，大明朝廷又宣布了：戶帖統計是一項長期性的工作，人口會增長，田地會變化，從此以後，每年地方上都要進行更新，每十年要重新造冊。

原來這一切，都只是鋪墊罷了。

真正的大戲，要等到十年之後。

【注釋】

39 唯殷先人，有冊有典，殷革夏命：語出《尚書．多士》。西周初，成王年幼，武王的弟弟周公旦攝政，決定在洛邑建立新都，即後來的東都。但殷商遺民不願隨遷，周公便告誡他們，「你們殷人的祖先，是有冊書典籍的，記載著成湯革夏命的道理（如今周也革了殷的命）」。由此可知，殷商時期已經有了官方檔案冊典，惜尚未知其具體形式。我國有據可查的最早文字為甲骨文，《英國所藏甲骨集》說「貞登人乎涿」（在涿這個地方登記人口），可見，在殷商時期，已經有了嚴密的人口登記制度，登記造冊，以實行管理，成為後世統治者效法的榜樣。

40 主吏掾：秦朝縣令的屬吏，漢朝改為功曹，主管衙署內所有吏員，有考核、裁汰之大權，故有主吏之稱。掾，原為佐助之意，後為副官或官署屬員的通稱。蕭何曾任秦沛縣（今徐州沛縣）主吏掾，能經常接觸各種不同的業績數據，每種數據幹什麼用的，各種數據背後是什麼情況，他都一清二楚。

41 據《華陽國志》所載，劉邦「自漢中出三秦伐楚」之時，「蕭何發蜀漢米萬船而給助軍糧」。蕭何不僅負責了資訊搜集工作，還捲起袖子把收稅、後勤的活都給幹了，打仗的錢也都是他弄來的。所以最後，劉邦說他是首功之臣。

42 民前或相聚保山澤，不書名數：語出《漢書．高帝紀》。古之為盜者，多保據山澤，占山為王，漢儒賈山曾言，秦「群盜滿山」。漢高祖劉邦十分清楚，之前戰亂年代，百姓多離家逃難，聚集在山澤之間，沒有戶籍，不受管控。據《漢書．嚴安傳》所載，秦朝末年，連年戰亂導致人力缺乏，真的是把女人當男人使，把男人當牛馬使。死個把男人不要緊，我們還有女人呢！運輸隊裡面都是女的。又據《漢書．食貨志》所載，經過戰亂，許多大城名都的在籍人口，只有原來的十分之二三。不但普通百姓的生活沒有保障，天子的日用也無法滿足，出趟門連四匹純色的馬都湊不齊！

43《戶律》裡面規定，每個人都必須自覺上報自己的年齡。如果歲數太小，又沒有父母或其他監護人，那麼就要當地的官員估個數，替他上報。如果報年齡的時候，虛報達到三歲以上，就要罰錢。制定這條法律，是因為經驗豐富的蕭何事先就考慮到，有些人會虛報自己的年齡，不願意被登記為「丁」，以逃避賦稅和徭役。後來，曹參繼承了蕭何的職位，就隨便混混日子，天天喝個小酒什麼的。人家問曹參你幹活怎麼這麼不積極啊？曹參說蕭何制定的規矩太好了，我還要費什麼腦子呢？後來這成了一個成語，叫「蕭規曹隨」。

44 東晉的戶籍制度：西晉因著八王之亂、永嘉之禍而亡國，琅玡王司馬睿在南渡過江的中原士族與江南士族的擁護下稱帝，國號仍然為晉，史稱東晉。東晉政權偏安江南，中原之地陷入被胡人分裂的混戰之中。北方世家大族、百姓紛紛渡江南遷，稱為僑人，散居在僑立的郡縣中。據《隋書．食貨志》所載，本來戶籍無黃、白之別，皆是黃籍，但南渡而來的僑人被允許攜帶其北方原來的籍貫，故產生了白籍。持白籍者可以不向官府納稅服役。僑人越來越多，必然加重江南土著居民的負擔，影響國家的財政收入，造成嚴重的社會經濟問題，故出現了旨在把僑人變為南方土著人戶的土斷，努力恢復戶籍無黃、白之分的舊狀，擴大徵稅、服役人群。

唐代的戶籍制度：據《舊唐書．食貨志》所載，唐高祖年間，凡天下戶口，量其資產，定為九等，每三年編造一次。編造戶籍時，地方官吏必須親自檢閱人丁的形貌，將結果記錄在冊。因各地常集合五黨或三黨為一團進行，故稱為團貌。團貌要耗費相當可觀的人力，所以，在戶籍編制正常的情況下，貌閱的重點對象為與賦稅制度密切相關的五個年齡段的男子，以及可以免除賦役的三種不同程度的殘疾人。

宋代的戶籍制度：宋代戶籍有主戶、客戶之分。主戶，又稱稅戶，指有田產、稅錢或家業錢的民戶，根據地域、田產的不同，分為五等，使之在負擔差役、雜稅等方面有所區別。上戶承擔重難差役，中下戶承擔較輕的差役。客戶，也稱佃客，指沒有土地、常居主人之家、為人傭耕的佃農。官府出於徵發勞役的需要，將客戶也登記在冊。坊郭戶和鄉村戶大約始於宋朝初年，其實就是城鎮戶口和鄉村戶口。兩種人交的稅不一樣，城鎮戶口又有錢的，就要交更多稅。不管是城鎮戶口還是鄉村戶口，都有主戶和客戶之分。主戶是城市裡的有房一族，客戶則是租人家房子、店面的那些人。

45 元季喪亂，版籍多亡，田賦無準：據《明史．食貨志》所載，元朝末年時局動盪，多死傷禍亂之事，官方的戶籍和田畝帳冊多有亡佚，賦稅徵收沒有根據。據《明實錄》所載，直至洪武十四年十二月的最後一天，朝廷才統計出全國人口的數字。

46 戶口版籍應用典故文字，已令總兵官收拾，其或迷失散在軍民之間者，許令官司送納：戶籍帳冊還是有根有據為好，朕已下令總兵官注意徵收元時戶籍殘本，或者它們已經失散於軍、民之間，如果能找到的話，允許地方官府送交上來。

47 許各以原報抄籍為定，不許妄行變亂：每個人的戶籍必須以原先的戶籍為準，不得擅自改變。萬曆年間，《大明會典》重申，所有軍人、農民、驛站工作人員、鹽場工人、醫生、天文星象觀察者、工匠、樂工，都不可以擅自轉行。如果偷偷改變戶籍記載的職業，想換輕鬆工作的，抓住你就要打八十杖。

48 父老咸喜其清明果決，竿尺有準，版帳不欺：語出名士楊維楨《送經理官成教授還京序》。成教授，即前濟寧郡教授成彥明，此次與周鑄同行，前往浙西核田。當地有名望的老年人都十分喜歡這些督查員，覺得他們辦事清明、果斷，丈量田地時很有規範，編繪的魚鱗圖冊也十分準確，與實際田畝相符。

49 天子龍飛定兩都，山川草木盡昭蘇。三吳履畝難為籍，四海均田喜有圖：此乃楊維楨采民謠整理成詩，名為《送經理官黃侯還京序》，黃侯，乃黃萬里，也在此次前往浙西核田之列。楊維楨為元末明初之人，詩中洋溢著對新朝治土有方、編繪出魚鱗圖冊的欣喜之情。大明天子龍飛九五之尊，定下南北兩都，山川草木都恢復了生機；三吳本是難以實地考察、丈量之地，田畝難有籍冊，如今，經過這次大規模測量，四海之田畝都能有圖有據啦！

◆◆◆

第二章　朱元璋的理想

整整十年，朱元璋一直沒閒著。

平定四邊、改革官制、安定民生、恢復生產，天下有堆積如山的事情等著處理。洪武皇帝在百忙之中，還抽出空來搞了空印案和胡惟庸案兩次大清洗，日子過得相當充實。

一轉眼到了洪武十四年，算算日子，十年了，差不多到戶帖第一次更新的時候了。

朱元璋沒打算做簡單的數據更新。他想要的，是一次系統的全面升級。

在朱元璋的規劃裡，戶帖並不是終點，而是起點。他不只希望天下變得透明，還希望天下任何一處地方都能觸手可及。朱元璋的理想，是達成一種對社會細緻而全面的控制，讓統治者的意志，可以直接貫徹到大明最基本的戶籍單位──戶。

這個不獨是朱元璋的理想，對任何一個中央政府來說，最美好的狀態，是每一道指令都能順暢地傳達給每一個具體的人，百分之百地上行下效，如臂使指。

理想很豐滿，現實卻很骨感。在科技水準低下的古代社會，國家機器想達到這個境界太難了。

大秦帝國嘗試過一次。秦的基層組織，每三十戶設一位里典、一位伍老；鄉一級有嗇夫、三老、游徼。這些人都屬於政府公務員，負責治安、徵稅、司法等庶務。上一級的縣令或縣長對他們有任免、獎懲、指導工作的權力。

在這個結構之下，朝廷的意志可以從中央貫通到最低的里一級。

可是當時沒有紙，更沒有電話和電報。中央政府想要掌控每一處基層，需要投入大量資源。別的不說，秦始皇每天要批閱一百二十斤（約六十公斤）奏章，可想而知全國工作量有多少。

這種基層結構的成本太高，可秦廷又不願放鬆管束。唯一的辦法，就是讓法律再細密些、再嚴苛些，指望民眾畏法謹行，老實不生事，以此減少管理負擔。可是，實際效果恰好相反：律法越嚴，管理起來就越麻煩，基層就越容易出問題；而基層問題一多，官府不得不強化懲戒，反而讓成本越來越高。

一來二去，形成惡性循環，直到結構不堪負荷。

秦代滅亡的原因有很多，這個無視管理成本、希望澈底掌控基層的執著，也算其中一個深層次的原因吧。

後來劉邦就學乖了。西漢雖然上繼秦制，但法律上「約法省禁，蠲削煩苛」[50]，同時在基層官員的選拔上懂得妥協，把很多權力讓渡給地方上的大族。漢代的地方豪右、強宗之所以那麼強大，本質上，是中央與地方在管理上達成微妙平衡的結果。

此後歷代王朝都吸取了這個教訓。中央政權為了減少管理成本，行政力量一般只延伸到縣一級。再往下，官府只控制地方上的財稅、軍權和意識形態解讀權等大節，把一部分瑣碎的事務管理權——比如小規模的司法、治安、公共工程、社會福利等——交給地方上自決。

誰來自決呢？自然是當地的鄉紳、豪強以及宗族等等。

比如你跟你弟弟要分家產，先不用去衙門，由本家族長主持公道；誰家閨女私奔了，不用驚動縣官，由本村德高望重的縉紳決定懲治手段；鬧了小偷強盜，暫時不必請官兵圍剿，十里八鄉自結義勇，巡邏捉拿；修橋、興學、義莊之類的公共事業，也不用朝廷特別撥款，當地鄉宦富戶捐幾輪錢就湊夠了；趕上規模不大的災荒，地方上也可以自行賑濟。

甚至像徵收賦稅這種大事，官府有時候都可以外包給包稅人，自己坐等收錢。比如宋代有買撲之法，規定凡稅收千貫以下的小集市，官府只向包稅大商人收一筆定額稅，至於商人再從集市裡徵稅多少，官府不再監管——所謂「許人認定年額買撲，更不差官監管」。到了元代，包稅之風更是盛行。

有句俗話，叫「皇權不下縣」。很多人將其誤讀為皇權管不到基層，其實這句話的意思是說皇權管不過來基層。

這個話題，不能簡單以「下縣」或者「不下縣」一概而論。它並非一個「是否」問題，而是個程度問題，探討的是政府給地方自治讓渡了多少管理權，有的朝代多點，有的朝代少點，歷朝歷代程度均有所不同，從來不存在百分之百下縣的皇權，也不存在一點都下不去的皇權。

這種讓渡管理可以保證統治效率，但也會產生一個問題——讓地方坐大，形成和皇權對抗的利益集團。他們會為了自身利益，對中央朝廷的指令進行過濾，對自己有好處的，加碼執行，對自己不利的，蓄意扭曲或者對抗。

在明初那會兒，這個問題格外嚴重。元代粗放型管理持續了一百多年，地方上早已形成了自己的獨立小圈子。中央政令下發到地方，執行難度很高。朱元璋曾經發狠，強行把一大批浙西富戶遷入京城，算是一力破十會。但這種手段只能偶一為之，不可能在每一個地方都這麼硬幹。

真正要解決這個問題，還得靠制度。

十年之前，戶帖的推行一定程度上改善了局面。但出於種種客觀原因，朱元璋做了很多妥協和折中，他覺得很不痛快。經過整整十年的磨合和實踐，朱元璋覺得可以按自己的理想，放手來玩一回大的了。

在和戶部尚書范敏等人商議過後，朱元璋決定對基層組織下一次狠手。他為這一次改革設定了兩個目標：

第一、擊破橫亙在朝廷和基層之間的利益集團，提高對基層的掌控力；

第二、避免高昂的管理成本。

這兩個目標看起來背道而馳，怎麼可能同時完成？朱元璋是不是想得太美了？

面對質疑，他胸有成竹地笑了笑，把目光投向江南一處叫湖州的地方。

原來早在戶帖制推行的洪武三年，朝廷便已經在湖州府悄悄搞了一個平行的試行工程，叫作小黃冊。

這個小黃冊試行工程，和戶帖制的內容截然不同。

小黃冊的基本行政單位，叫作「圖」。一圖之內，一共有一百戶人家。每十戶人家編成一甲，從中選出一戶甲首來管理，一百戶人家正好十個甲首。再設置一位里長，為一圖最高長官，負責掌管這十個甲首，直接向縣級衙門彙報，不過不算政府編制。

接下來，就到了規則的關鍵部分。

無論「甲首」還是「里長」，不是由上級全權指派，也不是由基層民主選出。這兩個職位的選拔方式，居然是輪換制。

首先這一百戶人家按照丁糧多寡，排出一個次序。前十名的富戶，按照排位輪流擔任「里長」一職，每戶任期一年，十年為一輪。

第十一名到二十名的十戶，則擔任甲首，每戶分管九戶人家——這九戶人家裡也包括不當值的里長候選戶，他們的任期也是一年。到期後，由甲內人家進行輪換，十年一輪。

也就是說，以十年為週期，一圖之內的每一戶人家，一定會有一年擔任甲首，也有機會擔任一次里長。

這一百戶人家，統一編入一冊戶籍檔案，叫作「小黃冊」。這個制度，就叫作「里甲制」。

每一年催辦稅糧軍需時，縣裡把命令下發至當值里長，然後當值里長會召集十個當值甲首，讓他們各自回去督促手下十戶（包括自家）交稅。嚴格來說，十個甲首能管轄到的，只是九十九戶，因為始終有一戶在擔任里長。

你輪值到里長這個職位時，並不意味著可以免除賦稅，反而要承擔額外的管理責任，如果管戶交不起，你還得替他們把缺額補上。為什麼要按富裕程度來選派里長？就在這兒等著呢。

除了這些，里長、甲首還得負責排解鄰里糾紛、文書作保、治安巡檢等瑣碎的庶務。這些庶務，原來都是由當地富戶、鄉紳憑藉威望來主持的，幾乎每一個村都有一位土皇帝和幾家大族掌握著權力。

但是現在不一樣了，如今「皇帝輪流做，明年到我家」，人人有機會當「甲首」，有實力競爭「里長」的人家也比從前多，小小一個鄉裡諸侯蜂起，這土皇帝自然也就當不下去了。

而且每一百戶為一圖的強行劃分，把一些規模龐大的家族給分割開來。每一個分家都有自己的甲首和里長要競爭，再想讓他們互助可就難了。

里甲輪換制的毒辣，可見一斑。

朱元璋的算盤打得很巧妙，皇權暫時下不去，那我就把你們的權力進一步切割切碎，分散給更多人。

一塊蛋糕，拿刀切蛋糕的人權力最大，大家都得聽他的；現在朱元璋扔過來十把刀，每個人都可以輪流切一下，原來切蛋糕的人自然權威喪盡。

它的精髓在於，把政府讓渡給紳權和族權的權力做了進一步細分，保證每一戶人家都有機會掌握基層權力。這一招看似讓基層更加分散，反而讓中央權威回來了。

更絕的是，無論里長還是甲首，都是從一圖之民中遴選出來的。他們沒有官身，更沒俸祿，該職位的工作支出——比如小黃冊的製作費用——均由集體公攤。對官府來說，不需要承擔管理人員的成本。

如此一來，提高基層掌控力和減少管理成本兩個目標，不就都實現了嗎？

這個里甲制的高明主意，不是來自戶部，而是來自隔壁單位的刑部尚書開濟。

開濟是洛陽人，曾經在察罕帖木兒[51]麾下任掌書記[52]，是個管理方面的天才，深悉人性。他把南宋流行於紹興的甲首法拿來改造了一番，遂成了具有大明特色的里甲制。

這個里甲制度始創於湖州，然後在東南幾省試運轉了十年，效果相當不錯。朱元璋有了底氣，遂在洪武十四年正式開始在全國推行。

全國版的「里甲制」，是以湖州版為基礎的二．〇升級版，兩者的運轉邏輯基本一樣，但在細節上做了很多改良。

比如說，除了農村的「里」之外，還設了兩個同級別的建制：城市的戶口，叫作「坊」；城郊戶口，叫作「廂」。再比如說，除了民戶之外，軍戶和匠戶也各自造冊，甚至有度牒的僧道等宗教人士，只要你有寺廟庵觀以及田產，就同樣得建黃冊，不得例外。

再比如說，一里所囊括的戶數，不再是一百戶，而是一百一十戶。

在所有的改動裡，最醒目也最深刻的一個變化是：里長和甲首的職責不一樣了。

湖州「里甲制」對里長、甲首的職責描述，是「催辦稅糧軍需」、「追徵錢糧」。而在全國「里甲制」的框架下，里長、甲首多了一個職責。

兩個字：徭役。

中國老百姓歷來要承擔兩種義務：一種是稅賦，要麼交錢要麼交實物；還有一種是徭役，要出人力。比如要興修水利，比如運送軍需糧食，再比如地方官府還有些迎來送往、日常修葺的瑣事，都要徵調人力來做。

這些活都是白幹的，沒有工錢，服役者往往還要自備乾糧。

徭役對百姓的壓迫，比稅賦更可怕。稅賦雖重，只要你辛苦耕種，總能湊出來。可一旦你去服徭役，自備乾糧是一重負擔；家裡損失一個勞動力，導致田地拋荒，是二重負擔；稅賦可不會因此而減少，最終成了三重負擔。對百姓來說，服一次徭役，等於三倍付出，這得多可怕。

但是官府又不能不重視徭役。沒有這些免費勞動力支撐，古代政府根本無法主持大型工程，無法維持府衙日常運作，更沒辦法在戰時籌備軍事行動。

朱元璋建起里甲制，就是打算以其為經緯，把徭役分配給每一戶人家，叫作「配戶當差」。明代徭役分成「正役」和「雜泛」兩種。正役是國家徵調的各項工作，除此以外都是雜泛，內容極為龐雜，如民夫、皂隸、庫匠、轎夫、傘夫、獄卒等。里長和甲首最重要的職責，就是帶領一臉不情願的老百姓去輪流服這些徭役。

具體規則是這樣的：

全國版的一里之內，一共一百一十戶，分成十個里長和一百戶普通人家。一百戶人家裡，每十戶立為一甲，甲裡選一戶為甲首。

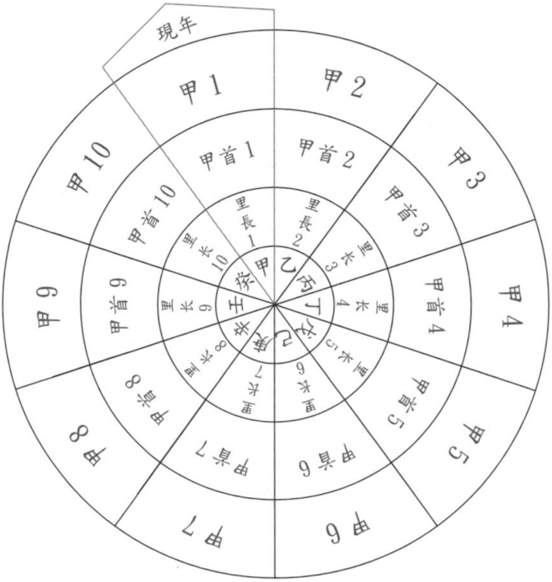

圖十三　里甲制同心轉盤示意圖

這十個甲，要排定一個次序。每年都按次序派出一甲，也就是十戶，去應徭役，十年一輪換。不應役之年，叫作「排年」；應役之年，叫作「現年」。

到了應役之年，現年甲首帶著自己所轄十戶人家（含自家）所出的壯丁，到現年里長那兒報到，然後一起前往官府，在規定時間去規定地點幹活。完成徭役後，甲首再把壯丁們帶回來。

也就是說，每一年，都有十一戶人家前往應役：現年里長＋現年甲（現年甲首＋九戶普通人家）。十年一輪，正好一百一十戶都有份。

我們可以把這個全國版里甲制理解成四個同心大轉盤：

最內一圈是十個天干年份，外一圈是十個里長，再外一圈是十個甲首，最外一圈是十個甲。四個輪同時轉動，每一年，都能找到一個對應的里長、甲首以及甲。

這樣一來，徭役就可以公平地攤派在每一戶頭上。這個設計，可謂巧妙。

為了進一步公平，官府還要對人戶進行分等，按照丁口分成上、中、下三等。丁口多者為上，寡者為下，每戶輪役出的丁口都不同。

規則裡還加了一個監控條款。如果其中一戶逃避徭役被發現，那麼整個一甲十戶都要連坐受罰。如果一個甲出了問題，整個一里一百一十戶都要株連。這樣一來，民眾為了避免自己倒楣，會彼此監視，無形中替官府做了監控工作。

可是，這樣一來會產生一個問題。

當時的國民識字率很低，綜合素質差。人人都有機會管事，可萬一他沒那個管理水準怎麼辦？萬一他有那個水準，卻用來為自己撈好處怎麼辦？就算不徇私枉法，他為了一里私利，去侵占別家利益怎麼辦？

任何權力，都是需要制衡的，哪怕是一甲一里也不例外。朱元璋為了確保這個制度的平穩運行，又煞費苦心，特意安裝了幾個制約裝置。

第一個制約裝置叫作「老人制」，這是脫胎自漢代三老的一種規矩，在當地選拔年齡大而且德高望重的老人，作為平息鄉裡爭訟的裁決者。朱元璋認為老人「於民最親，於耳目最近，誰善誰惡，洞悉之矣」。

根據《教民榜文》的記載：「民間戶婚、田土、鬥毆相爭一切小事，不許輒便告官，務要經由本管里甲老人理斷。」可見里老人這個角色，等於在里長之外，安置了一個類似於御史或大法官的獨立角色，用以平衡監督。而且朱元璋還特別加了一條：「若不經由者，不問虛實，先將告人杖斷六十，仍發回里甲老人理斷。」

好傢伙，越級上告還不行，必須先經里老這一關。

第二個制約，朝廷下發了一系列規則。它其實是一本里甲工作手冊，裡面詳細解釋了里甲的工作職能以及各種規矩。比如有份文件叫作《鄉飲酒禮圖式》，這可不光是喝酒，而是一整套鄉村古禮儀法。

這套朝廷出版的規則，再加上地方自行約定的鄉約，構成了基層的準法律條規。里長、甲首就算什麼都不懂，只要嚴格遵循鄉約行事，總錯不了。而且這些文件是完全公開的，甲內每個人都知道規矩是怎麼回事，無形中也有了制衡。

還有第三個制約。早在洪武四年，當時里甲制還沒建起來，地方勢力還很猖獗，對徵糧工作影響嚴重。朱元璋深感不便，在各地——主要是江南——臨時設置了一個叫「糧長」的職務。糧長由當地丁糧多的富戶充當，平均每一萬石（各地區的數字不固定）的稅賦區域，朝廷會設置一人。

糧長的工作，是前往京師領取文書，返回自己的轄區，督促里長、甲首把糧籌集好，再帶隊解運到指定倉口。按照朱元璋的設想，糧長一來可以監控官吏貪腐，二來可以繞開豪右攬納，上便朝廷，下通民眾。

等到洪武十四年里甲制出現之後，里長和糧長的職務範圍就顯得有點疊床架屋。可這個職務非但沒有被撤銷，反而更有發揮。糧長開始擔負土地丈量、勸導生產以及和農事相關的檢具、呈遞、蠲免等庶務。

它的地位之高，幾乎相當於里、甲之上的一個非正式主官，自然也發揮了制約作用。經過這麼一番設計，里長和甲首一來要每年輪換，二來要受老人掣肘，三來還要被鄉約約束，四來還得應付糧長。重重控制之下，可以確保基層幹部沒有徇私舞弊的機會，更不可能盤踞做大。

皇權到底下不下縣，其實正是從這些小細節裡體現出來：里長、甲首出自本管，幫役助手皆由其遴選，費用由集體均攤；鄉約代行約束，民事爭端要先訴之於鄉老；錢糧賦稅由糧長與里甲共催辦之。種種瑣碎事務，皆由地方自決自負，不需要官府插手。

另外，在里甲制的現實操作中，還有一些務實的小設計。

比如說，雖然法律規定一甲十戶人家，但實際上每一甲的戶數，不可能正好湊齊，總會有一些鰥寡孤獨的家庭。這些家庭已沒法承擔差役，可又不能不管。

設計者把這種情況也考慮進去了：每一個里的一百一十戶人家，叫作「正管」。除此之外，同里產生的鰥寡孤獨戶，掛靠於里下，但不算正管之數，有一個單獨分類，叫作「畸零帶管」。這些畸零戶不允許脫離本里，本里也不能把他們甩開。一旦正管戶缺編，隨時會把他們補進去。

好了，現在規則設計完畢，推行里甲制只剩下最後一步：登記造冊。

這事應該簡單，此前朝廷已經掌握了天下戶帖的資料，現在只消把分散的戶帖集中在一起，一百一十戶編成一里，不就完了嗎？

沒那麼簡單。

或者說，朱元璋沒打算這麼簡單地處理。

以里甲制為基礎的戶籍冊簿，不再叫「戶帖」，改稱為「黃冊」。一里造一冊，每一冊一百一十戶正管，分成十甲列出，附帶畸零帶管，還要分出上、中、下三等戶的等級。戶數滿額叫作全圖，如果不足一百一十戶，則稱半圖。

黃冊同樣是十年編造更新一次，和里甲制的三個輪盤同步旋轉。

為什麼叫黃冊？很多人——包括《明史》的編撰者張廷玉——認為是其封面為黃紙裝裱的緣故。其實這是因果顛倒了。

「黃冊」一詞，來源於「黃口」。這個詞本意是雛鳥，後來代指幼童。在隋唐的戶籍登記中，三歲以下或剛出生的孩子，稱為「黃」。所謂「黃口始生，遂登其數」，是說孩子一生下來，立刻就要去官府報備登記，這是一個人在戶籍裡的起點。從此「黃」字演化出了人口之意，成了整個戶籍的代稱，也叫「黃籍」。

明代第一次編造黃冊，是在洪武十四年。到了十年之後的洪武二十四年，朝廷才正式下文，規定進呈中央的黃冊封面，須用黃紙裝裱。可見是先有黃冊之名，後才用黃色封面裝裱，而非相反。

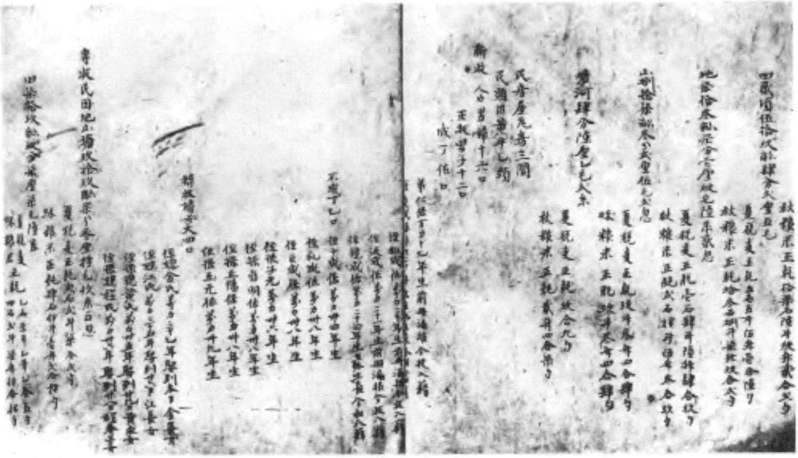

圖十四　《萬曆四十年徽州府休寧縣二十七都五圖黃冊底籍》

那麼朱元璋搞的這個「黃冊」，到底跟「戶帖」有什麼區別？

咱們還是先看幾份實物。安徽省博物館藏《萬曆四十年徽州府休寧縣二十七都五圖黃冊底籍》，裡面的戶口資訊是這麼寫的：

正管第九甲

一戶王敘　系直隸徽州府休寧縣里仁鄉二十七都第五圖匠籍充當萬曆四十九年分里長

回想之前我們看到嘉興人林榮一的戶帖，上面寫的是「嘉興府嘉興縣零宿鄉二十三都宿字圩民戶」。

兩者有什麼區別呢？

林榮一的戶帖，寫的只是一個地址和戶籍分類，沒有其他任何資訊。而這個王敘，在地址和戶籍分類後面，還多加了一條「充當萬曆四十九年分里長」。

這個王敘大概比較富庶，在十戶里長輪值名單之內，萬曆四十九年（一六二一年），恰好輪到他當第五圖的里長。所以在每一次的黃冊編造中，都得把每一戶的里甲值年寫清楚。

只是多寫一句話，意義卻變得完全不同。

戶帖的意義，僅僅在於登記人口數量，最多能為人頭稅提供參考。而黃冊寫明了里長、甲首的輪值年份，也就鎖死了他們的徭役安排。

因此在記錄一里狀況的黃冊之內，會附有一個很重要的欄位，叫作「編次格眼」，有的地方也叫「百眼圖」。這是一張方格大表，上分年份，下標戶名，一格一格寫明所有人家的應役次序，一目了然，相當於一張排班表。

不過百眼圖體現出的這個賦役，指的是正役，還有其他雜泛徭役和臨時性的徵派，都是當地官府安排，不在排序之內。

換言之，黃冊最重要的功能，不只是戶籍登記，更在於強化徭役管理。從此以後，官府可以拿著百眼圖做參考，調動百姓去服各種徭役，誰也跑不了。

也正因為如此，黃冊在大明朝廷還有另外一個名字，叫作賦役黃冊。

另外要說一句，黃冊所記錄的，是除現役軍人之外的所有民眾的戶口狀況，主要指民黃冊。還有記錄其他類別戶籍的軍黃冊、匠籍冊、灶籍冊等等，分屬不同部門掌管。[53]

咱們再來看另外一份有趣的原件。

一戶王阿壽今年阿昌　民籍
舊管
人丁計家男婦五口
男子三口
婦女二口
事產
官民田地七分二毫
夏稅
麥正耗一升五合五勺
絲二分六釐二毫
棉二分五釐
秋糧米正耗六升六合六勺
官田二分二毫
夏稅絲一釐二毫
秋糧米正耗六升六合六勺
民地五分
麥正耗一升五合五勺
絲二分五釐
棉二分五釐
房屋一間
船一只
開除
人口　正除婦女大一口
祖母陳可員於成化十二年病故
事產
韓除民一本土一則地三分於成化十六年賣與本都四冊徐順為業

圖十五　嘉興縣的黃冊底稿示意圖

這份原件是嘉興縣的黃冊底稿示意圖，但它不是從檔案庫裡翻出來的，而是藏在一個誰都想不到的地方。岳飛有個孫子叫岳珂，寫過一部書叫《程史》。到了明代成化年間，出版商決定重印這本書。印坊為了節約成本，沒有購買新造紙張，而是從官府弄來一批淘汰下來的辦公舊紙，把正文直接印在背面空白處。

從讀者角度來看，這實在是粗製濫造，可對研究者來說，卻是個大驚喜。因為這批舊紙，正是黃冊的「清冊供單」——這個接下來會細說，上面詳細記錄了嘉興一些人家的黃冊登記狀況。

從這份黃冊底稿能看到，黃冊的主要內容和戶帖差不多，每戶人家有幾口人、籍貫、性別、年紀、與戶主的關係、事產多少等等。其中也有幾個奇怪的術語，比如「舊管」、「開除」什麼的。

這個地方，就是戶帖和黃冊的第二個決定性不同。戶帖是靜態檔案，它體現的是洪武四年的戶籍狀況。但人口會增減，財產會變化，黃冊每十年一造，必須體現出這種變化趨勢。

所以黃冊裡的戶籍，多了四柱分項，分別是：舊管、新收、開除、實在。「舊管」指的是上次造冊的人口和事產數字，「新收」指本次造冊新增數，「開除」指本次造冊減少數，「實在」是本次造冊時的現有數字。

舉個例子吧，比如前面那個王阿壽一家，在成化八年（一四七二年）的黃冊登記中，是一家五口人：他，他老婆，膝下一男一女，上面還有一位祖母。官田二分二毫，民田五分。

到了成化十八年，黃冊要重新登記了。官府戶房小吏跑來他家裡，先調閱成化八年的舊檔，寫下「舊管」數字：人口五口，田地七分二毫。

小吏詢問了一下，得知王阿壽的媳婦在成化十二年又生了一個大胖小子，便開列了「新收」一項的數字：人口加一。

然後他又得知，王阿壽的祖母在成化十二年去世了，而且在成化十六年賣了三分地給鄰居。這些都屬於減少，於是小吏又開列了「開除」一項：人口減一口，田地減三分。

一番加減之後，小吏最終寫下了「實在」一項：人口五口，田地四分二毫。

這就是成化十八年王阿壽家最終落實在檔案上的數字。等到下一個十年，也就是弘治五年（一四九二年），上一屆的「實在」，就變成了這一屆的「舊管」，再進行新一輪的加減，如此循環往復。

舊管＋新收－開除＝實在，這麼一個公式。

這個「四柱之法」，本來在湖州小黃冊裡是沒有的。在試運行的過程中，朝廷發現監控力度不夠，朱元璋就把里甲制的創始人——刑部尚書開濟叫過來，問他怎麼辦。開濟稍動腦筋，回答道：「以新收次舊管，則清矣。」一句話，就道出了四柱的本質。

你想作弊，想把這一期數字改了？可官府調出你從前的檔案，前後四柱一對，便能發現數字有問題。有了四柱之後，每一期數字，都和前後兩期數字像齒輪一樣緊密咬合，動一處，則牽連全體。這麼一來，朝廷不只掌握了你家的現狀，還控制住了過去和未來，控制力度空前強大。

這招太狠，一經推行，從此「人戶以籍為定」，老百姓再也翻騰不出什麼浪花。

順便說一句，開濟這個人，實在是個國初管理方面的天才。除了里甲制和黃冊四柱之外，他還一手建起了大明官員的 KPI（關鍵績效指標）考核制度，為每個部委的文書處理都定下一個程限，根據完成情況來評判功罪。結果「數月間，滯牘一清」，大得朱元璋褒獎。

從此以後，凡是涉及田賦、訴訟、河渠工程之類的大型專案，朱元璋都把開濟叫過來諮詢。不而開濟也沒讓他失望，「濟一算畫，即有條理品式，可為世守」，可謂是明初管理學第一人。不過開濟這個人，算是酷吏，曾擬定過一部反詐偽法，極其嚴苛細緻，連朱元璋都看不下去，嘀咕說你這是張密網以羅民啊。

開濟本身的性格有問題，加上自古管考勤的人從來都不受同事待見，其他官員逮到機會就拚命黑他。有一次，開濟牽涉一起官司，御史趁機上書，說這傢伙每次都是帶兩份相反的奏章覲見，聽天子口氣意向，再拿出合意的一份呈遞，以此邀寵。

朱元璋最忌諱的，就是下面的人耍心眼，一聽你連老子都玩，直接把他給棄市了。帶兩份奏章上朝這種事，不是開濟這種腦子，還真想不出來。

咱們說回黃冊。

黃冊裡面，其實還隱藏著第三個細節。

黃冊裡會記錄一戶的土地狀況，比如王阿壽一家有七分二毫官民田地，其中二分二毫官田是從官府租的地，還有五分自家的民田——這和戶帖是一樣的，只記面積，不寫田地位置、形狀和肥瘠程度。

不過黃冊比戶帖多了一項稅賦記錄，田地下面，夏稅多少、秋糧多少，寫得清清楚楚。

前面我們說了，朱元璋怕步子邁太大，所以推行戶帖時，並沒有順便清查土地，可是他一直惦記著這件事。

黃冊裡多了土地稅賦一項，說明朝廷終於要開始啃最艱難的一根骨頭了。

當年形勢不穩，土地清查必須緩行。此時的局勢，已經和洪武四年大不相同。有了里甲制和黃冊保駕護航，朝廷對基層的掌控力空前，可以開始搞魚鱗圖冊了。

《明史・食貨志》裡記載：「洪武二十年，命國子生武淳等，分行州縣，隨糧定區。區設糧長四人，量度田畝方圓，次以字號，悉書主名及田之丈尺，編類為冊，狀如魚鱗，號曰魚鱗圖冊。」

從這段記載可以看出很多有趣的資訊。

第一是時間。洪武二十年開始造魚鱗圖冊，這距離黃冊正式編成已經過了六年，怎麼朝廷工作效率這麼低？

其實這裡《明史・食貨志》說得不清楚。丈量土地是一項持續時間很長的工作，不可能一紙公文下去，立刻就能得到結果，前期有大量準備工作。黃冊制度之所以推行得那麼順暢，是因為戶帖制鋪墊了足足十年。同樣道理，洪武二十年開造魚鱗圖冊，也不是突然之舉。之前六年，朝廷一直在各地積極籌備。

明代的魚鱗圖冊是記錄一塊塊田地的檔案，檔案包括每一塊地的所屬、方位、面積、形狀等基本資訊，還要寫明地形、四至、肥瘠種類等等。如果土地涉及買賣分割，還要填寫分莊。如有佃戶耕種，亦要一一標明。旁邊附有檔案編號和地內橋梁、山川、河流等情況。

這還只是一戶的資訊。

十戶的魚鱗圖冊要合成一份甲合圖，十一份甲合圖再合成一里之總圖，一鄉的若干里總圖匯集在一起，交給縣裡。縣裡再一次合圖匯總，上交州、府乃至戶部。

可見打造魚鱗圖冊的繁劇程度在戶帖和黃冊之上，絕非一蹴而就。

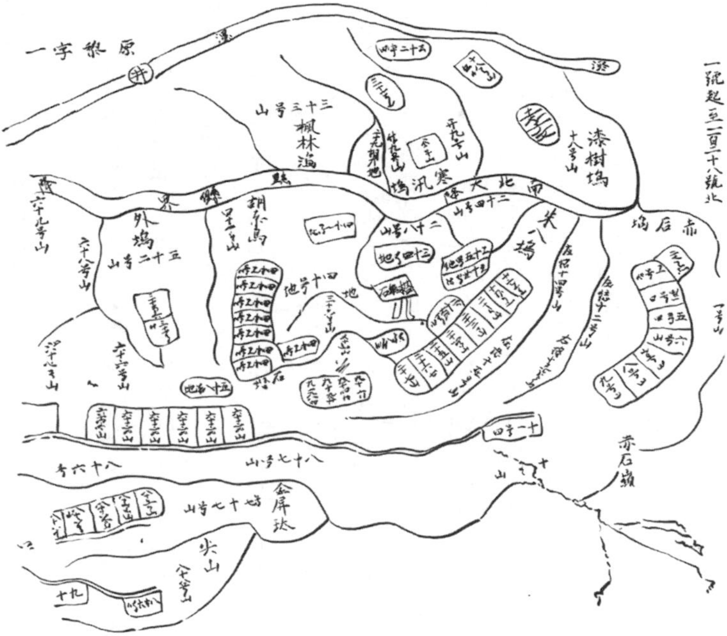

圖十六　魚鱗圖冊示意圖

《徽州府志》曾提及：「洪武十五年壬戌，遣官量田，定經界。」足以證明，魚鱗圖冊的準備工作，從洪武十四年到洪武二十年之間，從未停歇過。洪武二十年修造的魚鱗圖冊，不過是水到渠成的結果罷了。

第二個有趣之處是主持者。此人叫武淳，頭銜是國子生。

國子生就是國子學的學生。國子學是明初的中央最高學府，這個名字最早可以追溯到元至正二十五年（一三六五年）。洪武元年，朱元璋「令品官子弟及民俊秀通文義者並充學生」、「擇府、州、縣學諸生入國子學」。洪武十四年，他在雞鳴山下設立國子學新址，並於次年改名叫國子監。

大家應該還記得，洪武初年，朱元璋無法推行魚鱗圖冊的原因之一是專業人才匱乏。所以他非常重視國子學的培訓，將其當成政務儲備人才的培訓基地。既然是政務儲備人才，那麼就不能唯讀聖賢書。

朱元璋做人務實，給國子學加了一條規矩，叫作「實習歷事」。它還有一個更明白的名字，叫作「監外歷練政事」。

國子學或國子監的學生，到了一定年限，就必須到各個政府部門實習，熟悉政務。他們的身分，就叫作「吏事生」或「歷事監生」。朝廷視其在實習期間的表現，予以拔擢任用。這種歷練對培養人才的好處，自不待言。讓學生早早經歷政事磨練，可以迅速上任，對於緩解明初人才匱乏的窘境幫助極大。

洪武十九年（一三八六年），朱元璋一口氣選派了一千多名國子生，送到吏部除授知州知縣；洪武二十四年，又選拔了方文等六百三十九名國子生，以御史的身分去稽查百司案牘；洪武二十六年，登記在冊的國子監生，從原來的平均兩千人，躍升到了八千一百二十四人。

這三個時間節點很值得玩味。洪武十八年，戶部侍郎郭桓案發，株連萬餘；洪武二十三年，胡惟庸案波及數萬；洪武二十六年，藍玉案發，波及萬餘。朱元璋每次大肆屠戮，都讓官場為之一空，這些缺額只好讓國子監頂上去。

「實習歷事」的效果實在太好了，以至於朱元璋覺得有這個選拔制度就夠了，一度停辦了科舉考試。一直到洪武十五年重新開科，他還反覆叮囑「務求實效、毋事虛文」。

這位叫武淳的國子監生，竟然可以主持魚鱗圖冊這麼重大的工作，可見他之前一定以「吏事生」的身分實習了很久，對庶務得心應手，才會被委以重任。類似武淳這樣的人，還有很多。見諸史書的有呂震、古樸等人，都是國子生出身。可見朱元璋在主導土地政策的同時，對於配套政策的建設也沒有放鬆。

第三個有趣的地方，是「區設糧長四人，量度田畝方圓」。

前面咱們也提到過，糧長是朱元璋在「里」和「縣」之間設置的一個中間環節，主要職責是催收區域內的稅賦，職責和里長有所重疊。按道理，在洪武十四年里甲制建成以後，這個臨時性職務就該取消。可朱元璋卻堅持保留下來。

保留糧長的一個重要原因，就是為洪武十四年之後的土地大清丈做準備。

像武淳這樣的監生，縱然能力出眾，可畢竟是中央來的人，需要有熟知地方情況的人來配合，才好開展清丈工作。

地方縣府離基層太遠，資源有限；里長、甲首級別又太低，都不適合配合工作。而糧長一來熟悉鄉情，二來管轄範圍是「隨糧定區」，一區四個糧長，一個糧長的管轄範圍涵蓋一萬石左右的區域。以「萬石」為單位逐一造魚鱗圖冊，既不至太過瑣碎，也不至太大難以兼顧。

可見朱元璋這個伏筆也是經過深思熟慮的，一舉多得。

由於前期工作準備得透澈，魚鱗圖冊編造進展得十分順利，趕在第二期黃冊再造之前，完成了兩浙與直隸的清丈工作。

是的，你沒看錯，只是兩浙加直隸。其他地區的魚鱗圖冊和編甲工作，在接下來的十幾年裡才陸陸續續完成，並成為一項長期工作，一直持續到了永樂年間。

從此以後，老百姓和戶籍緊密地連結在一起，幾乎沒有出遠門的可能，即使外出，官府會隨時查驗路引；即使你沿街乞討，衙門也能查到你的黃冊底細，遣返原籍。除了一些少數民族偏遠地區和邊境之外，大明十三個承宣布政使司和直隸地區的民眾，就這樣被朝廷嚴密控制起來。

黃冊和里甲制鎖住了人口相關的稅費和徭役，魚鱗圖冊和糧長則掌控了田地租賦。黃冊、魚鱗圖冊以及里甲制三位一體，構成了一道又一道縱橫鐵索，牢牢地把百姓釘在了土地之上，動彈不得，化為穩固稅基，源源不斷地為朝廷輸血。

大明憑藉著這三樣工具，將控民之術提升到一個前所未有的新高度。歷數前朝，還從未有一個政權對民眾的控制能做到如此深切細緻。

賦役黃冊、魚鱗圖冊和里甲制所構成的體系，對民眾的管束和禁錮達到了前所未有的嚴密，是不折不扣的「張密網以羅民」。明清兩代被稱為中央集權的巔峰，其根源，就在洪武始建的這套底層設計裡。

朱元璋的理想，至此得到了完全實現。

數字可以說明一切。

三位一體初建之後，全國戶數一千零六十五萬兩千七百八十九，人口六千零五十四萬五千八百一十二，全國耕地面積達到八百八十萬四千六百二十三頃六十八畝，共可收夏麥四百六十九萬一千五百二十石，秋米二千四百七十二萬九千四百五十石。

這些看似枯燥的數字，意味著一個新生政權已經渡過了初期難關，徹底站穩腳跟，開始進入上升通道了。

洪武二十八年（一三九五年），心情不錯的朱元璋，向天下頒布了一道聖旨：「方今天下太平，軍國之需皆已足用。其山東、河南民人田地、桑棗，除已入額徵科，自二十六年以後栽種桑棗果樹與二十七年以後新墾田地，不論多寡，俱不起科。」

朱元璋覺得目前掌握的耕地，提供的稅賦已足夠國家開銷，從此以後新開墾的土地永不必徵稅，老百姓隨便種吧。這個政策開始只覆蓋兩省，很快涵蓋到幾乎整個北方。

敢於宣布新墾土地「永不起科」，朱元璋這個底氣，正是從成功的戶籍推行中來的。

在很多歷史書裡，作者講到各朝開國君主時，往往熱衷於描繪其在疆場上的血腥攻伐，沉醉於宮廷官場的鉤心鬥角，對於民政建設往往一筆帶過。這會讓讀者產生一種錯覺，彷彿只要君王們得了天下，稅賦錢糧、民眾徭役就會自動各歸其位，傾心輸誠。

事實上，這些瑣碎枯燥的工作才是真正的大事，也是真正的難事。老子有云：「治大國若烹小鮮。」意思是治理一個國家，必須像烹小魚一樣小心翼翼，不可操切，否則一不留神就爛了。

縱觀朱元璋在洪武年間的這一系列舉措，正好是老子這句話的最佳註腳。

他的每一項政策都經過反覆推演，有設計，有試行，有鋪墊，有妥協，策略務實而有彈性，一步步走得十分扎實。從「戶帖」到「賦役黃冊」，從「一百一十戶里甲」到「魚鱗圖冊」，從「糧長制」到「實習歷事」，層層推進，有條不紊。

朱元璋別的施政成敗姑且不說，至少在地方戶籍建設上，他展現出了一個成熟、理性、精明且極有耐心的政治家手腕。其中的管理手段之穩重，放之今日仍有參考價值。

經常有人會感到很奇怪，朱元璋在國初那麼折騰，為何國家沒怎麼亂，答案就在戶籍建設的細節中。

想想看，如果朱元璋制訂戶籍政策時既不論證也不調研，一拍腦袋就定，一定就推，一推就亂，一亂就鎮壓，鎮不住就遮掩，水多了加麵，麵多了加水，大明能不能延續下去可真不好說。

不過這套戶籍制度也不是完美無缺。它太過理想化，從根上想搞絕對平均主義，又為了穩定把民眾束縛得極緊，指望他們世世代代都趴在土地上不動。

朱元璋在位時，這一系列制度尚能執行，他一死，這套體系便開始發生變化。有些政策被悄然廢止，比如「永不起科」這個政策，在正統年間便被打破；有些政策扭曲走形，比如說糧長一職，後來成了老百姓避之不及的一個倒楣負擔，誰戴上這帽子誰破產。弘治年間曾經有一首特別萌的民謠：「廣買田產真可愛，糧長解頭專等待，轉眼過來三四年，挑在擔頭無人買。」說的就是這個狀況。

還有些制度雖然一直被忠實執行，可社會環境已變，當初的舉措，反而變成惡政贅法。比如三位一體的錮民之術，導致了永不停息的流民之潮等等。

哎，我想起來，咱們最早……是說玄武湖對吧？

咳，咳，這下終於可以說回正題了。

【注釋】

50 約法省禁，蠲削煩苛：漢初吸取秦亡於嚴刑苛法的教訓，立法思想轉變為法令要簡約，刑罰要寬疏，對一些定罪、刑罰有所減緩，廢除了秦律中某些不合時宜的條文。

51 察罕帖木兒：元朝末年有著非凡軍事才能的將領，積極組織地方武裝在山西、河南等地鎮壓紅巾軍，後攻破韓林兒龍鳳政權的都城汴梁，升任河南行省平章政事，從一品，為貳丞相，掌軍國重事，是朱元璋非常忌憚之人。可惜，後被降將田豐、王士誠刺殺。金庸小說《倚天屠龍記》中趙敏的父親汝陽王，即以察罕帖木兒為原型。

52 掌書記：據《元史．百官志》所載，樞密院下設詳定使司，負責在四方獻策中擇其善者上報皇帝。司內置掌書記二員，正七品。察罕帖木兒執掌河南行省時，兼任河南行樞密院事，開濟為河南洛陽人，在其麾下任掌書記，掌管詳定使司內文書往來與記錄。

53 黃冊與戶帖的區別：據欒成顯先生的研究，黃冊與戶帖的區別首先在於，黃冊裡的事產部分更為詳細，不僅載有田地、山塘、房屋、車船、牲畜等，而且列出田土買賣的細目，以及應納稅額等。其次，黃冊是以舊管、新收、開除、實在所謂四柱式為基本登記形式，能夠體現出十年之間人口與事產的增減變化。再次，黃冊編造之時，已經將每戶所屬戶籍、戶等、列於第幾甲、何年承受何種差役預先編定、記錄在冊了。由此可見，黃冊比戶帖更進一步，登載完備，組織嚴密。

◆◆◆

第三章　天下第一檔案庫

讓我們把日晷撥回到洪武十四年。

朱元璋在各地編造黃冊時，特別規定了存檔方式：「冊成，為四本，一以進戶部，其三則布政司、府、縣各留其一焉。」

就是說，每一級官府在製作黃冊時，都要做兩份，一份上繳，一份自己留著。層層傳遞上去，最終每一本黃冊，都會形成四本一模一樣的檔案。其中進呈戶部的，叫作正冊，要用黃紙當封面；剩下三本分別存在布政司、府和縣三級官府，叫作底冊，要用青紙當封面，以示區別（對封面顏色做出規定，其實是洪武二十四年才頒布的規定）。

各地官府按照朱元璋的要求，緊鑼密鼓地編造黃冊，然後一級一級匯總，里交縣，縣匯到府，府再統一交割給布政司。最後布政司把轄區內的所有正冊打包裝車，運往京城——洪武年間，首都正在昔日的金陵城。

幾十條長龍似的車隊，從四面八方向京城馳來，魚貫駛入正陽門。正陽門位於京城南邊，是國門所在，孝陵大祀牲牢、國學二丁祭品、戶部糧長勘合皆從此而入。你看，大車上那層層疊疊的黃冊簿子，像極了一塊塊穩固大明基礎的磚塊。

這些黃冊運至京城後，戶部會先把它們鋪在祭天的祭壇下面，鄭重其事地進行薦天之禮，然後將其收藏起來。

這個盛景，豈不是象徵著萬川歸海、中央權威無遠弗屆嗎？

看到此情此景，朱元璋很是心滿意足。可沒過多久，他便意識到一個麻煩。

問題正出在「收藏」二字。

洪武初年，各地直隸、府、州、縣並十三布政使司，一共送來了五萬三千三百九十三本，包括民、軍、灶、匠等諸類戶籍，天下虛實盡在此。

這麼多本檔案，該放哪兒呢？

這個數字看著嚇人，歸攏到一起卻不會占多少地方。明代中期有個藏書家范欽，在家裡建起一座「天一閣」，能裝七萬多本書。堂堂大明，在京城建個存放黃冊的小閣樓，算得了什麼？

可是帳不能這麼算。

這五萬三千本書，只是洪武十四年的黃冊正冊總數。黃冊每十年就要重新編造一次，隨著經濟發展，每期數量只會越來越多。比如弘治十五年（一五〇二年），各地上繳的黃冊，已經增加到了六萬七千四百六十八本。

黃冊舊檔不會銷毀，新檔源源不斷地進來。每十年就會新增六七萬冊，這麼日積月累下去，將是一個非常可怕的數字。

再者說，黃冊屬於政府機密，一旦遺失或被人篡改，就會引發無窮麻煩。它的收藏地點，一定得杜絕閒雜人等亂入。

更頭疼的是，檔案都是紙本，這麼多易燃品堆在一起，來個火星，劈個閃電，就能燒成連營之勢，太危險了；就算沒有火災，常年蟲蛀鼠齧、水浸潮漚，對檔案也是毀滅性打擊。

因此對朝廷來說，黃冊的收藏地點，必須足夠大、足夠近、足夠安全，還得便於管理。在京城這寸土寸金的地方，要隔離出這麼一大片地方，有點難度。

朱元璋思來想去，把目光緩緩投到了京城太平門外那一片叫後湖的水域。

此時的後湖，周長大約有四十里，不足全盛時的三分之一，四周被石頭城、鍾山、覆舟山、幕府山環繞。湖心有五座人造島嶼，號稱「五洲」，分別是老洲、新洲、趾洲、長洲和麟洲，對應如今的環、櫻、菱、梁、翠。（為敘述方便，接下來以如今稱呼行文。）

這五座島嶼，最早可以追溯到南朝宋。當時宋文帝疏浚後湖時，用挖出的湖泥堆起了三座大島，用海上三座神山來命名，即梁洲、環洲和櫻洲的前身。它們個個來頭不小，比如環洲之上有郭璞衣冠塚，梁洲是昭明太子編撰《文選》之處，櫻洲是囚禁李煜之地，無不底蘊深厚。

在後湖的周邊，南有覆舟山、雞籠山，東有鍾山、青溪，西有盧龍山、石頭城，北有幕府山，無論風水還是風景，都是極好的。

朱元璋是個實用主義者，他對這掩映如畫的勝景毫無觸動，對湖心五洲的格局卻大感興趣。這裡實在太適合修黃冊庫了。

湖心的五塊洲陸，湖水環伺，只能靠行船往來。在這裡修起黃冊庫，既方便隔絕閒雜人等接近，也有利於防火。而且後湖週迴不長，周邊再加一圈衛兵，便可以形成一個與世隔絕的雙重禁區。關鍵是，這裡離京城特別近，想調閱取檔，立馬可至，極其方便。

用時人的話說：「後湖之廣，周遭四十里，中突數洲，斷岸千尺……此誠天造而地設者也。」這麼一個地形上天然隔絕，又距離中樞咫尺之遙的好地方，只當風景看實在太浪費了。

早在至正二十六年（一三六六年），朱元璋就修了一道從太平門到台城的城牆，斷開了湖水和覆舟山、雞籠山的連結，隨後又在鍾山瀕湖之處，修起一座太平門，門外修起一條湖頭路，也叫太平堤。他在洪武六年（一三七三年）將城牆加高、加厚，防止有人居高臨下，窺探湖中，又整修堤壩，隔絕了外人循鍾山入湖的通道。洪武十九年第三次改造，向北修建新城牆，完全斷開了後湖西岸。

緊接著，他從後湖東北角的湖坡開始，每隔一百步堆起一個土堆，立起一塊界石，沿湖北、湖西邊緣，正好繞湖半圈到神策門為止，全長三千六百六十五步。

經過這麼一番折騰，後湖的自然風光算是完蛋了。本來玄武景致最值得稱道的，是其湖光石色、山水連綿之勢。如今東邊、南邊的山勢被牆、堤阻隔，北邊又修了一溜界石。更慘的是，秦淮河本來是後湖與長江貫通的通道，施工方乾脆裝了兩個閘門，把水也給斷了。

文人墨客，大概會感慨此舉暴殄天物。但朱元璋最不喜歡虛頭巴腦，好看又不能當飯吃，好用才是硬道理。

後湖被這麼整頓，從一個皇家園林變成了軍事禁區。除了大規模的改造工程之外，官府還搞了一次拆遷。其時在後湖內外，還住著許多居民，多以打魚、採菱、溼地種植為生。現在這裡要劃為禁區，居民們自然也得遷走。

說到拆遷，引出一個當地的民間故事，值得說一說。

話說後湖居民聽說洪武爺要拆遷，都非常驚恐，集體推舉了一位姓毛的老人上書勸阻。毛老人知道硬頂不行，就找了個理由，說湖島上的老鼠特別多，在這裡存放黃冊，很快就會被啃光。朱元璋聽了以後，說請你來當黃冊庫的總管吧，你姓毛，與貓諧音，一定鎮得住老鼠。

毛老人拒絕了。朱元璋大怒，把他關在牢裡。沒想到毛老人頗有氣節，居然絕食而死。朱元璋內心覺得愧疚，就在梁洲修了一座毛老人廟，封他為湖神。

清代有個叫陳作霖的人，在《炳燭里談》裡記了一個更驚悚的版本：「後湖在明時為黃冊庫，黃冊每苦鼠齧。一日，太祖至湖，見一鄉老，問之曰：『鼠患何以除？』對曰：『惟貓可以制之。』問其姓，則『毛』也。太祖以『毛』、『貓』同音，遂生埋之，而為立廟於湖中，謂之毛老人廟。相傳之說，似非無據，今乃祀之為湖神矣。」

好傢伙，為了鎮住老鼠，居然把毛老人給直接活埋了。

當然，民間傳說最喜歡玩諧音梗，諧音越多，離真實越遠。這些故事，附會居多，不過毛老人廟倒是真的存在，至今仍立在梁洲之上。清代有人在廟前挖出一副銅鉤，據說是毛老人的用具，便特意挖了一口銅鉤井以為紀念，至今仍在。

關於毛老人的故事，還有第三個版本，出自明代《後湖志》的《神祠記》。朱元璋之所以把黃冊庫修在後湖之上，是因為這裡四周環水，可以避火避人。但這樣就有另外一個麻煩，就是水面潮氣太重，長期高溫高溼，這些黃冊特別容易腐爛蛀蝕。當時在京城裡住著一個老頭，姓茅。茅老頭給朱元璋出了一個主意，說你把黃冊庫修成東西向的，這樣朝陽一出，先晒東邊，夕陽一落，再晒西邊。每天這麼曝晒一遍，就能保證紙張乾燥無蟲了。

朱元璋聽了大喜，然後「作窖築其人於中」。

怎麼又給活埋了？

活埋就算了，還在地窖之上堆起一座方台以為墓丘附祠，旁邊修起神廟，尊其為湖神。

洪武爺是性格急躁不假，但也不至於這麼神經病吧！

別說後世之人不信，就連《神祠記》作者本人趙官都不信。他是正德、嘉靖年間負責黃冊庫管理的官員，很有探索精神，決定親自勘察一番。正好毛老人廟的附祠年久失修，幾乎坍塌，趙官趁修葺的機會，把下面的方台扒開一看——別說茅老人的骸骨了，連毛都沒一根。

趙官經過一番考證，得出結論：洪武朝凡是修建神廟，都要用五方土聚成方台，以祭五方神明。這個土台子，不過是當年的祭神遺址罷了。後人無知，當成墓台，又附會出奇怪的傳說。

那麼這個毛老人，到底從哪裡來的呢？

嘉靖年間有個叫李默的吏部尚書，他曾經寫過一本《孤樹裒談》，裡面談到了毛老人的第四個版本，也是最可信的一個版本。

大家是否還記得，朱元璋為了制衡里甲，規定每一里要設一位老人，有權裁決里內爭端。老人有一個特權，可以越級上訪，直抵京城。

其實這些老人，還有一項福利。

當時朱元璋規定所有的官員，每三年就要來京城朝覲一次。而那些老人，也可以蹭官員的車馬一併上京面聖。

洪武十四年那次覲見，朱元璋正在為後湖潮溼的事情發愁，就隨口問道：「朕將命工部築室於後湖之中，以為藏天下黃冊之所，然當作何向宜乎？」一位老人回答：「此堂當東西向，庶朝夕皆為日色所晒，而黃冊無浥爛之虞也。」

這個建議很好，朱元璋欣然接納。沒有活埋，也沒有建廟，甚至沒說姓毛。所以這件事的真相很可能是：當初確實有一位老人提出建築分東西向的建議，但和湖神廟一點關係也沒有。後人不懂廟祠禮制，把方台當成墳包，湖神與老人合二為一，結果演變成了一個暴君活埋老頭的故事。

至於姓毛，不過是因為島上鼠患太厲害，需要貓神鎮之。久而久之，「貓」、「毛」諧音，湖神老人也就傳成毛老人了。

傳說真偽如何，且不去管它。至少歷史上真正的黃冊庫，出於防潮防蟲的考慮，確實是大多按東西朝向修建，前後有大窗通風。這樣可以保證足夠的光照時間來除溼、除蟲。偶爾也有朝南北，這取決於庫房修在什麼方位。

為了能最大限度採光，黃冊也不是簡單粗暴地堆放在庫房裡就完了，設計者為它們打造了特別的設施。

黃冊庫裡一排一排擺放黃冊的木架子，叫作架閣。架閣是一種四面敞開的架子，分層分格，文件分門別類地擱在上頭，一目了然，便於查找。

後湖的黃冊庫裡，每庫裡有四個大架閣。每個架閣分成三層，分為數格，用來收貯檔案。架閣特有的敞開結構，可以讓所有藏冊都有機會接觸陽光。在架閣上頭，還有一個斜板蓋，萬一屋頂漏雨，就能順著這個板蓋引至地下，避免弄溼文件。

黃冊庫的設計者很細心，要求這些架閣必須使用木頭，不能用竹子。竹竿太窄，要打成一個大橫板，得數竿竹片拼在一起。而竹片有弧度，拼接時必然凹凸不平，造成空隙，無法承重。

要知道，黃冊是長一尺三寸、寬一尺二寸的大方本，頁數又特別多，算下來平均每冊得四五斤。十幾冊甚至幾十冊放在一起，鬆鬆垮垮的竹架根本撐不住，只有木材可堪使用。

當然，這些黃冊不能光靠這點窗戶的陽光。管理人員還要定期在每年四月到十月之間把書拿出來放在太陽底下晾晒。三月不能晾晒，因為天氣太潮；十一月到一月天寒風大，對紙張也有傷害。

在晾晒期間，只要天氣足夠好，一次要晒足五天，才能重新入庫。

本來這種晾晒工作，要打造專門的木製晒架。後來官府覺得木製太容易壞，損耗驚人，便改變了做法。他們在每間庫房門口，都用磚頭砌了十個高二尺五寸的小墩，長三磚，寬兩磚，彼此相隔七尺。然後在磚墩之間，架起四根長七尺的鐵棍，黃冊就掛在這些晾衣竿上晾晒。

從現代科學的角度來看，陽光對紙張保存的傷害也夠大的。不過以當時的條件，能做到這麼細緻已經算是盡力了。

除了防潮，黃冊庫對於防火也下了一番功夫。

黃冊庫內，嚴禁動火，即使到了晚上也不許點燈，冬季亦不許生爐取暖。庫房裡的地面都要鋪設沙子，上覆木板。這樣既可防火，又可防鼠患。

就連管理人員的廚房，都要隔開庫房一里開外。

這是洪武、永樂年間的格局。後來到了正德年間，梁洲增設的庫房越來越多了，距離廚房越來越近，主官索性把廚房給移到環洲上去了。每次人員吃飯，都必須從梁洲跑到環洲。這樣做很不方便，但上頭對此絕不通融，甚至還特意立了一塊牌子：「敢有將火過橋者，治以重罪。」

黃冊庫的防火工作，算得上一個不大不小的奇蹟。這麼多紙堆在一處，整整兩百六十多年，居然一次火災都沒有。

硬體的問題解決了，還有一個軟體問題。

這些檔案實在太多了，又來自五湖四海，必須有一套科學的排列方式，方便日後檢索。

後湖黃冊庫的庫房，是以東、西、南、北、前、後為名。具體到庫房內的架閣，則以「千文架閣法」做編號。

這是宋仁宗時發明的檢索編號法。簡單來說，就是以《千字文》為批，歲月為次，依序排列。《千字文》裡的一千個字絕無重複，特別適合編碼。咱們現在常說的天字第一號、天字第二號，其實就是這種檢索法的產物。

不過具體到黃冊本身，動輒幾萬冊，千字文系統顯然就不堪敷用了。

黃冊庫的辦法是，先把同一期編造的黃冊放在一起，然後再按直隸布政司、府、州、縣、里坊廂、都、圖等一路細分。還要用一長條白紙寫明所屬，夾在黃冊之間。

這種分類，是為了方便地方查詢。後湖庫存的黃冊大部分是里冊，屬於最權威的原始資料，一旦地方上有什麼糾紛，就會來這裡調閱舊卷，平息訴訟。這是後湖黃冊庫最重要的職能之一。

如果有人——比如說前文曾經提及的那位休寧縣的平民王敘——想要查自己家在洪武二十四年的檔案，他該怎麼做呢？

第一期編造黃冊是洪武十四年，第二期編造在洪武二十四年。《千字文》有云：「天地玄黃。」所以王敘要先找「地」字號架閣。

他拿著一張對照表，發現「地」字號架閣是在梁洲前五號庫裡。他打開庫房，走到「地」字號架閣，會看到一疊疊黃冊整齊地排列在木架格子裡，外頭貼著索引條。王敘找了一圈，看到「直隸徽州府」字樣，趕緊走過去，從這一疊黃冊裡翻出標明「休寧縣」的幾本冊子，再找到里仁鄉呈遞的分冊，翻開裡面的二十七都、第五圖，就能知道自家祖上的戶籍情況了。

後湖黃冊庫的落成年代不詳，但肯定是在洪武十四年到洪武二十四年之間。也就是說，朱元璋忙完第一期編造黃冊，就開始責令工部籌備庫房建設了。到了洪武二十四年，朝廷已有明文要求各地黃冊並魚鱗圖冊要「俱送戶部，轉送後湖收架」，可見其已正式投入運營。

黃冊庫最初的規模並不算大，只在梁洲之上修起了三十六間庫房。其中九間庫房存放洪武十四年檔案，一共用了三十五座架閣；洪武二十四年則用了庫房二十五間、架閣一百座。

從此，隨著每十年大造黃冊，後湖黃冊庫一直在擴建。

到了永樂帝，大明把都城遷到了北京。本來永樂應該把後湖檔案也遷過去，可是北京周邊找不出像玄武湖這麼天造地設的湖泊——有也沒用，冬天湖面一上凍，任何人都能闖進去。後湖黃冊庫遂留在了南京，由南京戶部代管。

這麼決定的另外一層考慮是，江南是天下稅賦重地，關係重大，黃冊庫設在這裡，能更好地為其服務。

於是從永樂開始，每期黃冊造完，除了總冊需要進呈北京之外，其他里冊仍舊存放在這裡，一直持續到明末。

從洪武十四年到崇禎十五年（一六四二年），這裡的庫房數量擴張到了七百八十七間，架閣三千零八十六座，其中收藏的黃冊數量，接近兩百萬冊。無怪乎時人評價：「天下黃冊，該載戶籍、事產，實國家重務，億萬載無疆之根本也。」

如此規模的檔案庫房，光是堆放不管是不成的，還得配備管理團隊。

在洪武年間，黃冊庫的最高長官是由戶部侍郎代理。那會兒官員人手不夠，個個身兼數職。

後來到了宣德年間，才專門增設了一個戶科給事中的崗位，專管後湖冊籍事。

這個安排，其中頗有奧妙。

明代的官職裡，有一個「六科給事中」，分別負責監察禮、吏、戶、工、刑、兵六部，「六科給事中」獨立運作，不歸部委管轄，直接向皇帝負責。他們和都察院御史一樣，同屬言官序列。「六科給事中」的最高長官是都給事中，正七品，其他給事中都是從七品。品位不高，可權柄與威懾力卻不低。像是廷推、廷議之類的高級官員會議，這些七品小官，同樣有權參加。

區區一個檔案庫，長官居然是戶科給事中，可以說是高配了。

不過再細一琢磨，這並不算什麼高配。

因為這個戶科給事中，前頭還有兩個字：南京。

靖難之後，永樂帝把首都從南京遷到北京，從此大明擁有兩套中樞班子。北京一套，南京也有一套，官職配置完全一樣。不過可以想像，南京的這套班子，除了戶部有點權力，可以統籌江南賦稅之外，其他多半是有銜無差的閒職。一個南京戶科給事中，來負責後湖黃冊庫，只能算是名義上給足了面子。

除了給事中之外，管理後湖的還有一位戶部廣西清吏司主事。

這個配置，就更有意思了。

戶部一共有十三個清吏司，負責各個地區的具體事務。這些分司的名字很正常，比如浙江清吏司、廣西清吏司、福建清吏司等等——但千萬不要被名字迷惑，誤導性太大。

其實這些分司除了掌管本區事務之外，還有一個重要工作叫「帶管」。比如浙江清吏司負責京城七衛和神機營的俸祿、糧餉；福建清吏司，要帶管順天府、北直隸等地事務；廣西清吏司，要帶管太常寺、光祿寺、太倉銀庫、馬房倉、各象房、牛房倉，京府各草場等官衙的俸祿發放。

可以看到，廣西清吏司的帶管業務，和倉儲密切相關。從該司調派主事一人來監管黃冊庫，也算符合專業。雖然清吏司主事是正六品，級別比戶科給事中高，地位卻不如彼。

他們兩位，一位是監督戶部辦事的，一位是戶部辦事的，職務上彼此牽制。一個品低地位高，一個品高地位低，位階上互為制衡。

除去這兩人之外，黃冊庫管理層的第三順位，叫守備太監，司掌關鑰津卡之事，直接向南京守備太監負責——也算是大明獨有的特色吧。

這套不分軒輊的配置陣容，倒也符合檔案庫這種特別重要的冷衙門定位。

除卻這幾位大員之外，還有五十名監生、三十名小吏和一百多名匠役負責日常晾晒黃冊。匠役從應天府所屬的兩個縣裡徵招，要求還不低。這些人得粗通文字，否則晾晒完黃冊之後，都沒法正確放回去。

除此之外，還有京城東、北二城兵馬指揮司和瀋陽左衛牧馬千戶所，三個軍事單位各出一批歇操衛兵，晝夜沿湖巡視，驅趕閒雜人等。每五十步就要設一哨，嚴加防範。

戶部十三司還輪流調撥小吏四名，在湖面定期巡邏。可謂是戒備森嚴。

後湖與四面陸地隔絕，沒有橋梁通行，因此黃冊庫還配屬了三十七個船夫和十二條官船，負責與岸上的往來聯絡。但這些船可不是隨叫隨走的，平時都停泊在太平門外，用鐵索串鎖在碼頭石柱上，每旬只有逢一、六才能通行，謂之「過湖」。

過湖之日，所有需要上島之人要集中在太平門外的湖口檢閱廳，主事官員仔細查驗其身分、憑信文書。無誤後，由掌握鑰匙的內監打開鐵索，帶隊上船。當日濟渡任務結束後，內監還得把船重新鎖上，加上封條。

就算過湖上了洲陸，黃冊庫也不能輕開。負責人得先從主事官員那兒領取文書，再到守備太監那兒領取鑰匙，結束之後，要把鑰匙原樣交回。

當時有兩句詩：「四面環巡照大禁，中洲守護絕通衢。」詩一般，但描述的禁絕情景半點不假。

明代關於「過湖開庫」的故事很多。比如在洪武年間，曾經有一位監生，從守備太監那兒拿了鑰匙去開門，然後有事回家，就把鑰匙也帶回去了。他妻子一看鑰匙上綴著的黃色絨繩太舊，給換了一條新繩。等監生把鑰匙交還守備太監，太監一看大驚，說這鑰匙繩是馬娘娘親自搓的，你擅自換走，要倒大楣。嚇得監生連滾帶爬回家，還好妻子沒來得及把舊繩子扔掉，趕緊重新穿回去，免去一場大禍。

這故事有點傳奇色彩，尤其是馬娘娘親自搓繩這個細節，很有民間想像的風格。不過它至少證明，後湖管束之嚴，連老百姓們都很清楚。

接下來這個故事，可就是不折不扣的過湖鬥爭了。

弘治元年（一四八八年）的十一月二十日，有個叫郭鏞的太監，奉命去兩廣公幹。他路過南京時，突發奇想，硬是逼著內監把船鎖打開，帶著二十多個隨從登上梁洲，在黃冊庫逛了足足半天，過午才走。

這事驚動了南京的御史們，他們以監察御史孫紘為首，在十二月二十五日上書天子彈劾郭鏞「擅遊禁地」，強調說黃冊庫是國家機密所在，雖然這人並未造成什麼損害，但萬一開了這個先例，以後人人都可以進入，貽害無窮，所謂「其源一開，末流無所不至」。

冊籍之重，茲事體大。皇帝很不高興，把郭鏞申斥了一通，順手奪了他的兩廣差使。

這起糾紛，引起了宦官們很大的不滿，認為南京御史小題大做，故意讓他們難看，暗搓搓地伺機報復。到了弘治三年，司禮監有個叫何穆的太監，前往後湖巡視。這次他奉了聖旨，黃冊庫官員乖乖地請他過湖勘驗。

何穆巡視了一圈，眼皮也不抬，開口批評說後湖的關防太過鬆懈。官員趕緊請教說怎麼改進，何穆也不客氣，提了四點要求。

第一點，太平門旁邊的石閘，要標定一個刻度。平日湖內水量控制，看水位刻度決定，過則開，不過則不開。

第二點，湖邊每百步設置石碑一通，寫明「不許官民人等占種湖田」。

第三點，於神策門外東城腳下湖邊，修起一道界牆並柵欄，切斷人畜往來，防止百姓窺伺冊庫。

第四點，過湖船隻，要嚴加管理，鐵鎖連串，鋪門封鎖。

何穆這四點要求，看似是很合理的建議，並無不妥，可黃冊庫官員一聽，就知道裡面暗藏殺機。

先看第一條。

後湖的規模很小，水位多寡不穩定，所以洪武年間在太平門和太平堤設置了石閘、石洞，澇時開閘洩洪，旱時閉閘蓄水，以保證黃冊庫的安全。

這個石閘年久失修，不怎麼好用，導致後湖的水量時高時低，湖域時大時小。周圍的老百姓們要麼在附近偷偷引水種田，要麼偷偷捕魚、樵採、放牧，讓官府很是頭疼。

何穆提出重修石閘，確實是個好建議。

問題是，這件事，南京的御史們早已經在張羅了。

此前有一位南京監察御史，叫繆樗——正好是孫紘的同事兼好友，他重新勘察湖界，圈定範圍，著手準備修理石閘，並上書天子建議整頓後湖保衛工作。

這封奏章，在司禮監的何穆自然也看得到。

何穆雖在宮中，眼光卻很毒辣，一眼就發現了繆樗的疏漏。繆樗只勘察了後湖的現狀邊界，卻忘了考慮湖水有升有降，湖域也會變化。

萬一湖水漲多了，水面撲過原定邊界，老百姓蹭過去占便宜，你罰還是不罰？

何穆建議把石閘設定刻度，實際上就是將水位量化，以刻度為準來控制後湖的邊界。再配合界碑、界牆、柵欄、船鎖等設置，可以更好地把閒雜人等排斥在外。

建議很好。可建議越好，就越打監察御史的臉。虧你們還在南京本地，提出的整改方案有這麼大疏漏，還不如一個從北京過去的太監。

何穆在給弘治的奏章裡，直接點了繆樗的名，說他勘察不利，還特意加了一句：「猶恐日後軍民人等，仍前偷引水利，占種湖田，囑託勢逼該管人員，將前閘不時啟閉，走洩湖水，復有前弊。」

這麼前後一連結，用心太深了，顯得好像這些弊端手段，全是繆樗等御史縱容出來的。

何穆的報復還沒完。

仔細看他建議的第二條：「不許官民人等占種湖田。」

除了「民」，還有個「官」。

這個「官」字，有極強的針對性。

當時有個南京守備太監叫蔣琮，因為長江蘆場的利益問題，跟南京御史們打得不可開交。蔣琮為了尋求突破口，指使手下陳祖生控訴戶部主事盧錦、給事中方向侵占湖田。

黃冊庫是個冷衙門，沒什麼錢，管理人員經常趁職務之便偷偷打點柴薪、撈點鮮魚。盧錦、方向作為黃冊庫的上級主管，派佃戶在裸露的湖灘上種了幾塊地，從中占點小便宜。沒想到這事被蔣琮給掀出來了，導致兩人都被下獄。

郭鏞路過南京時，之所以想去後湖，就是想起了這件案子，想親眼見識一下。沒想到，同仇敵愾的御史們立刻抓住這個痛腳，狠狠地報復了回去。

何穆這次到南京來，也是因為郭鏞回去哭訴了一通。皇帝耳根子軟，這才派他來查實。現在御史們已經被何穆弄得灰頭土臉，黃冊庫那些小角色，也不能讓他們好過。

何穆上奏疏表示，後湖每年冬天，南京司禮監都派專門的漁船來湖內捕魚，好供給官員用度。但是原來打魚的日期不定，很多人趁著官船捕魚的當兒混進來，存在隱患。從今以後，要限定捕魚的日子，對船隻嚴格檢查，漁網只允許用五天，其餘時間全部收走。

存在隱患只是托詞，其實是為了整黃冊庫的人。他們平時沒什麼好處，只有每年趁這機會網幾船魚，改善一下生活。這一下，全沒了。

還有，何穆指出，現在湖內五洲之上的蘆葦太多，是個火災隱患。可這裡是禁地，外人不得入內，因此責令管庫官員並雜役、匠役等人，把這些蘆葦都砍去充當柴薪。他還好心地提醒了一句：「柴薪若積聚過多……就行會官估價，變賣銀兩，送應天府官庫收貯，以備修理本庫等項支銷。」

聽起來冠冕堂皇，毫無破綻。但仔細一琢磨，後湖黃冊庫管人員額外多了一大堆工作量，賺到的錢卻只能充公用。這根本就是變相把一部分辦公支出，轉嫁到庫管人員個人身上。

偏偏皇上最喜歡的，就是這種不用額外付費的先進管理手段，讓底下人有苦也說不出來。

何穆把這些「合理化」建議，整理成奏疏上報天子，很快就得到批准，令南京御史們士氣大挫。經此一役，蔣琮那邊的案子也取得了突破。先後有十名御史下獄，而蔣琮本人毫髮無傷，宦官一方在兩個戰場均大獲全勝。

至於躺著也中槍的後湖黃冊庫，只能哭著進行整改，讓後湖禁制變得更加嚴苛。有人寫了首詩諷喻此事：「瀛洲咫尺與去齊，島嶼凌空望欲迷。為貯版圖人罕到，只餘樓閣夕陽低。」

「人罕到」三字，用得一點不錯。到了萬曆年間，有位吏部左侍郎顧起元路過南京，不得其門而入，不由得感嘆說：「白下（南京）山川之美，亡過於鍾山與後湖，今為皇陵冊庫，遊趾不得一錯其間，但有延頸送目而已。」

連吏部左侍郎都不讓靠近，可想而知黃冊庫平時人跡罕至到什麼程度了。

只有在一種情況之下，後湖這裡才會變得特別熱鬧。

那就是每十年一次的大造之年。在這一年，全國各地都會重新編造黃冊，集中送至南京。新造黃冊入庫是一件隆重的大事，現場得由給事中一人、御史兩人外加主事四人親自坐鎮查驗，還有一千兩百名來自國子監的學生嚴陣以待。

國子監一般的編制是一千五百人。這一下子去了一千兩百人，幾乎是傾巢而出了。

等一等，怎麼要這麼多人？這是要打仗嗎？

還真差不多。

這些國子監的天之驕子，將要跟全國的地方官吏百姓，展開一場看不見硝煙的惡戰。

要講明白這個問題，咱們還得從黃冊的編造過程說起。

第四章　黃冊攻防戰

前面說了，黃冊脫胎於戶帖。兩者內容接近，但在很多細節上頗有不同。這些不同，不光體現在兩者的格式細節中，也體現在兩者的編造流程上。

那麼一冊黃冊，是怎麼出爐的呢？

首先，造冊之年，戶部會提前半年備好標準黃冊的格式，得到皇上批准後，分別下發地方。

其次，地方官府會按照黃冊樣式進行翻刻。不過他們需要刻造的不是黃冊，而是「清冊供單」。

「清冊供單」和黃冊不太一樣，它是一種針對單戶的調查表格，用來搜集一戶人丁、事產等資訊，和戶帖差不多。咱們可以把它理解成黃冊的預填草稿。

接下來，官府會把印好的「清冊供單」下發到里、坊、廂這一級，讓現年里長親自送到甲首手裡，甲首再分別送到本甲的十戶人家，一一填寫清楚，一戶一單，簽上自己的名字作保，以確保真實性。

工作完成之後，里長會把本里的一百一十張「清冊供單」合成一冊，遞交給當地衙門。

當地衙門收到轄區內所有里、坊、廂的「清冊供單」之後，並不忙著合冊編造，先讓戶房官吏並算手、書手[54]進行磨算覆核，尤其還要調閱上一期資料來比較，看是否存在問題。

如果審驗無誤，衙門會重新排定下一期的里長、甲首和徭役排序，填成「編次格眼」，與確認的「清冊供單」一起送回到相關的里。里長要把這些資料謄寫成正式文稿，造出兩本里冊，一冊黃封上繳，一冊青封留底。

你沒想錯，每一里的黃冊，由本里一百一十戶自己掏錢編造，朝廷沒這筆費用。一直到州一級，才有專門的政府預算來造冊。

朝廷雖然不掏錢，要求還挺多。

黃冊的尺寸和戶帖一樣，寬一尺二寸，長一尺三寸。對於冊內文字，書手必須以範本格式來抄錄，字體尺寸都不許出錯。字要抄在原冊紙上，不許塗抹或額外浮貼，以避免篡改情形。弘治三年，為了增加作弊的難度，還把原來的小字楷書改成了大字楷書。

黃冊的製造材質，得統一用厚實的綿紙，不得經過粉飾或漂白，因為那樣容易讓紙張變脆發黃。甚至連訂冊，都必須用綿索來穿起，不許使用糨糊。就算萬不得已要用到一點，糨糊裡也得摻入花椒、明礬等原料，以避免蟲蛀。

不過黃冊製造畢竟是個專業活，普通人幹不了。在大部分情況下，里長們都是到官府指定的紙鋪去編造裝訂。

順便提一句，其實我們現在能看到的黃冊實物，屬於真正意義的黃冊並不多，大部分都是

「清冊供單」草稿。這些供單在用完之後，會送回個人家裡，這才讓極少部分文件逃過戰火，幸運地殘存到今日。

所有的里冊，都要匯總到州、縣衙門。衙門要把這些資料匯總，單獨造一個總冊，裡面沒有每戶細節，只記錄各里的總數——戶部特別指出要「本管正官、首領官吏，躬親磨算」，同樣一冊黃封上繳，一冊青封留底。

接下來，州、縣衙門要把所有的里冊以及總冊送到府一級衙門。府衙也要單造一個分冊，記錄各州縣總數，一併送到布政司。布政司亦要單造分冊，記錄各府的匯總資料，再與府冊、州冊、縣冊以及記錄到每一戶的原始里冊一起呈遞給戶部。

一級一級匯總上去，戶部最終拿到手裡的，是幾萬本里冊、幾千本州縣冊、幾百本府冊和十幾本司冊。中樞決策者既可以看到任意一個地區的宏觀資料，亦可以深入查到任意一戶的狀況。宏微兩便，天下透明。與此同時，各級官府也都會層層留底，用青冊來辦理日常民政之需。

不過黃冊呈遞到戶部之後，並不是直接運進後湖黃冊庫，它還有一道關要過。

朱元璋在推行戶帖制的時候，曾經放出過狠話：「我這大軍如今不出征了，都教去各州縣裏下著，繞地里去點戶比勘合。」他把軍隊作為獨立會計師，對地方數據進行駁查，以避免各級官員在普查過程中舞弊。

他來自民間，深知弊情，必須核查這些黃冊真偽。國初諸事未備，只好動員軍隊進行駁查。現在一切都走上正軌了，再找軍隊當審計就有點不合適了。

可不找軍隊，找誰好呢？

駁查是個專業活，不是什麼人都能幹的。檢查人員必須識文斷字、精通算學，且具備一定的政務經驗。更關鍵的是，黃冊的數量太大了，這些檢查員還得有足夠的時間來幹活。

大明哪個部委也沒有餘裕抽調一批精幹官吏撲在這上面，正事還幹不幹了？

想了一圈，最適合幹這個的，就是國子監。那些大學生都是被當成官僚預備隊培養的，文化水準高，又閒得緊，正好拉過來當免費勞動力。

他們要做的「駁查」，從戶部總冊的數字往下查，層層驗算，從司冊至府冊、州冊、縣冊乃至里冊，驗算其舊管、開除、新收、實在的四柱增減。如果民間有飛走[55]、灑派、埋沒、詭寄、影射[56]、團局造冊等弊情，就靠這些名偵探來查出真相。

一旦查出錯訛之處——這簡直是一定的，監生會把問題匯總成冊，做成「駁語黃冊」，裡面開列某府某縣某里的某項數據有問題，封面改一個「駁」字，並提交戶部。戶部會以尚書名義，把這個冊子下發給相關衙門，責成半年內查實重修。這個重新改正的黃冊，叫作「奏繳冊」，經二次查驗無誤，才會進入黃冊庫內。

大明平均每期編造黃冊的數量是六萬，一千兩百名監生人均負責駁查五十本，也就是五千五百戶的量。一天算一本，兩個月即可完成，再加上查實、撰寫駁語的過程，三個月可以大體完成，工作量不算大。

再說了，後湖一圈嚴密封鎖，無人能近，辦公環境非常幽靜。監生們幹累了，還能出去欣賞一下湖景風光，多美好啊。只見眼前煙波浩渺，水色瀲灩，湖面似鏡澄澈，半條船也看不到，想跑都跑不了……

等等，幹嘛要跑呢？

因為實在太苦了。

後湖駁查黃冊，絕非想像中那樣度假式辦公。對可憐的監生來說，不啻噩夢。

弘治十七年（一五〇四年），國子監祭酒章懋這樣描述監生們的工作狀態：「緣彼處冬月苦寒，夜不燈火。夏月盛暑，又多蚊蚋。兼以土地卑溼，水泉汙濁。監生到彼，多致疾病而死者。」

再看十幾年後的正德十二年（一五一七年），南京戶科給事中易瓚在一份奏疏裡說得更詳細：

「白晝，嚴鎖各號，不容出入；黃昏，黑聚一室，不見燈火。酷熱苦寒，並無休息。加以湖瘴襲人，溼氣侵體，致疾者十常八九，倖免者百無一二。近日，監生鄔鳳病故湖上，雖暴染之於平日，實出感發於一時。暴露數日，直待開湖，方得裝回，罔不傷心。諸生過湖，如蹈湯火。勞苦萬狀，不能盡述。」

瞧瞧，白天只能蹲在一個小號裡幹活，晚上為了防火，還不能點蠟燭。夏天熱冬天冷，蚊蟲叮咬、溼瘴之氣密布。而且湖禁森嚴，你別說病了，就是病死了，也只能暴屍島上，等每旬開湖之日才能把屍體運走。

這不是正德年才有的規矩。早在永樂十一年（一四一三年），監察御史張翼就上書皇帝，說島上負責駁查的監生多有生病，能不能破例離島送醫？永樂的批覆是：「但有病的，不要他過來，著太醫院帶藥，就那裡醫治。」

可見湖禁猶如天條，誰都不得違反，病人都不能通融。

在這麼惡劣的環境之下，監生們還得認真幹活。一旦出現駁查欠詳、扣算欠精的失誤，輕則責罰，重則拿問。

能請假喘口氣嗎？也行。

《南雍志》裡記了兩件事。一件是在洪武年間，臨到駁查日子了，監生張振上書皇上，說今年輪到他們家當里長了，可家裡除了他沒有壯年丁口，請求歸鄉應役，朱元璋批准了；然後到了永樂年間，監生饒觀也碰到和張振一樣的情況，上書向皇太子請假，歸鄉應役，很快也得到了批准。

國子監的學生非要請假，沒問題，您得自個兒去跟皇上或者太子說去——皇上日理萬機，脾氣還不好，你的請假理由是否充足，自己掂量吧。

環境差，工作多，假難請，按道理薪酬應該少不了吧？

對不起，沒有，純屬義務勞動。你們這些大學生在國子監裡求學，已經享受國家補貼了，每個月有廩米養活，憑什麼還要錢？

那沒有酬勞，總有功勞吧？

對不起，功勞也沒有。

當年朱元璋為了鍛鍊監生，定下規矩，要求他們在各衙門實習歷事，「實歷」至少要做滿一年。監生歷事考核裡明確規定，一年期滿，考官要根據監生的實習表現，分成上、中、下三等。上等可以委以重任，補授實缺；中等可以隨材任用；下等要回校重學。

對監生來說，這一年的實習履歷非常重要，決定了他未來在官場的位置。

這個「實歷一年」的時間，絕不是你隨便混混日子就能集滿的。首先，你得在朝廷指定的部門幹活，比如六部、通政司、都察院、大理寺、五軍都督府，甚至錦衣衛；其次你得負責具體實務，比如抄錄文書、查核倉儲、清丈土地、監修工程、隨御史出巡觀風等等。你只有滿足這兩個條件，工作時間才能折算進「實歷」。

可惜的是，駁查黃冊這項任務，卻不能折算「實歷」。

這事可以理解。你想，駁查黃冊十年才一次，一次才三個月，而且每次活動要動員一千兩百個監生。如果這也能折算實歷的話，一次駁查，差不多整個國子監的學生都漲了三個月「實歷」，考核制度還有什麼意義？

但對監生個人來說，可就慘了。你忙碌的這三個月，是沒法寫入實歷履歷的，還得去別的地方幹滿一年，才能授官。

因此後湖駁查這件差事，對監生們來說，只有苦勞——事實上，官府正是把駁查歸為一種特殊的徭役。徭役，不就是白幹嘛。

好在從洪武到永樂這段時間，皇帝對國子監很重視，很多官員從這裡直接選拔。監生們有上升管道，朝氣蓬勃、前程遠大，駁查這點辛苦活，忍忍也就過去了。

可隨著時間推移，形勢越發不妙起來，因為大明遷都了。

永樂帝把首都遷到了北京以後，國子監本部也隨之北上，稱北雍，南京國子監淪落為陪都分校，稱南雍，影響力大幅降低。而後湖的駁查工作，總不能讓北京學生千里迢迢南下吧？還得南京國子監出人，這就有點入不敷出了。

更麻煩的是，在永樂之後，明代科舉制度日漸成熟，成為官員來源的主要管道，從國子監選走的官員越來越少，監生地位一落千丈。監生們別說得不到好的官職，甚至連「歷事」都很難獲得機會，只能年復一年地滯留在國子監裡，看不到未來。

宣德年間，國子監淹滯人數將近五千人，年紀最大的甚至超過五十歲——距離永樂北遷這才多少年？

駁查條件惡劣一如既往，大環境和政治待遇卻每況愈下。最直接的結果，就是監生參與的積極性大幅下降。

洪武、永樂以及後面的洪、宣兩代，駁查監生基本能保持一千兩百名。在此之後，監生數量一路驟減。正統七年（一四四二年），降到八百名。景泰二年（一四五一年），降至六百零八名。到了成化十一年（一四七五年），南京戶部上書抱怨，說他們徵招八百名監生查理黃冊，過湖的居然只有兩百餘名，其他的全跑光了。

這可奇怪了。國子監的管束那麼嚴格，上課遲到都得挨板子，監生們怎麼逃呢？千萬不要低估人類逃避勞動的主觀積極性。

南京國子監為了節約成本，少發點廩米，曾經想出一個奇葩政策，叫「依親讀書」，讓學生們回自己家去讀書，學業時間照算——可以理解為函授課程。

監生們腦子轉得快，算算快到駁查之年了，紛紛提出申請，主動回鄉依親讀書。等到國子監要調人過湖駁查的時候，傻眼了，兔崽子們全回去「依親」了，還得一個一個往回拉。

放出去容易，拉回來就難了。監生們賴在家裡，什麼理由皆有，什麼生病啊，奉親啊，遷葬啊，送幼子啊，這裡面最好的藉口，就是至親病故。大明以孝治天下，趕上父母亡故，以首輔之尊都得丁憂歸鄉，守制三年，我們這些窮學生更得遵從禮法對不對？

就算父母健在，祖父母萬一有亡故的，我也得一體孝順不是？七大姑八大姨有一個沒了，考慮小時候人家還給過我糖吃，我傷心過甚，自願守制，弘揚大明孝治精神文明，國子監你好意思學聖上奪情嗎？

就算是在國子監上學的學生，也可以裝病，裝病不行的就花錢請人冒名頂替，沒錢的就乾脆逃跑。最終留下來等著應役的，都是必須靠每月發放廩米過活的赤貧書生。

國子監能說什麼？只能含淚去想別的辦法。

可也沒別的什麼辦法。

弘治七年（一四九四年），南京國子監請求北京國子監支援，調一些南方籍貫的學生到南京。北京國子監的反應很冷淡，你倒楣關我屁事啊？最後好說歹說，北雍挑了幾個歪瓜裂棗送了過去，虛應一下而已。

南雍一看北雍靠不住，又想了一個轍，動員舉監生。

明代國子監的學生分成官、民兩種。官生是官員子弟，叫蔭生；民生則分成貢監生、例監生、舉監生幾種。貢生是各地選送來的優秀學生，例生是自費入校的學生，舉監生則指那些通過鄉試獲得舉人身分，卻在會試失敗的人。有些落第舉人會選擇暫時在國子監內讀書，在裡面自成一派。

過湖的監生，一般都是從貢生裡選。人家例生、蔭生要麼出了錢，要麼家裡有官身，用不著幹駁查這種辛苦活。舉監生好歹是舉人出身，也不用幹活。到了成化年間，貢生人數實在湊不夠，國子監決定把舉監生也算進駁查隊伍。舉人們聞言大怒，我們是何等身分，豈能跟那群貢生為伍，太辱斯文了，便開始大鬧。

官司一直打到了戶部，最後戶部判說：「舉人與歲貢所入之途雖異，及其到監，均為監生……況查無舉人監生優免事例。」於是舉監生們也只能老大不情願地去了後湖，但是……人還是湊不夠。

人不夠，黃冊卻不會少，結果必然是工作時間無限拖長。

從宣德年開始，駁查黃冊的時間越來越長，從三個月拖至半年，半年拖至一年，乃至兩年三年。到了正德五年（一五一〇年），駁查工作已經拖延到了無以復加的地步。

那一年，南京戶科給事中向皇上這樣訴苦道：「正德七年編造在邇，今改駁之冊未完，編造之冊復至。新舊相仍，事務冗促。冊本浩繁，遽難查對。」

這封奏疏的意思是，上一期的黃冊還沒駁查完畢，眼看下一期新冊就要來了，怎麼辦？上一期黃冊是弘治十四年造，十五年送審；下一期是正德六年（一五一一年）編造，七年送審。也就是說，從弘治十五年到正德五年，前後足足駁查了八年時間……

但也不能怪國子監。這一期參與駁查的監生一共是三百五十人，大半是老弱病殘，能幹活的不過半數，還時不時會跑散一大片。這種士氣，叫人家怎麼提高效率？

到了正德十二年，終於有一個叫唐鵬的監生勇敢地站出來，上書朝廷說了實話，明確指出黃冊效率低下的原因是監生待遇太慘，請求改善。

他的訴求是，懇求朝廷把駁查的工作時間算入「實歷」。

在正德年間，就連國子監授官都已名存實亡，這些監生孜孜以求的，居然還只是「折算實歷」這麼點待遇，實在是太可憐了。

唐鵬的請求，得到了當時南京戶部的支持，相關官員也紛紛上書，表示再不改善，這活真幹不下去了。這次朝廷終於也意識到問題的嚴重性了，開會議了幾日，最終拿出了一個辦法：

「過湖查理黃冊監生三個月滿日，准作實歷事三個月……比例准歷，以均勞逸。」

看著從善如流，可仔細一琢磨，實在太過分了。

按照這個規定，監生在後湖的工作時長，確實可以折算成等長實歷，但三個月封頂。如今一次駁查動輒數年，監生幹得再多，也只算三個月工分，其他時間還是白幹。

可想而知，一線駁查人員的士氣，會變成什麼鬼樣子。

又要馬兒跑，又要馬兒不吃草，這大明朝廷的袞袞諸公，難道都是白癡嗎？

讀史有一個很重要的原則，就是不要輕易把古人當白癡。我們今天可以看到的歷史，和當時人的視角不同，獲得的資訊亦不同。如果設身處地去想，就能明白，很多看似愚蠢的舉動，自有其邏輯和動機。

比如「過湖監生」的待遇問題，是從宣德之後開始凸顯。這一段時間，正是大明士紳集團開始發展壯大的階段。根據《大明律》，這些士紳可以減免稅賦徭役，比起自耕農經濟上天然具有優勢。他們又可以通過科舉等管道，在政權裡取得話語權。

最終這個利益共同體在中樞則為高官，在鄉里則為縉紳，以士林為綱網，以族親為身基，形成一個能與皇帝抗衡的集團。

這個共同體的天性，是利用經濟和政治上的優勢去兼併土地，攫取利益。正如海瑞說的那樣：「以故富者輒籍其產於士大夫，寧以身為傭佃而輸之租，用避大役，名曰投獻。故士一登鄉舉，輒皆受投獻為富人。而士大夫既謝失勢，又往往折入於暴貴者，以兼併為固然。乃豪強大有力之人，視田宅所便，收之莫敢不與。」

駁查黃冊的根本目的，是查清人口、田畝，與這個集團的利益天然背道而馳。他們即使沒有刻意去阻撓，也肯定不會主動去改善。

更妙的是，讓國子監駁查黃冊，是洪武爺定下的規矩。雖然國子監的地位今不如昔，但他們大可以用「祖制難違」的藉口，拒絕改革，任誰也說不出個「不」字。

當然，這並不是說真有那麼一兩個幕後黑手，在斗室裡算計著如何破壞黃冊制度的陰謀。具體到個人，不乏明智的官員上書要求變革，但作為一個利益集團或階層，大多數成員都會下意識地在方方面面做有利於自身利益的舉動。這些力量匯集到一起，形成所謂的「潮流」或「時勢」，誰逆了潮流，誰阻礙了時勢，就會遭到反噬。

駁查監生的遭遇，不過是這股政治力量在水面上造成的一點點微瀾罷了。

黃冊駁查就像是一個戰場。一群苦不堪言的士兵身處低矮簡陋的戰壕，長官漠不關心，後方補給時斷時續——偏偏他們的責任又特別重大。

因為駁查工作要面對的，是一大群無比頑強而又無比狡黠的勁敵。

中國自古有兩股力量始終在糾纏對抗。一股力量來自中央，千方百計想要搞清楚基層情況；另外一股力量則來自基層，千方百計不讓中央知道實際情況。

尤其是一涉及錢糧徭役之事，人類的想像力和智慧是無窮的。上頭有多少條政策，下面就有多少條對策。漢代搞「案戶比民」[57]，民間就敢「舍匿虛田」[58]；隋唐有「大索貌閱」[59]，民間士子就敢「冒籍取解」[60]；宋代搞「徇前差役」[61]，老百姓就會「析居避役、鬻田減戶」[62]。

不說別人，那位「鑿壁偷光」的雞湯代表人物匡衡，他在朝堂上直言進諫、剛正不阿，一退休回家，就利用地方土地檔案的疏漏，偷偷侵吞了四百多頃地。可見人類的天性是很誠實的。

明代的情況也並沒什麼不同。當年周鑄前往浙西清丈田地，地方上的富戶就紛紛把自家土地轉到僕人、佃戶以及親戚家名下，以此減少賦役——還有個名目，叫作「鐵腳詭寄」。地方上對抗中央的花招，可多著呢。

朱元璋搞出的這個黃冊、里甲與魚鱗三位一體之法，別看紙面上的設計頗為完美，落實到執行層面，仍有無數漏洞可鑽。駁查駁查，駁的是舞弊隱匿之情，查的是版籍疏漏之處，正是為了減少民間干擾，盡量讓中央掌握最詳實的資料。

洪武二十四年，朱元璋在編造黃冊的命令同時，特意警告說：「所在有司官吏里甲，敢有團局造冊、利斂害民，或將各寫到如式無差文冊故行改抹刁蹬不收者，許老人指實，連冊綁縛。害民吏典，赴京具奏，犯人處斬。」

反著一讀，就知道民間舞弊的情況從國初就非常嚴重，非得皇帝親自提醒不可。

那麼，下面的人是怎麼作弊的呢？

咱們還是拿之前出現那個休寧縣人王敘，虛構幾個例子來講講。

先從最簡單、最常見的情況說起。

比如在洪武十四年，王敘家的黃冊記錄是一家四口，父親、兒子兩個丁口，外加一個老婆、一個女兒。當年年底，他老婆一口氣生了三個兒子，人口增至七人。到了洪武二十四年，又要造黃冊，王敘可犯愁了。丁口多了，負累也多，得想辦法藏匿人口。

他提著四斤豬肉，買通了甲首。在造冊時，甲首幫他報了一個假數字，只說是新增男丁兩口，全家六口人，瞞報了一口。

這樣在洪武二十四年黃冊上，他家人口的四柱是：舊管四，開除零，新收二，實在六。這個資料被匯總到休寧縣，一路上報國家。

又過了十年，到了永樂元年（一四〇三年）。靖難之役雖然慘烈，但各地黃冊該造還得造。這次王敘沒錢賄賂甲首，家裡孩子也已長大成丁，沒法瞞過別人耳目，只好老老實實把所有人口都報上去了。

數字送到後湖進行駁查，某位監生負責徽州檔案，他磨算了一下，覺得休寧縣的人口數字不對，個位數有偏差，前後差了一個人。他一路再往下細查，發現其他鄉的數字都對得上，只有里仁鄉差一人，這麼順藤摸瓜，直到翻開了二十七都第五圖的黃冊。

他調出洪武十四年、二十四年的第五圖黃冊，與永樂元年的黃冊四柱做對照，立刻發現了癥結所在。

洪武十四年王敘家戶口「實在」四人，洪武二十四年「實在」六人，永樂元年變成了「實在」七人。從這個記錄看出，王家添丁的節奏應該是：洪武二十四年「新收」了兩人，永樂元年「新收」了一人。

可實際黃冊裡的「新收」這一項，只有洪武二十四年記錄了「新收」兩人，永樂元年「新收」為零。

數字對不上。

不用問，肯定當地有瞞報情節。於是這位監生提筆，把這一條寫在另外的駁語冊子上，注明理由和數據來源。戶部拿到駁語，一路下發到休寧縣，要求查實第五圖王敘家在洪武二十四年的勾當。結果，王敘和洪武二十四年那個現年甲首，都因此而面臨懲罰。

四柱之法的作用就體現在這裡了。你作弊作得了一時，卻很難每次都作弊。四柱之間，數字增減彼此關聯，前一期黃冊與後一期黃冊，數字增減亦有關聯，只要有一次數字對不齊，就會被駁查發現。就算你手眼通天，能把縣裡的青冊都塗改了也沒用，因為上面還有州裡和府裡的青冊備份。你就算真能把這一串青冊都改了，後湖還存有最權威的黃冊。

你要是能把後湖黃冊也改了……這麼神通廣大，你乾脆直接造反好不好？

這是一個最簡單，也最容易被查出的案例。比這隱蔽巧妙的舞弊手段，還多得很呢。

正德年間有一位江西巡按御史唐龍，曾詳細描述過地方上的作弊手法：「江西有等巨室，平時置買田產，遇造冊時，賄行里書，有飛灑見在人戶者，名為活灑；有暗藏逃絕戶內者，名為死寄；有花分子戶，不落戶限者，名為畸零帶管；有留在賣戶，全不過割者；有過割一二，名為包納者；有全過割者，不歸本戶，有推無收，有總無撒，名為懸掛掏回者；有暗襲京官方面，進士、舉人腳（角）色，捏作寄莊者。」

為了便於理解，咱們接著拿王敘家舉個例子吧。

假設他們家在正德年突然發財了，一口氣買了兩百畝地，成了大地主。王敘不是官身，又沒考中舉人，沒法減免稅賦。等到要編造黃冊了，王家趕緊找到甲首、里長，請他們設法遮掩。

等到縣衙把清冊供單送下來，里長開始一一填寫諸家情況。他故意把王家的兩百畝地，分出去五十畝，分別寫在五十戶貧困人家名下。

這五十戶窮人不識字，平日裡都是甲首、里長代填，就算拿清冊供單給他們檢查，也是睜眼瞎。只有到了交稅時，這些窮人會奇怪，怎麼交得比往年多一點？里長瞪著眼睛說上頭官差要求的，我有什麼辦法？反正平均每戶只多交一畝，不算太要命，沒人敢深究。於是，這五十戶人家就糊裡糊塗地替王家扛了五十畝的稅賦。

這種把自家田地偷偷分在諸人名下的行為，叫活灑，又叫飛灑、灑派等等。

可王家覺得還是不滿足，希望能進一步減免。里長說了，也沒問題。

本管裡一年前發生過一次疫病，結果張三、李四、趙五三家死光光了。按照規矩，里長要把這三戶人家列入「開除」，意思是這三戶已經絕了，其名下田地荒廢，自然也沒法交稅。里長把王家的三十畝地，偷偷挪到這三戶人家名下，自然也省下賦稅之苦——此謂「死寄」。

那三家旁邊是朱六一家，也感染了疫病，家裡死得只剩下一個老頭。甲首充滿同情地把這一戶劃為畸零帶管，從此不在一百一十戶正管之列。里長看準時機，把王家的一個小兒子，列在這老頭的戶下，打著分家的旗號帶過去十畝地——此謂「花分子戶」。

可王敘仍舊覺得不滿足，他說能不能再減免？里長說這就不是我能做主的了，得往上找人。然後里長帶著他，找到縣衙戶房負責黃冊和魚鱗圖冊的主事，看有什麼辦法沒有。

主事收了賄賂，一拍腦袋，有主意了。

明代土地交易，如果是兩人私下買賣，簽的地契叫白契。這個交易上報給衙門，由官府驗證後蓋印，才算具備法律效力，叫紅契。

主事告訴王敘，你不是從楊七那兒買了五畝地嗎？你們倆先簽個白契，別著急上衙門辦手續，先留在他名下。這樣衙門裡沒記錄，黃冊和魚鱗圖冊自然也不必改了——此謂「全不過割」。王敘還從鄭八那兒買了十畝地，剛給其中的一半地辦了紅契。主事說另外一半先別辦了，你跟鄭八說一聲，讓他還接著耕種，定期給你交租子就成——此謂「包納」。

王敘說：「我還有幾十畝地，沒買賣過，這怎麼辦？」主事說這也好辦，你假裝把一部分田地賣給劉九，或者從高十那兒買田的時候收田不收糧，補個假手續，把零頭一抹，叫「有總無撒」——這個「撒」，是撒數，在明代財政術語裡是小數的意思——這種手段，叫「懸掛掏回」，也叫「虛懸」。

戶房一般會有專門的書手和算手。書手負責謄寫檔案記錄，算手負責計算，把帳簿調整做平。這些人都是當地人，家裡世襲做這樁勾當，彼此之間關係密切。由這些親自接觸帳目與檔案的人配合，天衣無縫。

後湖駁查的時候，監生不可能去詢問每一戶的具體情況，他只看里冊數字有無出入，只要比對無誤，就直接核驗過。王敘這麼操作，可以安全過關。

有人可能要問了，這明顯對賣家來說不合算，怎麼會答應？再說如果賣家反悔怎麼辦，王家和他們之間都是白契，並不受法律保護啊？

很簡單啊，打到他們服軟為止。

王敘家有兩百畝地，錢一定不少，他們隨便找十來個護院閒漢，往楊七、鄭八、劉九、高十家旁邊一站。四戶人縱然不願意，也只能忍氣吞聲，否則在本鄉無法立足。白契這種東西，雖然法律上沒效力，可被拳頭大的人拿在手裡，一樣管用。

這就是血淋淋的地方生態。

儘管利用了種種手段，王敘家的田地還是不能全部避稅。他繼續賄賂主事，把自家二十畝上好的水田，在檔案裡全改成鹽鹼地，直接篡改了土地等級，原本是重則，這下子變輕則了——此謂「埋沒」。

王敘覺得不放心，又托人在京城找了一個本鄉籍貫的進士。那位雖未釋褐授官，但已有資格享有減免賦役的特權。他把自家五畝田地托獻到人家名下，就不必交稅了——此謂「詭寄」。

王敘想了想，光是避稅賦還不成，徭役也挺討厭的，得想辦法避免。

按照大明規矩，每一戶人家，都要按照丁口數量分等，多者上戶、中戶，寡者下戶。上戶派出的應役丁口，要比中戶多，中戶又比下戶多。

在各方有力人士的幫助下，王敘先把自己的兩個兒子分出去，分列在不同甲里。一個大家分裂成三個小家，戶口等級立刻就從上戶變成中戶了——此謂「挪移」。

可王敘仍舊不死心，又纏著里長，在黃冊上硬把自家的「中戶」改成「下戶」，讓服徭役人數字進一步變少。里長說改好辦，但每一里每年應役人數是固定的，你改成下戶逃過去了，我怎麼辦，總不能拿自己家人填吧？

兩人琢磨了一下，里長大筆一揮，把本來丁口極少的高十家，從下戶改為上戶了。

高十一聽不幹了，我家裡一共就兩個壯丁，本來一個應役一個耕種，勉強度日。現在您給我改上戶了，兩個都得去應役，那家裡不就完蛋了嗎？

要知道，官府的徭役可不光是十年一輪的正役，每年各種雜泛之役和臨時之役十分繁重，基本上應滿一年得脫一層皮。

里長壓根不搭理他。高十要去縣裡上告，可縣裡直接駁回了——想告狀，先跟你們里的鄉老商量去。可鄉老和里長是穿一條褲子的，高十站在原地，陷入了無邊的絕望。

這時王敘笑嘻嘻地過來，說你家田地反正也沒人種了，不如賣給我。高十哪裡肯賣，可不賣家裡就要餓死了，只能忍痛交割，自己別無選擇，只得淪為佃戶。

王敘不光逃了徭役，還得了良田，貪心更熾，連下戶的徭役都乾脆不想服了。他又一次找到戶房主事，把本里黃冊塗抹一番，把應役次序給改了。

咱們前面說了，里甲應役是十年一輪，每一年都有一甲輪到徭役。王敘家本該是乙年服役，被主事一改，和丁年服役的劉九對換了一下。劉九想也沒差別，就同意了，乙年去應役。結果到了丁年，主事又改了一次黃冊次序，把王敘家改回乙年，劉九赫然還得服一次役。

劉九大驚，想要抗辯，可想到高十的遭遇，只能忍了。王敘家就這麼舒舒服服地埋沒土地、避開了稅賦徭役，把負擔飛灑給了其他貧困人戶。

這個故事雖然是虛構的，可在大明時時刻刻都在發生。萬曆二十五年，宜興知縣秦尚明憤怒地說：「十五之中，上戶詭為中戶，中戶詭為下戶，甚者上戶竟等下戶，而下戶更過之。以貧民而代富民之役，奈何能均。」

「奈何能均」四字，當真是觸目驚心。張萱在《西園聞見錄》裡感嘆道：「田連阡陌者諸科不與，室如懸罄者無差不至。」正是這麼一番景象。

王敘的故事還沒完。

他家坐擁大批良田，又不必有負擔，財富迅速積累起來。他主動修橋梁、鋪民道、立祠堂、開私塾，偶爾周濟一下窮人、資助一下讀書人，很快就在鄉裡樹起權威。他把家裡多餘的銀錢，放給別人做高利貸，破產的鄭八、劉九、高十都不得不來找他，收益比田租還高。

靠著殷實家底，王敘的兒子再不必操心農稼，專心讀書，很快考中了狀元，在朝為官。王敘家的社會地位再提高一層，可以光明正大地免除賦稅徭役了。而且王家所有的佃戶、奴僕，都算作王家私產，不入黃冊。鄭八、劉九、高十的孩子們，不得不過來依附。

等到王敘的兒子告老還鄉，已成顯赫鄉宦，且與其他官場中人聯絡緊密。一代一代下來，遂成勢力。

在王敘的發家歷程中，我們看到：從甲首、里長、鄉老這些自治體成員到衙門胥吏，沆瀣一氣，和地方富戶勾結在一起，把黃冊、魚鱗圖冊當成私有之物包辦，不斷把負擔轉移到貧戶身上，形成一整個鏈條上的腐敗，分攤風險和利益。

這在大明有個專門的名目，叫「團局造冊」，現在也有個類似的詞，叫「窩案」。在大明歷代朝廷文書裡，幾乎都反覆提及這個詞，飭令各地嚴查，可見「團局造冊」之猖獗。嚴格來說，「團局造冊」不算一種作弊手段，而是一切作弊手段的前提。大部分手法，都得靠「團局造冊」才能實現。

朝廷對此並沒有什麼好辦法，因為基層不是直管，他們所拿到的數據都是間接的。比如，你是個現代人，戶政事務所想搞清楚你的戶籍情況，一家幾口，是否結婚，不用找任何人求證，電腦裡隨時調得出來；但如果回到古代，你有幾個娃、幾畝地，縣裡老爺不可能親自下鄉一戶戶去數，只能靠里長、甲首、鄉老、糧長這些地方自治團體代理人來收集、具保和上報。

換句話說，只要你搞定這些代理人，上頭很難查證真偽虛實。

不過這種「搞定」本身很昂貴，底層百姓無法負擔賄賂成本，只有王敘這樣的鄉紳、豪強以及富戶有能力做。有錢人越哭越富，窮人卻根本沒有哭訴的管道。於是貧者愈貧，富者愈富。誠如顧炎武所言：「富戶操贏以市於吏，有富之實，無富之名。貧者無資以求於吏，有貧之實，無貧之名。州、縣皆然。」

除了之前講的那些，這些人還有很多手段，比如虛報死亡、隱漏資產、改換戶籍、虛報災荒、揑甲做乙、浮收稅糧。總之，只有你想不到的，沒有他們幹不出來的。每一個手段背後，都是大量利益輸送。

甚至連黃冊本身，都有大利可圖。

黃冊的編造，朝廷是不出錢的，由各地官府籌措資金，這筆錢自然也會攤派到基層百姓頭上。很多明代縣志裡都有記載，一縣黃冊編造的總費用，正常來講多則百兩，少則五十兩——注意這「正常」二字。

百姓並沒有議價權，官府說收多少，就只能交多少。官府大可以找他們收取兩百兩，一百兩造冊，一百兩落入自己囊中，又成了一條生財之路。

我說的這個假設，價格其實還保守了。

萬曆二十年有一位黃冊庫官員途經河南，出於職業習慣，打聽了一下當地的黃冊業務，嚇了一跳：「聞民間有言，軍、黃二冊加派紙價，至千兩之外……大縣不過二三百里，小縣僅數十里。一里造冊一本，每本不過一二百頁（葉），紙價幾何，而動派千金耶？此非積猾之冒破，則為有司之垂涎耳！」

一千兩造價的黃冊！

貧窮和善良，生生限制了我的想像力。

有如此花樣繁多的作弊手段，接下來的發展，不難想像。豪強鄉紳勾結里甲胥吏，肆意塗抹黃冊，欺瞞中樞，在中間環節榨取利益，並大肆侵占自耕農土地。

如果社會有足夠的流動性，情況還不算糟糕。比如宋代不抑兼併，但商品經濟發達，戶籍寬鬆，老百姓尚且有別的出路。可大明的治政原則，是把民眾在原地死死釘住。這時候你再搞土地兼併，那真是要人命了。

其結果就是，下層百姓負擔越來越重，限於戶籍逃無可逃，而朝廷所獲得的稅賦卻越來越少。反而是盤踞中間的這個利益集團，吸血吸得大大腫脹，形成血管裡的一個梗阻。

當這些梗阻遍布全身時，大明也就差不多了。

海瑞海剛峰做過知縣，對底下這些弊情一清二楚。他有篇文章，專論里長之弊：「（里長）憑勢作威，當大役而有壯丁之重派，應卯酉而有連累之誅求。或混扶甲首，以顯售其奸詭之謀；或妄開甲干，以陰行其賄賂之術。有錢者遍為回護，善柔者不行扶持。事兼利己，則同甲首作弊以欺府縣；事止利己，則假府縣名色而剝甲首。百計取錢，無心撫恤……」

除了民戶的種種作弊之外，其他戶籍同樣問題多多。

前面說了，大明戶籍除了民籍，還有軍戶、匠戶、灶戶等職業戶口，他們的黃冊是單獨冊立，並由各自主管部門管理。比如軍戶就有專門的軍黃冊，歸兵部負責。

理論上軍戶可以免掉一部分徭役，可還有大量臨時性的雜泛差役，無法免除。更慘的是，他們是軍戶，還必須去應軍差，這負擔就更重了。

比如說吧，每一戶軍戶，都要出兩個壯丁去衛所服役，一個作為正軍戰兵，一個作為輔兵餘丁，後者在軍營裡勞動來養活前者。除此之外，家裡還得留一個繼丁，平時從事生產養家。一旦軍中的壯丁跑了或者死了，這個繼丁就得進入軍營勾補。

勾補的規矩特別狠，如果你家裡沒有成年壯丁，就得把孩子登記入冊，還有個專門的名目叫「幼丁」。

更有甚者，大明要求軍人不得本地服役，入衛補伍都得去外地。這一路上的盤纏給養，也得軍戶來承擔，更不用說還要受清軍官和各級長官的盤剝勒索之類了。

負擔如此之重，軍戶所享受的福利卻十分微薄。按照洪武年的規定，民戶有兩丁人口，就能擔任小吏，而軍戶要五丁，而且最多只能讓一人為生員，上升通道頗為狹窄。

其實軍戶也算良籍，可以參加科舉。歷代軍戶出身的內閣大佬不少，比如張居正、李東陽、高拱、趙志皐、王家屏等等。而且在整個明代科舉中，軍戶在庶起士的比例也頗高。不過這些都是軍戶中的官員階層或富戶，一來家族擴大，有足夠人手；二來有錢，供養得起讀書人。

對絕大部分底層小家小戶來說，光是應付勾軍就已經竭盡全力，哪裡還顧得上其他。

上頭大概也明白軍戶的狀況，所以嚴令禁止離籍轉戶，軍戶子弟不得過繼、不得入贅。沒辦法，真放開了，估計人早跑光了。洪武年間，就有數萬軍戶逃亡；正統三年（一四三八年）有一個統計，當下在逃軍士的總數已高達一百二十萬人——天下衛所才多少人？可見軍戶生活之苦。

這些軍戶最大的心願，就是轉成民戶，洗脫這些限制。雖然《大明律》嚴禁如此行事，但法律歸法律，架不住地方上的花樣百出。

咱們再虛構一戶人家舉例，姑且叫張大吧。

張大家是軍籍，籍在休寧縣附近的新安衛，家裡五口人。他實在受不了軍戶之苦，就偷偷聯絡了當地第五圖的里長，央求入民籍。

里長帶著他找到休寧縣戶房的書手，送了二兩銀子。戶房這位書手大筆一揮，給第五圖的里冊裡多加了一個戶口，將張大家的四口人都移到這個戶口之下。

然後張家到衛所那邊，報了個全家死光，只剩一個張大的老母親。於是在軍黃冊裡，這家人只能掛去畸零戶，沒法應役了。等到張大的老母親一病故，這家人在軍黃冊裡澈底絕了，直接列入開除。張大一家，則洗脫成了民戶，幸福地在當地生活著。

羅二也是軍戶，很羨慕張大的境遇。可他家裡沒錢，找不到落地的民里。他一咬牙，帶著全家連夜跑了，一路從徽州跑到江西南昌府，謊稱是流民，置買田地，就地落成民籍。因為古代通訊不發達，沒有全國數據庫，原來的衛所縱然知道他跑了，也無可奈何。

軍戶畢三也動了心思，可他不想離開原籍，只好另外想辦法。他眼看要去遠衛所充役了，就把自己大兒子入贅給近衛所的朋友，這樣至少有一人不用被勾補入衛。他臨走之前，恰好老婆又生了個小兒子，趕緊過繼給附近的民戶家——這些都是違法的，可黃冊總是人寫的嘛，使錢下去，總能解決。

等把這兩個孩子都安頓好了，畢三就在充役的半路上失蹤了，據說是被盜匪殺死，死無全屍。軍中一查，他家裡沒有任何壯丁勾補，也只好作罷。畢三偷偷跑去一處寺廟出家，法號「三無」，混了個度牒返回家鄉，堂而皇之地還俗，以佃戶身分附籍在先前過繼了小兒子的民戶家裡。

經過這麼一番眼花繚亂的操作，他們全家終於洗成民籍，再不必受勾軍之苦了。

還有一種絕妙的辦法，叫「挪移」，對，乾坤大挪移的挪移。

比如說吧，張二一家，本來屬於饒州千戶所的軍戶，生活很痛苦。張二糾集了同甲的幾戶人家，賄賂也罷，脅迫也罷，硬是把這一甲的所屬，改到了建陽衛。

饒州離建陽不遠，但是兩者分屬江西都司和福建都司。這麼一改，饒州千戶所便不能從張二家抓人充役，人家是建陽衛的。而建陽衛呢？可能壓根不知道有這麼回事，就算知道，也不可能派人跑到江西地面上來執法。

兩邊都管不著，張二這一甲十戶，就可以高高興興地在夾縫中生活下去了。

類似的逃亡方法還有很多，充分展示了軍戶的無邊智慧和怨念。

朝廷深知其弊，可也沒好辦法，只能反覆要求「都司、衛所、將應勾軍人逃亡年月逐一造冊呈報兵部，轉發其各司、府、縣清軍官。凡遇冊到，將所清軍黃冊籍磨對相同，行拘原逃正身，或應繼人丁」。

更可笑的是，為了怕軍戶做手腳，還特別要求，軍戶子弟不得參與軍黃冊的編造。就連駁查，都不得用軍戶出身的國子監生。

我們可以看到，無論軍民，想要在戶籍上做手腳，無論手段如何，最終都指向同一條路——篡改黃冊；而無論改什麼內容，最後都會落實到一個最現實、最技術的問題——如何篡改黃冊而不被人發現。

一般的手法，在黃冊上直接填入假數據即可，手段無外乎挖改洗補。

反正黃冊都是手填出來的，在上頭直接走墨改字即可。實在改不過來，索性挖下一塊，重新把別紙補綴上去。還改不過來，拆下綿索，抽走舊頁，補入改頁。只要大家提前說好，上頭無從追究。

用墨改字的情況，在民間極為猖獗。以至於弘治三年的時候，有官員專門上書，建議以後編造黃冊，不光要給地方一個標準字體，還得規定字號。把字寫得大一點，容易檢閱，就沒辦法洗改了。

修改原冊的麻煩在於，得經得起層層檢查。上級有可能沒查出來，也可能查出來，你為策完全，不得不一級一級往上賄賂。

顧炎武專門談過這個作弊技術：「填於紅圖不可改矣，則改於黃冊；印於黃冊不可易矣，則公為洗補。不得於小里，則貨都總妄坐於小里；不得於都總，則貨縣總妄坐於都總。」

因此，有聰明的不去賄賂主官，直接去找具體經辦小吏下手。甚至有人膽大包天，連小吏都不用找，去找運輸隊。

黃冊編造完成之後，會一步一步轉送至縣、州、府、司以及中央後湖，中間要經歷數次轉運。你只要事先買通解送人員，在半路開箱子直接改冊，連給官員的賄賂都省了。真是膽大包天。

不過別忘了，黃冊裡有四柱之法，可以查到過往一切數據。你光是偽造了一期之數，前後對不上，終究是個隱患。哪天碰到個認真的駁查人員，可能就會東窗事發。

解決這個問題的辦法很簡單，修改舊檔。把歷史改掉，大家便不會知道你現在的小動作了。

雖然黃冊庫戒備森嚴，難以混入，可不是有句話嘛：「只要思想不滑坡，辦法總比困難多。」（編注：俗語，有「只要努力思考總會找到方法」的意思）大利當前，胥吏們也是絞盡腦汁，奇技百出。

咱們試舉幾個比較奇葩的例子。

按照後湖駁查的流程，監生會把發現的問題做成駁語黃冊——後來改成浮貼在原黃冊內，戶部會將其打回原籍，勒令修改。修改完成之後，再呈遞上來，監生根據駁語檢查，發現切實修改無誤，再入黃冊庫。

很快有聰明人發現了其中的漏洞：監生在二次駁查的時候，只會複查駁語相關的條目，其他內容不會再看。

於是他們就發明了一招極巧妙的「聲東擊西」。

還是舉例說明。

王敘家新得了兩畝田地和一頭黃牛，這兩項事產需要列入新一期的黃冊。王敘想把這些瞞下來，可急切間只賄賂了里長，沒買通縣裡的算手和書手。

里長寬慰他說，別著急，有辦法。

等到開始編造里冊，里長老老實實地把這兩項寫進去，絲毫沒有作弊。不過他把另外一項數據，王家的丁口，故意少寫了一人。

里冊遞了上去，層層呈遞到後湖，很快這個疏漏被駁查監生發現。監生在原冊上貼了一條駁語：「查某里某甲王敘人戶本期丁口虛減一人，查理與舊冊實在不符，駁回本管實核重造，不得遷延云云。」

這本里冊被層層擲回到第五圖。里長拿著舊冊，重新造了一本新的，誠實地把丁口數補回一人，然後偷偷抹去了王敘家的兩畝地和一頭牛。

冊子被再次送到後湖，監生拿著駁語記錄一看，嗯，不錯，丁口數確實改正了，至於其他內容，上次已經審核過一次，不必複查了。

就這樣利用流程上的漏洞，王敘家篡改的記錄得以順利進入庫房。以後一旦田地起了什麼紛爭，去查舊檔，則再也看不出什麼痕跡了。

此非筆者妄編，且看兩個真實案例：

成化十八年，在南直隸常州府宜興縣的五賢鄉，出了這麼一個案子。當地二十九都的里冊交上去，駁查人員發現，該都的第一里第一甲有一戶，叫謝得安，戶籍似有塗抹痕跡。比照之前的黃冊發現，這傢伙本是軍籍，卻改成了民籍。

駁查大筆一揮，責成原籍重造。等到二十九都把重新改好的黃冊再提交上來，駁查監生一看，謝得安已經刪掉了，便準備批准入庫。可這人恰好很細心，覺得這本黃冊頁數似乎變多了，隨手翻了一下，不由得大驚：這本新黃冊裡，居然多了謝亞興等十一戶人家。

再一看，這十一戶人家，也是和謝得安一樣的軍戶籍。

很明顯，這是一起大規模「軍戶逃戶入籍」事件。他們先推出一個軍戶謝得安吸引敵人火力，然後在新冊裡偷偷把其他逃戶做進去。若不是這些人太過貪心，一次篡改了太多戶籍，說不定駁查根本無從發現。

同期還有個案子，這次的發生地是山東濟南府章丘縣明秀鄉。

明秀鄉位於官道之上，鄉裡設有一連串驛站。根據交通工具的分類，這些驛站可以細分為船站、馬站、牛站、驢站等等。每一處驛站，都有專門的站戶，他們世世代代都要在驛站服務，也屬於職業戶的一種。站戶的生活狀況很慘，負擔奇重。他們也無時不思念著改換戶籍。

在這一次的駁查中，監生發現明秀鄉的第九里第五甲有疑點，有王九住等三戶人家，本來是驢站戶，卻赫然改成了民戶。

這本冊子，立刻被監生駁回重造。等到新造黃冊再次送回後湖，監生發現王九住等三人被抹去，可又加了闞長等十二戶驢站戶偷偷摸摸進了民籍。

這個聲東擊西的手法，和宜興縣的辦法幾乎一樣。

當然，大明朝廷也不傻。這兩件案子讓他們意識到規則上的漏洞，及時加以補救。

從弘治十二年（一四九九年）開始，有疑點的黃冊不再駁回重造，只把問題項單獨開列成總冊下發。地方只需將問題項進行改正，單造一頁送至後湖。駁查人員審核無誤以後，將改正後的單頁補進原先的黃冊中，並附頁說明改正緣由，用印標記。

如此這般，才算是堵住了這條路。

於是勞動人民又發明了一個更嘆為觀止的辦法。

不是說舊檔難改嗎？那麼只要設法讓舊檔澈底消失，就沒問題了。雖然後湖戒備森嚴，人很難進去，但不代表別的東西進不去。

這個手段，得從黃冊的製作工藝講起。

大明朝廷有規定，黃冊的封皮冊殼硬紙，必須使用黃色或青色。這個黃紙，是用黃檗汁浸染而成。

黃檗樹是一種芸香科的落葉喬木，可以入藥，也可以用於染色。將黃檗第二層樹皮進行熬煮，只要把紙浸入液體之中，便能染成黃色。更絕妙的是，黃檗樹皮裡富含小檗城，對於殺蟲防蠹有奇效，印出的書可以經久不壞。

早在晉代，著名道士葛洪便已用黃檗製造黃麻紙來印製道經。他也因此被尊為染坊業的祖師。

不過這種染色方式成本很高，古人往往不會把每一頁書都染黃，而是將黃麻紙製成護書，夾在書本裡，也有驅蟲效果。

朝廷要求黃冊封面染黃使用黃檗汁，是出於保護紙張的考慮。可是這些冊子的製造費用不歸朝廷管，每一個里得自己掏錢去造。

很多人捨不得用黃檗這麼昂貴的染料，偷偷改用石黃。

石黃屬於礦物染料，價格低廉。先將石料打碎，再研磨成細小顆粒，最後碾成粉末狀。在製作黃冊的時候，把這些粉末和水調好，直接抹在紙面上，就像是塗上一層胭脂似的。不光是黃色，其他礦物顏色也可以如此上紙。這種上色方式被稱為粉飾。

乍一看，石黃粉飾和黃檗染黃並無區別，但驅蟲效果天差地遠。

除了染料質地，朝廷對於黃冊的裝訂方式也規定得特別細緻。

最初黃冊是用糨糊，每一頁的右側刷一條漿子，逐頁壓實，形成一冊。明代的糨糊多用魚鰾或樹膠熬製，可民間嫌麻煩，大多是用米、麥、菱藕磨碎成粉，加酸酒進去加熱而成。這種澱粉質地的糨糊，加固效果還行，但特別容易招蟲子。

所以朝廷在弘治年間下了一道命令，要求裝訂方式改成線裝，即在紙上鑽孔，用細棉線穿紮起來。如果一定要用糨糊，就必須摻入明礬、花椒末等物，以防蟲蠹。

這些要求很科學，可惜卻不實用。每一期送來的全國黃冊有數萬冊，你讓管庫的人怎麼檢查？就算有精力檢查，也沒有技術手段來分析每一本的染料和糨糊成分。

這個破綻，很快也被地方給利用起來了。比如說哪位胥吏想要作弊篡改，就先編造一冊黃冊，數據完全真實，絕無作弊，但在裝訂時，會在石黃粉末和糨糊裡摻入蔗汁、蜜水等物。

這樣一來，封面和書脊會變得頗有甜味。而紙張的天敵衣食蟲——古稱蠹魚——最喜歡吃糖類及澱粉等碳水化合物，看到這盤大餐端上來，焉有不分而食之的道理？

這種冊子的蛀蝕速度遠勝別本，不出數年，好端端的一本黃冊便會化為一堆粉末，原始記錄蕩然無存。這時地方上再施展些手段，便不用怕駁查來打臉了。

嘉靖二十八年（一五四九年），黃冊庫官員上書訴苦，說：「先年法例嚴明，人知畏懼，紙張無粉，俱堪經久收貯。近年……吏胥、里書人等玩法欺公，故將粉飾紙張編造，麵糊殼面裝訂。尚未及數年之間，蟲蠹易生，蛀蝕腐爛，以致無憑查考，希圖日後作弊，狡猾百端。」瞧瞧，洪武年、永樂年的老冊子，至今已經一百六十多年，尚算完整；反而是近年來的新造黃冊，蛀蝕速度極快。尤其是南昌府的分冊，經常一縣黃冊全數蛀蝕無存：「紙張如粉，灰末成堆，都圖丁纏（產），蛀蝕腐爛，難以辨認。但經一揭，紛紛而碎。」

這一招能殺書於千里之外，無聲無形，可謂是黃冊中的刺客。

朝廷也知道這些弊端，每一次編造黃冊，都反覆強調不得粉飾、要用繩編，可是無法從根本上杜絕。

當然，也有人嫌這個週期太長，急不可待。怎麼辦？還有個簡單粗暴的辦法：直接買通管冊小吏下手。

正德五年，後湖爆出了一起大案。

在江西南昌府的豐城縣，有一個當地人叫陳季三。他爹叫陳質，曾經謀奪了鄰居熊思明上好的塘田，為此賄賂戶房，偷偷篡改了地方上的青冊。到了陳季三當家的時候，熊思明家裡鬧將起來，嚷嚷著要查個明白，要去開後湖黃冊庫查驗。

陳季三自然不肯吐出到手的肥肉。他一打聽，得知從洪武年間開始，每十年就會有一份檔案留在南京後湖。他爹陳質能改地方檔案，可改不了中樞黃冊庫。如果苦主要調後湖黃冊比對，肯定會露餡。陳季三冥思苦想，被他想到一個絕妙的辦法。

他先買通了押解黃冊去南京的負責人，請求隊伍多耽擱幾天，然後自己先一步跑到南京城。

陳季三在南京城蹓躂了幾圈，很快就和一個叫高景清的後湖黃冊庫匠搭上了線。

高景清的日常工作是晒冊，即定期把庫房內的黃冊拿出去在太陽下晾晒，以防潮防蟲。這份工作在洪武年間還算輕鬆，可到了正德年間，黃冊累積數量已經到了一個驚人的數字，即使每天輪番晾晒，一年到頭也不得休息。

更慘的是，後湖環境太差。每十年來一次的駁查監生都叫苦連天，更別說這些常年居住島上的雜役。他們「不諳調攝，致生寒虐等病……抱臥日久不痊」，一旦生了病，只能堅持到過湖之日才能去看醫生。

晾晒工作繁重，銀錢少，工作環境又特別惡劣，這讓高景清很是鬱悶。當陳季三提出請他幫忙，還捧出一大把白花花的銀兩時，他立刻就動心了。

這個忙，其實特別簡單。

由於高景清的工作性質，他可以輕而易舉地接觸到貯藏的黃冊。陳季三希望他進入洪武二十四年和永樂元年這兩期庫房裡，把南昌府豐城縣載著自家先祖情況的里冊摘出來，毀掉塘產部分。

高景清收下陳季三的賄賂，將這兩期黃冊的相關頁數扯下燒毀。這樣一來，熊思明再想打官司，便查無可據了。這份塘產，從此便舒舒服服地坐實在陳家名下。

這件案件怎麼被揭發的，史書上並沒有說。從隻言片語的線索推斷，應該是高景清扯下這幾頁紙，本欲燒毀，奈何後湖不得動明火，他只能趁休假時帶出去。結果在過湖時，巡檢例行搜身，在他身上搜出這些黃冊紙頁。

後湖給事中何亮、主事毛駼得知這件事，不敢隱瞞，急忙上報。朝廷對這件弊案實在是怒驚交加。怒的是，這些升斗小民居然敢對中樞黃冊庫動心思；驚的是，後湖管理如此鬆懈，此前到底發生過多少類似事件？

如果一個普通百姓都有膽量、有能力對中樞黃冊動手腳，只怕這大明要完。

天子雷霆震怒——不對，正德皇帝對這個應該不關心，雷霆震怒的估計是首輔李東陽。於是陳季三、高景清各自梟首，一個腦袋掛在了江西布政司的黃冊庫前，一個腦袋掛在了後湖黃冊庫前，公開示眾，以儆效尤。

江西布政司黃冊庫的主官和屬員，因此也被提問懲戒。而後湖黃冊庫的兩個主官，本也該受罰，但這件案子是他們自己舉發，僥倖免罪。朝廷還責成江西巡按御史王士昭重審田產案，把塘田斷回給熊思明。

朝廷痛定思痛，考慮到後湖雜役確實生活艱苦，決定稍微改善一下。每次開湖特許應天府派遣醫師兩人，登島巡診。用何亮的話說：「庶恩澤普及，而生命賴以全活；晒晾不誤，而冊籍得以保護。」

類似的翻牆案子，在黃冊庫的歷史上屢見不鮮。陳季三過於倒楣，攤上被抓。沒被抓的，不知還有多少呢。

前文所說的種種作弊手段，還只是大略分類，往細了說還有更多手段。總之，無論朝廷想出多少條防弊之術，民間總能迅速想到與之對抗的辦法。上頭三令五申，寄希望於嚴辦嚴查，下面卻總能利用人性的漏洞。

大明近三百年的時間，黃冊對抗始終是道高一尺，魔高一丈。

正德年有一位經歷過數次駁查的官員史魯，他曾經哀嘆說：「承平日久，弊偽漸滋。中間埋沒、詭寄、不明違例等項，一次多於一次，一年甚於一年。牛毛繭絲，不足以喻其繁；條分縷析，不足以語其勞。」

「牛毛繭絲」四個字，當真是這場黃冊攻防戰的最好比喻。那一道道作弊手段，正是纏繞在塹壕之前的鐵絲網，密不透風，滋生蘖長，一處被摧毀，立刻就有好幾重圍堵上來。這些鐵絲網把大明的陣地逐漸切割成一塊塊零碎的孤島，截斷流向，使之無法互相支援交通。

而負責駁查的士兵們坐困愁城之中，既無支援，又無補給，面對著層層密布的鐵絲網束手無措。他們該怎麼辦才好呢？

一個最人性的回答是：要不……咱們投降吧。

於是，後湖黃冊庫最荒誕的一幕，就這麼徐徐出現了。

【注釋】

54 算手、書手：在明代縣衙中，除知縣、佐貳、首領官等數量很少的朝廷命官之外，大量的日常行政事務是由各房、科中的吏書來完成的。吏書為吏員與書算的合稱。吏員是由國家任用、在吏部註冊、地位低於官的公職人員。書算，包括書手和算手，從百姓中撿僱，輔助吏員的工作。書手專司抄寫事宜，關注文書之往來，如依稿謄寫刑名文書、賦役黃冊等；算手則專司會計事務，如計算名目繁多的賦役折銀等。

55 飛走：即飛走稅糧。據明人趙官所著《後湖志》載，奸戶豪民夥同里長、書手作弊，使用開多收少、有收無除、灑派各戶、產去稅存等手段，不知不覺間將稅糧挪走，還讓人無法查證。如有人將新開耕的地畝少報一些，以減少上交的稅糧。田地買賣中，買主本應依例報稅，把田地上的稅糧從賣主名下開除出戶，入到自己名下，有人便勾結書手作弊，拖延稅糧入戶的時間。有的富戶勾結書手，在編造黃冊之時，將自家應納稅糧拆分成合、勺，分灑於百戶，待徵收稅糧之時，再積合、勺成升，積升成斗，積斗成石，而被灑者被蒙在鼓裡，年年為之賠納。也有的富人買了別人的土地，卻逼迫賣家不能移稅，使得賣家沒有了田產卻要繼續交稅，最終只能逃亡以避稅。

56 影射：即影射差役。《大明律》列有「欺隱田糧」一罪，「詭寄田糧，影射差役，罪亦如之」。明人雷夢麟《讀律瑣言》解為，「詭寄田糧，影射差役，二句亦一串說。詭寄田糧，即所以為影射也。或詭寄於役過年分，或詭寄於應免人戶，各圖免差役，是猶納糧而不當差者也」，即奸戶豪民夥同里長、書手作假，將田地挪到已經過了服役年份的人家，或者有優免徭役特權的人家，借此免除自家的差役。

57 案戶比民：漢代法律規定，百姓年十五至五十六之間，每年繳納一百二十錢，叫作算賦；七歲至十四歲的兒童，每年繳納二十錢，叫作口賦稅。通常每戶農家，應服徭役的男丁約為兩口，為了不耽誤耕作，就要以每人一月三百錢的代價僱人代役，叫作更賦。若想做好這項工作，不僅要有完備的戶口登記冊，還必須進行戶口調查，掌握人口年齡的變化。戶口調查即案比。每年的八月中秋之際，將一縣居民集中到縣城，觀其面貌、形體以查驗其年齡是否屬實，登記在人口簿冊上，即為「案戶比民」。

58 舍匿虛田：舍匿，窩藏、隱藏之意；虛田，即土地的實際畝數多於名義畝數的部分。百姓有意將多出的田畝數隱藏不報，以免多交稅糧。

59 大索貌閱：大索，即清點戶口，登記姓名、出生年月與相貌；貌閱，即將百姓與戶籍上描述的外貌加以核對。貌閱的制度淵源可追溯到漢代的案戶比民。隋文帝年間，為改變戶口隱漏嚴重、國家賦稅減少、勞動力缺乏的情況，中央下令在全國各州縣大索貌閱，凡出現戶口不相符的情況，地方官吏都要被處以刑罰。此次貌閱，還要求堂兄弟以下親屬同族而居者必須分立戶口。此制度為後來的唐朝所沿襲。

60 冒籍取解：唐代科舉制度規定，士子應在本地參加府試，獲得解送資格。若要離開本籍，到其他府州參加府試以取得解送資格，再到京師參加全國性考試，即為冒籍。科舉制度初設之時，此類現象很少見。但隨著制度的進一步發展，省試登第人物與發解諸州的比例出現失衡，士子為了增加登第的機會，冒籍取解的現象逐漸多了起來。如我們很熟悉的大詩人王維，就沒有參加本籍貫蒲州府的解試，而因其善彈琵琶曲，博得某位公主的歡心，獲得了京兆府的解頭。

61 衙前差役：衙前，產生於唐末、五代藩鎮割據時期的一種重難差役，由武人充任，負責看管和運送官物。到了北宋時期，衙前役主要由鄉村上戶輪流承擔，服役範圍很廣，職任繁雜，包括押送漕糧、搬運鹽席、送納錢物、主典庫務、採購貨物等等，給鄉村上戶造成很大的負擔。後來，因難以承役而逃亡非命者，比比皆是。

62 析居避役、鬻田減戶：析居，即分居、分家之意。政府徵發差役，以丁口及資產而定戶等，不同的戶等承擔不同難度的差役。往往越重越難的徭役都會歸上等戶輪流負擔，面臨傾家蕩產的危險，故高戶成為人們的大忌，於是想方設法減少人口和家資，或父子、兄弟分居，或寡母改嫁，或棄田與人，以降低戶等，避免重役。鬻田減戶，賣掉田產以降低戶等，避免承擔重難差役，是析居避役的一種手段。

◆
◆
◆

第五章　帝國一角的繁榮性崩塌

曾經有人滿懷感情地如此讚頌後湖黃冊庫：「天下黃冊，該載戶籍、事產，實國家重務，億萬載無疆之根本也。」

大明的治政國策，乃是以貯存其中的版籍檔案為基礎，說這裡是「國家重務」，不算誇張；而歷代皇帝對於這個庫房的重視程度，亦當得起其「萬載根本」的地位。

可如此重要的一處機構，從初建之時起，便面臨著一個離奇的窘境、一個多少仁人志士為之困擾的千古難題：沒錢。

更準確地說，是戶部從來沒有編列過相關預算。在朝廷的帳本上，從來沒有這麼一筆「後湖黃冊庫開銷」的支出。

這可真是離奇了。朝廷這麼重視後湖黃冊庫，怎麼會不撥款呢？

藏書的花費沒有養兵那麼誇張，可是庫閣冊架的日常修葺、管庫人役的吃喝拉撒、器具船舶的購買整治、官吏監生的薪俸廩米，這都是要花錢的。更別說每十年一次的駁查，幾百人在島上起居消耗，開銷更是巨大。

後湖黃冊庫自己不是生產部門，朝廷不給錢，日常工作怎麼展開？

這事，得怪大明的總設計師朱元璋。

農民出身的朱元璋有他務實的一面，也有一拍腦袋異想天開的時候。在戶籍制度的設計上，他深諳基層弊端，手段施展得極有節奏，不出二十年便完成了前朝所未能完成的版籍大業。可到黃冊庫建立之後，一涉及錢，他卻變得很天真。

朱元璋覺得，如果單獨為黃冊庫編一筆預算，會導致開支總數上升，這筆負擔最終會落到底層農民身上。他一拍腦袋，想到了個好主意。

在黃冊庫投入運營之後，朱元璋是這麼安排的：所有的官員和監生相關支出，由國子監負責，如果不夠，則由都稅司以及江寧、上元二縣補足；紙墨之類的文具支出，由刑部、都察院負責，不夠的話，再由應天府補足；房屋、冊架、過湖船隻、桌椅板凳之類，由工部負責添造修理；至於其他瑣碎支出，則由戶部負責。

一處花費，居然要七八個中央和地方各個衙門來養活。

朱元璋是這麼想的：每個衙門的經費，肯定會有結餘。把七八個衙門的結餘匯總起來，便可以在不增加支出的情況下養活黃冊庫。一不至於浪費各衙門的餘錢，二不至於再從百姓身上徵斂，多完美。

可稍有財務經驗的人都知道，這個看似完美的結構，運轉起來有多麼可怕。

任何一個部門，在不涉切身利益的事情上都會消極怠工，所以 KPI 必須和他們的職責相對應。戶部和國子監負責的部分還好，畢竟是本管業務。像刑部、都察院、都稅司之類的機構，跟黃冊庫關係不大，憑什麼每年給你錢啊？

朱元璋在世之時，這套「吃百家飯」的制度尚能有效運轉。等到他一去世，各部門便互相推諉起來。

當初洪武爺制定的財務政策裡，有這麼一個「不敷」——意思是不夠花——的規定：國子監的錢不敷，就從都稅司和江寧、上元二縣調撥；如果刑部、都察院的錢不敷，就從應天府調撥。這麼設計，是因為每個部門每年的結餘款是不固定的，萬一不夠用，還有下家可以支應，總歸有人墊底。

朱元璋想得挺好，可他沒預料到，這個卻成了官僚們的一個完美藉口。官老爺別的不擅長，最擅長踢皮球。你想要經費？對不起，本部囊中羞澀，不敷開銷。按洪武爺的規矩，您還是去別的部門問問看吧。

尤其是到了永樂遷都之後，這種情況變得更加嚴重。

正管衙門都去了北京，偏偏後湖黃冊庫沒有搬遷，還留在原地。於是負責供養它的那些部門，便從戶部、刑部、工部、都察院變成了南京戶部、南京刑部、南京工部、南京都察院……

這套政府班子徒具中樞虛名，除了戶部還管著南直隸錢糧之外，其他部委的權勢連地方衙門還不如，對待黃冊庫這個拖油瓶的態度，自然更差。

連南京國子監，都忍不住跳出來，給黃冊庫移了一道公文：「本監惟供給監生。」意思是，監生的費用我們承擔，其他的可不管，你們自己想辦法吧。國子監還來回耍賴，一會兒直接給米，一會兒折成銀錢，總之給得極其不痛快。

南京部委足球隊高舉著「不敷」這面大旗，開始了精妙的傳球。國子監推給都稅司，都稅司推給江寧、上元二縣；戶部推刑部，刑部推都察院，都察院推應天府，應天府呢，自然也往下甩鍋，又推給下轄的江寧、上元二縣。

供養黃冊庫的費用，被一層層挪移轉嫁，最終盡數落到了江寧、上元兩縣頭上。這兩個縣就在南京城外，離後湖最近。兩縣實在是推無可推了，只能含淚把負累扛下來，向基層徵派。

這下子可苦了這兩縣的老百姓。

冊籍有紙張筆墨支出，看守有匠工支出，修繕維護建築有磚石支出，駁查有書算支出，還有炭食藥等閒雜支出。而且，島上幹活的匠役民夫，由兩縣抽調充任，筆墨茶菜炭紙等諸項支出，由兩縣辦稅承擔，連祭祀湖神所用祭品，都需要兩縣官府購買三牲。

甚至監生所用肉食，都是由都稅司派遣專人在兩縣路上巡檢，看到趕豬進貨的屠戶就上前強行抽稅，趕走幾頭——你還別小看這個稅，後湖三天就得用二百三十斤肉，可想而知這稅有多重。

如果只是日常開銷，兩縣咬咬牙也能熬過去。但每十年還有一次大規模的駁查，這期間產生的費用，比日常支出要翻幾番，同樣也得兩縣扛大頭。

這比天塌下來還可怕。

咱們前文講過，從宣德年開始，駁查時間越來越長，從起初三個月到六個月、一年乃至數年不完，成本也是直線上升。每次駁查一開始，江寧和上元兩縣真是連想死的心都有。

拿正德九年（一五一四年）的駁查舉個例子。

當期黃冊自正德八年十一月開始駁查，至九年五月，一共查出十四萬戶黃冊有問題。

在這一年裡，從上元、江寧兩縣僱用了書手四十人，每個月工食銀一兩五錢；冊夫四十人，每月工食銀九錢；紙四萬八千張，筆兩千支，墨十斤，以及官員七人、監生兩百人的各項茶菜炭藥的日常開銷……總計是一千四百兩的開支。

聽著是不是還好？雖然超期，但畢竟在半年之內完工了嘛。

但你得知道，這半年查完的，僅僅是整個南直隸十八府州的黃冊。它們分布在南京周邊，最先運抵。至於北直隸和十三布政司的黃冊，在路上還沒到呢。

光一個南直隸，就要半年時間、一千四百兩的駁查成本。全國得花多少時間？用多少銀子？成本妥妥超過一萬兩。

上元縣有一百九十五個里，江寧縣有一百零五里，兩縣合計三萬三千戶稅基，哪裡扛得下這麼重的負擔？更過分的是，黃冊庫的費用屬於雜泛徭役和雜稅，兩縣的正役正稅並不因此而減免，負擔更上一層樓。

這個坐落於後湖的黃冊庫，赫然成了盤踞在南京附近的一隻吸血鬼、駱駝背上最後一根稻草，致使「上元、江寧兩縣，民窮財盡，流移逃亡，不忍其荼毒矣……一應里甲，物業蕩然」。有看不過眼的當地官員警告說：「若不通融議處，照舊獨累偏造，則上元、江寧二縣之民，靡有子遺矣！」

朱元璋的初衷是想要減少基層負擔，可實在沒想到最後卻發揮了相反效果。其實大明一朝的正稅並不算重，真正可怕的都是這些臨時加派的雜稅雜役。沒有節制，沒有計畫，名目眾多。上頭無論有什麼開支，最終一定會傳遞到基層，讓百姓應接不暇，筋疲力盡。

黃冊庫之於上元、江寧兩縣，算是明代稅賦弊端的一個典型案例。兩縣的民力終究有限，憑你怎麼敲骨吸髓，也只能榨取那麼多。黃冊庫為了應對日益高漲的開銷，想過各種主意，甚至還把主意打到了湖產上去。

比如黃冊庫會偷偷把湖產租給附近農民，自己收取田租。他們還曾正式向朝廷提出過申請，徵集附近漁民進入後湖打魚，將所得魚鮮、蓮菱等物的收入，用來修理黃冊庫。可打魚才能賺多少錢？碰到開支巨大的時候，還是只能靠頂頭上司——南京戶部——去四處「化緣」。

比如說弘治三年吧，黃冊庫做了一次清查，發現在庫黃冊七十九萬二千九百本，其中六十四萬七千兩百本的冊殼都爛了，需要重新裝訂。

這個是貯藏損耗，費用沒法攤派到各地，只能黃冊庫自己出。管事官員算了一筆細帳。每本黃冊，得用染黃厚紙兩張，留出富餘，一共要採購一百二十九萬五千兩百張，每張用銀三釐；還有裝訂用的綿索條數，也要同等數量，每條用銀一釐。再算上人工雜費，一共是四千五百餘兩。

黃冊庫出不起這筆錢，去找南京戶部要。戶部習慣性地踢了皮球，行文給南京吏、禮、刑、工四部，並南京國子監、應天府、都稅司、上元、江寧兩縣，讓他們「照例斟酌取用」。可是誰都沒理睬，都以本部不敷為由，踢回給戶部。

就連最軟的兩個柿子——上元和江寧兩縣，都擺出一副死豬不怕開水燙的強硬態度。兩縣在上一年剛遭了災，若接了這個差事，老百姓非造反不可。

南京戶部頭可大了，黃冊庫是本管業務，萬一被御史風聞，參上一本「放任黃冊損毀不理」，罪名可不小。他們只好硬著頭皮，挖地三尺，看哪裡還有銀子可以挪用。

最終還真讓他們找到一條路。

南京戶部的下轄衙門裡，有個「龍江鹽倉檢校批驗所」，收儲著大批專賣鹽貨，以供整個南直隸地區用度。戶部查閱了一下，發現此時倉庫裡還有五十四萬八千六百斤餘鹽，不由得大喜過望。

按照規矩，這批餘鹽會變賣成銀錢，給南京諸位官員發放俸祿，本不得挪借。可這時候戶部也顧不上這些了，皇上您不給錢養活，須怪不得我們自謀生路。他們打了一個硬氣的報告給上頭，說實在沒錢，不借支的話，黃冊庫的檔案可就全完蛋了。

話都說到這份上了，上頭還能怎麼辦？很快皇帝批文下來，准許其變賣餘鹽，所得銀錢挪用於紙張、綿索的購買。但皇帝還特意叮囑了一句：「以後續收餘鹽，照舊折給官員俸糧，難准再用。」就這一次啊，下不為例。

瞧這小氣勁。

要說朝廷裡沒高人看出黃冊庫財務的癥結所在，我是不信的，但偏偏就是沒人願意從根本上解決。沒辦法，祖宗成法，不好輕動，能糊弄就糊弄一陣吧。再說了，大明皇帝們普遍沒有財務常識，他們只認一點，省錢的就是好事，要錢的就是無能，誰會願意為一個冷衙門去觸霉頭？

這種東支西絀的財務狀態，一直持續到正德年間，終於到達極限。正德九年，黃冊庫又一次面臨駁查之年。他們提前做了一個估算，發現整個駁查的支出，沒有兩萬兩打不住，不禁面色大變。

再不想點什麼新辦法，只怕黃冊庫就要破產了。

窮則思變，終於有一個叫史魯的刑科給事中站出來，向中央獻了一條妙計。

這條妙計其實只有兩個字：「罰款」。

每次新黃冊入庫，不是要監生駁查嗎？從前駁查出問題，會打回原籍勒令重造，現在咱們不妨多加一條規矩：凡是駁查出了問題的黃冊，當地主管部門就要被罰款，叫作「贓罰紙價」，又稱「駁費」。這些罰款，都要交給南京戶部轉寄應天府，以後黃冊庫有什麼開銷，就從這筆錢裡支取。

這條計策太好了，一來解決了黃冊庫的收入問題，把兩縣負擔分攤給了全國；二來震懾了各地作弊官吏，讓他們有所顧慮，不敢再篡改黃冊，簡直是一箭雙雕。

按照史魯的說法，從此「不擾一人，不科一夫」，讓兩縣卸下一個巨大的負擔，同贊天子聖明。至於被罰款的那些官員，也是活該。你要認真幹活，又怎麼會被罰款呢？所以這筆錢的來路堂堂正正，叫作「必取之於本分之中，求之於見成之內」。

朝廷一看，好啊，不用國庫動用一分銀子，就能緩解兩縣負擔，又可解決黃冊庫經費，三全其美的事，自然無有不准。

這個制度聽起來沒什麼破綻，可只要仔細一想大明官場稟性，便會知道問題多多。

黃冊庫窮得都快當褲子了，駁費是唯一的救命稻草。那麼從他們的立場來看，黃冊的問題是越多越好，還是越少越好？

再者說，雖然史魯強調，這筆駁銀罰款須由經手官吏出，可地方官吏一定會想盡辦法，攤派轉嫁給基層百姓，這還算是清官所為。如果是貪官的話，一看又有名目找百姓徵派銀錢，肯定會層層加碼，從中漁利。從他們的立場來看，黃冊的問題是越多越好，還是越少越好？

一邊是盼望罰得越多越好；另外一邊呢，罰得越多，他們可以借機徵斂的就越多。兩者碰在一起，表面看是震懾監督，其實深層次的利益點是一致的。

這兩個本來敵對的集團，到底是如何苟合到一起，又是如何牟利的呢？咱們還是拿王敘家舉例好了。

假設王敘家又敗落了，淪為一畝地兩頭牛的自耕農。這一年大造黃冊，造冊費用須由本里負擔。里長一指王敘，說你家負責出錢吧。王敘說好，里長一撥算，說你出一兩銀子吧。

王敘一聽，手一哆嗦：「一本冊子才多厚？怎麼這麼貴？」里長回答：「裝訂冊子的趙記紙鋪是官家指定的，價格就這樣。你要換一家鋪子或者自己裝，被戶房駁回來，你自己掂量著辦。」王敘又問：「趙四家比我有錢，為啥不他家出？」里長一樂：「他家兒子就是本縣戶房的主事，姪子是書手，你自己去說吧。」

王敘只得咬著牙，乖乖把明年換種子的錢先交了。造好的里冊送到縣裡，趙主事翻了一圈，把書手叫過來，在冊子裡故意改錯幾個數字，交上去了。

這本冊子一層一層送至後湖黃冊庫。駁查監生已經得了機宜，要嚴查錯漏，以便多賺經費。他拿到這本里冊，隨便一看，裡面就有一個大錯。他興高采烈地把駁語寫好，打回原籍，連帶著還有一份罰款單，說你們冊子錯了一條，罰一兩銀子。

罰款單送到縣裡，趙主事把文件收了，另外寫了一份罰款單。然後他把里正和王敘叫過來，板著臉亮出罰單，說你們里造的冊子不合格，人家給打回來了，要罰款二兩銀子。

王敘一聽就急了，說這是你們指定店鋪造的，怎麼會錯？主事一抬眼皮，說這是中央發回來的，又不是我們有意刁難，有本事你去找朝廷說去。王敘說我連青苗錢都墊出去了，明年家裡吃喝都沒著落，上哪兒去交這二兩銀子？

里正給他出了個主意：「趙四在放印子錢，你去借不就得了，七進十三出，便宜得很。」王敘百般不情願，可架不住趙主事嚇唬、里正脅迫，不得不去借了趙老太爺的高利貸，把二兩銀子交了。

里正很快又找上門來，說重新修改過的里冊也要收編造費，五錢銀子。王敘眼前一黑，說：

「怎麼還要收？」里正冷笑道：「這算不錯了，只讓你把駁查的那一頁重造。擱到幾十年前，整本都要你重造，那可貴了。」王敘窮途末路，只得賣了家中耕牛，換來銀錢給里正。

里正轉頭留下二錢，把剩下三錢送進趙記紙鋪，重造了駁查那一頁，連同二兩罰款交給趙主事。

趙主事收下二兩銀子，留下一兩在囊中，還有一兩上交應天府。後湖黃冊庫的人一查帳，好，錢到帳了，新頁也審核無誤，交割入庫。

轉年到了夏稅之日，失去買種錢和耕牛的王敘，錢連交趙家的利息都不夠。他只有兩個辦法，就是把田地賣與趙家，賣身為僕或佃農，或者舉家自盡。

在駁費鏈條裡，幾乎每一個環節上的人都有所獲利。里正抽了二錢，後湖賺了一兩，尤以趙家賺得最多——縣裡做官的趙主事留下一兩；自家開的官府指定紙鋪，賺了一兩三錢；放高利貸，又是一筆利益；最後還成功地收購了王敘的田地。

唯一的輸家，只有王敘一家。

這個例子是杜撰的，但類似的真實故事一直在民間發生著。海瑞曾記錄下淳安縣的常例收入，其中赫然寫有「造黃冊每里銀二兩」的字樣，可見負擔之重。

黃冊庫和地方官吏不需要面對面勾結，他們只需要在自己的位置稍做發揮，就會產生一層一層的漣漪，讓利益順著最有利的方向流動。上頭得了中利，中間得了大利，底層賺點小利，大家皆大歡喜。至於倒楣的王敘一家，並沒人關心。

那麼說回到本題，這個駁費，對於後湖黃冊庫改善經濟狀況有幫助嗎？

有，簡直太有了。

每一條駁查罰銀多少，史無明載。不過在正德九年，只是南直隸地區就有十四萬戶記錄被駁回，全國怕不是要接近百萬條？

即使每條罰銀只有一毫，總收入也不得了。有一項記載顯示，從正德十一年（一五一六年）到嘉靖二十四年（一五四五年），後湖黃冊庫在這二十九年裡收了足足十六萬八千五百四十六兩九錢八分八釐七毫七絲，帳目精確到了小數點後四位。

平均下來，一年收入五千六百餘兩。

這個收入水準，足堪應付後湖日常與駁查開支。黃冊庫終於擺脫了以往窮苦的形象，躋身新貴行列，揚眉吐氣。

現存《常州府志》裡載有一位常州籍的明代官員，叫徐常吉。在萬曆時，他擔任南京戶科給事中，負責後湖黃冊庫。府志裡稱讚他：「故攝後湖黃冊，所入不貲，常吉皭然不染，惟用吏人錄書數百卷而已。」

「皭」字念「叫」，意為潔白。也就是說，徐常吉潔身自好，為官清正，從來不受賄賂。由此反推之，其他後湖官員，顯然都是「不皭而染」，一個個在「所入不貲」的後湖主官任上都撈得腦滿腸肥。正德之前的後湖官員若見到此景，只怕是要哭暈在墳墓裡了。

黃冊庫一向窮慣了，陡然暴富，一下子沒法控制自己。從正德九年嘗到甜頭以後，他們瘋了一樣想要更多的駁費，就讓駁查監生往死了查，要求「一字錯訛，片紙瑕疵」。那段時間，被駁回原籍的黃冊如雪一般飛舞。別說民間，就連各地官吏都忍不住抱怨，給這種行為起了個專有名詞，叫「濫駁」，說這簡直就是「以一衙門公費而騷擾遍天下」。

俗話說，錢忌露白。後湖黃冊庫如今突然發達，必然引起同僚嫉恨乃至貪欲大發。這麼一個沒有實權的冷衙門，突然成了香餑餑，憑什麼我們不能分一杯羹？

正所謂衙門無罪，懷銀其罪。各地官府看到這麼一頭無力反抗的肥羊，還不好好大快朵頤一番？

於是各地官府，紛紛想方設法截留這筆解向黃冊庫的罰款，或者巧立名目，或者假借挪移，或者申訴說民貧不堪承受云云。甚至還有地方官府說銀子我們已經送出去了，可惜中途被盜匪給劫光。黃冊庫想申訴補送？沒問題，先去找劫案發生地的官府吧，那是他們的責任；等黃冊庫找到當地官府，官府說等破案再說吧——這麼一來二去，這筆駁銀也就不了了之了。

面對蜂擁而來的禿鷲，黃冊庫十分憤怒，屢屢上疏，要求嚴懲這種「肆行侵漁」的行為。他們還異想天開地幫皇上出謀劃策，建議把負責里冊的書手、算手按照上、中、下三級人戶出身，分成有力、稍有力、無力三類，有力者罰沒多，無力者罰沒少；並設立督冊道，監督從縣一級到布政司的駁費解送工作。

當然，這事後來沒下文了。這種監控設計，除非朱元璋那種絕對權威的君主親自推行，否則在大明體制下根本不可能執行下去。再者說，駁費實際上都是轉嫁到了基層百姓身上，去給里冊書算分類收錢，等於緣木求魚。

但黃冊庫也沒辦法，他們無權無勢，只能一遍一遍地申訴抗議。這種禿鷲爭食的局面一直持續到萬曆年間，已經從斂財的小手段變成了官場潛規則。

在一份萬曆十年（一五八二年）的奏疏中，黃冊庫主官王蔚滿腔憤怒地向朝廷舉報，說江西解送每一期駁費時，「明例銀六錢四，兼收除錢四，並鈔價存留外，止將銀六解報」。也就是說，截留駁費這事，江西已可以堂而皇之地跟黃冊庫提出要求，四六分帳。

王蔚大概是真氣壞了，他不吝筆墨，洋洋灑灑算了一筆大帳。

比如南昌府豐城縣應繳納駁費四百三十七兩九錢五分，但只送到了二百六十二兩七錢七分，截留了一百七十五兩一錢八分；再比如吉安府龍泉縣，應繳納一百九十二兩九錢，只送來一百一十五兩七錢四分，截留了七十七兩一錢六分；袁州府宜春縣，應繳納一百三十四兩，只送來八十兩四錢，截留了五十三兩六錢。

限於篇幅，這裡只是舉三個縣為例。其實王蔚把江西十三府七十七縣每一縣——注意，是每一個縣——的駁費截留情況，都寫進去了。那篇奏疏裡面，一大半是各種數字的羅列，看起來格外觸目驚心。

王蔚自己每次見到這個帳目，都「不勝驚駭，拊膺熱中，切恨該省當事臣工，有何所見，乃敢故違擅留，不行盡解如此耶？」。

可這種舉報有用嗎？

完全沒用。

十年之後的萬曆二十年，又有人上疏稱：「已派而攘奪於吏胥，已解而隱匿於奸猾，郡縣挪移以抵別支，司道積留以為公費，任意轉取，不可悉陳。」可見局勢非但沒有好轉，反而變本加厲，每一個環節都參與到這場大聯歡裡來。

咱們回想一下，黃冊庫從正德十一年到嘉靖二十四年，收了將近十七萬兩銀子的駁費。這僅是黃冊庫收到的，是經過縣州府司一層層克扣完的數字。那麼各地府縣實際徵斂的銀子，得有多少？基層民眾為此被迫繳納的真正罰款，又是多少？

天啟年有一位南京戶科給事中叫歐陽調律，他把這條駁費利益鏈描述得更加清晰：「奸胥不唯不關痛癢，反以罪名為奇貨；罰鍰不唯不足以懲怠玩，反足以滋弊叢。嘗試揣天下贖鍰，歸湖內者十一，潤官橐者十三，而騷擾在民間者已不啻百千萬億，莫可究詰矣！」

後湖一兩駁費，延伸至民間近乎百倍，這個放大比例，真是叫人瞠目結舌。雖然天啟年的大明已病入膏肓，吏治敗壞到了極點，才有如此誇張的比例，但可以想像，在正德、嘉靖、隆慶、萬曆四代，駁費是如何一步一步淪落成地方斂財工具，這期間又有多少「王敘」因此破產，然後投身造反事業的。

其實覬覦後湖黃冊庫這點駁銀的，又豈止地方衙門，就連中央部委都看著眼熱。

嘉靖二十四年，對黃冊庫是特別有意義的一年。年初，工部尚書甘為霖要在琉璃河上修一座大橋，造價估算十萬兩。以嘉靖那個吝嗇性子，這筆錢是斷然不肯出的。甘為霖沒轍，聽說黃冊庫手裡還有十幾萬兩結餘，跑過去一張嘴就要借三萬。後湖黃冊庫有心不給吧，這事皇上已經御批了，只好咬著牙把錢給墊上。從頭到尾，工部甚至都沒提還錢的事。

工部走了以後，黃冊庫一算帳，扣掉各種開銷，庫房裡的銀子只剩下五萬六千一百兩八錢四釐三毫四絲一忽——小數點後都稱得這麼精準，可見黃冊庫得有多不甘心。

沒過兩天，兵部又來了，說邊務緊急，你們黃冊庫先借點錢來花花吧。黃冊庫沒法回絕，只好又哭著調撥走了幾萬兩銀子。此時庫房所餘銀子只有一萬七千八百七十八兩二錢八分九釐三毫四絲一忽。

工部、兵部心滿意足地走了，戶部又來了，說今年南直隸大旱，得出錢賑濟，你們的銀子拿出來調度一下吧。按說戶部是本管上級，它的要求黃冊庫是最不應該回絕的，何況這筆錢本來就是「存留備賑」之用。

可是黃冊庫的主官一臉苦笑，指指旁邊：「要不您先跟這位公公商量一下？」戶部官員一看，哎喲，這位是提督南京織造太監……等等，南京織造是專供皇室織物的機構，跟黃冊庫八竿子打不著啊。

可再仔細一問，明白了。

原來嘉靖皇帝最近想要一批紵絲紗羅、織金彩妝、曳撒膝襴、胸背暗花五爪龍，訂單數量不大，一共是一千一百二十五匹。所有絲料、金條、紅花等原料費再加人工費，造價總共是一萬七千八百七十八兩。南京織造恰好帳上沒錢，特來借黃冊庫的銀子周轉。

這可真是太「巧」了。黃冊庫帳上的餘額是一萬七千八百七十八兩多一點，而皇帝下的這個訂單，恰好是一萬七千八百七十八兩。

不用問，肯定是嘉靖皇帝眼紅黃冊庫的收入，算著庫房的底，故意下了這麼一筆訂單，公然把這近兩萬兩銀子從國庫挪入內帑。

黃冊庫快氣哭了，就剩這麼點結餘，還被兩家盯著。關鍵這兩位一個是主管上級，一個背後是皇帝，誰都得罪不起。管庫官員左右為難，索性上了一個條陳，請示天子該怎麼辦才好：這筆錢是給您做衣服呢，還是賑濟災民呢？

如果是明君，這個選擇題並不難做；如果是昏君，估計選擇起來也不會猶豫。而嘉靖皇帝作為皇帝中的奇葩，思維迴路和常人迥異，他給出的解決方案，可謂精妙：

衣服的事不能耽誤，這一萬七千兩銀子，黃冊庫先轉給南京織造。這筆錢我回頭讓蕪湖抽分廠補給黃冊庫，你再拿去賑濟災民，可不能耽誤民生哦。

抽分廠是明代的一個商稅機構，隸屬於工部，專門對漕運的竹木收稅。按說它跟這事一點關係也沒有，但嘉靖皇帝這麼妙手一撥，成功地把內帑欠帳，轉化成了戶部和工部的矛盾。你們兩家去廝打欠款的事吧，我繼續煉我的丹，俗事別來煩我。

戶部哪裡會看不明白，可又不敢說，只好吐著血稱頌天子聖明：「一則不誤上供，一則備恤民瘼，區畫得宜，兩無所妨。」

還好嘉靖皇帝做事頗為節制，說抽調黃冊庫一萬七千八百七十八兩銀子，就抽調一萬七千八百七十八兩銀子，小數點後一忽不取，給庫房剩下了二錢八分九釐三毫四絲一忽，可謂天恩浩蕩。

宮中花團錦簇，南直隸的災民卻還等著銀子賑災。黃冊庫只能移文蕪湖抽分廠，催促趕緊把銀子補過來。蕪湖抽分廠覺得這純屬無妄之災，反正皇上沒說什麼時候還，就拖著吧。

黃冊庫一封接一封地催促，抽分廠一天連一天地哼哼唧唧，找各種藉口說沒錢。一直到下一期黃冊編造之前，抽分廠才勉強解送一萬五千兩，剩下的兩千兩便堅決不肯還了，硬是拖成了一筆死帳。

黃冊庫怎麼辦？只能在下一次駁查時往死了罰，罰出更多，才能恢復元氣供各位大佬揮霍。好在他們的苦日子並沒持續多久，黃冊駁查的當年，帳上便恢復到了兩萬七千九百七十四兩，可見這項政策的利潤之豐。

翻開正德之後的諸代實錄，荒唐與不荒唐的後湖借款事例比比皆是。黃冊駁費就像是一根長長的牛尾巴，從頭到尾都攀附著密密麻麻的虻蟲，上至皇帝、諸部尚書，下到里長、算手，上上下下都參與到這一場盛會中來，盡情地從中吸血，無限暢飲。長此以往，虻蟲們固然越來越肥碩，老牛可是日漸消瘦起來。

這就是所謂的「繁榮性坍塌」。表面看欣欣向榮，大家都有好處拿，一派繁榮景象，實際上這正是整個體系開始坍塌的表徵之一。

偶然會有幾個有識之士，發覺其中的危險。萬曆二十一年（一五九三年），就有御史指出這麼持續罰下去，慘的是基層民眾，國家也沒什麼好處，利潤全讓中間環節抽走了——所謂「大查之費甚夥，而府庫之貯無幾」。他建議放寬駁查力度，揪住大頭，放過小錯，以避免引發民憤騷動。

朝廷本擬批准，可很快無疾而終。到了萬曆四十年，又有人舊事重提，建議取消駁費，很快黃冊庫上書抗議，拿著帳本一條一條地哭：「庫匠晒晾者，一百八十三名，此輩能枵腹為我晒乎？……駁查書手三百餘名……此輩能枵腹為我查乎？……無工食，則無書匠。無書匠，則誰守冊籍，誰守房舍？」

看這一連串激烈的排比反問，就知道黃冊庫是真急了。朝廷您不給經費也就算了，我們自籌資金，您現在竟要停掉，這還讓我們怎麼幹活？

從黃冊庫的角度來看，實在是萬分委屈。官員動情地表示：「誰肯安然坐汙泥塗炭之內，而不灑然處冰壺秋月之中？」翻譯過來就是，但凡我有點辦法，還用得著靠罰款活著嗎？

其實要解決這個問題特別容易，停辦駁費，撥出專門經費即可。可皇上寧可看下面亂成一鍋粥，也抵死不出錢。真不知道這種倔強從何而來。

爭吵到最後，駁費之舉還得照辦，不照辦哪兒來的錢去管黃冊庫？聽到這個消息，各個鏈條上的既得利益者拊掌而笑，從此天下太平無事。

圍繞著「駁費」這一政策，下有官吏肆無忌憚地舞弊徵斂，上有天子諸臣貪婪地虎視眈眈，後湖本身又不甘心回到舊日窮時。諸多原因交織一處，讓黃冊庫及其相關制度成了一部鑄銀機器，源源不斷地為各處輸送利益。至於黃冊庫本身該發揮的職能，反而不重要了。

從黃冊駁費這麼一個政策的產生、演變以及爭議過程，多少能窺到大明滅亡的原因。

不過想要搞清楚大明為啥滅亡，不用考察駁費這麼費勁，只要打開庫房看一看黃冊庫裡的情況，立刻便明白了。

一直以來，黃冊就是大明政治的一個晴雨錶。黃冊本身的品質和數量，足以反映政治是否清明、國力是否上升、對基層的控制是否有效。

洪武和永樂兩位皇帝威權深重，又比較有追求，地方上不敢疏忽作弊，進呈的黃冊品質都特別好，尺寸整齊，字跡清楚，用料上乘。這一時期的黃冊，被稱為「銅版冊」，可見其過硬的品質。再加上後湖有一整套防火、防蟲、防潮的保存體制，保存百年幾無問題。

此後到了宣德一代，也都能夠大體凜遵祖制，小心編造。從這一時期的後湖奏疏也能看到，地方上作弊的苗頭已經初步顯露，但不是很嚴重，駁回的黃冊很快能得到糾正。

但從宣德後期起，黃冊管理水準開始出現大幅滑坡。

正統皇帝登基當年的九月，有黃冊庫的官員上奏，表示庫房所存四十餘萬本黃冊，多有蟲蛀浥爛，而且晾晒工匠多是老弱病殘，連識字的都很少，結果導致很多黃冊擺放錯了位置，找都找不到。

更麻煩的是，此時後湖之上的黃冊庫已經多達三百多間，一些洪武、永樂時期的老庫房開始朽爛，冊架也紛紛坍塌，必須修理了。

按照規矩，那些庫房由應天府的匠戶負責。他們幹這個算差役，義務勞動，沒有酬勞。但是在黃冊庫的柱子上，會刻上所有參與的工匠姓名。十年之內，如果庫房出現坍塌、漏雨、傾斜、柱梁蛀蝕等情況，工匠必須來免費修補。

不給錢，還得擔責任，可想而知其品質如何。

從正統之後，整個黃冊制度開始紊亂起來。地方上作弊的手段日益成熟，胡亂填寫，故意塗抹，造冊尺寸也不怎麼講究；後湖黃冊庫存管理更是亂七八糟，晾晒不利，搬運不謹，還任由鼠咬蟲蝕，黃冊損毀嚴重。

尤其是黃冊第一頁和最後一頁，要注明里冊所在地址和編次格眼，匠夫在晾晒搬運時不怎麼當心，導致這兩頁最容易壞。一損壞，這本黃冊就等於廢了，因為根本不知道是哪縣哪鄉幾圖幾里的，無法檢索。

到了弘治年間，這種情況越演越烈。弘治三年，朝廷做了一次清查，發現在庫黃冊七十九萬兩千九百本，有蟲蛀浥爛以及人為損壞痕跡的，竟高達六十四萬七千三百本，也就是說，八成黃冊都出問題了。更諷刺的是，洪武年間和永樂年間的黃冊，反而保存完好的比例最高，接下來的一代不如一代。

這麻煩可大了。

黃冊庫最重要的功能之一，是保存原始記錄，給地方訴訟做參考，杜絕胥吏造假。現在原檔幾乎被糟蹋完了，萬一地方上有爭議，想要來調檔查閱，該怎麼辦？

果不其然，兩年之後，灤州知府潘齡上書朝廷，提了一個小小的要求，一下子在朝中掀起了軒然大波。

潘齡說灤州正在重新核查當地軍戶，因此申請進入後湖黃冊庫，抄錄所存直隸永平府灤州的歷屆黃冊做對比。

按說這要求並不為過，可是當時的黃冊庫主官——戶科給事中楊廉，堅決反對抄冊，不僅反對潘齡進去抄，而且要求以後所有人都不得入湖抄冊，態度極其強硬。

難道是各個地方的胥吏眾籌了一筆錢，讓楊廉阻撓官員辦事？

難道是潘齡的賄賂沒給夠？

難道楊廉是國外敵對勢力派來的間諜，要搞砸這麼一件利國利民的大好事？

都不是。

楊廉給出的理由令人哭笑不得，卻又無法反駁。

他是這麼說的：「各處遠年之冊多無，而軍民戶籍大勢不敢（致）紊亂者，誠懼籍冊之獨全於後湖也。今者，一旦令人抄謄，使人測知後湖之虛實，則戶籍之紊亂，將有不可勝言者矣！何者？使後湖之冊全，則抄之乎猶可。惟是見今如洪武年間黃冊不全十之四五，永樂年間不全十之一二。如此而暴之天下，使人知某鄉某里之無冊，則向之所懼者，至是有不足懼矣……百年之籍，由此紛然而不定矣。」

翻譯成大白話：地方舞弊官吏之所以不敢肆意妄為，那是因為朝廷在後湖還掌握著原始資料。但如今咱們後湖的黃冊庫存早就一塌糊塗，一旦把潘齡和其他人放進來抄錄，民間很快就會知道虛實。到時候後湖沒了威懾，那些刁民便會無所畏懼，戶籍和土地想怎麼改就怎麼改，咱們一點辦法都沒有。

楊廉這一席話，令朝堂袞袞諸公和皇上都出了一身冷汗。原來後湖黃冊庫唱的是一齣空城計，彈彈琴，嚇唬嚇唬城外的司馬懿還可以，一旦把司馬懿放進城，就沒戲可唱了。

為了不讓民間知道我們有多爛，我們必須保持神祕。這邏輯說來實在黑色幽默，可仔細一想，卻也無他法可施。

戶部立刻下發文件，宣布從此各地衙門凡申請去後湖黃冊庫抄冊的人，只許調閱里冊立的單戶資料，不得抄錄府、州、縣的全檔。

雖然這麼做還是無法解決黃冊管理問題，但至少成功地將其掩蓋住了。按照大明官場的標準，沒暴露的問題，就不是問題。

從此，後湖黃冊庫的管理更加嚴格了，等閒官員無法進入，抄冊更是困難重重。萬曆年間徽州曾經爆發過一次絲絹案，涉及幾個縣之間的稅賦比例。他們爭吵許久分不出輸贏，不得不組團前往南京，申請打開後湖黃冊庫查閱洪武年的原始資料。這些人費盡千辛萬苦，才得以入庫查詢，可進去一看，洪武年的黃冊早就湮滅無跡，只好空手而歸。（詳情請見〈學霸必須死——徽州絲絹案始末〉）

此後黃冊庫的管理每況愈下，地方上的編造也越來越潦草。正德十五年，有官員清查庫房時赫然發現，正德七年送來的江西黃冊一萬一百四十本，被蟲子蛀壞了六千零三十五本，還不是簡單地咬幾個洞，而是整本冊子一翻頁就碎成灰末。

檢查官員為之驚嘆：「未有蟲蛀如此之易者，亦未有如江西一省如此之蛀多者。」這才存了八年啊，你們敷衍了事也有個限度好不好？

有人懷疑，這麼嫻熟的手段，應該不是初犯。他們再往前一查，發現弘治十五年的江西黃冊也已經毀得差不多了。好嘛，原來劣造黃冊在該省已成為傳統。

這事做得實在太過分。朝廷震怒，勒令所有江西壞冊打回去重造，還要巡察御史予以嚴查。可惜這次黃冊覆蓋面太廣了，江西一半縣府都有參與。本著法不責眾的原則，最終只抓了吉安縣一個典型，將該縣經辦官吏、里書等拿問懲處，以儆效尤。

這個典型抓得不冤。即使在江西省內，吉安縣也屬於做得比較過分的。他們縣的黃冊，無一例外，全是用劣質紙張粉飾而成，麵糊殼面裝訂。到了複查之年，一縣之冊全數化為飛灰，一本都沒剩下。看過前章〈黃冊攻防戰〉的讀者應該可以推想，當地的稅役弊情已經氾濫到了什麼程度。

殺完了雞，朝廷決定勒令各地的猴子們重新編造黃冊，解湖收貯。可是再一查，不得了。江西黃冊雖然造得糙，好歹已經上交了。而湖廣、四川、福建、廣東、山西、雲南六個司一共五百一十七個繳冊衙門，居然一本都沒送到。

別忘了，這是正德七年的黃冊，八年前的任務。也就是說，發通知造黃冊時，正德皇帝還在豹房裡活蹦亂跳。如今先皇都涼了，嘉靖皇帝已經登基好幾個月，這幾個地方的作業還沒交。

朝廷發文下去詢問怎麼回事，地方官員嚴肅地回覆說，我們遵照朝廷精神，嚴查嚴糾，務必不出錯漏，所以這速度嘛，真快不了。朝廷能怎麼辦？只能要求「嚴立限期，務在日下造完……候批回獲日，各官俸糧方須關支」。

我給你們停發工資，等活幹完了再結。

這點威懾力，其實毫無用處。對京官來說，俸祿可能是一家老小的支撐，但對地方長官來說，緩交黃冊能撈到的好處，比那點俸祿可多多了。朝廷後來也反應過來了，又出了一招更狠的：「仍將解人家屬監並，候批回獲日，方須疏放。」

我把你家裡人都給抓起來，等你交了作業再放還。

這招挺狠，可惜就是口頭說說。轉年到了嘉靖元年（一五二二年），朝廷又一次嚴抓黃冊編造事項，只提了「停俸」這麼一個懲罰措施。可見地方阻力太大，綁架親屬這事無疾而終了。好在此時新君登基不久，地方上摸不清皇上路數，不敢太過造次，陸陸續續把黃冊在嘉靖元年送抵後湖黃冊庫。六年之後，再開黃冊庫複查，江西、湖廣、四川、廣東、廣西等地一共九千六百九十二本新造黃冊，蟲蛀壞了六千二百八十九本。

簡直毫無改善。

不，準確地說，還是有點改善的。

在諸位臣工的努力之下，朝廷宣布對這一事故的經手造冊官員予以嚴懲，罰俸一個月。

嘉靖之後，這種拖延症也沒好轉。萬曆皇帝登基那年，後湖黃冊庫的官員做工作報告，說各地還有許多縣拖欠著嘉靖三十一年（一五五二年）、嘉靖四十一年的黃冊沒交。至於隆慶六年（一五七二年）那一期新造的黃冊，對不起，皇上，到現在才交上來三分之一不到。

這種積欠情況，已經演變成了一種惡性循環。前期拖延未解，後期又要編造，這麼一期延一期地滾動起來，累欠越來越多，以至於積重難返，造成沉誤。沉誤是說當期黃冊未能如期完工，算得上重大事故了。而萬曆皇帝一登基就趕上兩次沉誤，幸虧那時候他年紀小，操心的不是他。

當時已經有人意識到這裡面蘊藏的重大危機，出言提醒：「上界之駁語黃冊不到，嘉靖四十一年里書之奸弊已泯沒而不可究；今次之賦役黃冊不到，隆慶六年見在之丁產又散失而無所統。日復一日，年復一年，時越久而冊越湮，冊越湮而造越難。」

這話已經說得非常明白了，說明朝中有明白人。可是光明白沒什麼用，想整頓地方黃冊的紀律，可不是朝廷幾道語氣嚴厲的詔書就能搞定的。

萬曆十一年（一五八三年），黃冊庫主官余懋學決心好好做一番整改。他開庫查驗，愕然發現這些黃冊的格式、內容錯謬極多，不勝枚舉。余懋學舉了一個特別混蛋的例子：

揚州府興化縣遞交的黃冊，裡面有三千七百餘戶，戶主年齡個個逾百歲。

若非揚州的水土能養人瑞，就是當地暗用詭冊，用這些僵屍戶予以寄財。而這不過是余懋學隨手一翻就看到的，其他沒檢查出來的弊病，還不知有多少。

余懋學上書痛陳，朝廷亦是從善如流，下令整改。沒過幾年，下一任主官徐常吉又上了一次內容幾乎相同的奏疏，說了幾乎相同的問題。朝廷的態度也特別堅決，文書唰唰地往下發。問題呢，還是依然故我。

類似的故事、流程，每幾年就會輪迴一次。先是管事官員上書痛陳冊籍損毀嚴重、解送遲滯、駁查拖延，局面十分嚴峻，然後是朝廷下令嚴查，最後各地紛紛響應中央號召，回爐重造。至於何時解送，只有天曉得。

事實上，到了這個時候，黃冊的問題就像大明的其他問題一樣，已經不是任何人能解決的了。

第六章　一從世變陵谷新

到了萬曆年間，曾經一度輝煌的黃冊制度已是病入膏肓。

地方上豪強官吏肆虐，根本收不上來冊籍；就算收上來，也來不及解送；就算解送到了，內容也不合格；就算內容合格，也會因為駁查想斂財而被強行退回；就算不退回，順利入庫，幾年以後不是被水泡爛就是被老鼠蟲子咬完。

就算一切都很幸運，僥倖逃過天災，也沒什麼用。如前情所述，那種風氣下編造出來黃冊，通篇充斥著埋沒、飛走、詭寄、影射、挪移等奸弊，早已無法反應基層的真實情況。萬曆三大賢之一的呂坤，直言不諱地指出：「十年冊籍，半不相同，沿舊稽新，漫無可考。」

比如隆慶年間，福建省福寧州的戶口數比起洪武年減少了三分之二，人口減少了五分之三。江南重鎮應天府更誇張，嘉靖末年的戶口數只有正德年間的一半，到了萬曆一朝，則只有正德年間的五分之一。

注意，這只是黃冊帳面上的數據。

實際上這些地區一無戰亂、二無天災，人口一直在增長，只不過當地大戶通過包蔭、冒合、逃戶、隱匿、篡改等手段，把增長數給藏起來了。再加上大明對民眾的禁錮太嚴，極度追求穩定，物極必反，導致了逃戶的盛行。

正所謂「民不勝弊，破資鬻產，逃亡相踵」。這些放棄戶籍的老百姓成群結隊地離開原籍，四處遊蕩，形成明中後期蔚為壯觀的流民大潮。

比如在江南有一種令人稱奇的生活，叫作「船居浮蕩」。老百姓從原籍逃出之後，全家就住在船上，常年在江南縱橫交錯的河流上漂蕩。地方官府根本沒法管理，更談不上造冊交稅了。

其實地方官衙早就不把黃冊當回事了，他們自己搞了一套戶籍，叫作實徵文冊，也叫白冊，裡面記錄了當地人口、土地的真實——相對真實——情況，以方便管理，但是從不上報。《戶口總論》裡談及此事：「所謂黃冊，只取應虛文，非其實矣。有司徵稅編徭，自為一冊，曰白冊。」

朝廷反覆索要過許多次白冊，甚至動過以白替黃的心思，可地方陽奉陰違，抵死不從，這事一直沒成。

白冊交不上來，黃冊又紊亂疏漏到了如此誇張的地步，朝廷指望用它做決策，怎麼可能準確？以至於時人嘲諷「有司專租庸於下，朝廷握虛數於上」，說黃冊是廢紙一堆，亦不為過。

隨著黃冊的失效，在中樞朝廷眼裡，整個天下不再透明，慢慢變得模糊而扭曲。接下來，會變得怎樣？

萬曆十八年（一五九〇年），南京戶科給事中徐常吉如此警告道：「如冊籍之造弗慎，則賦役之派弗均，豪強得計，良弱受害。生民之凋疲，國計之虧縮，恆必由之，誠非細故。」

換句話說，黃冊失靈，里甲制也會隨之無效，當初朱元璋設計的十甲輪值、均攤徭役，也淪為空談。稅賦徭役非但不會減輕，反而會加劇失衡。權貴、豪強、鄉紳和貪官汙吏運用各種手段，拚命把負擔轉嫁給普通百姓，甚至還要從中漁利。

長此以往，國將不國。

這種惡果，其實早就有了苗頭。成化二年（一四六六年）八月，給事中丘弘就已經在奏疏裡指出了這種狀況：

「官吏、里書乘造冊而取民財，富豪奸滑通賄賂以避重役。以下作上，以亡為存。殊不思民之貧富何常，丁之消長不一。只憑籍冊，漫定科差。孤寡老幼皆不免差，空閒人戶亦令出銀。故一里之中，甲無一戶之閒，十年之內，人無一歲之息。」

這個「十年之內，人無一歲之息」，就是賦役不公平的直接惡果。雖然此份奏疏是成化年的，但隨著時間推移，每況愈下。

楊芳在《賦役》裡無限懷念洪武皇帝的時代，說當年老百姓「一年在官，九年在家，故其賦易供，而其民常逸」。可現在呢？各地官衙不時徵派，今天正編，明天加編，巧立各種名目。他掰著指頭數了數，有綱銀、辦銀、庫字、夫甲、廩保、夫役、驛傳、兵役、餉費等等，隨隨便便就舉出了十幾種名目。

在這種瘋狂的掠奪轉嫁之下，老百姓只剩下疲於奔命的絕望，大明的流民問題越演越烈，根源正在這裡。

所以說，後湖黃冊庫的混亂狀況，並不僅僅意味著黃冊制度出了問題。它只是一座冰山露出水面的一角，是大明身染重疾的標誌之一。

黃冊制度瀕臨崩潰，意味著病灶已遍布整個社會的腠理。

偏偏在這些病灶上，還攀附著無數吸血的肥大蟲子。病灶越大，這些蟲子吸納得越多，形成一張從上到下、錯綜複雜的利益網，阻礙血液循環，干擾營養吸收，並讓各個器官緩慢衰竭。大明到了中晚期，頻頻出現半身不遂的跡象，資源調動不順，對地方基層的控制力空前虛弱，都是拜其所賜。

乃至當時有歌謠流傳：「權門之利害如響，富室之賄賂通神，鈍口奪於佞詞，人民輕於酷吏。」

到了這會兒，大明已經隱然有亡國之相了。

更有甚者，任何摘除病灶的企圖，都會無疾而終，甚至被反噬。

比如在嘉靖十年，鄞縣縣令黃仁山和奉化縣令陳鎬，都曾經下決心在治下整頓黃冊，嚴懲縣中舞弊書手、算手等，結果「二令竟不能終黃冊之事以去，而民之奸且復故矣」。

甚至連海瑞這樣的人，面對這道堅壁都無可奈何。

他在出任應天巡撫的時候，深知黃冊已經破敗不堪了，決心另起爐灶，以田畝數來決定賦役比例。閒居松江的徐階趕緊寫了一封《與撫按論均糧書》，義正詞嚴地質問海瑞：「聖祖疆理宇內，第其賦稅，以為黃冊，藏諸天府，有司十歲一修而上之，成憲舊章，燦然有也。而忽焉，而滅焉，可乎？」

徐閣老在朝那麼多年，不可能不知道黃冊弊情有多嚴重。不過為了松江家裡幾萬畝良田，甘草相公也只好抬出祖制來擋擋面皮了。

反倒是徐閣老的好學生張居正，有心撥亂反正，要給大明好好地動一次手術。

他所宣導的一條鞭法，有一個特別重要的變化：將徭役的分攤方式，從按戶改成了按丁數和按田畝數。

咱們再把王敘家拎出來說說。

比如王敘家裡有三個壯丁，五畝地；隔壁趙二家有九個壯丁，一百畝地。按照原來的規矩，每一戶得出兩個壯丁去應徭役。趙二家勢力大，買通了小吏篡改黃冊，硬是讓王敘家出了三個壯丁自家只出一個。最後王敘家破人亡，趙二家悠悠哉哉。

但現在張閣老說了，以後徭役不按戶數算，按丁數算。每三個壯丁，出一個人應役。如果家裡田地超過五十畝，每二十畝還得多出一個壯丁。

按照這個演算法，王敘家只需要派一人應役，趙二家卻必須出五個人（三個按丁數＋兩個按田畝）。這樣趙二無從逃避，王敘也可免於負擔過重而破產，達到公平。

而且一條鞭法把「力役」改成了「僱役」。民眾不用真的派人去應役，可以折成現銀上繳，官府會拿這筆銀子去另外僱人。這樣一來，王敘家不必擔心耕作缺少人手，大不了多賣點糧食換銀子。

至於這筆徭役銀的徵繳解送，也不必經過里長、糧長之手去催促。由官府出面，官收官解，杜絕了這個環節上的舞弊行為。

這還只是張居正改革的第一步，他的終極目標是澈底攤丁入畝，把所有稅賦徭役都按照田畝結算。這樣一來，田多的人繳稅應役多，田少的繳稅應役少，從此澈底均平——當然，他沒有完成這個目標，得等到大清雍正皇帝那會兒才算搞定。

黃冊的全名叫作賦役黃冊，主要記錄戶數丁口，朝廷可以拿著黃冊按人頭徵派徭役。如果現在徭役不用數人頭了，全都要併入田畝結算，那麼朝廷只要整飭魚鱗圖冊就夠了，還要黃冊幹嘛？

張居正執政多年，知道黃冊已經糟爛成什麼鬼樣子。他明白這玩意已經沒法治了，索性拋開它另起爐灶，建起了新的「條鞭賦役冊」，又叫「賦役全書」。這是一套以田畝為基礎的賦役分配制度，用來配合一條鞭法的推行，重新整地清田。

不過以張閣老的能耐，也只能繞開黃冊制度，不能公然廢除。因為這條線上沾染了太多利益，是政治上的雷區。何況黃冊雖然失去了賦役之用，尚還有錮民的功效，對越發洶湧的流民大潮來說，多少有點緩衝作用。

於是從萬曆初年開始，後湖黃冊庫的地位變得微妙起來。理論上朝廷已經不需要它了，但礙於祖宗成法和背後的利益，還必須每十年編造一次，算是一種制度上的慣性。偶爾會有御史站出來，絮叨兩句要不廢了黃冊算了，然後就沒下文了。

大明官場有一個特點：上頭重視什麼，下面未必會重視，往往得三令五申；但上頭如果不重視什麼，下頭立刻心領神會，迅速廢弛，墮落速度之快，令人咋舌。

說個萬曆十年四川酉陽宣撫司的故事吧。

酉陽宣撫司就是如今的酉陽土家族苗族自治縣，在重慶東南方向。

宣撫司這個建制，是大明在邊遠少數民族地區採取的一種特殊統治方式。朝廷封當地土司一個官銜，允許世襲，承認其對宣撫司領土的管轄。土司則必須向朝廷納稅，以彰顯大明的統治權。比如萬曆三大征裡的播州之亂，就是播州當地土司楊應龍搞起來的。

洪武年造黃冊的時候，朱元璋考慮到這些土司地區的特殊性，沒有急於在這些地方推行。到了永樂國勢穩定了，朝廷才慢慢把黃冊和配套的里甲制引入土司轄區。

從這個時期開始，酉陽也每十年編造黃冊一次。宣撫司的控制權，慢慢從土司手裡轉到漢人流官手中，即改土歸流。不過酉陽地區地形複雜，土民散聚，在宣撫司之下仍有大大小小的土司，分別把持著各處村落。

萬曆十年，酉陽宣撫司又接到旨意，要編造黃冊。該司迅速把任務下發，沒想到其中一個叫石耶洞的地方出事了。

石耶洞的主事人叫楊正魁，算是當地一個小土司。他主持編造黃冊時，偷偷篡改了本洞的戶籍，不再歸屬酉陽宣撫司，而是改隸重慶衛。

之前咱們介紹過，這是民間常用的一種作弊手段。石耶洞擅自改隸重慶衛之後，從此不受酉陽宣撫司管轄，這邊再催繳什麼錢糧，可以置之不理。至於重慶衛那邊，人家壓根不知道有這麼回事，自然也不可能來酉陽要錢。

石耶洞的黃冊送出去之後，沒到後湖，在四川布政司這一關就被攔下來了。布政司不傻，一看就知道是作弊，立刻駁回要求重做。

酉陽宣撫司派了一個叫楊秀忠的人，去石耶洞傳達省裡的指示。不料楊正魁膽大妄為，把楊秀忠痛打了一頓，扯碎文書，並將其攆回來了。宣撫司大怒，又先後派了幾撥人去。楊正魁堅決不從，來一個打一個，來兩個打一對。

這種地頭蛇橫起來，宣撫司一時間也沒什麼辦法，只好向上級巡撫、巡按求援。很快上面派了兩個官員，一個是負責黃冊督造的參議，姓王；還有一個是南川縣的典史，叫龔儀。

省裡的態度很明確，這件事必須嚴查。不過酉陽地區太敏感，不好大張旗鼓派大人物下來，請王參議和龔典史來，官職不大不小，雙方轉圜餘地也大。

不料楊正魁是個混不吝，居然在當地拉起了一支軍隊，衝著兩個人痛罵起來：「有你這吏員出身典吏，豈足掛齒。就是巡撫來，也不過如此。怎磨得我甘結黃冊，怎肯輸造？」囂張之情，溢於言表。

注意，這話可不是筆者原創或刻意渲染，而是楊正魁的原話，真真切切記錄在了黃冊庫給萬曆皇帝的奏疏裡。

那兩個官哪裡見過這陣仗，嚇得連滾帶爬回去了。布政司一看，麻煩了，酉陽土人動輒鬧事，若激起民變，如之奈何？幾位布政司大員商量了一通，想出一個踢皮球的方案：把這本黃冊送到後湖，請黃冊庫予以查實，石耶洞到底歸屬哪裡。

乍一看，這一招純屬脫褲子放屁，石耶洞就在酉陽境內，怎麼可能劃歸重慶衛？明擺著的事，還用得著查實嗎？可仔細一想，四川布政司這手用意可深了。

若他們立刻派兵去徵剿，這叫「釁自我開」，布政司得負領導責任。如果先把黃冊送去後湖，讓那邊以「戶籍可疑」的理由駁回來，布政司再去收拾楊正魁，便師出有名了。就算釀成民變，朝廷查問下來，布政司也可以解釋，鬧事的源頭是黃冊駁查。

黃冊庫並不清楚這些彎彎繞繞，真的去認真查了一下。發現石耶洞這個地方，從永樂十年開始，以酉陽宣撫司下轄長官司的身分，向中央交稅。至今已經編造了十七期黃冊，記錄清清楚楚，無可爭辯。

布政司拿著這個回覆，又去找楊正魁談，「談」的結果自然不盡如人意。布政司不敢擅專，把這事上報中央，詢問該怎麼處置才好。

這次上報，正趕上張居正去世不久。萬曆忙著搞清算，內閣無暇顧及別的，遂給了一個敷衍了事的批覆：「石耶土司，照舊例酉陽宣撫。如再抗違，重治不饒。」

這種軟綿綿的批覆，對下面簡直毫無威懾。石耶洞就這麼賴在重慶衛的名冊上，誰也拿楊正魁沒辦法。

一直到三年之後，朝局穩定了，朝廷才想起來秋後算帳。這次出馬的是重慶衛的兩名指揮，他們帶著兵，強行把石耶洞的黃冊改回去。

到了這地步，楊正魁仍不肯服軟。他拒絕在黃冊上簽字，反而派了弟弟楊正敷去重慶，賄賂了另外一個指揮劉光先，讓劉光先出具證明，證明石耶洞實屬重慶衛。這份證明送到後湖黃冊庫，主官都瘋了，見過造假的，沒見過這麼囂張的造假。

後來楊正魁這事怎麼樣了，史書上沒提，但八成不了了之。朝廷對這些敏感地區的態度，一向是多一事不如少一事，安撫比講理重要，當地土司也心知肚明。數年之後，同樣是土司出身的楊應龍看透了朝廷虛實，便在酉陽更南邊的播州掀起了一場叛亂，規模之大，和西北哱拜叛亂、日本入侵朝鮮並列為萬曆三大征。

楊正魁一案，是掀在明面上的黃冊弊端，充分暴露出了各級官衙互相推諉的稟性。有人對這種現象做了一個很形象的描述：「或任憑里書人役假公科斂，遷延作弊；或系差人領解在外，將罪贖銀兩挪移侵欺。州、縣正官既不暇親理其事，而委之佐二首領。該道監司又不肯時行比較，而視為故事虛文。一遇升遷，則云原無瓜代之期，公然而去；問之接管，則云此系前官之事，與我無干。彼此推諉，上下因循。」

可見黃冊的執行機構，基本上已經癱瘓了。沒人把它當回事，除了會用駁費創收之外，已經沒有任何用處。

張居正雖然倒臺，可他留下的政治遺產，讓大明結結實實地續了幾十年命。在萬曆後期、天啟和崇禎三朝，後湖黃冊庫一如既往，時時上疏，呼籲嚴查黃冊弊端，朝廷也煞有介事地下文訓誠。不過無論皇上還是滿朝臣工，包括黃冊庫自己，都明白這只是刷刷存在感，並沒有什麼人當真。

黃冊地位跌落至此，地方上編造時的態度自然更加虛應故事，胡亂敷衍。

明清鼎革，到了順治十三年（一六五六年），戶部尚書孫廷銓向順治皇帝彙報天下戶籍情況。順治問他，是否搜集到了前明黃冊戶籍文件？孫廷銓苦笑著回答說，他搜羅到一些府縣在崇禎十五年編造的黃冊，裡面的戶口和數字，居然是原樣照抄洪武年的冊籍，一模一樣。

這些官員連基本的戶籍調查都不做了，隨便複印了幾份老檔去應付差事。敷衍至此，可以想見崇禎後期，地方管理混亂已到了什麼地步。

更有趣的是，孫廷銓還找到一本黃冊，上面赫然寫著「崇禎二十四年」字樣。這說明地方官府已經懶得每十年造一次了，索性一次把未來幾期的都造完擱著，到了時間再交。

孫將這種做法幽默地稱為「遙度」。可惜那些官員「遙度」得還不夠長遠，大明到了崇禎十七年（一六四四年）就亡了，這本崇禎二十四年造黃冊，變成了一件充滿諷刺意味的死亡物證。

大明就好像是一個動脈硬化的病人，因為長期貪婪地吃油膩食物加酗酒，身體各處血管已變得狹窄無比。血液堆積於中途，無法送至中樞。張居正的改革，是在血管裡做了一連串支架，暫時保證心臟獲得足夠供血。可是他沒辦法改變大明暴飲暴食的習慣，也無法逆轉血管劣化的趨勢。

時間一長，血液越發油膩，血管越發脆弱，梗塞點越來越多。到最後，就連支架也沒什麼效果了，只能靠「三餉」之類的舉措像打嗎啡一樣瘋狂透支殘存的生命力。

到了這個時候，無論閹黨還是東林黨，誰當權都無關大局。禍因早種，積重難返，大明的覆亡實際上是一次系統性的崩塌。

崇禎十七年三月十九日，久病的大明王朝突發心肌梗塞，死於煤山之上。這是一個意料之中的悲劇。

北方的天子已經自縊而死，而後湖黃冊庫的命運還沒澈底終結。

在崇禎縊死的這一年，後湖黃冊庫的規模已經達到了冊庫七百間，遍布於後湖諸島之上。從洪武十四年至崇禎十五年，一共編造了二十七期，歷代累積黃冊一百七十九萬七千冊，達到了歷史巔峰。

可惜的是，它與大明命運糾葛太過深切，註定要和王朝一起承受毀滅的宿命。

崇禎十七年五月十五日，福王朱由崧在南京即位，次年改元弘光。清兵洶洶南下，旦夕可至，弘光小朝廷手忙腳亂地開始了備戰工作。

位於北城牆之外的後湖黃冊庫，在此時已經毫無用處。有人提議，不如把那些黃冊拿出來廢物利用一下。於是禁絕了二百多年的後湖黃冊庫，終於撤去了封鎖，向世人露出真容。

大批士兵跳上湖中五島，踹開庫房大門。他們顧不上感嘆卷帙浩繁，把那些曾經悉心晾晒的黃冊一疊一疊地搬了出去，粗暴地扔上小船運走。

中國古代有造紙甲之法，把軟紙一層層相疊捶實，剪裁成甲，防禦效果不錯。黃冊都是上好綿紙所製，正是做紙甲的好材料。另外明軍裝備了大量火器、火箭，將綿紙搓成細條蘸上火藥，即是上好的藥捻和引火折。

這是一幕極具象徵意味的畫面。曾令大明江山永固的黃冊，在風雨飄搖中被一一扯碎。漫天的紙屑飛舞於後湖之上，萬億大明子民的戶籍化為甲冑和火器，以毀滅自己的方式，試圖成為挽救這個王朝的最後希望。

可惜這一切努力，終究只是徒勞。弘光元年（一六四五年）——恰好是弘光登基一週年——五月十五日，南京城落入清軍之手。在彌漫的硝煙裡，黃冊庫和它所忠心侍奉的政權一起滅亡了。

從洪武十四年至弘光元年，後湖黃冊庫一共存在了二百六十四年，幾於大明二百七十六年國祚等同。

這是大明保留下來的最後記憶。在這個王朝治下的每一個人——你能想像嗎，幾乎每一個人——後湖黃冊庫都記得，大明都記得。

洪武初年在浙西耕作的農夫、永樂時遷至北京附近的軍戶、正統朝遠在雲南深山打獵的土司、正德朝在淮西燒鹽的灶戶、嘉靖朝山東進學的士子、萬曆朝建陽的書商子弟……幾乎所有曾在這片土地生活過的大明子民，都在這座庫房裡有自己的一席之地。他們的身軀早已化為一把黃土，名字卻永遠凝固在了這裡，並和他們所效忠的朝廷再一次化為飛灰。

在這座黃冊庫裡，記錄著整整一個王朝的田土盈縮、民生消長。你可以拉遠視角，注視大明王朝跌宕起伏的一生；你也可以拉近視角，看到任何一個地區任何一個家庭的生老病死。其存儲之巨、資料之豐、分列之細，是全世界檔案史上從未有過的一個奇蹟。

其實嚴格來說，死去的只是黃冊庫這個功能，實體依然還在。弘光朝廷太過倉促，只來得及消耗掉庫存黃冊的一小部分，大部分冊籍還好好地擱在庫房裡。

清軍進入南京之後，第一時間控制住了黃冊庫。順治皇帝還特意提醒主帥多鐸：「南京各衙門圖書史冊……地理戶口版籍、應用典故文字……用心收掌，不許乘機抽毀，致難稽考。」

清軍一時半會兒還不知道拿這地方幹嘛用，便暫時擱著。一直到天下安定之後，清廷才想起來還有這麼一個後湖黃冊庫等著處理。

順治皇帝原本指望能從中拿到一些有用的檔案，用來重括天下戶籍，就像朱元璋當年做的那樣。可清點一番之後，順治君臣失望地發現：天啟、崇禎兩朝的黃冊形同廢紙，毫無參考價值，至於再往前的冊籍數據，更是朽爛不堪用了。

既然沒什麼用，這麼多紙放在那裡也是浪費，不如重新利用一下。很快工部先跑過來，從黃冊庫裡取出五十五萬五千五百三十斤冊籍變賣了——你沒看錯，是論斤賣的，得銀一萬六千六百六十五兩。

黃冊每冊約重四斤，也就是說，工部一次就處理掉了十三萬八千冊。平均下來，一本黃冊能折不到一錢的銀子。比起造價，這可真是賤賣了。

當然，工部是無所謂，反正這是前朝的存貨，沒成本的。

吃到甜頭之後，大清臣工把黃冊庫當成了一座予取予求的寶山。很快靖南王耿繼茂請求提供軍備，朝廷大手一揮，給他送去了七十二萬八千五百斤，折銀二萬一千八百五十五兩。緊接著，江南總督馬國柱申請要造火藥、火箭，又討走了五十四萬五千四百九十五斤。操江巡撫陳錦看著眼紅，也偷偷摸摸弄走了四千兩百四十八斤黃冊。戶部聞之大怒，揪住陳錦要求賠償，而且不許賠黃冊，得賠折銀一百二十七兩四錢四分……

就這麼東家要西家要的，偌大的後湖黃冊庫終於被搬了個精光。

這還只是大數。南京當地的居民也趁著兵荒馬亂之際，偷偷潛入後湖，零零碎碎地盜取黃冊出來。這些冊子被公然堆放在大街上，被人隨意叫賣。

當時南京城裡有一位遺民文人叫方文，桐城人，他看到昔日國家重典竟淪為街頭垃圾，心中沉痛，忍不住寫下了一首《負版行》：

數年不到三山街，今春偶到多感懷。
不知是何大書冊，路旁堆積如蘆柴。
行人紛紛來買此，不論何書只秤紙。
官價每斤錢七十，多買少買隨人耳。
借問此是何版圖，答云出自玄武湖。
天下戶口田畝籍，十年一造貢皇都。
玄武湖心絕炊爨，永無火患及鼠患。
洪武至今三百年，收藏不知幾千萬。

一從世變陵谷新，此圖廢閣空埃塵。
……

這首詩，可以算作後湖黃冊庫最後的輓歌吧。

清廷對南京沒有興趣，更不會把自家檔案庫建在這裡。後湖對他們來說，只是一個普通的湖罷了，不需要去特別對待。黃冊被搬空之後，往日鱗次櫛比的冊庫架閣，也被逐一拆光燒盡，毛老人廟和諸多附屬設施慢慢荒棄坍塌。就連後湖這個名字，也變成了玄武湖。後來為了避玄燁的諱，又改稱元武湖。

就這樣，在經歷了二百六十四年與世隔絕的日子之後，玄武湖重新成為一處遊人如織的風雅景點，彷彿做了一場漫長的奇夢。

黃冊庫就這樣澈底消失在人們的視野裡，可黃冊的故事，還有那麼一點點餘緒。

絕大部分後湖庫存黃冊，在順治初年便因為種種原因而湮滅，但也有極少數幸運的冊籍逃過一劫，流散到了民間。

康熙登基之後，籌修明史，向民間徵集前明的各種資料，很快搜羅到了一大批包括戶口冊籍、奏疏題本、邸報塘報在內的明代文書。據當時的記載，這批資料中包括了萬曆至崇禎期間編造的一千本黃冊，這是黃冊庫碩果僅存的孑遺了。

這些資料在修完明史之後，燒的燒，毀的毀，殘存的被送入北京的內閣大庫。這個大庫坐落於紫禁城內，裡面除了存放明末文獻之外，還有清代的諸多詔令、奏章、朱諭、外國表章、歷科殿試卷子、盛京老檔等等。這個大庫的收藏十分豐富，戒備也異常森嚴，王國維曾經評價說：「三百年來，除舍人、省吏循例編目外，學士大夫，罕有窺其美富者。」

轉眼到了宣統元年（一九〇九年），大清國眼看要完。這個內閣大庫年久失修，收藏急需清理。但主事人不知怎麼想的，覺得最沒用的就是那些年代久遠的檔案，把它們都挑出來要統一焚毀。幸虧在學者羅振玉的堅持下，這個計畫沒得到執行。羅振玉親自下場，將這些價值千金的舊檔裝了八千個麻袋，轉移到了國子監內。

及至民國，政府籌建歷史博物館，又把這八千麻袋檔遷到午門，然後就一直扔在那兒無人問津。著名藏書家傅增湘當上了教育總長之後，委託魯迅進行整理。可惜篇卷浩大，以魯迅先生的能力也不可能面面俱到，只勉強完成了二十麻袋的工作。剩下的就只能擱在原地，任由別人隨意盜取。魯迅先生曾專文介紹過這段經歷，叫〈談所謂「大內檔案」〉，收在《而已集》中，有興趣的人可以去看看。

一九二一年，教育部的資金入不敷出，便把主意打到了這八千麻袋上面。他們以四千零五十枚銀洋的價格，賣了十五萬斤檔案給西單同懋增紙店。紙店把這些檔案運去唐山，準備打成原漿。幸虧羅振玉得知此事，也幸虧他手裡有錢，以三倍價格從紙店把這些檔案搶了回來。

羅振玉深入挑揀，從裡面搜揀到了頗多明清資料，出版了《史料叢刊初編》，是研究明末清初的重要材料來源。

一九二四年，羅振玉以一萬六千元的價格，把這批檔案中的十二萬斤賣給大收藏家李盛鐸；一九二八年，李盛鐸把其中六萬件交還溥儀，剩下的賣給了中央研究院歷史語言研究所。史語所從中搶救、整理出了四十冊明清史料，尤其是明代史料最為珍貴。

幾經周折，這八千麻袋內閣檔案已經嚴重縮水。抗戰開始之後，政府遷移了一部分到南京，還有一千七百麻袋的資料留在了北京。中華人民共和國成立以後，國家檔案局於一九五八年對這一千七百麻袋展開了清理工作，最後挑出三百麻袋具有史學價值的資料，其中有三千件明代的文牘檔案，收藏於中國第一歷史檔案館至今。

往日的喧囂，就這樣逐漸遠去了。

細小的塵埃緩緩落定在破舊的黃冊封皮上，悄然累積，不再飄起。不知歷經世事的它如有靈智，是否會回想起那些年在後湖黃冊庫的日子。

尾聲

最後的最後，還有一個重要人物需要介紹。

弘治年間，四川合州有一位叫趙官的小孩。他聽在中原做過官的長輩講，金陵城邊上有個後湖，後湖裡藏著銅版冊，不是公事的話沒人能進去，普通人只能遠遠望著，儼然如仙山一般。年幼的趙官將信未信，但印象極深。

到了正德六年，趙官進京趕考，名列三甲。他被分配到了南京，擔任戶科給事中，主管後湖黃冊庫。童年的幻想，就這麼突然出現在眼前，這奇妙的命運境遇，讓趙官驚喜莫名。

大概是因為多了一層童年的情懷，趙官對後湖黃冊庫格外上心，一到任便做了幾件大事：將廚房從中洲轉移到荒洲，制定了嚴厲細緻的防火條款。全靠他打下的基礎，後湖黃冊庫二百餘年營運，不曾發生過一次火災。他還積極上書，要求改善駁查監生生活環境，嚴查黃冊舞弊，等等，總之是個閒不住的人。

趙官太喜歡後湖了，他覺得這麼歷史悠久的一個冊籍庫，如果不為它寫點什麼，未免太可惜了。用趙官自己的話說就是：「惜其歷年既遠，諸例散逸磨滅，而莫肯為之志者，使夫有事於湖者茫然無所執持，懵然無所遵守。」

趙官找到一位叫楊廉的學者，說他打算為後湖修一部志。楊廉是在《明史》裡有傳的大人物，也曾擔任過一任後湖主官。他對趙官的這個想法大為讚賞，鼓勵他說，你來寫，我幫你校訂。得了前輩背書，趙官士氣大振，叫上他的副手——眉州人趙濟寬，一起利用工作餘暇搜羅一切相關資料。

這件沒有酬勞的業餘工作持續了兩年，先後八次修改，最終在正德九年成稿，定名為《後湖志》，一共十卷。

此書名字雖然看起來像地理志，但其實裡面主要收錄了黃冊庫的沿革掌故、黃冊典籍變化以及後湖主官與朝廷之間的奏疏公文往來，還附了與後湖有關的詩文二卷——與其說是後湖志，毋寧說是一部後湖黃冊庫史。

書成之後，趙官拿去請楊廉校對，不料卻驚動了一位更厲害的人物，叫羅欽順。羅欽順是江右大儒，號「整庵」，曾與王陽明書信辯論良知之說。他看到《後湖志》後，頗為欣賞，稱讚說：「自今以往有事於湖上者，既得有所據，以適夫損益之宜，以謹厥藏，將永永無弊。」並欣然為之作序。

趙官此舉，也得到了繼任者們的認同。在他之後，嘉靖二十八年的後湖主官萬文彩、李萬實在其基礎上，增補了正德、嘉靖兩朝文件；此後嘉靖四十一年，又有陸鳳儀再次修訂。此後萬曆、天啟兩朝，也有人不斷增補，遂形成了現存的《後湖志》規模。可惜崇禎一朝，黃冊形同虛設，後湖主官也沒什麼心思繼續增補，以致缺少了明末一部分。

《後湖志》是研究明代黃冊最直接、最權威也最詳實的一手資料。其他史書論述至此，要麼概略一說，語焉不詳，要麼高屋建瓴，深究其意義，不及其餘。只有《後湖志》裡提供了大量有趣的細節，細到黃冊庫工食如何分發，駁查監生吃飯如何解決，黃冊紙裡夾帶了什麼原料，朝廷挪用本庫銀兩用什麼藉口，等等。

本文寫作所提及的大量事蹟，幾乎皆從《後湖志》中得來。我一直覺得，在歷史的宏大敘事之外，我們也需要這些瑣碎細節。只有從細節裡，才能還原出一個生動、真實的黃冊圖景，進而從黃冊庫的變遷爭吵中，管窺到大明興衰起伏的規律成因。

一次意外的機會，我得到《後湖志》，一讀之下，大為喜歡，遂有了動筆寫寫的念頭。通讀了《後湖志》數遍，查閱了大量前輩文獻，又請教了一些專家學者，甚至特意跑到玄武湖逛了幾圈。

玄武湖如今在梁洲上設有一棟二層小樓，裡面是明代黃冊庫遺址文化展。雖然幾乎沒什麼實物，但設計上頗有可觀之處。當我踏入二樓時，看到冊架旁立有趙官泥塑一尊。可見不欲讓黃冊庫被歷史忘記的人，也終將被歷史銘記。

另外要特別感謝南京的吳福林老先生。他以古稀之年，將深藏故紙堆中的《後湖志》整理點校出來，實在令人欽佩。《後湖志》版本稀少，存本品質差，裡面還有大量俗字、錯字、漏字，逐一校對是件極辛苦的工作。像這種冷門史料，即使校對出來，也鮮有人問津，做這件事幾乎是沒有任何回報的。吳老先生在序言裡如此說道：「我這個年齡的人已無意錢財，只想踏踏實實地做些什麼，只要有益於世，便於願足矣。」

這篇成文，也是希望能讓吳先生的成果不致唐捐，能被人一直記住。

附部分參考論文如下：

何炳棣：《中國古今土地數字的考釋和評價》、《明初以降人口及其相關問題》

梁方仲：《明代賦役制度》、《中國社會經濟史論》、《論明代里甲法和均徭法的關係》、《明代糧長制度》

韋慶遠：《明代黃冊制度》

李新峰：《明初每里甲的數量與輪役方式》

欒成顯：《明代里甲編制原則與圖保劃分》、《明代黃冊研究》

饒偉新：《明代軍灶籍考論》

胡鐵球等：《婺州魚鱗圖冊的遺存與研究》

侯鵬：《明清浙江賦役里甲制度研究》

黃忠鑫：《在政區和社區之間》

趙金敏：《館藏明代戶帖、清冊供單和黃冊殘稿》、《明代黃冊的發現與考略》

趙小強：《後湖黃冊庫藏冊編號未用千文架閣法原因探析》

趙踐：《記明代賦役檔案——黃冊的最後遭遇》

宋菲：《論明代後湖黃冊庫的檔案保護與提供利用》、《明代黃冊庫設置狀況及管理制度研究》

王毓銓：《明朝田地赤契與賦役黃冊》

張志斌：《明初賦役制度新探關士戶帖均工夫和黃冊》

秦新林：《明初魚鱗圖冊再探討》

孔繁敏：《明代賦役供單與黃冊殘件輯考》

賈振民：《魚鱗圖冊與賦役黃冊》

李源：《趙官與後湖黃冊庫》

胥吏的盛宴

彭縣小吏舞弊案

大明嘉靖年間，成都府下轄的彭縣發生了一樁普通的官場弊案。可正說它普通，是因為這案子的規模很小，案情簡單，罪行尋常，講起來實在是乏善可陳。可正因為它太過平常，在大明一千多個州縣裡頗具普遍意義。於是這一樁普通小縣的普通小案，儼然成了一個繁盛王朝的青蘋之末。

彭縣緊鄰成都府的北邊，相距四十多里，乃是川西重鎮。有詩人寫過一首《彭州歌》：「彭州昔號小成都，城市繁華錦不如。」評價殊高。

嘉靖二十年（一五四一年）二月，一個叫陶成的當地人走進彭縣縣衙，高高興興領了吏帖，成為吏房的一位書手。

先簡單介紹一下大明縣衙的構成。

明代縣衙裡，最大的自然是知縣，叫作主官。他有兩個副手，一個是縣丞，一個是主簿，這兩位叫作佐貳官。他們三個都是有品級的朝廷命官，縣裡的行政長官。在這三人之下，還有一位典史，叫作首領官，但沒有品級，不入流。

再往下，衙門裡最重要的行政機構，叫作三班六房：三班是指皂班、壯班、快班，負責儀仗、治安、緝捕之類，有時候還會多一個捕班，和快班合在一起，就是老百姓熟悉的「捕快」；而六房對應的是朝廷六部，分為禮、吏、戶、工、兵、刑六個部門，各有主管業務。除此之外，還有承發房和架閣庫等辦公機構。

在這些機構裡辦事的人，統稱為吏，也叫「胥吏」或「吏胥」。「胥」這個字，本意是有才幹之人，十有二人，後來引申為基層公務員。

陶成加入的，是分管人事的吏房。他應該受過教育，會識文斷字，在吏房裡擔任書手——顧名思義，就是負責各類公文檔案的書寫、抄錄。

聽起來好像是個瑣碎活，可裡面的門道實在不少。古代沒有影印機和照相機，公文全靠書手一筆一畫寫就。他大筆一揮，偷偷篡改幾個字，往往能決定一人乃至一戶的命運。

舉個例子。崇禎時廣州府有一個糧道吏職出現空缺，一個叫劉俸的吏員垂涎已久，但是資歷差一點。他遂買通了吏房書手，偷偷修改了自己的申報資料，把最關鍵的一個日期「五月二十八日」塗抹成了「九月二十八日」。幸虧當時的推官心細，查了官府裡的原始檔案，發現日期對不上，這才查獲弊案。

書手落筆一字之差，甚至能左右官職的選拔。可以想像，他的尋租空間該有多大。陶成靠著手裡的這點權力，沒事收取一些常例賄賂，日子過得不亦樂乎。

四年之後，也就是嘉靖二十四年八月，一個叫陳佐的人也加入彭州縣衙，在戶房擔任算手。戶房和吏房並稱兩大要害機關。戶房管的是錢糧稅賦之事，日常業務涉及大量繁複計算。陳佐腦子靈活，數學好，對於數字得心應手，很適合這個職位。

和吏房書手一樣，戶房的算手也有能力掌控著別人的命運。他只消在帳簿上做一做手腳，一戶農民便會生不如死。比如萬曆年間的濟南府，曾有一戶劉姓人家，得罪了當地算手。納稅之時，算手硬把他家六畝三等瘠田劃成了一等上田，結果概算下來，要繳納的田稅翻了一倍，一家人只好上吊了事。想避免這事？很簡單，拿銀子來餵飽便是，可見這其中的尋租空間也不小。

書手和算手都是胥吏的一種，他們沒有官身，不算體制內，薪俸也不納入國家財政開支。可是這些人把持著具體政務，又是本地人，比上官更熟悉地方情形和法令文牘，很容易從中做手腳，有時候日子過得比主官還滋潤。

尤其嘉靖年間，對胥吏來說正是個好時候。在這之前，胥吏都是有名額限制的，可到了嘉靖年間，突然掀起了一陣擴編熱潮，胥吏人數陡增。有人曾抱怨說：「衙門吏胥，原有定額。今郡邑吏想如故，胥較前增十倍不止。朝穿青衣而入，暮各持金而回。」可見其盛況。

陶成和陳佐的入職，即得益於這個大背景。

這兩個人為了能放心舞弊，不約而同地拜了縣衙裡的厝主簿當靠山，就此相熟。吏房和戶房本來連結就比較緊密，兩個人很快勾結到了一起，沆瀣一氣，其所作所為，用後來官府判決的話說就是：「各結攬寫法，討錢使用。」

怎麼個討錢使用呢？

嘉靖二十五年（一五四六年）八月，彭縣決定僉派一批老百姓來三班服役，指派吏房和戶房執行。陶、陳兩人一聽，哈哈，錢來也。

這裡要先說明一下，大明的縣衙體制很有意思，大致可以分成三類：官、吏、役。

彭縣的知縣、縣丞和厝主簿這樣的人，在朝廷吏部掛著號，算是官員編制；像是典史以及六房的正副主官，無品級，算是吏員編制；至於像陶成、陳佐這樣的書、算手，連編制都沒有，差不多算是聘任的約聘工——當然，胥吏往往世代相繼，比約聘工可穩定多了——無論如何，他們仍舊屬於「吏」這一層級。

再往下，到了具體的執行團隊，則只能稱為「役」。這個「役」，指的是徭役，更準確點說，是力役。說白了，就是為政府出力氣白幹活。一縣的日常雜事，比如馬夫、門子、庫夫、禁子、防夫、縴夫、傘夫、吹手之類，都屬於役。這些役職並沒有常設員工，都是從當地老百姓裡挑選出來的，維持機構運轉。很多公共事務，比如修繕營造、解糧徵糧之類，官府也會僉派老百姓來應役。

甚至連負有治安職能的三班，都不是專職。比如皂班，主要負責迎來送往、站堂呵道。青天大老爺在公堂上一拍驚堂木，他們拿著水火棍喊「威武」；青天大老爺出巡，他們負責在前頭舉著「肅靜」、「迴避」大牌子的儀仗。看著威風體面，其實這些皂隸也屬於「力役」，可能今天站完堂，明天把皂服一脫就回家種地去了。為啥叫他們衙役而不是叫衙吏，原因即在於此。

在一個衙門裡，幾個「官」在金字塔尖負責決策，幾十個「吏」在金字塔中間負責調度規劃，幾百個甚至上千個「役」在金字塔底幹活。

事實上，縣衙的大部分工作，都是靠這種僉派百姓來完成的。原因很簡單，便宜啊。來充力役的老百姓是不拿工資的，還得自負伙食。徭役之害，大半來源於此。正如李樂批判的那樣：「居官者利其白役無工食，宴然差遣之，竟不知食民膏髓，為可痛惜，一大害也。」

當然，朝廷也深知這事對百姓負擔重，雖然不能免除，但多少會做到公平一點。在具體的僉派規則上，要充分考慮百姓家庭情況，依次輪值，人口錢糧少的，去服一些相對輕鬆的徭役；人口錢糧多的，去服一些比較重的徭役，以示均平。

可惜，這只是理論上的設計，實踐中有的是辦法可以突破。

咱們回到嘉靖二十五年這一次僉派。

彭縣三班這一輪的役期已滿，很多衙役要返回家裡，必須僉派一些新人來填補。這個動作，涉及戶房和吏房兩個部門：戶房負責查詢戶籍輪值表，確定應役人選；吏房負責登記造冊。這份工作，便交由陶成和陳佐兩人來完成。

他們倆接到任務之後，第一件事，就是尋找合適的索賄人選。

可巧在僉派名單裡，有一個叫劉選的平民。他被安排的役職是快手。這個快手，是在快班服役之人。快手的日常工作有兩大塊：一是遞送官府公文，二是緝捕治安。常年要奔走於十里八鄉，很是辛苦。

劉選不大樂意去做快手，可拒服徭役是很大的罪過，他只好找到陶成、陳佐二人，商量看有沒有啥法子。陶、陳二人居中協調，很快就拿出一個辦法。

他們找到一個叫劉本敖的閒漢，劉選每個月出三斗米、三錢白銀，讓劉本敖替他應這個差事。反正審核的人是陳佐和陶成，只消在劉選戶籍上勾一個應役，然後在三班名簿上補一個劉本敖，人數不缺就行了，沒人會認真核對名單。

這個操作，在貪腐業內有個專業術語，叫作「買閒」。

劉選花了錢，但免得辛苦，自然心滿意足。劉本敖也很高興。快手雖然是個卑賤的職位，可若有本事，也能賺錢。劉本敖這種人，常年混跡衙門，熟悉各種門道。普通百姓避之不及的差役，對他來說，反而是好事。

比如衙門發現某戶人家牽涉官司，發下牌票——一張紙，上用墨字寫明事由與限定日期，朱字簽押，蓋有官印，作為差役執法的憑。劉本敖拿著這張牌票，便可以上門訛詐。《幾亭全書》裡對這種情況描述得特別生動：「差人持糧票下鄉……黑夜排闥，就床擒索，舉家驚惶，設酒送飲；及去，衣服雞犬一空。假如欠銀五兩，此番所費二三兩。手頭愈空，錢糧愈難完辦。」

還有更絕的。劉本敖還可以勾結陶、陳這樣的胥吏，開出一張不蓋官印的白頭牌票，下鄉隨意找人訛詐。反正老百姓不懂法，很容易就被唬住。《官箴書集成》裡如此記錄：「每一快手一二十兩，賄買戶書寫就。……蓋快手借票催糧，原非為催糧計，不過借印票在手，無端索害鄉人。農民多不識字，又多良善之人，彼即有完票在家，快手欲無端害之，幾十里外向誰分訴。……一張票，乃一快手幾年生活也。」

一張票能榨出幾年逍遙日子，可見區區一個快手，只要勾搭上胥吏，就能打開一片天地。

不消說，劉選、劉本敖事後還得拿出一點錢糧，孝敬陶、陳兩位。

很快，一個叫王廷用的人也找上門來。他一直在皂班當差，這次應役期滿，可以回家了。可王廷用不願意走，因為皂隸的油水不少。比如打官司時內外遞個東西、傳個消息，打板子時輕重斟酌幾下，也頗有幾分銀子可收，比種地輕省多了。

於是王廷用求到了陶、陳二人。在他們一番運作之下，王廷用成功買閒，頂替了另外一位叫嚴思安的徭役，繼續待在衙門。嚴思安還得每月給王廷用提供三斗米、三錢銀的工食。

王廷用覺得這兩位太厲害了，便把自己的同族親戚王廷美介紹過去。王廷美受過教育，能識文斷字，他不想在役職裡混日子，打算弄個胥吏幹幹。

這事陶、陳能辦成嗎？也能。

縣衙裡的胥吏，來源大多靠僉充，即從地方上選拔而來。只要你身家清白，年紀沒過三十，而且通過了業務考核，就有機會充任。不過吏職少，申請的人多，因此朝廷立下個規矩，叫「行柱定參」。

簡單來說。你取得了僉充資格，並不會馬上授職，而是作為「候缺吏」寫入「公格眼簿」，排上隊。什麼時候吏職出缺了，按照公格眼簿的先後順序，依次參充，這叫行柱。

行柱排序的門道很多，有超參行柱、陞納行柱、農民行柱、截參行柱、東征行柱等等，算法各不相同，彼此之間還有優先順序。但是，越複雜的規則，越容易被經手胥吏玩出花樣來，什麼繼參、壓參、超參、指參、爭參，讓人眼花繚亂。

陶、陳為王廷美準備的花樣，叫「越次爭參」，就是通過塗抹、篡改公格眼簿，把他的候選排名挪到最前頭，一有吏缺，立刻便能授職。

於是，王廷美就這樣被運作進了戶房，成為陳佐的同事。

可巧在這一次僉派結束之後，屠主簿病逝，新來了一位主簿叫王仲傑。陶、陳、王三人趕去巴結，很快成為其心腹。有這麼一尊神上頭鎮著，他們行事便更加肆無忌憚了。

我們看到，這麼一番操作下來，陶成、陳佐兩人上結主簿，橫勾六房，下聯快手、皂隸，儼然在彭縣衙門裡形成了一個上下貫通官、吏、役，橫跨諸多部門的小利益集團。

這個利益集團形成之後，都幹了什麼事呢？史無明載，不過後來官府在審判這個集團時，批語裡用了四個字——生事害人。字裡行間，可以想像是怎樣一番尋租的熱鬧勝景。

轉眼之間，到了嘉靖二十八年十月，又到了繳納糧稅的時節。

這是官府最重要的工作之一，一到這會兒，諸縣上下都會忙得不可開交。老百姓們除了苦著臉納完糧稅之外，還得提防另外一種麻煩，叫「解戶」。

要知道，糧食不會自己走路。各村各鄉上繳的糧食，還得集中起來，運到指定的倉儲地點入庫，才算完。大宗糧食的運輸調動，是一樁耗費浩大的工程。好在官府聰明得很，把解送糧食劃為徭役的一種。也就是說，可以僉派老百姓來做這件工作，而且是白幹。

這些負責運糧的老百姓，被稱為「解戶」。

彭縣在嘉靖二十八年十月的總徵收額，是六千六百石整，一共僉派了六十二個解戶。每一個解戶負責解送的糧食數量與地點，都不一樣。

篇幅所限，咱們只介紹涉案人員的情況：杜山一戶，解送本倉祿米二十五石；張馮剛、龔本舟、易本真、江淮四戶，共運廣豐倉火米四百二十八石六斗。其他五十七戶也各有任務，不過與這個故事沒關係。

根據流程，解戶要準備一份標準尺寸的空白文簿——連這個都要自己出錢——帶去衙門。吏房會先與戶籍比對，驗明身分，在空白文簿上寫下解戶名字，證明到役；然後戶房會根據事先的計畫，在文簿上填好解戶負責的解額以及運送地點，蓋上官印。

這份文簿，即解戶在解糧過程中的通行證、介紹信和回執。

彭縣吏房與戶房負責填寫文簿的，不用說，又是陶成與陳佐兩個人。如此好的勒索良機，他們兩個是絕不肯放過的，遂公然向六十二個解戶索賄。

解戶們對此痛恨不已，卻根本無計可施。因為陶成和陳佐身在兩房，職秉親書，想要整人，光是明面上的手段，就能把你玩得欲仙欲死。

比如說，你拒絕賄賂，陶成會查看你的家產，把你家快病死的老黃牛算作成年畜力一頭，把你家兩個半大小子算成丁壯兩口。天哪，這麼富裕的一家，必須多承擔點責任才行。他大筆一畫，把原來你負責解送的五十石漲到了一百石。

這還不算完。你帶著文簿到了陳佐那裡，陳佐在上頭寫了四個地名，讓你去提糧食運入縣庫。你一看，好嘛，三界、慶興、磁峰和龍門山，這四個鄉分別位於彭州東邊、北邊、西邊和西南，差不多可以圍彭州跑一圈。而且其中三處都位於山區，推起小車運起糧食，感覺「爽極了」。

你就算上告，也只能去主簿王仲傑那兒告。他會支持誰不言而喻。你如果連主簿都不服，還想上告知縣，那更得想清楚了——嘉靖二十九年，彭縣知縣和縣丞職位一直空缺未補，由主簿代理縣政……

好在陶、陳二人不算太貪心，每一個解戶只索賄七成色銀八分。六十二個解戶，一共湊了四兩九錢六分，交兩人平分。

兩人收完賄賂，便開始給這六十二個解戶安排運輸計畫。由於大家都出了銀子，陶、陳也不必特別偏袒誰，盡量公平地進行調配。說來諷刺，這本該是小吏分內之事，卻要在集體行賄之後才能實現。陶、陳兩人不用多做任何事，只是盡責地完成了本職工作，就能憑空造出一片尋租空間來。

計畫分配完畢，六十二個解戶領取文簿，各自散去忙活不提。

在杜山負責的區域，有一個叫方曉的農戶，需要繳納二斗七升糧食。他嫌有點多，便求到了王廷用那兒去。王廷用雖然只是一個小皂隸，可他跟陶、陳二人關係不錯，深諳尋租之妙。王廷用先從方曉那裡收取三升糧食，落進自己口袋，然後帶著一斗七升糧食去上納，強迫杜山按二斗七升足額收取，還順手訛了對方五分銀子。

杜山為此十分憤恨，要知道，解額如果不足，是要解戶自家往裡填。王廷用這麼一截一收，等於自己要平白多負擔兩斗大米。若是陶、陳二人也就算了，你一個皂隸怎麼也敢湊過來訛詐？可他只是一介平頭百姓，皂隸也是沒法惹的。不提別的，王廷用若是說動劉本敖，拿著空白牌票到家裡來不走，幾天吃喝用度就足以讓杜山破產。

皂隸已經算是衙門生態鏈的最底層，權力小到可憐，可即便如此，仍能從兩頭榨取些許好處。

來到了嘉靖二十九年三月。大部分解戶都完成了自己的運輸任務，放心歸家。可是杜山只完成了二十二石五斗，還差二石五斗；張馮剛、龔本舟、易本真、江淮四戶，完成了三百九十石二斗三升，還欠三十八石三斗七升。

這五個解戶，一共拖欠了四十石八斗七升大米。

如果是別的時候，這點差額含糊一下就過去了。可不巧的是，從去年——嘉靖二十八年——開始，每年年底，朝廷要求各地官府要把一年出納錢穀修成會計錄，分列歲徵、歲收、歲支、歲儲四柱，以杜絕積弊。

更不巧的是，在嘉靖二十九年，貴州銅仁和雲南沅江陸續爆發了規模不小的叛亂，朝廷調集四川、湖廣、貴州三省大軍會剿。這一應軍費開支，都得仰仗四川布政司承擔，其中成都府更是力扛大頭。

成都府為了應付審計和軍費，恨不得把倉廩裡最後一點糧食都刮走，對於轄下諸縣的稅賦數字極度敏感。彭縣的糧食一少，成都府立刻就有了反應。

最先覺察出問題的是一位姓鄢的巡按御史。他本來想責成彭縣自查，又怕上下串通，於是調來了墊江縣的胡知縣，以第三方的身分去核查錢糧。

胡知縣抵達彭縣的時間是嘉靖二十九年的六月。署理縣事的主簿王仲傑派了本衙戶房的一個人配合工作，這人正是陳佐。

此事調查難度不大，很快胡知縣便查明，短少的四十石八斗七升大米，是彭縣僉派的解戶解糧不足額之故。胡知縣認定是那些解戶監守自盜、暗中侵吞了這部分糧食，決定判他們一個侵欺之罪。

注意，胡知縣查明的，是彭縣解戶侵欺這個事實，但具體是哪一個解戶幹的，他一個外地人無從措手，得靠當地戶房的胥吏去調查明白。於是胡知縣把陳佐叫過來，讓他去把相關人等拘來衙門聽審。

陳佐嗅覺靈敏，膽大包天，一聽胡知縣的口風，立刻意識到這又是一個發財的良機。他身為戶房算手，一查帳冊就知道怎麼回事。陳佐把杜山、張馮剛、龔本舟、易本真、江淮五個人叫到一起，說你們要倒楣了，胡老爺知道你們欠糧太多，要判重罪。你們幾個如果湊二兩銀子給我，我就給你們想辦法遮掩。

杜山本來就一肚子氣，聽到陳佐還敢要錢，堅決不肯給，轉身走了。其他四個人琢磨了一下，紛紛表示，他們願意出錢免災。

陳佐收下二兩銀子，施展出了一招「李代桃僵」。

胡知縣在塹江做官，並不熟悉彭縣情由。錢糧短缺，他可以透過帳冊計算，但到底是誰侵欺，就沒有什麼人脈可以去查實了。

陳佐抓住這個破綻，找到吏房的陶成，憑空捏造出一個解戶，名字特別有日本味道，叫作江張本舟——其實就是從四戶人名各取了一個字，那四戶所欠的三十八石三斗七升大米，都一股腦算到這個虛構人物頭上。

接下來，陳佐上報胡知縣，聲稱是杜山和江張本舟兩個解戶拖欠。胡知縣只關心錢糧落實，哪裡想得到其中一人是虛構的。他大筆一揮，判決兩戶侵欺之罪，徒五年，如數追繳前糧。不過《大明律》允許用穀物折抵刑期，胡知縣開了個價，如果犯人願意上納七十二石罪穀，便可以抵消徒罪。

這七十二石罰款，名義上由杜山與江張本舟分攤，一人三十六石。江張本舟的三十六石，自然是那四戶人家分攤負擔。他們雖然肉疼，好歹不用被抓起來了。只是苦了杜山。本來五人均攤罰款，一人只需負擔十四石四斗。現在那四個人合為一人，自己負擔陡然增加了一倍不止。

判完案子，胡知縣便按程序上報按院，抄送成都府通判，同時發給彭縣主簿，責成他們監督人犯繳納前糧以及罪穀。

到了這一年的十月份，這四戶人家總算把沒完成的解額與罪穀繳納完成，逃過一劫。只有杜山陷入了絕望。

當初戶房安排給他的解額是二十五石，尚且完不成，更別說還有追加的三十六石罪穀。杜山在後來的供狀裡，自承當時自己「陷入死地」。

就在這時，杜山忽然聽說，那四家人是靠陳佐捏造出一戶假人才得以過關的。他大為憤怒，如果當初陶、陳二人沒有收取賄賂，如果王廷用沒來敲詐，他說不定能完成自己的解額，不用受這麼多罪。

這兩個人是罪魁禍首，拚上自己破產，也不能饒過他們！杜山暗暗下了決心，可是縣裡有王主簿一手遮天，要告，只能去成都府裡投訴。

可告官也不是那麼容易。杜山的案子已有了定論，想要翻案太難，而且也沒什麼可翻的，他確實沒完成。得選一個好切入點，才能引起上級高度重視。

杜山大概得了一位高人指點，他向成都府提告的狀子，對自己的事只是約略一提，重點放在了「李代桃僵」這件事上。他控訴陳佐這個刁吏，明知胡知縣前來盤查錢糧，仍收取賄賂，偽造戶籍，替那四戶遮掩罪行。

這一招特別狠。上頭不介意你糊弄百姓，但非常介意你糊弄他。平日魚肉百姓也就算了，上峰來查帳也敢弄虛作假？也太不把成都府放在眼裡了。

這一劍，就戳到了要害。

杜山的招數不僅如此。他在狀紙裡還特意提了一句，說彭縣上一任楊知縣，曾經打算要革除陳佐、陶成、王廷用、劉本敖等人，結果反被他們聯手陷害而死。這些人至今仍逍遙法外，剝害鄉民。

這一招就更狠了。

這幾個人到底有沒有陷害楊知縣、怎麼陷害的，後人永遠不可能知道了。但這種事情，在當時很有可能發生。

知縣是科舉出身，精熟典籍，卻未必了解庶務，何況他又是流官，幹幾年就要調走。胥吏們雖然地位卑賤，卻深諳鄉情，彼此互助，把持著大部分基層政務。所以在縣衙的生態圈裡，胥吏集團可以和縣太爺相頡頏。真逼急了，胥吏們施展手段，甚至可以把知縣生生逼走。

在崇禎朝的廣州府新安縣，曾有過這麼一個案例：新安縣裡有個胥吏叫陸榮祖，想要謀求一個職位，可負責選拔的承行吏員陶一魁秉公行事，拒絕了他的要求。陸榮祖大怒，竟然活活把陶一魁毆打致死。這麼一起嚴重的人命官司，新安知縣居然不敢管，生怕得罪了陸榮祖。直到苦主上告廣州府，兇手才得以伏法。當時的廣州府推官顏俊彥在判決裡感慨：「吏之如虎也，令之如羊也。」可見有時候知縣也是弱勢群體。

《吏治懸鏡》裡對胥吏的兇悍，描述得更加精準：「本官稍有瑕疵，輒指為把柄，講呈說告，恐嚇多端，賣訪勾窩，陷害無罪。於是長厚受其挾制，莫敢伊何；嚴刻者化為癡呆，憚於用罰。」

知縣上任，往往會帶至少兩個師爺幕友，一個精通刑名，一個精通錢糧，分派到六房，就是為了從胥吏手裡稍微奪回主動權。

不過胥吏欺官這種事，很少會拿到明面上來說。朝廷體面還要不要了？官員威嚴還留不留了？杜山一紙狀書戳破了這一層窗戶紙，直接指控陶成、陳佐等幾個人欺官，操控縣治，連知縣都坑死了。結果整個案子從一樁賄賂小事上升到了「彭縣還姓不姓朱」的問題，不由得上峰不上心。

這一份狀書，於嘉靖二十九年十月二十三日遞交給成都府。

一般來說，此類案件會交由成都府推官負責審理。不過推官業務很多，未必每天都在，因此在這之前，公堂還有一個預審環節。

成都府的公堂，每天會有兩名刑房吏員值守，一個叫直堂吏，一個叫直印吏。直堂吏負責預讀上交的訴狀，初步判斷其性質，並簽發牌票，召喚涉案人員等；直印吏則負責記錄公文往來，他的手裡有一個簿子，上面寫今天哪一房收到公文幾道，用了幾次印，有幾封訴狀上交，有幾道牌票發出，等等。兩者互相配合，也互相監督。

二十三日這一天，值班的直堂吏叫楊漢采。他收到杜山的訴狀，先讀了一遍，並沒有急著轉交。這個指控很敏感，不能偏聽一面之詞。推官老爺就算要審，也得等原告被告到齊了再說。直堂吏的主要工作，就是預先把相關人等資料準備齊全，讓老爺可以直接升堂斷案。

於是楊漢采當堂寫了一道牌票，交給防夫劉景高——防夫也是一個役職，可以視為保全與郵差的合體——讓他在本月二十五日之前趕到彭縣，把陶成、陳佐等人提到成都來問話。

劉景高拿著牌票，一路從成都趕到彭縣。二十五日他一進縣城，迎頭就看到兩個衙役走過來，看穿戴，一個是快手，一個是皂隸。他們倆特別熱情，說設下了宴席，非要拉著劉景高去吃酒。劉景高問他們倆是誰，兩位自我介紹了一下，一個叫劉本敖，一個叫王廷用。

原來杜山上告這事，早就被陶成、陳佐發現了。兩個人很驚慌，成都府不是他們的勢力範圍，斷然不能去。好在他們熟悉政務，知道成都府一定會派人來提審問話，只要把這個持牌票的人多拖住幾日，說不定就能把這事給拖沒了。

於是陶成把劉本敖、王廷用叫過來，讓他們二人等在縣城門口，專等劉景高抵達，務必死死拖住。劉、王久在公門做事，對這一套慣熟得很。他們在城門附近找了一處房子，弄了半罈子酒、兩斤肉還有一盤麵，等著劉景高到來。

劉景高不過一介防夫，平時也是有一頓沒一頓的，看到有人設宴款待，自無推辭之理。三個人在房子裡推杯換盞，吃得十分盡興。言談之間，劉本敖聽出來這位防夫頗好女色，心裡立刻有了一個主意。

他假意殷勤，請劉景高去自家安歇，然後直接敲開了對門的門。劉本敖的對門住著一個小媳婦趙氏，閨名叫八兒，平時生活不怎麼檢點，跟劉本敖有一腿。劉本敖給了趙氏五分銀子，要借她美色來羈留來人。

劉景高在劉家舒舒服服睡了一宿，次日起來，準備拿牌票去衙門提人。劉本敖卻說不急，拉著他去了趙氏家裡喝茶。收了銀子的趙氏稍一撩撥，劉景高立刻把持不住了，當晚便奸宿在她家裡。牌票哪及白嫖好，辦事不如辦人忙，從此深陷溫柔鄉中，此間樂，不思蜀。

劉景高不光免費享受美色，還不停地向劉本敖他們要錢。於是陳佐出了一兩五錢，陶成出了一兩二錢，王廷用、劉本敖各自出了一錢，湊了二兩九錢，送給劉景高。劉景高給了趙氏五錢買吃食，自己留下了二兩四錢在身上，日子過得美美的。

這邊廂劉本敖用美色拖延，那邊廂王廷用偷出成都府的牌票，仔細研讀了一下，發現一件怪事：這個牌票上面，陶、陳、劉、王等人俱在其上，可是唯獨缺了王廷美的名字。

前面說了，王廷美是王廷用的親戚，之前借陶、陳之力進了戶房，也屬於這個小集團成員之一。不過最近幾年因為一些瑣事，王廷美跟他們的關係並不算和睦。

王廷用一直懷疑，杜山一個泥腿漢子怎麼知道去成都府上告，訴狀怎麼寫得如此犀利？一定是有精通刑名之人從中指點。如今看來，八成就是王廷美，不然怎麼牌票上沒他的名字？

好哇，你做初一，我做十五，別怪我不顧親戚情面。

王廷用大怒之下，向陶、陳二人說明真相，那兩個人又連忙稟明主簿王仲傑。幾個人頭碰頭，想出一個壞主意。在這之前，正好有彭縣鄉民控訴衙門小吏私收紙罪銀五錢四分，王仲傑直接把這個罪過栽到王廷美頭上，不容申辯，直接打了他二十大板，投入牢獄裡。

這一招釜底抽薪，斷絕了杜山的法律諮詢之路。沒有王廷美支著，一個老百姓能折騰出什麼花樣？

一來二去，時間進入了嘉靖二十九年的十一月份。趙氏再漂亮，劉景高也睡得差不多了，無論如何要提人回成都了。十一月初一，劉本敖在街上蹓躂，琢磨著該用什麼辦法繼續拖延。他忽然一抬頭，看到自家一個親戚。

這個親戚叫鄢乾，跟劉本敖是表兄弟，家裡尚算殷實。早在嘉靖二十五年九月，家裡人出了十五兩銀子，給鄢乾捐了一個彭州司獄司的候缺吏，那一年他才十二歲。

地方吏員的選拔，一般有三種途徑。一是僉充，即選拔有文化的民間百姓，輪候任職，陶成、陳佐、王廷美就是這麼進來；二是通過罰充，即把犯了過錯的生員、舉人、監生等讀書人，罰為小吏；從景泰年之後，還多了一個選項，叫作告納，說白了，就是所謂捐錢買職。

到了嘉靖年間，告納變得非常氾濫，年齡、能力什麼都不考核，交錢就給。當時的價格是，州縣典吏二十兩，衛所典吏十五兩。所以鄢乾捐了十五兩銀子，遂以十二歲沖齡成了公務員。

鄢乾在彭縣候缺了幾年，轉任成都府，仍為司獄司候缺吏。到了嘉靖二十九年，鄢乾不過是個十六歲的少年。這一年的十一月，他剛剛輪完值，請假返回彭縣，打算向家裡要點零花錢。

劉本敖一看是他，大喜過望。這個表弟在成都司獄司，正好能用得上。於是劉本敖熱情地拉著鄢乾回到家裡，吃喝一通，然後提出了要求。

他希望鄢乾能利用手裡的職權，把成都府催問的牌票再拖上一拖。當然，親兄弟，明算帳，陶、陳、王幾個人湊了三兩七錢銀子，給鄢乾作為酬勞。鄢乾礙不過親戚面子，自家又有錢拿，便欣然答應下來。

這事果然辦得及時。

十一月初三，杜山見久提人犯不到，再次上堂提告。成都府於初四發下第二張牌票，交給一個叫杜廷玉的差役，去彭縣拘人。也恰好在同一日，鄢乾匆匆趕回成都府銷假。

不過鄢乾是在司獄司，沒法直接干預牌票。他走到四川布政司衙門前的洗墨池街，撞見一個老同僚。這同僚叫黃德，在成都府戶房做吏，兩個人平日關係不錯。鄢乾想到，杜山的案子事涉錢糧，一定會落到戶房做審驗，便問黃德，能不能請他在戶房拖延一下。

黃德當時的表情應該很駭異。這個年輕人膽子太大了吧？事涉錢糧，多大干係，他怎麼就敢在布政司門口隨意談論？黃德有心推辭，說戶房裡沒看到這件案子的案卷，估計還留在一堂，沒有落房。

他是個老成持重的人，有心勸了鄢乾一句：「本府老爺法度甚嚴，你年小不知利害，快莫壞事。」

黃德這句話，絕非虛言恫嚇。因為此時擔任成都知府的官員，叫蔣宗魯。

蔣宗魯是貴州人，普安衛軍籍出身，是有史以來普安州第一個進士。此人能文能武，行事極端方。駐守成都時，蔣宗魯每逢初一、十五日，總要焚香起誓，誦讀禱詞：「貪婪害民，天必譴之；忠君愛民，天必佑之；有利即興，有弊即革，凡我僚屬，相以勉之。」

這個不是政治作秀。蔣宗魯在成都知府任上一直兢兢業業，做了很多實事。後來他轉任雲南，嚴嵩要當地運輸大理石入京做屏風，他深感民眾負擔太重，憤而上了一封《奏罷石屏疏》，冒死直諫。這事終於作罷，他也因為得罪了嚴嵩，被迫告老回家。

趕上這麼一位有風骨的上司，你還想舞弊挑事，瘋了吧？

說完這話，黃德便離開成都出差去了。鄢乾對蔣老爺心存忌憚，有心把三兩七錢賄款退還劉本敖，可他有本職責工作，不敢擅自回彭縣，便把銀子留在辦公室內，尋思著下次回家捎回。

這邊黃德辦完差回來，心裡可犯了難。按道理，他既然知道了這個行為，應該立刻舉報。可這樣做，等於跟鄢乾結了仇。可不舉報，萬一鄢乾真是失心瘋，收了錢去拖延了牌票，事發一審，他也會落得一個知情不報。黃德心下猶豫，便去堂前查了一下，看這案子到底辦得如何了。

一查才知道，還好，鄢乾沒辦成這事，黃德也就放下心來。

這時成都府發出了第二張牌票，由杜廷玉前往催促彭縣提人。彭縣這邊一看催票要到，陶、陳、劉幾個人急得像熱鍋上的螞蟻。他們久知蔣宗魯的威名，知道自己若去了成都府，事情怕是要壞。他們商量不出結果，決定去找主簿王仲傑拿主意。

誰知這些人走在街上，無意中被杜山的老婆陳氏看到了。

陳氏對自家丈夫的官司很上心，一看牌票裡要提的這些人居然還敢在街上閒逛，上前一把抓住劉本敖去王仲傑那裡見官。王仲傑自然是偏袒自家小弟，把陳氏打了一頓，攆出公堂。杜山聽說以後，心裡更是惱怒，等著第二張牌票到彭縣，有你們好看。

說話間，杜廷玉抵達了彭縣。代理縣事的主簿王仲傑痛快地接了牌票，派出一個叫劉興二的快手，趕往杜山家裡。劉興二先吆喝杜山請他吃了一頓酒肉，然後將其當場鎖拿，送進了縣獄裡頭。

等會兒，牌票上要提的不是陶、陳、劉、王四個人嗎？抓杜山幹嘛？

因為杜山是整個案子的源頭，必須先把他控制住，然後才好幕後操作。王仲傑老於宦海，深知關鍵所在。他明面上催促劉興二繼續去拘拿另外四個人，做做樣子，暗地裡卻安排這四個人盡快脫罪。

怎麼脫罪？

陶成、陳佐二人當晚找了本縣的三個平頭百姓，分別叫高汝沖、趙偉和段自成。陶、陳在趙偉家擺下一桌酒席，請三位吃飽喝足，然後說出了脫罪的計畫。

首先陶、陳二人會設法說服杜山承認是誣告。既然是誣告，這個案子自然也就撤銷了。可是撤銷之後，杜山所積欠的解糧和罪穀，還得如數交清。杜山顯然出不起這個錢，接下來高、趙、段三人會站出來，說我們平日跟杜山關係良好，情願替他繳納解糧和罪穀，替他免罪。這筆糧食，亦不用他們三人真出。陶成、陳佐各出十四石二斗五升，劉本敖、王廷用各出五石，湊出三十八石五斗，恰好可以抵消杜山積欠的二石五斗解糧和三十六石罪穀。

換句話說，這幾個人打算花錢免災，自己掏腰包把缺額補上，換杜山閉嘴。

這個方案代價不菲，可為了避免觸怒蔣宗魯這尊大神，他們也只得忍痛出血了。

杜山被關在彭縣監牢裡，吃了不少苦頭。他聽到陶成、陳佐提出的方案之後，雖然心中不爽，可這已是能爭取到的最好的結果，只好點頭同意。幾方面都疏通好了之後，陶、陳先去稟明主簿王仲傑，說杜山自承誣告，自願銷案。然後段自成出面，把杜山從監獄裡保出來，表示願意交糧贖罪。

這一套手續做得滴水不漏。王仲傑和劉興二解釋了幾句，說案子是一場誤會，縣裡已經解決，讓他不必提人。一場危機就此弭平。

可讓彭縣小集團沒想到的是，這邊剛安排妥當，那邊又出事了。

事情出在劉景高身上。

他貪戀趙氏八兒，一直滯留彭縣不歸，這引起了成都府的關注。當初發下牌票的直堂吏楊漢采一查記錄，發現十月二十三日發出的牌票，到十一月中還未繳還，持票人劉景高也一直沒回來。楊漢采當即又發出一張牌票，派出成都府直屬的快手王童生，去拘劉景高的歇家張萬益。

歇家在明代是個特別的職業，營業範圍很寬泛，舉凡生意買賣、說媒拉織、薦工借貸、訴訟寫狀之類的都能做，可以說是一個代辦各類業務的公司。尤其在官府事務上，歇家很重要。比如老百姓告狀時，得有歇家作保，官府才收你的呈狀；比如官府收押犯人，怕監獄條件太差囚犯死掉，就由歇家作保領回去關著；再比如官府要解送或提審人犯，歇家可以包當防夫或解戶，為其押送犯人作保。

劉景高和張萬益的關係，就是最後一種。張萬益是解戶歇家，是他推薦劉景高擔任防夫的，負責官府的各種解送任務，張萬益則為劉作保。現在劉景高遲遲不歸，官府自然要找張萬益的麻煩。

可惜張萬益外出未歸，於是成都府派了一個叫劉永敖的水夫，把他母親章氏鎖拿關入府倉。章氏在裡頭戰戰兢兢地待了好幾天，直到蔣知府清理倉犯才放出來。張萬益回來以後，看到母親如此遭遇，嚇得魂飛魄散，只好承諾要親自去彭縣找那個混蛋。

經過這麼一鬧，成都府想起來了，怎麼彭縣要提的犯人還沒到？本府第一次發牌票沒到，是因為劉景高失蹤，情有可原；可本府明明派劉興二送去了第二道牌票，怎麼還是寂靜無聲？

結果，成都府又發出了第三道牌票，由一個叫齊表的快手持票，會同張萬益一起，迅速前往彭縣查看劉景高的下落，兼提人犯。

這一次牌票，誰也躲不過去了。

張萬益把劉景高從趙氏閨房裡拎出來，氣哼哼地帶往成都。齊表還要把涉案四人帶走，可王仲傑出面解釋，說案子已經銷了，要不我派他們去成都府解釋一下吧。

於是在十一月二十六日，陶成和陳佐分別派了堂姪陶田、父親陳春，會同張萬益、齊表、劉景高先去成都。陶、陳、劉、王四人承諾晚一日即至。

這一行人抵達大安門內，陳春、陶田主動花了六分銀子，在一戶叫王台的酒家裡買了一罈酒，請劉景高、齊表、張萬益喝。喝完以後，這一行人來到鐵五顯廟街，尋了一處旅店投宿。到了二十七日，劉、齊、張三人來到承流坊下，等著陶成他們到來。

這時劉永敖，就是拘捕張萬益母親的那個水夫，跑過來，責問劉景高為何這麼晚才回來，從成都到彭縣也就一天路程，你拖延了整整一個月。劉景高面不改色地解釋，說那些人犯俱各有事，我得等人湊齊了，才好回來繳牌。

劉永敖說我為了你這事，幾次被上司責問，你得賠我點人情。劉景高本不想給，可是他的歇家張萬益堅持讓他給，他只好從陳佐賄賂自己的銀兩裡分出四分，給了劉永敖。張萬益表示為了你的事我媽也去牢裡待了幾天，你看著辦。劉景高只好又吐出兩錢五分，算是給章氏壓驚。

劉景高打點完這些人，繼續站在承流坊下等。可左等不來，右等不來，陶、陳、劉、王都不見蹤影。他起了急，只好再返回彭縣，繼續催提。那四位卻一點不急，反正杜山那邊也打點好了，糧食都補繳了，再拖幾日，一俟糧食入了府庫，帳簿一平，這事便能抹個乾淨。

擺平了劉景高，這幾個人鬆了一口氣，覺得有驚無險，這趟麻煩算遮過去了。可陶、陳二人萬萬沒想到，在這個節骨眼上，手下那兩個閒漢卻壞了事。

前面說了，他們四個人合資替杜山還了那筆糧食，其中劉本敖、王廷用各出了五石。這兩人平時只吃不吐，這次被迫割肉，簡直心疼到不行，覺得必須從別處找補回來。於是他們又跑去恐嚇王廷美，說他犯了侵收紙銀的重罪，訛了三錢五分銀子、價值六錢的十二斤茶葉、價值三錢七分的八斗黃豆。

要說王廷美也挺無辜的，好好在戶房幹著，只因為被人懷疑是杜山的幕後推手，便被打入監牢，吃了幾天牢飯，還被劉本敖、王廷用幾個宵小反覆敲詐，出血甚多。

泥人也有土性。王廷美憤憤想到，你們不是懷疑我唆使杜山去告狀嗎？行，爺這次就親自去告一回！他徑直跑來成都府，把陶、陳二人強迫杜山承認誣告，又找了三個人替他補糧的勾當，一股腦全說了出來。

這次接狀的，仍是直堂吏楊漢采。他一看，咦，這案子有點眼熟，好像是之前那樁久提人犯不到的杜山案後續。楊漢采覺得這事自己沒法自專，上報給了知府蔣宗魯。蔣知府一看，好嘛，錢糧這麼大的事，你們都敢肆意篡改挪移，還有什麼事幹不出來？簡直視《大明律》如無物！

蔣知府異常震怒，親自做了批示。仍由楊漢采寫了一張牌票，派人再去彭縣提人。這一次成都府派的是正經差吏，而且要即提即走，不得耽擱。

這麼大動靜，成都府內部先傳了遍。鄢乾很快聽說蔣知府震怒，非常驚慌。倘若劉本敖把行賄之事說出來，自己必然不保。他猛然想起，劉本敖給自己的賄銀三兩七錢還扔在辦公室，趕緊跑回去拿。

拿到了銀子之後，鄢乾不知該怎麼處理。他思前想後，居然想出一個令人匪夷所思的計策。他趁著晚上公廨無人，偷偷把這封銀子扔到戶房黃德的桌子上，要行栽贓嫁禍之事。

黃德原本出於好意，沒去舉報，卻沒想到農夫碰到了蛇，反而要被鄢乾陷害。好在黃家有一個親戚黃春童恰在附近，看到有人影扔下銀子在老爺桌上就走，心中生疑，緊追過去連問是誰。鄢乾不敢回答，只得悶頭跑，跑到庫樓下面時，一不小心，自己頭上的吏巾掉落在地。

吏巾不是頭巾，是吏員專用的軟帽，平頂露額，正中一道折，背面一對烏紗帽翅。這種帽子的主體是庶民樣式，但又多了一對官員用的帽翅，正好符合吏在官民之間的地位。

黃春童當即把這吏巾撿起來，連同那一封銀子送到戶房收好，然後把黃德叫過來。黃德一看，便知道是怎麼回事。他對鄢乾再無什麼愧疚之心，把這兩樣東西直接交到了知府蔣宗魯手裡。

蔣知府聞言，立刻派人將鄢乾收押審問。這個鄢乾別看只有十六歲，心思卻頗歹毒，自己都已經陷進來了，還要胡亂攀咬，說陳佐的父親陳春送了楊漢采白銀七錢五分云云，結果這謊話當場被揭穿。

蔣知府把鄢乾收在監獄裡，又追了一道牌票到彭縣，叮囑務必拿涉案人員到府。兩道知府親發牌票相繼抵達，在彭縣的影響力堪比炸彈。這一次再無僥倖，陶成、陳佐、劉本敖、王廷用以及陶田、陳春等人，乖乖被解到了成都府。

成都府調來杜山、王廷美的訴狀，一一審問，很快把所有的事情都審了個清楚。陶、陳、劉、王四人要脅杜山自承誣告之事；劉、王二人誣告訛詐王廷美之事；劉本敖賄賂鄢乾之事；劉本敖等賄賂劉景高阻撓公務之事；陶、陳將四個解戶揑成一戶欺騙胡知縣之事；陶、陳二人敲詐六十二個解戶之事；甚至連劉本敖、王廷用兩人買閘，王廷美越次爭參等舊事也被翻了出來。

蔣知府沒想到，區區一件解糧案，牽扯出這麼多隱情。若無上官庇護，這些人豈能在彭縣如此囂張？他立刻發下一道措辭嚴厲的文書，責令彭縣主簿王仲傑來府上問話。

其實蔣宗魯並沒打算把案子辦到主簿這一級，彭縣知縣、縣丞一直空缺，主簿再落馬，縣裡群龍無首了。所以他在文書裡還特意說了一句「如查無干，即放供職」。

可王仲傑的心理素質實在太差了。陶、陳等四人被解往成都府以後，他惶惶不可終日。蔣宗魯的文書一送到，成了壓垮駱駝的最後一根稻草。嘉靖二十九年十二月初三夜裡二更時分，堂堂的彭縣主簿王仲傑居然繞過成都府派來的耳目，翻過衙門後牆跑了。

這可真是多少年都沒出過的奇聞。

成都府沒奈何，只好先把其他相關人等拘押起來，解送府上。

又是一輪審下來，把陶、陳等人多年來敲詐勒索的一樁樁事情全抖摟出來，王仲傑庇護縱容刁吏的事情也被相繼揭發。這個彭縣小利益集團的積年齷齪，終於被完全掀開。

等到了這樁案子審結之時，一共有十八個人被判刑。除了陶、陳、劉、王四名主犯之外，還有那四個未完解糧的解戶，那三個自願替杜山贖買的百姓，彭縣主簿手下的幾個小吏，成都府先後派去彭縣提人的幾個防夫、快手、水夫，包括陪劉景高睡覺的趙氏八兒、受賄栽贓的鄢乾、被劉景高連累的歇家張萬益，連苦主杜山與王廷美，都被關起來了——他們倆一個解糧未完，一個當初賄賂主犯越次進入戶房，這些罪行不會因為他們是受害者而免除。

所有涉案人犯裡，最無辜的要數那位戶房老吏黃德。他雖然舉報有功，可在審理中發現，他當初聽見鄢乾徇私的要求，沒有及時報官，也要判罪。

這件案子雖然涉事甚繁，但內情不算複雜。很快成都府推官便宣布了判決結果：陶成、陳佐兩人，杖一百，徒三年，而且要先在衙門前站枷號一個月，以儆效尤；劉本赦罪減一等，杖八十，徒兩年；王廷用再減一等，杖七十，徒一年半。不過劉、王二人最終免去了杖刑，代價是發配到附近的衛所，終身充軍。

趙氏八兒、杜山、劉景高、張萬益等十幾個人，分別判處杖八十，但允許用錢糧折免。只有王廷美和黃德，他們雖然犯律，但情節輕微，態度又好，蔣知府法外開恩，將他們無罪開釋了。

至於鄢乾，他先被判杖八十，然後被褫奪了候缺吏的身分，革役為民，這輩子也別想做官吏了。

這個判決，應該說是很公允的。畢竟案子裡沒鬧出人命，涉案金額也不大。人犯們忙來忙去，都是幾分幾錢地摳著銀子，最大的一筆贓款，也不過陶、陳向那六十二個解戶索要的四兩九錢六分……

有意思的是，在這份檔案後，還附了一份「照出」。

「照出」裡開列的，是犯人需要承擔的訴訟費用——術語叫紙銀——以及各種贓銀的最終去向，每一個人都不一樣。比如鄢乾、黃德等人，得掏紙銀二錢，其他彭縣犯人要掏紙銀一錢。「照出」裡還特意寫明，劉本敖賄賂鄢乾的那三兩七錢銀子，由黃德上繳，充入府庫。

一干費用，算得清清楚楚。

唯一在逃的犯人，只有一個前彭縣主簿王仲傑。這位腿腳挺靈便，出逃之後，成都府一直沒逮住他。蔣知府沒辦法，給王仲傑的原籍西安府行了一道公文，提請當地有關部門注意，一發現他的蹤跡，立刻拘拿。至於後來到底王仲傑有無歸案，這個就實在不知道了。

縱觀這一樁彭縣窩案，案情一點也不曲折離奇，也沒什麼詭譎兇殘的情節，動靜只限成都一府一縣。但它相當具有代表性，我們從中可以清楚地看到明代胥吏們的日常生態。

從戶房的算手到府衙的防夫，從公堂上的皂隸到奔走鄉間的快手，只要有那麼一點點權力在手，他們便會挖空心思，在每一個細處尋租，從每一件政務裡訛詐。更可怕的是，這幾乎已成為一種不假思索的習慣。陳佐得知胡知縣查侵欺案時，第一反應不是惶恐，而是借機敲詐杜山；劉景高奸宿之餘，還不忘向劉本敖討要零花錢；劉本敖、王廷用補交了賠款之後，一定要再勒索王廷美來找補；就連負責催促牌票的小角色劉永敖，見到劉景高回成都之後的第一個反應，就是向他討要辛苦費。

整個案子裡，充滿了小人物揮舞著小權力的身影。

胥吏之害、之貪，在這麼一件普通案子裡可謂表現得淋漓盡致。

這是一種細緻無聲而又無處躲藏的恐怖，驅之不盡，揮之不去。你的生活，隨時可能處於威

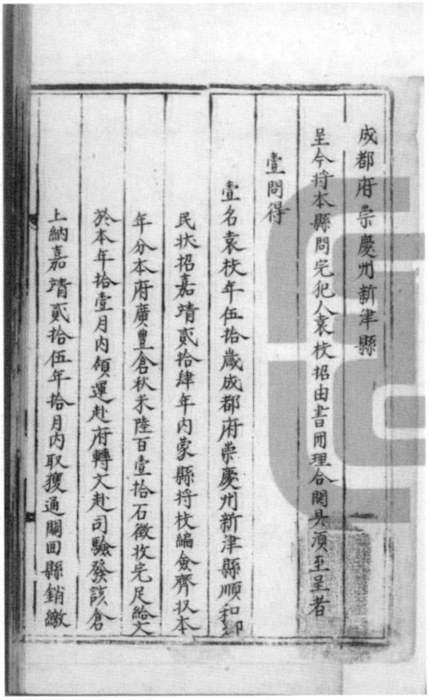
成都府崇慶州新津縣
呈今将本縣問完犯人袁杖招由書冊理合開具須至呈者
壹問得
壹名袁杖年伍拾歲成都府崇慶州新津縣順和鄉
民狀招嘉靖貳拾肆年內蒙縣将杖編僉齊收本
年分本府廣豐倉秋米陸百壹拾石徵收完足給文
於本年拾壹月內領運赴府轉文赴司驗發該倉
上納嘉靖貳拾伍年拾月內取獲通關回縣銷繳

圖十七　《四川各地勘案及其他事宜檔冊》書影
（藏於中國國家圖書館）

脅之中；你辛苦積攢的錢糧，隨時可能被啃噬。這個案子，被蔣知府雷霆萬鈞地打滅了，可陶成、陳佐這樣的胥吏，在全國每個地方都有。他們密密麻麻地攀附在各地府縣的底層，肆無忌憚地剝害生民。不是每一個人，都有杜山那麼好的運氣。

所謂青蘋之末，即指於此。

按照慣例，最後還是要說說史料來源。

這個案子，是我在《四川地方司法檔案》裡翻出來的，編號九十一號。這套資料特別有趣，它以《明嘉靖年錢糧冊》和《四川各地勘案及其他事宜檔冊》為基礎合編而成，裡面是嘉靖二十八年（一五四九年）至三十年在四川布政司各地辦理的案子，一共九十八件。

按照規矩，地方辦完的每一件案子，都要提交布政司留底，因此得以保存下來。

檔案裡收錄的，全是當時官府判決的司法文書原件。四川的司法官吏們的態度很嚴謹，每一份案卷記錄都非常詳盡，細節充實，很多案情經過跟寫小說似的。本文裡提及的細節，不是筆者腦補，而是皆來自這些記錄。比如鄢乾在布政司衙門前的洗墨池街遇到黃德，有地點，有對話，有心理活動，看似小說，其實是出自當時的供狀。

這些案子都不是大案，案情也不曲折，但我們從中可以看到四川官吏、平民的日常生活、經濟物價、風土人情，甚至還能看到很多當時社會上的潛規則。不記得十九世紀哪位法國小說家說過，想要了解一個社會的形態，去法院裡坐幾天就夠了，那裡是最容易看到人生百態的地方。《四川地方司法檔案》也有相同的功效。

感謝那些保留下《四川地方司法檔案》並做了點校的學者，大明底層社會的鮮活，就藏在這裡。

正統年間的四條冤魂

《都公譚纂》裡記載了一個司法故事，至今讀之，仍叫人心驚。

正統年間，北京有個忠勇前衛的百戶，叫楊安。楊安的老婆姓岳，長得很漂亮。有一個錦衣衛校尉垂涎她的美色，想要侵犯，結果沒能得逞。半年以後，楊安染疾而死，懷恨在心的校尉跳出來，指控岳氏謀殺親夫。他有鼻子有眼地編造說，岳氏早和她的女婿邱永有染，楊安得病之後，這一對姦夫淫婦透過鄰居郝氏找來術士沈榮，把符紙燒成灰混入湯藥中，害死了楊安。

按《大明律》，妻妾謀殺親夫，要判斬決；如果殺人動機是與人通姦的話，則會被判處凌遲之刑，姦夫一併處斬。比如說湖南曾經有個案子，有一對兄弟袁應春、袁應節，弟弟袁應節和大嫂丘氏通姦，被袁應春撞破了。丘氏大怒，把袁應春灌醉殺死，燒屋掩蓋罪行。後來東窗事發，丘氏被判凌遲，袁應節雖然沒參與犯罪，但也以姦夫罪名被砍了腦袋……

可見在大明，「夥同姦夫謀殺親夫」是至為嚴重的大案。錦衣衛校尉誣告這個罪名，可謂陰毒到了極點，直接要人絕戶。

此案事涉人命，順天府第一時間將岳氏、邱永、郝氏、沈榮四人收押。四個人在牢獄裡自然大叫冤屈，可官府偏信了校尉的證詞，動了刑，將四人屈打成招。

依律這幾人都要判死刑，不過大明對死刑案一向很重視。順天府雖然受理此案，但無權裁定，得把人犯以及卷宗移交中樞，由刑部、都察院、大理寺三輪覆審。三個部門一致同意了，再請皇帝來勾決。有了刑科奉旨簽發的駕帖，才能執行死刑。

楊安這個案子，先被移交給都察院，御史覆審之後，認定死刑得當，又交給刑部，也是同樣意見。可到了大理寺這兒，卻卡住了。

也算岳氏等人運氣好，這一年大理寺的主官叫薛瑄。薛瑄這個人來頭不小，他上承朱子理學，號稱「開明初道學之基」，所開創的河東學派，後來甚至發展到可以與陽明學並稱「有明兩文脈」。

除了學問，薛瑄做官也頗有手段，以光明俊偉著稱。他曾隻身前往湖廣銀場，硬是把當地弊案蕩滌一空。總之，這是個正直、可靠而且頗有手段的官員。

在正統六年（一四四一年），薛瑄被任命為大理寺少卿，正好接到了楊安案的覆審。他本著負責任的態度，仔細研究了順天府的審問卷宗，發現岳氏的供詞前後不一，也和其他人的供詞細節對不上。薛瑄一看就明白了，這顯然是屈打成招啊。

大理寺號稱慎刑，職責就是要對刑部的判決進行審查，如果有「情詞不明或失出入者」，有權駁回刑部要求再議。於是薛瑄立刻將此案駁回，讓刑部再琢磨琢磨。刑部很快發回，說覆審沒問題。薛瑄一看，不行，又一次駁回，赫然形成了拉鋸戰。

刑部還沒說什麼，都察院可不高興了。這個案子，刑部和都察院都已批准了，你們大理寺不批，那就是說我們兩部工作沒做好唄？為了這事，都御史王文跑到大理寺拍了好幾次桌子，薛瑄卻巋然不動，駁回如舊。

王文這麼動怒，是有原因的。

當時權傾朝野的，是大明第一位權宦王振。薛瑄剛就任大理寺少卿時，王振想拉攏他，給他送了賀禮，結果被謝絕。楊士奇勸薛瑄好歹登門拜謝。薛瑄眼皮一翻：「我是朝廷授予的官職，謝私人算什麼道理？不去！」甚至上朝的時候，別人看見王振都行跪拜禮，薛瑄拱拱手，就走過去了。

都御史王文一直和王振走得很近，從他看來，薛瑄卡這個案子就是為難自己，為難自己顯然就是打王公公的臉啊。再者說，這件案子的首告是錦衣衛的校尉，而錦衣衛的頭頭馬順也是王振的人。薛瑄說這案子有問題，那就是說錦衣衛校尉不可靠，錦衣衛校尉不可靠，那自然是說馬順管理不利，也是掃王公公的面子。

說薛瑄有意針對王振，不至於；但說他不肯和閹黨沆瀣一氣，倒有可能。反正他連王振都不甩，更不會怕王文。任憑對方如何拍桌子，薛瑄一支大筆，就是不落下去批准。案子陷入僵局。

大理寺一部獨扛刑部和都察院的壓力，時間久了，也頗有吃力。薛瑄有一個手下的評事，叫張梘，一看這麼下去也不是個辦法，出了一條妙計。

張梘說在宣德年間曾經有一個死刑案，也是大理寺和刑部打拉鋸戰，誰也不肯鬆口，最後乾脆請出皇上來裁定，結束兩部爭端。薛瑄覺得不錯，立刻上奏正統帝，說這個案子有疑難決，三司意見不同，請皇上您睿斷定奪。

正統皇帝一點都不傻。你們底下都弄不清楚的案子，朕怎麼「睿斷」啊？你們這是把決策責任的大鍋甩給朕啊？於是他一腳把鍋又踢下去了：「著都察院老成御史一員，體訪得實來說。」

朕可不下結論，你們派人去查吧，查明白再上奏。

於是都察院派了一個叫潘洪的御史，重新去查楊安案。潘洪應該和都御史王文不是一路，居然很認真地做了調查。這位「明朝柯南」仔細比對犯人供詞，又左鄰右舍打聽了一圈，還把經手醫師找來細細詢問，最後得出結論：楊安半年前得了瀉痢，久病不癒，就吩咐岳氏透過鄰居郝氏找來術士沈榮，在家裡作法驅逐邪魔。半年之後，楊安病死。錦衣衛校尉所說通姦、謀害之事，純屬捏造。

潘洪把報告遞交朝廷。正統帝一看，事實簡單清楚，證據確鑿，沒有可疑之處，就下旨說既然是冤枉的，就都放了吧。

為這麼一件小事，還得勞動皇上下兩道旨意，下面都這麼辦事，皇上還有時間幹別的嗎？正統帝不大高興，說這案子最初是誰審的？刑部是吧？經手官員罰俸三個月。

刑部很委屈，說都察院在覆審時是下屬的四川道負責審犯人——這個「四川道」只是機構名，不是只負責四川的案子。我們沒查明真相，他們也沒有啊，要罰大家一起罰。都察院一聽，好，這案子首告是誰來著？錦衣衛的校尉，都是他惹出來的事，錦衣衛也得罰。

三四個部門互相攀咬，咬出長長一串責任人來。正統帝覺得這事打擊面有點廣，把話吞回去了，全數寬宥。

本來到這裡，楊安案就算是完滿大結局了，可突然平地裡又起了一陣大波瀾。

錦衣衛指揮使馬順覺得自己真是躺著中槍，明明什麼壞事沒做，卻被牽連進這個案子，還差點被皇上罰了俸祿。

尤其這事還是自己的仇家薛瑄搞的，馬順就更氣不過了。

就在前不久，錦衣衛爆出過一件醜聞。有個指揮去世，留下一妻一妾。王振有個乾兒子叫王山，在錦衣衛供職。王山想把這個指揮的小妾娶回去，可按禮法，得指揮的正妻賀氏同意才行。賀氏說老公去世不滿三年，你孝未服滿就想改嫁？不許。這個妾在王山挑唆之下，誣告賀氏用巫術咒死了自己老公——和楊安案如出一轍。

王山是王振的乾兒子，這種事打點起來輕而易舉，直接把賀氏送進了都察院，很快就審出一個死罪。到了大理寺這兒覆審，薛瑄果然又給攔下來了，認為此案荒唐，予以駁回，還彈劾那些監察御史瀆職，搞得都察院和錦衣衛特別被動。

這該死的薛瑄，如今還想再玩一次？

馬順越想越氣，派人把那個校尉抓過來，一頓鞭子狠抽。校尉知道，自己若坦白誣告，只怕死無葬身之地，便死死咬住潘洪，說他奏事不實。

馬順一聽，意識到這是個打擊薛瑄的好機會。他是王振的黨羽，稍一運作，就可以把潘洪打成欺君罔上之罪，遠遠發配到了大同威遠衛。然後他又把岳氏等四人拖到午門之外，狠狠拷打。一邊打一邊審，硬是讓他們四人第二次被迫認罪。

得了四人供詞，馬順算是拿到了實錘，大理寺這是集體枉法啊。王振一黨趁機動手。不到一日，薛瑄、張梲與右少卿顧惟敬、賀祖嗣、寺副費敬、周觀等皆被拿下，整個大理寺的高級官員幾乎全軍覆沒。他們被關在都察院台獄之中，由都御史王文負責審問。王文得意揚揚地下令鞭笞這些對頭，好好報一下自己受辱之仇。

刑訊之下，饒是大理寺的官員也扛不住。最後被王文審出一個特別荒謬的結果：術士沈榮，是蘇州府常熟縣人，而顧惟敬、周觀、張柷這幾個官員也都是蘇州人，為了包庇同鄉，不惜作弊云云。

皇上一聽還有這事，大怒，讓錦衣衛把他們分別關押，單獨受審。可憐這批大理寺官員才離狼穴，又入虎口。馬順對付他們，比王文更有辦法，一邊打一邊讓他們招出更多的人，株連甚廣。最無辜的一個，是大理寺的司丞仰瞻。他當時甚至不在京城，而是去淮上視察當地蝗災。同僚周觀被馬順打得實在挨不過了，把仰瞻也供了出來，說他也是蘇州人。可憐仰司丞本來正忙著考察，突然被莫名其妙提回京城，直接下獄，嚴刑拷打。他熬不過去，只得莫名其妙地招供。

錦衣衛拿到這些供詞，交給刑部議罪。刑部戰戰兢兢，哪裡敢不從，很快拿出了判決：岳氏、邱永淩遲處死；郝氏、沈榮絞罪。仰瞻充軍去大同，和潘洪一樣，顧惟敬等官員連降三級。

至於薛瑄，同樣問了死罪，秋後開斬。

薛瑄到底是一代宗師，氣定神閒，在監獄裡慢慢讀著《易經》，被趕去探監的同僚稱為「鐵漢」。等到了午門會審時，他還有餘力把主審官王文罵得無言以對。

整個朝廷，都被薛瑄的遭遇震動了。

馬、王二人的作為，實在已過了官場的底線。原本觀望的官員們，紛紛設法營救。在臨近行刑之時，王振家的老僕人，做著飯忽然哭了。王振問他為啥，老僕人說：「聞今日薛夫子將刑也。」

王振有點發怵，自家僕人都這樣，外頭輿論的態度不問可知。他是第一代權宦，經驗不足，不敢犯眾怒，便約束手下，沒有繼續追殺。這邊態度消極，那邊兵部侍郎王偉等人頻頻上書鳴不平，薛瑄自己也上書自辯。

雙方一退一進。最後，薛瑄的死刑，在覆審時被駁回。他本身削官為民，回了老家。

至於其他被連累的倒楣官員，就不知下場如何了。

最可憐的，是那四個無辜百姓。他們平白蒙受冤屈不說，眼看碰到幾個可靠官員，可以脫罪回家，卻因為朝廷鬥爭，重新墮入地獄，在極度痛苦和恐懼中死去。時人記錄此案的筆記，多津津樂道於薛瑄與王振的鬥爭，卻對這四個人鮮有關注。他們說過什麼，他們想過什麼，他們被拷打時有無求饒，臨死前是什麼表情，連一句控訴或吶喊都沒有記載。彷彿這些人只是引發大案的若干棋子，彷彿這起案子，跟這些不幸的人已經無關。

土木堡之後，景泰即位。憤怒的朝臣們要求清算王振的罪孽，在午門將馬順活活打死，讓他成為錦衣衛歷史上唯一被毆打至死的指揮使。王振的乾兒子王山，很快也完蛋了。

薛瑄很快被起用，先任南京大理丞，然後轉北京少卿。

但諷刺的是，他卻不如當年的仇人王文混得好。王文緊抱景泰大腿，堅決反對把英宗接回來，很快以吏部尚書、文淵閣大學士入閣，創了二品大臣入閣的記錄。

薛瑄、王文兩個人，在景泰年還交過一次手。景泰四年（一四五三年），蘇州發生饑民搶糧事件。王文受命彈壓，一口氣抄了五百多戶，抓了兩百多人，統統以謀反罪名押解京城問斬。薛瑄又一次站出來，為這些人鳴冤。

王文無奈地表示「此老倔強猶昔」，只好懲處了為首的三四人，其他人都放了。

奪門之變發生之後，朝局又一次大地震。英宗復位，著手清洗舊臣。王文被誣謀反，和于謙一併處斬。

于謙之冤，天下為之不平，而王文之冤呢？

「文之死，人皆知其誣。以素刻忮，且迎駕、復儲之議不愜輿論，故冤死而民不思。」

「冤死而民不思」意思是老百姓知道你是冤枉的，可是一點都不同情。王文能得到這樣的評價，可實在是太諷刺了。

更諷刺的是，誅殺王文的聖旨，正是薛瑄親自送過去的。其實薛瑄這時候並未挾私報復，反而極力營救，為此事也惡了皇帝，很快就告老還鄉了。

不知道他們兩個面對面會說些什麼，會不會談起許多年前，那四個無辜的冤魂。

高寶書版集團
gobooks.com.tw

BK 060
顯微鏡下的大明
作　　者　馬伯庸
責任編輯　林子鈺
封面設計　林政嘉
內頁排版　賴姵均
企　　劃　鍾惠鈞

發 行 人　朱凱蕾
出　　版　英屬維京群島商高寶國際有限公司台灣分公司
　　　　　Global Group Holdings, Ltd.
地　　址　台北市內湖區洲子街88號3樓
網　　址　gobooks.com.tw
電　　話　(02) 27992788
電　　郵　readers@gobooks.com.tw（讀者服務部）
傳　　真　出版部　(02) 27990909　行銷部 (02) 27993088
郵政劃撥　19394552
戶　　名　英屬維京群島商高寶國際有限公司台灣分公司
發　　行　英屬維京群島商高寶國際有限公司台灣分公司
初　　版　2022年 6 月

顯微鏡下的大明 By 馬伯庸

國家圖書館出版品預行編目(CIP)資料

顯微鏡下的大明/馬伯庸著. -- 初版. -- 臺北市：英屬維京群島商高寶國際有限公司臺灣分公司, 2022.06
　面；　公分. --（Break；BK060）

ISBN 978-986-506-439-6（平裝）

1.CST: 明史　2.CST: 通俗史話

626.09　　111008056